DATA COMPLIANCE PRACTICE

数据合规

AND

实务与前沿研究

FOREST RESEARCH

京东法律研究院 著

法律出版社
LAW PRESS · CHINA
北京

图书在版编目(CIP)数据

数据合规实务与前沿研究 / 京东法律研究院著. --
北京 : 法律出版社, 2024
ISBN 978 -7 -5197 -8631 -1

Ⅰ. ①数… Ⅱ. ①京… Ⅲ. ①数据管理-科学技术管
理法规-研究-中国 Ⅳ. ①D922.174

中国国家版本馆 CIP 数据核字(2023)第 238663 号

数据合规实务与前沿研究
SHUJU HEGUI SHIWU YU QIANYAN YANJIU

京东法律研究院 著

策划编辑 沈小英
责任编辑 刘晓萌
装帧设计 鲍龙卉

出版发行 法律出版社
编辑统筹 法治与经济出版分社
责任校对 王晓萍
责任印制 吕亚莉
经　　销 新华书店

开本 710 毫米×1000 毫米 1/16
印张 27.5 **字数** 489 千
版本 2024 年 10 月第 1 版
印次 2024 年 10 月第 1 次印刷
印刷 保定市中画美凯印刷有限公司

地址:北京市丰台区莲花池西里 7 号(100073)
网址:www.lawpress.com.cn
投稿邮箱:info@lawpress.com.cn
举报盗版邮箱:jbwq@lawpress.com.cn

销售电话:010-83938349
客服电话:010-83938350
咨询电话:010-63939796

书号:ISBN 978-7-5197-8631-1
定价:118.00 元

凡购买本社图书,如有印装错误,我社负责退换。电话:010-83938349

编 委 会

序　一

随着信息化、数字化、数据时代的到来,“数据合规”走进了我们的日常生活。10 年前大家可能对“数据合规”还相对陌生,5 年前大家理解“数据合规”还略偏专业词汇,今天大家会觉得“数据合规”融入社会和生活的每一个角落,与我们每个人息息相关。“数据合规”对于监管和个人而言意味着安全、放心,从企业和经营维度看意味着增长、发展,从经济社会发展维度看意味着生产要素、绿色发展和价值增长。这一变化得益于全社会的经济发展和技术进步,得益于中国特色社会主义法律体系和制度的完善,得益于国家对于技术和数据经济的引导、鼓励和支持。身在其中,我们十分欣喜,也倍感幸运!

2021 年 6 月 10 日,《中华人民共和国数据安全法》(以下简称《数据安全法》)经第十三届全国人民代表大会常务委员会第二十九次会议通过,我国首部聚焦于数据安全的法律应运而生。《数据安全法》作为我国在数据领域的基础性法律和国家安全领域的重要法律,完善了数据安全治理和保障国家安全的法律体系,贯彻了发展与安全并重的基本原则,统筹考虑了数据安全与发展的两大需求,也为其他国家探索如何开展有效的数据治理、维护本国数据安全提供了中国方案,具有极强的实践意义和示范价值。

2021 年 8 月 20 日,《中华人民共和国个人信息保护法》(以下简称《个人信息保护法》)经第十三届全国人民代表大会常务委员会第三十次会议通过,是我国第一部个人信息保护方面的专门法律。《个人信息保护法》以严密的制度、严格的标准和严厉的责任规范了个人信息处理活动,规定了完备的个人在个人信息处理活动中的权利,全方位规范了各类组织、个人等个人信息处理者的义务与责任,极大地加强了我国个人信息保护的法制保障,有力维护了网络空间良好生态,满足了人民日益增长的美好生活的需要。《个人信息保护法》的立法过程历经10年,立足我国国情,也借鉴了欧盟、美国、日本、韩国等国家和地区的数据保护和个人信息保护立法的科学合理之处。

2022年12月19日,中共中央、国务院发布《关于构建数据基础制度更好发挥数据要素作用的意见》(以下简称《数据二十条》),构建了我国数据基础制度,为更好发挥数据要素作用、推动数字经济快速高质量发展提供有力支撑,致力于推动形成中国特色的数据要素治理新模式,意义重大、影响深远。《数据二十条》以促进数据合规高效流通使用,赋能实体经济为主线;提出建立数据产权制度、流通交易制度、收益分配制度和安全治理制度四项数据基础制度;创造性提出,建立数据资源持有权、数据加工使用权和数据产品经营权"三权分置"的数据产权制度框架;提出对公共数据、企业数据、个人数据建立分类分级的确权授权制度;提出加大政策支持力度,做大做强数据要素型企业,积极鼓励试验探索。

2023年7月10日,国家网信办联合六部委发布《生成式人工智能服务管理暂行办法》(以下简称《暂行办法》),旨在促进生成式人工智能健康发展和规范应用,维护国家安全和社会公共利益,保护公民、法人和其他组织的合法权益。《暂行办法》提出了国家坚持发展和安全并重、促进创新和依法治理相结合的原则;提出了促进生成式人工智能技术发展的具体措施,明确了训练数据处理活动和数据标注等要求;规定了生成式人工智能服务规范,明确了生成式人工智能服务提供者应当采取有效措施防范未成年人用户过度依赖或者沉迷生成式人工智能服务。此外,还规定了安全评估、算法备案、投诉举报等制度,明确了法律责任。

上述法律、法规和政策的颁布,是我国数字经济、科学技术、互联网经济发展的时代产物,是中国特色社会主义法律体系完善的里程碑事件,是本书产生的时代背景,也是本书聚焦的主要内容。上述法律、法规和政策记载了这个时代对个人信息、互联网交易、数据价值等内容的理解,规范着每个组织和个人在涉及上述内容处理时的行为,也引导和改变着我们对上述内容的认知和价值创造。如我们从对"个人信息"的"丝毫不可侵犯的"概念性保护,到逐步区分"个人隐私信息"的内容,确立最小必要、授权使用原则,到匿名化、大数据处理造福个人的价值创造,既有技术进步的推动,也有规范迭代的引导和支持。又如作为一个企业,此前更多关注经营中获取和使用的数据来源的合法性,然后逐渐关注这些信息和数据的安全及运用,而当下思考更多的是如何通过大模型拓展数据的使用价值及如何获得与之相关联的数据，通过加工和计算产生更大价值和行业应用。

京东集团作为有互联网属性的新型实体经济，充分发挥自身先进的供应链技术和服务能力，以负责任的商业实践助力可持续发展，为用户、合作伙伴、社会持续创造新的更大价值。早在创业初期，京东就坚持用技术驱动供应链，将数据和算法渗透到采购、仓储、履约等全部业务流程中。当前，实体产业数字化已从粗放型进入精益型的新阶段，实体产业需要有针对性、能迅速创造价值的数字化服务。而京东技术一路从实体产业中走来，历经零售、科技、物流、工业等多个产业领域的真实应用和场景历练，具有可复制可推广价值，将技术深入应用到产业中去，不断将通用型供应链技术与具体行业需求进行适配，实现组件化、模块化的技术服务对外输出，大幅降低了数字化门槛。

京东集团法律合规与知识产权部在服务和助力企业发展过程中，始终坚持正道成功，在宣贯落地法律、法规的同时，协同业务侧和其他合规部门一起持续打造企业的合规竞争力。本书的形成就是我们近年来学习、研究、落地法律、法规精神的知识成果。我们持续坚持每两周一次的“法律大讲堂”，分享我们对法律、法规的理解与研读过程中对法律渊源和立法背后法律价值的思考和体会，以及在业务实践中的落地方案。在这个过程中，大家的研究思维和研究能力持续提升，研读和分享的成果也越来越成熟。经过讨论，我们决定将部分内容编辑出版分享出来，供更多的读者讨论、批评和指正。感谢包括周汉华老师、法律出版社编辑老师在内的专家们在此过程中的指导和帮助。

是为序。

胡焕刚

京东集团副总裁

2024 年 9 月 5 日

序　二

在即将过去的2024年，数据技术领域和数据法治领域都发生了很多令人印象深刻、对现在和未来必将产生重大影响的重要事件。在数据技术的驱动下，人类社会已经踏入了人工智能时代，这意味着人们在能够享受更多技术红利的同时，需要面对和解决数据技术发展和应用所带来的新问题、新挑战。

千里之堤，溃于蚁穴。在数据已经成为信息时代最基础、最普遍的生产资料的背景下，底层的数据处理是否合规将从根本上决定建基其上的终端产品、服务是否合规，数据处理者是否因此而遭遇民事、行政乃至刑事责任风险。企业作为数据处理活动最重要的参与者，无论是从数据处理合规还是防范经营风险的角度，均有必要对数据处理进行全生命周期管理，确保每个环节的数据处理活动均做到依法合规。

一般来说，数据处理全生命周期包括数据的收集、存储、使用、加工、传输、处理等诸多环节。企业根据法律要求、监管指令和合同约定，结合自身经营实际情况和不同类型的业务场景，建立数据合规管理体系和合规制度机制，针对数据处理环节确定相应合规要求、识别合规风险、采取具体措施，确保相应环节的数据处理活动安全合规。

2023年3月和12月，OpenAI和谷歌公司分别发布了大型语言模型GPT－4和新人工智能模型Gemini，中国的文心一言、通义千问、混元等也相继推出。这些生成式人工智能依赖先进的算法、充沛的算力和海量的数据，功能强大到超乎想象。然而，在生成式人工智能投入使用后，人们发现，它们在拥有强大功能的同时可能出现决策偏差、数据和个人信息泄露、知识产权侵权、歧视、偏见等严重问题，这也从反面证明了在信息时代数据处理安全合规的重要性和必要性。

数据合规不仅环节众多，而且适用场景非常丰富，因此数据合规问题不仅重要,而且很复杂。有效和高效的数据合规需要将精深的理论基础和丰富的实践经验相结合。京东集团既是充分利用数据驱动企业发展、为平台内经营者和海内外消费者提供商品和服务的商业主体,也是遵守各类数据安全法律法规、依法合规开展经营的法律主体。一方面,京东集团能够充分感知先进技术、数据利用、合规经营对企业发展的重要意义;另一方面,京东集团也要面对和解决商业经营活动中最新的数据合规风险和挑战,坚持做好依法合规经营,稳定健康发展。京东法律研究院在2018年出版的《欧盟数据宪章:〈一般数据保护条例〉GDPR评述及实务指引》是国内首本研究《一般数据保护条例》的专著,该书一经出版便受到了数据研究者和实务从业者的欢迎,至今仍为学人研究《一般数据保护条例》提供丰富的"营养"。京东法律研究院时隔6年出版的《数据合规实务与前沿研究》集纳了对数据合规领域有关问题丰富的思考和建议,既包括专家学者对中国数据治理体系、数据跨境流动、App个人信息安全治理、用户标签法律性质及其治理逻辑等问题的最新理论探索,也包括企业一线法务工作者结合最新立法和商业实践对不同商业场景下数据合规实践、敏感个人信息保护、告知同意规则适用、商业秘密制度适用于企业数据等问题的认识与讨论,具有较强的理论价值和实务指导意义,相信能够为广大读者带来启发与思考。

是为序。

周汉华

中国社会科学院法学研究所研究员

2024年9月20日

目　录

第一编　数据合规立法、监管、司法概况及展望

第二编　数据合规通用

第三编　区分场景的数据合规

第四编　数据合规前沿

第一编　数据合规立法、监管、司法概况及展望

中国数据治理:体系与展望

许　可*

随着世界的数字化转型,以信息技术为推动力的数据革命开始在全球兴起。数据规模的指数级增长以及区块链、物联网、云计算、人工智能等技术的迅速迭代,使得实时处理和分析大数据变成了现实,而通过数据挖掘获取的新数据,又可以促进人类行为和经验信息的积累和商业模式的颠覆性创新。当前,数据已经成为数字经济的核心生产要素、经济转型新引擎、社会变迁的催化剂和社会治理的有效工具。但同时,因数据的收集、汇聚和使用而引发的隐私侵犯、人格贬损、歧视偏见、数据鸿沟、虚假信息、国家威胁等风险亦与日俱增,数据治理由此成为数字时代的核心议题之一。

一、中国数据治理的宏观框架

(一)数据治理的私人治理:公司治理

随着数字化转型,数据资产的管理已经成为企业面临的最为迫切的任务之一。因此,在初始的意义上,"数据治理"就是一种以"公司治理"为摹本的资产管理。所谓"公司治理"(corporate governance),意指法人所有者对经营者的一种监督与制衡机制,即通过一种制度安排,合理地界定和配置所有者与经营者之间的权利与责任关系;在广义上,也指通过一整套包括正式的或非正式的、内部的或外部的制度来协调公司内各主体之间的利益关系,引导、控制和规范相关主体

* 对外经济贸易大学法学副教授,对外经济贸易大学数字经济与法律创新研究中心主任。

的各项活动,以最大限度地增进公司法人的共同利益。鉴于公司治理概念的包容性,国际标准化组织 IT 服务管理与 IT 治理分技术委员会、国际数据治理研究所(Data Governance Institute,DGI)、IBM 数据治理委员会(IBM DG Council)等机构,均将"数据治理"(data governance)奠定在公司治理的理念之上。

据此,"数据治理"即建立在数据存储、访问、验证、保护和使用之上的一系列程序、标准、角色和指标,以期通过持续的评估、指导和监督,确保富有成效且高效的数据利用,促进跨组织协作和结构化决策,为企业创造价值。具体而言,数据治理包括了元数据管理、数据架构设计、数据库管理、数据安全管理、数据质量管理、主数据管理、数据仓库和企业情报管理、文件管理等诸多内容(见图 1)。不过,数据治理不仅仅是数据安全治理,也不仅仅是一套用工具组合的产品级解决方案,而是从决策层到技术层,从管理制度到工具支撑,自上而下贯穿整个组织架构的完整链条。美国俄克拉何马州管理和企业服务办公室(Office of Management & Enterprise Services)2019 年《数据治理概览》报告指出,数据治理是一个关于数据的组织过程和结构,指向一个战略性的长期过程,它建立对数据的责任,组织工作人员通过系统地创建和实施政策、角色、职责和程序来协作并持续地改进数据质量。① 表 1 展现了公司治理与数据治理的异同②:

① See Office of Management & Enterprise Services, Data Governance Overview, https://oklahoma.gov/content/dam/ok/en/omes/documents/DataGovernanceOverview.pdf,最后访问日期:2023 年 12 月 18 日。

② 参见毕马威、阿里研究院:《数据大治理》,载毕马威网,https://assets.kpmg.com/content/dam/kpmg/cn/pdf/zh/2020/07/data-governance.pdf,最后访问日期:2023 年 12 月 18 日。

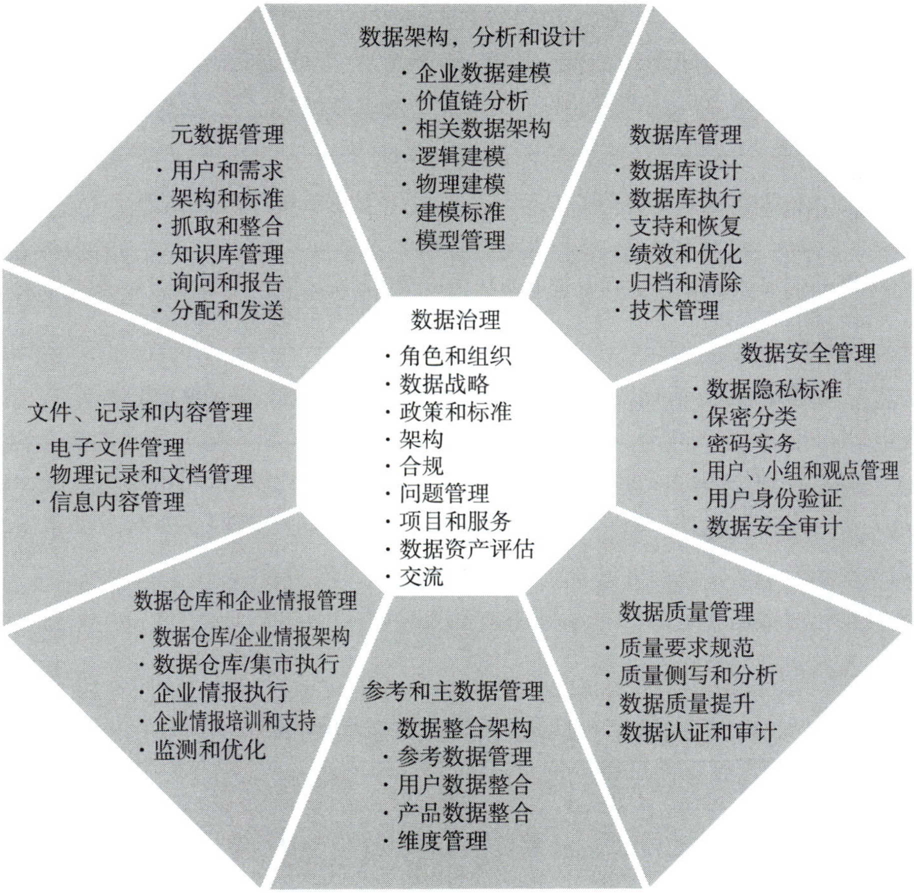

图 1　数据治理的范围

资料来源:Anthony Chalker, Data Governance Overview。

表 1　公司治理 VS. 数据治理

项目	公司治理	数据治理
目的	保护和协调公司与各个利益相关体之间的利益关系,提升股东利益	属于公司治理的范畴,实现数据相关利益主体的价值与风险平衡,提升数据价值
职能	通过一整套程序、体系、制度,规范权利和责任,制衡公司各利益相关方权益	规范数据权利和责任体系,指导与监督数据管理与运营处于正确轨道

续表

项目	公司治理	数据治理
组织	股东会、董事会、监事会、高级管理人员、各专业委员会	股东会、董事会、监事会、各专业委员会、数据保护官、数据治理委员会
实施依据	公司法、公司章程	数据治理原则、数据战略
政府职能	制定法律法规,通过直接或间接手段指导和监督	制定法律法规,监督个人隐私与数据安全得到合理的保护
直接实施者	董事会	董事会和数据治理委员会

总之,内嵌于公司治理的数据治理,立足于特定企业,在公司内建规立制,通过人员、技术、流程、组织的协调,在数据生命全周期推动数据安全和数据利用。数据治理以最大化数据价值为依归,以数据风险管理为底线,并考虑到国家法律和社会化对数据利用过程的约束,具有私人性、营利性和管理性的特色。表2总结了数据治理的概念①:

表2 基于公司治理的"数据治理"制度

研究领域	研究人员/机构	研究内容概述
数据治理概念	张来宽(Lai Kuan Cheong)[1]	数据治理是企业管理数据的数量、一致性、易用性、安全性和可用性的过程
	索尼娅·帕瑞克(Sonia Parekh)[2]	数据治理是一个决策、职责和流程有机组合的系统,该系统确保对重要的数据资产和信息进行正规统一的管理
	大卫·洛辛(David Loshin)[3]	研究与数据治理相关的5个核心概念:数据消费者期望的管理、关键数据质量维度的界定、元数据一致性的监测、数据更新与解释、数据增强

① 参见刘桂锋、钱锦琳、卢章平:《国内外数据治理研究进展:内涵、要素、模型与框架》,载《图书情报工作》2017年第21期。

续表

研究领域	研究人员/机构	研究内容概述
数据治理要素	乔治·马里诺斯(George Marinos)[4]	提出数据治理的要素有:职责与战略责任、标准、管理盲点、迎接复杂性、跨部门问题、计量、合作、战略控制点的选择、合规监测、意识与培训
	史蒂夫·斯托克戴尔(Steve Stockdale)[5]	总结了数据治理的5个要素:治理结构;角色和职责;数据分类;政策、标准、指南;实施
	索尼娅·帕瑞克(Sonia Parekh)[6]	数据治理的6个关键要素:强劲启动、快速制胜、领导支持、设置资助、效果度量、坚持不懈
数据治理模型	温德·克里斯汀(Kristin Wende)[7]	基于6家不同类型跨国公司有关数据治理的社区行动研究项目,提出了一个由三部分组成的数据治理模型:数据质量角色、决策域和责任。三者共同构成一个责任分担矩阵
	温德·克里斯汀(Kristin Wende)[8]	提出了描述和说明企业数据治理的弹性模型,由角色、决策域与主要活动以及职责三部分组成
	金硕洙(Seok-Soo Kim)[9]	提出了商业和IT联盟的数据治理模型
数据治理框架	张来宽(Lai Kuan Cheong)[10]	提出了由组织架构和政策、标准与过程、技术三部分组成的数据治理框架
	鲍里斯·奥托(Boris Otto)[11]	提出了由28个个体组织构成的数据治理组织形态
	数据治理研究所(GDI,The Data Governance Institute)[12]	提出DGI数据治理框架,同时提出数据治理生命周期理论
	国际数据管理协会(*DAMA International*, Data Management Association)[13]	提出由功能子框架和环境要素子框架组成的DAMA数据治理框架

〔1〕CHEONG L., CHANG V., *The Need for Data Governance: A Case Study*, 2017-10-09, http://theartofservicelab.s3.amazonaws.com/All% 20Toolkits/The% 20Data% 20Governance% 20Toolkit/Plan/The% 20Need% 20For% 20Data% 20Governance-%20A%20Case%20Study.pdf.

〔2〕SONIA P., *Six Critical Success Factors for Data Governance—Viewpoints on Innovation*, 2017-06-15, http://viewpoints.io/entry/six-critical-success-factors-for-data-governance.

〔3〕LOSHIN D., Data *Governance for Gig Data Analysis: Considerations for Data Policies and Processes-*

big Data Analysis, 2016 - 12 - 28, http://www.sciencedirect.com/science/article/pii/B9780124173194000053.

〔4〕MARINOS G., *We're Not Doing What? The Top 10 Corporate Oversights in Data Governance*, Information Management, 2004, 14 (9): 62.

〔5〕STOCKDALE S., *Deconstructing Data Governance*, 2017 - 03 - 10, https://repository.unm.edu/handle/1928/31583.

〔6〕Ibid.

〔7〕WEBER K., OTTO B., OSTERLE H., *One Size Does Not Fit All—A Contingency Approach to Data Governance*, Journal of Data and Information Quality, 2009, 1(1): 1 - 27.

〔8〕WENDE K., *A Model for Data Governance—Organizing Accountabilities for Data Quality Management*, 2017 - 04 - 28, http://aisel.aisnet.org/acis2007/80.

〔9〕KIM S., *The Analysis of Data Governance Model for Business and IT Alignment*, Journal of the Korea Society of Computer and Information, 2013, 18(7): 69 - 78.

〔10〕MARINOS G., *We're Not Doing What? The Top 10 Corporate Oversights in Data Governance*, Information Management, 2004, 14 (9): 62.

〔11〕OTTO B., *A Morphology of the Organization of Data Governance*, 2017 - 06 - 03, http://aisel.aisnet.org/ecis2011/272.

〔12〕DGI, *Data Governance Framework*, 2017 - 04 - 28, http://www.datagovernance.com/the-dgi-framework/.

〔13〕DAMA International, *The DAMA Guide to the Data Management Body of Knowledge*, New York: Technics Publications, 2009: 37.

（二）数据治理的公共治理：协作治理

数据治理尽管已将数据质量管理、数据安全管理、元数据管理、主数据管理、数据生命周期管理、数据应用创新等丰富多彩的内容囊括殆尽，但基于公司治理的数据治理仍然小觑了“数据”，并窄化了“治理”。

数据不仅仅是企业的投入品，更是国家经济运行机制的重要生产要素，是国家治理能力的“基础性战略资源”，其重要性甚至居于矿藏、土地、河流等耳熟能详的战略资源之上；数据亦不仅仅是企业的产出品，更关乎世界范围内的生产、流通、分配、消费活动，具有全球化和跨国界的天然属性；数据也不仅仅限于企业，在数字化生存的时代，它改变了普罗大众对自我和对隐私的理解，同时塑造了人与人交往的方式。以此观之，既有的数据安全治理挂一漏万，只看到了数据的技术经济维度，而忽略了数据所蕴含的社会性、政治性和国际性的多重面向。

同样，治理并非公司管理的一部分，它始终关注着公共领域，并力图跨越私营部门和公共机构的二元对峙，最终实现“善治”（good governance）。1995 年，联合国全球治理委员会（the Commission on Global Governance）在《我们的全球伙伴关系》中，将“治理”界定为各种公共或私人的个人和机构管理其共同事务的诸多方式之总和，一种使相互冲突的利益得以调和并采取联合行动的持续过程。

从“管理”到“治理”,在主体上体现为从“单一主体”向“多元社会经济组织”的转变,在规则上体现为从“正式制度”向“契约、行业标准、其他非正式制度”的转变,在向度上体现为从“自上而下”控制向“自上而下或平行运行”协调的转变。①

倘若如此思考“数据”和“治理”,我们就能在开放的视野中重新定义“数据治理”——它不再是企业价值最大化的工具,而是在数据利益攸关者之间铸就相互依赖关系、发掘数据自身价值的基础性架构。为此,我们可借鉴数据治理研究所的《DGI 数据治理框架》界定,将数据治理理解为“对数据相关事项进行决策和行使权力”。不过,这一定义是描述性的(descriptive),我们还需要一个规范性(normative)的概念。鉴于数据治理的公共性,我们可以用“协作治理”(collaborative governance)范式来建构数据治理制度。

协同思想源远流长。1977 年,德国学者哈肯(Hermann Haken)提出“协同学”(synergetics)理论,用以反映复杂系统与子系统之间的协调合作关系,其最显著的特点是子系统间的相互合作,可以使系统产生出微观层次所无法实现的新的系统结构和功能。1991 年,伍德等将协作治理纳入了公共行政之中,将其界定为一种多个利益相关方在处理公共事务的过程中所做出的共同决策并达成合意的治理模式。② 在“跨域”(cross-boundary)、府际关系(intergovernmental relations)、网络空间等实践难题的激发下,协作治理理论不断发展、完善。

我们可以从广义和狭义两个层面来理解协作治理。在广义上,它是指一套在公共政策制定和公共管理中的程序和相应的组织架构——当某特定的公共目标必须通过跨公共机构的、跨政府层级的或是跨域(公、私、公民社会)的协作才能够实现而别无他法时,这套程序和组织架构能够为各主体建设性地参与提供平台和保障。在狭义上,它是一种在法律政策制定和执行以及公共事务的管理过程中,由有权机关正式发起、政府和非政府的利益相关方参加的以合意为导向的、协商性的治理机制。

协作治理与中国网络空间中政府引领、多方参与的理念相契合。数据所栖身的网络空间是由互联网企业、用户、政府乃至国际组织等多元主体构成的虚拟空间,数据治理亦应是由所有利益相关方共同参与的治理过程。正如习近平总

---

① 参见俞可平:《治理和善治引论》,载《马克思主义与现实》1999 年第 5 期。

② See Wood, Donna J. & Barbara Gray, *Toward a Comprehensive Theory of Collaboration*, The Journal of Applied Behavioral Science, Vol. 27, No. 2, 1991.

书记所强调,要发挥政府、国际组织、互联网企业、技术社群、民间机构、公民个人等各个主体作用。[①]

(三)建构数据协作治理的宏观架构

作为对数据进行决策的权利、权力和责任系统,数据的公共治理可以进一步分解为四个环环相扣的议题:(1)数据治理的目的为何?(2)谁来治理数据?(3)采取何种方式进行治理?(4)治理活动受到何种限制?

首先,数据治理以"数据效率"(data efficiency)和"数据正义"(data justice)为依归。前者要求尽可能促进各方协作、减少实质限制、制定缺省规则、降低交易成本;后者主张透明而负责的数据处理、设立高标准的信义义务、保护弱势一方并防范数据歧视。[②] 如果说数据效率是数字经济滚滚向前的驱动力,那么数据正义就是数字社会的制动器,两者的冲突不可避免,因而问题的关键不在于如何取舍,而在于如何平衡。

其次,在去中心化的数字治理架构下,所有的利益攸关者都是且应当是数据治理的主体。其中既包括了个人数据主体,也包括了开展数据收集、利用、加工、传输活动的数据从业者;既包括了对数据收集、存储、利用和公开负有法定义务的政府机关,也包括了相应的监督管理机构;既包括了形色各异的组织体,也包括了组织体内部直接从事数据处理的组织成员;既包括了本国政府,也包括了其他主权国家和国际组织。纷繁芜杂的治理主体迫使我们重思"多利益攸关方治理"的可能性。

再次,治理方式因治理主体的不同而不同:个人数据主体享有各种权利,法定机关享有权力,监管机构拥有特权,而数据业者和其成员不但有着法定权利,也凭借信息不对称和技术能力获得事实上的控制权。治理方式的复杂性为数据治理开启了实证研究的视角。

最后,数据治理并非在真空中开展,任何治理主体的治理活动均受美国法学家劳伦斯·莱斯格(Lawrence Lessig)所描绘的四种力量的影响,即法律、社会规

---

① 参见习近平:《在第二届互联网大会开幕式上的讲话》,载《人民日报》2015年12月17日,第2版。

② See Linnet Taylor, *What Is Data Justice? The Case for Connecting Digital Rights and Freedoms on the Global Level*, Big Data and Society, 2017.

范、市场和代码。[①] 当然,事变时移,这里的“法律”不再由单一国家主宰,而演化为彼此竞争的主权之中的国家法以及正在成型的国际法。“社会规范”也因多元的利益和价值而日趋分裂:数据自由还是数据安全?隐私保护还是生活便利?正如我们的社会一样,社会规范正在被打破和重塑;“市场”日趋发达,它却遭遇到平台垄断和数据垄断的迷雾;“代码”依然强大,但更强大的算法及其带来的黑箱却更令人忧虑。显然,不断变化的四种力量划定了数据治理的边界。

二、中国数据治理的微观展开

(一)数据的境内治理

1. 个人数据保护

2021年8月20日,《中华人民共和国个人信息保护法》(以下简称《个人信息保护法》)由十三届全国人大常委会第三十次会议通过,自2021年11月1日起施行。《个人信息保护法》全文共8章74条,旨在保护个人信息权益,规范个人信息处理活动,促进个人信息合理利用。作为中国第一部全面保护个人信息的法律,其凝结了过往的世界经验和中国智慧,与《中华人民共和国数据安全法》(以下简称《数据安全法》)及《中华人民共和国网络安全法》(以下简称《网络安全法》)共同构成了中国数据保护的基础框架。

《个人信息保护法》主要规定了以下5个方面内容:一是明确了个人信息保护的调整范围,即只保护自然人的个人信息且自然人纯粹为家庭事务处理个人信息不受本法的调整。二是明晰了个人信息处理的基本规则,要求处理活动必须遵循合法、正当、必要和诚信的原则,在“知情同意+免责事由”的情形下处理个人信息。三是规定了9类个人享有的信息权利,包括知情权、复制权、可携带权、更正权、删除权等。四是为个人信息处理者施加了信息安全保障义务,要求其实施分类管理、合规审计、安全评估等措施。五是明确了个人信息保护采纳“规则制定权相对集中,执法权相对分散”的监管机制,由国家网信部门统筹协调有关部门制定个人信息保护具体的规则,国务院有关部门在其职责范围内开展

---

① 参见[美]劳伦斯·莱斯格:《代码2.0:网络空间中的法律》,李旭、沈伟伟译,清华大学出版社2009年版,第140页。

个人信息保护和监督工作。

2. 数据安全

2021年6月10日，我国《数据安全法》由十三届全国人大常委会第二十九次会议通过，自2021年9月1日起施行。《数据安全法》全文共7章55条，旨在规范数据处理活动、促进数据开发利用，维护国家主权、安全和发展利益。这代表其既是数据领域的基本法，也是国家安全领域的重要法律，对国民经济和社会发展的促进而言意义重大。

制定《数据安全法》符合人民群众维护其合法权益的现实需求。当今社会已转型为数字经济社会，数字经济为社会生活带来极大便利的同时，给非法利用数据、滥用数据侵害公民合法权益的企业、平台提供了可乘之机。为了维护人民群众合法权益，本法要求相关主体在网络安全等级保护制度的基础之上，履行风险监测、风险评估和数据安全事件及时报告等数据安全保护义务，严格规范数据处理活动，切实增强人民群众在数据领域的幸福感和安全感。

制定《数据安全法》是维护国家安全的必然要求。数据是国家基础性战略资源，数据安全是数字经济时代下国家安全的重要内容。本法明确坚持总体国家安全观，统筹发展和安全两大数据主题，建立数据分类分级保护制度和数据安全审查制度，建立集中统一、高效权威的数据安全风险评估、报告、信息共享、监测预警机制，从而建立健全数据安全治理体系，提高数据安全保障能力。

3. 数据利用

2020年3月，中共中央、国务院《关于构建更加完善的要素市场化配置体制机制的意见》将数据作为一种新型生产要素，与土地、劳动力、资本、技术等传统要素并列。培育数据要素市场，建立与之配套的企业数据开发、利用、流通体系是长期的发展方向。2022年12月19日，中共中央、国务院《关于构建数据基础制度更好发挥数据要素作用的意见》（以下简称"数据二十条"）对外发布，从数据产权、流通交易、收益分配、安全治理等方面构建数据基础制度，提出20条政策举措。"数据二十条"的出台，将充分发挥中国海量数据规模和丰富应用场景优势，激活数据要素潜能，做强做优做大数字经济，增强经济发展新动能。

4. 公共数据开放与授权运营

《数据安全法》确立了政府数据开放的基本原则。其第41条明确规定："国家机关应当遵循公正、公平、便民的原则，按照规定及时、准确地公开政务数据。

依法不予公开的除外。”鉴于政务数据在互联互通方面普遍存在的“不愿开放、不敢开放、不会开放”的数据孤岛现象,《数据安全法》明确了政务数据以公开为原则、不公开为例外的基本理念。同时,随着数据价值的再认识,从数据本身蕴含的公共性出发,各地纷纷扩展政府数据的范围和利用方式,公共数据的授权运营由此成为全新的数据开放形式。2021 年《上海市数据条例》首次提出:为提高公共数据社会化开发利用水平,被授权运营主体应当在授权范围内,实施数据开发利用,并提供数据产品和服务。此后,《浙江省公共数据授权运营管理暂行办法》《青岛市公共数据运营试点管理暂行办法》《杭州市公共数据开放管理暂行办法》相继对公众征求意见,类似规定也见于欧盟 2019 年《开放数据和公共部门信息再利用的指令》、欧盟 2022 年《数据治理法》、英国 2015 年《公共部门信息再利用条例》中。综合国内外立法,所谓“公共数据授权运营”,即针对不宜普遍公开但确有社会价值的“有条件开放类”公共数据,控制者为公共利益之必需,在明确数据利用条件、用途、期限的前提下,和特定人签署加工使用协议,授予其在一定期限内加工使用数据的权利。

公共数据授权运营的行使,一般应遵循如下规则:(1)许可数据限定。例如,对数据安全和处理能力要求较高的数据;具有特别显著的经济社会效益,但现阶段安全风险难以评估的数据;涉及商业秘密、个人信息但所指向的公民、法人和其他组织同意共享的数据。(2)许可期限限定。政府机关应定期(不得超过 3 年)开展事后复核,以判断加工使用权的存续是否正当、合法、必要。(3)许可用途限定。在签订协议时应明确数据的应用场景与使用范围等内容。(4)许可方式限定于“非独占、非排他”,公共数据许可的目的是最大化数据价值,而非获得许可收益,独占、排他式许可固然可能提高短期许可收入,但会妨碍数据产品的多样化,导致“开放但垄断”的困境。[①] (5)程序限定。控制者应对专有权的授予进行安全评估,采取透明、合理、相称、无歧视的原则,公开遴选方式、资质要求、合同条款和获得专有使用权的组织或个人名单。(6)再许可禁止。被许可人一般无权向第三方转让其权利。(7)数据加工后新数据归属明确。

① 参见王锡锌、黄智杰:《公平利用权:公共数据开放制度建构的权利基础》,载《华东政法大学学报》2022 年第 2 期。

(二)数据的国际治理

1. 国家数据主权和数据安全

《数据安全法》在不同层次上强调了中国的数据主权和数据安全,不单限于数据的保密(secrecy)、完整(integrity)和可用(availability),而且指向了“数据自主可控”(data safety),即国家对重要数据、核心数据的实际支配权力,避免被其他组织或国家非法操纵、监控、窃取和干扰,还包括了“数据宏观安全”(data harmony),即防控和管理因数据处理、使用而引致的国家主权、公共利益和群体安全的威胁。2020 年,中国发布《全球数据安全倡议》,将《数据安全法》的主张细化为:(1)各国反对利用信息技术破坏他国关键基础设施或窃取重要数据,以及利用其从事危害他国国家安全和社会公共利益的行为。(2)各国承诺采取措施防范、制止利用网络侵害个人信息的行为,反对滥用信息技术从事针对他国的大规模监控、非法采集他国公民个人信息。(3)各国应要求企业严格遵守所在国法律,不得要求本国企业将境外产生、获取的数据存储在境内。(4)各国应尊重他国主权、司法管辖权和对数据的安全管理权,未经他国法律允许不得直接向企业或个人调取位于他国的数据。(5)各国如因打击犯罪等执法需要跨境调取数据,应通过司法协助渠道或其他相关多双边协议解决。国家间缔结跨境调取数据双边协议,不得侵犯第三国司法主权和数据安全。(6)信息技术产品和服务供应企业不得在产品和服务中设置后门,非法获取用户数据、控制或操纵用户系统和设备。

2. 数据跨境流动

《数据安全法》确立数据跨境流动的安全、自由原则。在此基础上,《数据出境安全评估办法》《数据出境安全评估申报指南(第一版)》《个人信息出境标准合同办法》《网络安全标准实践指南——个人信息跨境处理活动安全认证规范》等出台,我国数据跨境流动制度已经基本确立。其中,安全评估强制适用于 CIIO 和处理个人信息达到网信办规定数量的公司的个人信息出境活动,是数据出境路径中要求最严格的一种。具体来说,必须进行安全评估的公司须达到:(1)处理 100 万人以上个人信息;(2)自上年 1 月 1 日起累计向境外提供 10 万人个人信息,或自上年 1 月 1 日起累计向境外提供 1 万人敏感个人信息。由于这些数据的重要性及影响性,这类数据的出境受到国家的高度关注,进而使得该制度最先落地实施。标准合同和认证是个人信息出境合规的两条自主管理路径,均仅可在未达安全评估申报标准时适用。就认证而言,国家互联网信息办公室(以下简称国家网信办)尚未发布实施细则,认证机构、认证程序尚不明确,落地仍需较长时间;从全国信息安全标准化技术委员会发布的非强制性认证指南来看,认证的适用范围主要限于关联公司之间的个人信息出境。

3. 消除数据鸿沟

在网络效应的作用下,掌握数据的和不掌握数据的国家与群体之间就出现了“数据鸿沟”,并在获取数字红利的机会上产生了 0 和 1 的差异,并将形成“强者愈强”的格局。2011 年,中国、俄罗斯等上海合作组织成员国向联合国提交《信息安全国际行为准则》,倡议消除发展中国家与发达国家的数字鸿沟。

(三)数据诸领域的互动

数据的不同领域之间固然相互独立,但由于数据的流动性,数据治理不得不跨越各自的边界,在个体、企业、政府的相互协调中,在境内、境外的综合考量中促进数据治理的完善。而这恰恰需要回到数据治理的宏观架构中,探寻子领域之间的冲突和融合之道。

1. 个人数据与企业数据的互动

企业数据是个人利益和企业利益的结合体,数据商业流通市场要构建人格保护与利益激励相结合的“二元机制”,在坚持人格保护的原则下,柔化个人信息的知情同意原则和必要性原则,建立个人信息主体和企业共享数据利用收益的制度。同时,监管政策需要进一步落实“数据二十条”,细化数据分级分类监管:对于与隐私相关的个人敏感信息应当强化对个人的保护,对于与隐私无关的个人一般信息和不能识别个人的匿名化数据应当强化企业对数据的利用,从而有效平衡个人信息保护与数据的有序流通,实现多方共赢。

2. 个人数据与政府数据的互动

个人数据同样可以体现国家利益。在新冠疫情防治过程中,个人的位置数据分析技术在疫情防控中发挥越发重要的作用。当政府为了公共利益、国家安全收集、处理个人数据时,仍应坚持合法、正当、必要的原则,坚持正当程序和权利保护的原则,清楚且及时地向公众说明数据收集和处理的详细信息,包括用于处理该数据的技术、这些技术指导新的行政决策的方式,以及这些技术可能产生的积极或消极效应。同时,应当保证受影响的个体享有可操作性和公平地寻求救济和获得解释的权利。

3. 企业数据与政府数据的互动

企业和政府的协作是数据治理的题中应有之义,但是,数据协作治理并不意味着政府的企业化抑或企业的政府化,毋宁是各方在发挥自身优势的基础上,实现跨边界的合作。为此,在政府要求企业将数据向其报送的过程中,应厘清各方职责,妥善划定边界。首先,有权要求报送的政府机构应当法定化,应限于法律明确授权的政府机关。其次,数据的使用目的限于相应政府机关的职权范围,且报送目的明确、具体。最后,报送的数据以匿名化数据优先,在匿名化数据不敷适用时,可报送假名化数据,未脱敏的个人数据仅在其他方式穷尽后方可提供。对于非匿名化数据,数据报送构成政府部门对个人信息的间接收集,其与企业构成共同控制者,须承担数据控制者的所有义务;对于匿名化数据,数据报送构成对企业经营自由的限制,报送义务的苛加应坚持法律保留、正当程序和比例原则,政府还应对数据承担保密和安全保护责任,不得用于与具体行政行为无关的用途,除法律法规规定外,不得向第三方提供。

三、中国数据治理展望

(一)数据安全与利用的失衡

尽管《数据安全法》开宗明义将“保障数据安全,促进数据开发利用”作为并置的立法目标,但在“安全泛在化”的趋势下,近年来的多项法律法规恰恰体现出数据安全与利用之间的价值失衡。为了更直观地展现其症结所在,这里以数据安全为横轴,以数据利用为纵轴,以《数据安全法》为参照,标注出相关法律法规的坐标(见图2)。

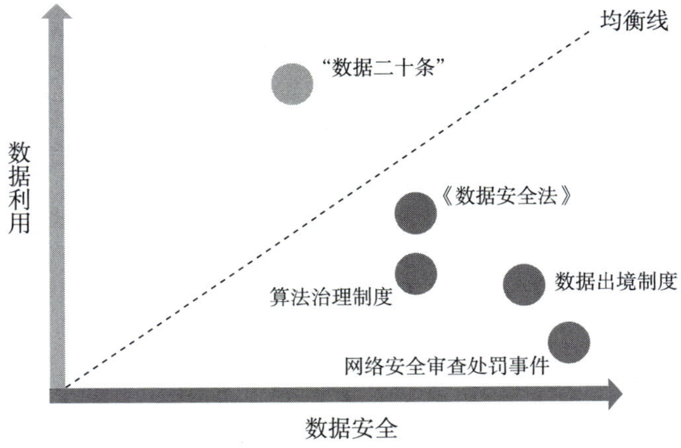

图 2　数据安全与数据利用

如图 2 所示,《数据安全法》一方面,通过核心数据、重要数据的加强保护,凸显了安全目标;另一方面,为数据交易、数据开放和数据权益保护奠定了制度架构,基本上平衡了数据安全与利用。不过,囿于其主旨,数据安全考量还是稍重于数据利用。与之相比,在数据利用重要场景的算法领域,《关于加强互联网信息服务算法综合治理的指导意见》《互联网信息服务算法推荐管理规定》《互联网信息服务深度合成管理规定》等监管制度就将"安全"置于更重要的位置上。《关于加强互联网信息服务算法综合治理的指导意见》中"安全"一词出现频次高达 36 次之多,可作明证。但与一系列数据出境规则以及国家网信办对滴滴公司作出网络安全审查相关行政处罚决定相比,算法治理制度的失衡就不再突兀了。2022 年 7 月发布的《数据出境安全评估办法》将"累计向境外提供 10 万人个人信息或者 1 万人敏感个人信息的数据处理者向境外提供个人信息"列入安全评估的门槛之一,仅仅关注"定量因素",而忽略了个人信息的性质、用途、处理方式、信息主体身份、是否可公开获得等"定性因素",可能导致以安全为名过分阻碍数据跨境流动。同样的问题也出现在《个人信息出境标准合同办法》中。虽然其重申了《个人信息保护法》第 38 条第 3 款"个人信息处理者应当采取必要措施,保障境外接收方处理个人信息的活动达到本法规定的个人信息保护标准"的立法依据,旨在"确保境外接收方处理个人信息的活动达到中华人民共和国相关法律法规规定的个人信息保护标准",但相关强制性规定与多个合同条款却从"保护个人权益"转向了"防范出境安全风险"上,未免偏移了规则重心。最后,

《网络安全审查办法》修改和对滴滴公司作出的处罚决定，进一步揭示出全球博弈背景下数据安全向国家安全延伸的复杂形势。较诸偏向数据安全的众多立法，在均衡线的上方，只有被称为“数据二十条”的《关于构建数据基础制度更好发挥数据要素作用的意见》，该意见以激励数据生产、促进数据流通、优化数据分配为线索，为最大化释放数据要素价值、推动数据要素市场化配置提出了指引。不过，由于“数据二十条”只是一份政策导向性文件，有待后续法律、法规、规章的落实，其实施和成效仍有待观察。

(二)数据治理的再平衡

我们依然身处一个乌卡时代(VUCA)，在数据治理领域，监管者因复杂(complexity)、混沌(ambiguity)的未来而难以作出有效决策，被监管者则因动荡(volatility)、不定(uncertainty)的局面而难以作出有效应对。面对这一窘境，我们亟待引入“敏态治理”(agile governance)的逻辑：治理既要“相时而动、随势而变”，又要坚持“宁小勿大、宁浅勿深”的策略，在发生意料之外的影响后及时回调，因为保持弹性或者说“反脆弱”是在不确定性中获益的唯一方式。

事实上，顶层的认知也在调整：针对“平台经济”，从“强化反垄断与防止资本无序扩张”转向“支持平台企业在引领发展、创造就业、国际竞争中大显身手”；“加快构建新发展格局、增强发展的安全性主动权”成为“统筹安全与发展”的新方向。在此背景下，如何矫正数据安全与利用的失衡，自然成为未来的关切所在。

平衡永远是动态的和场景化的，我们无法奢求在任何时间、任何情形下的均衡，而只能因地制宜和因时而异。就此而言，“深一脚浅一脚”恰恰是敏态治理的常态。故此，数据安全与利用的一时失衡并不可怕，值得担忧的是长时期和系统性的失衡。放眼未来，在新发展格局下，数据安全与利用的再平衡不妨从以下几方面入手。

1. 充实基于风险的分类分级监管原则

作为不确定性的法律概念，“安全”只有类型化才能被相对精确地度量，未来立法亟待采取“基于风险的规制”方法而非“基于统一规则的规制”路径，对不同风险类别和等级的数据处理活动施行差别化的监管。数据处理活动的风险评估由处理主体、处理方式、处理对象的风险因素组成，分别对应着“平台的分类分级”(处理主体)、“算法的分类分级”(处理方式)和“数据的分类分级”(处理对象)。当前,尽管分类分级的初步规则已经出现在《互联网平台分类分级指南(征求意见稿)》《互联网信息服务算法推荐管理规定》《数据安全法》《工业数据分类分级指南(试行)》中,但分类分级的标准尚未细化,统合主体、方式、对象的体系性分类分级框架尚未建立。当前,或可从两方面着力:一是制定平台、算法、数据的分类分级细则,根据风险高低匹配监管措施,指引各方开展可操作和可预期的风险管理;二是在《网络数据安全管理条例(征求意见稿)》中推动分类分级的整体架构,从基于数据规模的分类分级,迈向涵盖更多维度的综合性分类分级,从而为超级平台治理、重要数据出境、高风险算法监管提供协同规则。

2. 优化数据出境宏观制度

数据跨境流动是数字经济全球化的关键环节。2019 年,世界银行在《东亚数字经济创新:限制性数字政策重要吗?》报告中梳理了东亚 15 国的数字经济法律政策,并使用定量研究的方法得出“数字限制指数”,直观展现出数据跨境管控与企业创新之间的负相关关系。2022 年,欧盟对 27 个成员国数据跨境流动开展实证调查后发现,数据流入量与国家经贸发展水平密切相关,德国毫无意外地居于首位。我国是经济全球化和自由贸易的参与者、受益者和倡导者,始终坚定支持开放、包容、共赢的全球化,促进全球贸易和投资自由化和便利化。同时,我国还是数字经济的引领者,自然应是数据跨境流动自由化的主要受益者。为此,我国亟待出台一部系统性的数据出境管理办法,以《数据安全法》所确立的“数据安全、自由流动原则”和数据分类分级原则为指导,坚持重要数据和个人信息区分,更多地采取认证、标准合同等柔性规制工具,以弥补当前制度过于重视安全的不足,积极促进数据自由流动。特别是,针对我国享有优势地位、具有市场真实需求的云储存、跨境电商、跨境支付、服务外包、供应链管理、人力资源管理和人工智能研发等典型场景,可进一步设置更灵活、合规成本更低的数据出境监管措施,通过事后追责而非事前批准的方式尽量降低对正常经济活动的不必要限制。

3. 试水人工智能产业立法

作为新一轮科技革命和产业变革的关键通用目的技术,人工智能对经济发展、国家安全和战略竞争有着重要意义。2022 年,以 ChatGPT 为代表的生成式人工智能迅速迭代,反映出人工智能的巨大潜力。随着国际博弈的加剧,人工智能产业及其规制已经成为各国竞争的新领域。2022 年,欧盟《人工智能责任指令》

(AI Liability Directive)和《人工智能法(草案)》(draft AI Act)相继出台,试图重演欧盟《一般数据保护条例》(General Data Protection Regulation, GDPR)的布鲁塞尔效应。在美国,《创新与竞争法案》等立法彰显出发展激励为主、风险规制为辅的人工智能治理思路。斯坦福大学《2022 年人工智能指数报告》的数据则显示,尽管美国联邦立法提案急速增长,但最终实际通过的立法仅占 2%,更重要的是,相关立法多以政府部门人工智能为规制重点。回到中国,《互联网信息服务算法推荐管理规定》《互联网信息服务深度合成管理规定》均以互联网服务产业为对象,并体现出安全优先与强化责任的立法惯性。在激烈的国际竞争中,我国人工智能的后续立法不妨适时调适,通过人工智能标准、伦理、法律相结合的方式,推动自我监管和政府监管的融合及产业安全和发展的并进。

4. 加强中央和地方分工协同

数据治理领域的新技术、新应用、新业态层出不穷。基于敏态治理的原理,监管政策应当"在监控中学习"并"持续改进",即根据现实情况诊断问题,开展自我评估、横向比较并不断完善。显而易见,这必然给长期性、稳定性、普遍性的常规立法带来巨大挑战。化解这一难题的良方之一,是发挥地方先试先行的主动性,再经由中央统筹发布一致性的法律规则。而这正是"在结果评估上由中心机制协调,在运行上由去中心机制控制"的试验主义治理精神所在。事实上,近年来地方数据立法如火如荼,从 2021 的《深圳经济特区数据条例》《上海市数据条例》到 2022 年的《浙江省公共数据条例》《重庆市数据条例》《黑龙江省促进大数据发展应用条例》《陕西省大数据条例》《辽宁省大数据发展条例》《江苏省数字经济促进条例》《北京市数字经济促进条例》,均在尽力平衡数据利用与安全。然而,囿于数据的全国性特征,地方立法频频遭遇权限不足的困境。正因如此,2023 年国家发展和改革委员会(以下简称国家发展改革委)、商务部《关于深圳建设中国特色社会主义先行示范区放宽市场准入若干特别措施的意见》对"放宽数据要素交易和跨境数据业务等相关领域市场准入"的规定,可谓破冰之举。我们期待着,地方有着更大的立法空间,在不断实践中调和观点、缓解偏见,最终达成数据治理的制度共识。

数据合规监管概况及展望

乔元昆

《中华人民共和国个人信息保护法》（以下简称《个人信息保护法》）、《中华人民共和国数据安全法》（以下简称《数据安全法》）与《中华人民共和国网络安全法》（以下简称《网络安全法》）共同完善隐私合规及数据保护的法律框架。对网络安全、数据安全和个人信息保护提出监管要求。

数据合规监管涉及多个部门的职责，《数据安全法》确立了我国数据安全监管体制，明确中央国家安全领导机构负责国家数据安全工作的决策和议事协调，统筹协调国家数据安全的重大事项等重要工作，建立国家数据安全工作协调机制。

《数据安全法》对有关行业部门和有关主管部门的数据安全监管职责作了规定。其明确各地区、各部门对本地区、本部门工作中收集和产生的数据及数据安全负责。公安机关依照有关法律、行政法规的规定，在职责范围内承担数据安全监管职责。

目前，海量数据处理活动都利用信息网络开展，《数据安全法》规定了国家网信部门负责统筹协调网络数据安全和相关监管工作。

《个人信息保护法》明确了国家网信部门负责统筹协调个人信息保护工作和相关监督管理工作。国务院有关部门依照《个人信息保护法》和有关法律、行政法规的规定，在各自职责范围内负责个人信息保护和监督管理工作。

履责部门负责个人信息保护宣传教育，并接受、处理与个人信息保护相关的投诉、举报，调查、处理违法处理个人信息等活动。《个人信息保护法》还通过特定的条款规定国家网信部门统筹协调、推进人脸识别、人工智能等新技术领域个人信息保护规则、标准制定工作。有必要针对履责部门开展专项研究，发掘数据安全与个人信息保护履责下新动能、新技术和新发展的协同与适应。①

一、数据监管与个人信息保护的履责部门概况

《数据安全法》明确了行业部门和有关主管部门的数据安全监管职责，并针对网络数据安全和相关监管进行了特别规范。《个人信息保护法》明确了履行个人信息保护职责的部门，以及相应需要履行的职责。通过上述规范信息，可以明确个人信息保护中，保护职责部门的定义、层级。与此同时，职责范围也更加清晰。

（一）履行数据合规监管的部门综述

数据合规监管的职责中，通过加强资源的整合实现协作与联合，中央网络安全和信息化委员会办公室（以下简称中央网信办）、公安部、工业和信息化部、国家市场监督管理总局（以下简称市场监管总局）联合开展多次专项互联网安全信息整治。在具体细分行业中，各行业主管部门也承担了行业的数据合规监管工作。

在个人信息保护方面，履责部门主要涉及三个部分。其中，第一部分是负责统筹协调个人信息保护工作和相关监督管理工作的国家网信部门。第二部分为国务院有关部门，属于部门监管部分。第三部分的设定为：县级以上地方人民政府有关部门的个人信息保护和监督管理职责，按照国家有关规定确定。上述范围属于基层监管的落地。

（二）国家网信部门的数据安全监管与个人信息保护职责

国家网信部门统筹协调网络数据安全和相关监管工作。在个人信息保护领域，其职责主要是统筹协调个人信息保护工作以及监督管理。国家网信部门即国家互联网信息办公室（以下简称国家网信办），负责全国互联网信息内容管理工作。

---

① 参见金泓序、何畏：《大数据时代个人信息保护的挑战与对策研究》，载《情报科学》2022年第6期。

(三)履行个人信息保护职责部门需履行的职责

对于履行个人信息保护职责的部门应当履行的职责规定中,《个人信息保护法》第61条进行了概括性的规定。而在职责的具体内容中,明确了宣传教育、指导监督的工作内容。

同时,履行个人信息保护职责的部门应当依法接受、处理与个人信息有关的投诉、举报。履行个人信息保护职责的部门提供了进行投诉的渠道方式。个人发现相关的违反法律法规的行为,可向履行个人信息保护职责的部门进行举报。

在履责部门的职责中,明确了履责部门需要组织对应用程序进行个人信息保护情况开展测评并公布测评结果。在实践中,网信部门不定期对相关的应用程序进行了相关测评,并进行了公示。在2022年2月国家网信办公示的38款App违法违规收集使用个人信息情况的通报中,对工具类、购物类、生活服务、投资理财等多款应用程序的问题进行公示,主要问题涉及未经用户同意收集个人信息、违反必要原则收集与其提供服务无关的个人信息等。

目前,应用市场中的大量App运营中,仅通过国家网信部门进行测评,很难对巨量的应用市场进行准确的测评。因此,履行职责中也确定了"组织对应用程序进行测评"。

二、网信部门在数据监管与个人信息保护中统筹协调的工作

国家网信部门统筹协调网络数据安全和相关监管工作,同时需要统筹协调有关部门开展个人信息保护工作,其内容涉及范围广泛:制定个人信息保护具体规则、标准;针对小型个人信息处理者、处理敏感个人信息以及人脸识别、人工智能等新技术、新应用,制定专门的个人信息保护规则、标准;支持研究开发和推广应用安全、方便的电子身份认证技术,推进网络身份认证公共服务建设;推进个人信息保护社会化服务体系建设,支持有关机构开展个人信息保护评估、认证服务;完善个人信息保护投诉、举报工作机制。①

① 参见余佳亮:《数据监管的国际路径:困境与出路》,载《中国科技论坛》2023年第2期。

(一)制定规则、标准

网络数据安全与个人信息保护的具体规则、标准,是数据合规监管的重要部分,当前网络数据与个人信息领域,涉及海量技术革新,创新模式发展。通过底层应用技术与人工智能场景的快速覆盖普及,伴随生物识别技术、算法模型改进以及技术场景的快速迭代,个人信息的保护与数据安全、信息安全有较多技术应用实现的重合。新一代信息技术的发展也不断为数据安全与个人信息保护注入新的场景和发展能量。数据合规监管需要具体的规则,以便更好地规范个人信息处理活动。

在技术执行层面,标准的制定为技术的合规发展提供了指导框架与实施手段,也能够有效应对高新技术发展、跨领域技术融合、互联网及新一代信息技术快速变革下的监管需求。

全国信息安全标准化技术委员会是在信息安全技术专业领域内,从事信息安全标准化工作的技术工作组织。该技术委员会发布了大量数据安全与个人信息保护领域的标准。该技术委员会负责组织开展国内信息安全有关的标准化技术工作,主要工作范围包括安全技术、安全机制、安全服务、安全管理、安全评估等领域的标准化技术工作。

标准化的工作对数据安全合规、个人信息保护的推进有重要的作用。数据合规监管领域随着技术的快速发展迭代,在新一代信息技术发展下,已有大量的移动端应用程序,均涉及前端后台信息管理收集、数据安全和个人信息的收集与处理。因此,仅通过具体的保护规则的制定,难以快速适应发展和技术的高速迭代。国家标准、行业标准的制定可以快速有效地弥补上述空白。

高效的具体规则制定与标准化推进工作,能够充分适应技术领域的快速发展。国家网信部门高频开展规范性文件、标准制定与意见征集,强力推动具体规则和标准的实施落地。

对于需要特别关注的新兴领域和敏感技术,《个人信息保护法》明确了针对小型个人信息处理者、处理敏感个人信息以及人脸识别、人工智能等新技术、新应用,制定专门的个人信息保护规则、标准。

由于新技术发展、新应用场景实施、数据安全与敏感个人信息的更高保护要求,《个人信息保护法》对敏感个人信息进行了单独的说明。人脸识别与人工智能等新技术，也成为特别关注的技术领域和技术场景。全国信息安全标准化委员会在上述创新领域的保护中起到了重要作用。通过对基因识别、人脸识别、声纹识别等技术领域制定专项信息安全要求、数据安全要求的标准，将上述重点领域的敏感个人信息保护进行标准化意见征集与实施，快速推动了特定技术领域中数据安全与敏感个人信息的有效保护。①

2022 年，全国信息技术标准化技术委员会发布国家标准 74 项，在研标准 207 项，涉及基础软硬件、大数据、云计算、人工智能、物联网、智能制造、智慧城市等方面。全国信息化和工业化融合管理标准化技术委员会在两化融合管理体系、数字化供应链、工业互联网平台、制造业数字化仿真、工业软件等领域开展 200 余项标准研究，其中 2 项国际标准、16 项国家标准以及 2 项行业标准发布实施，在全国 30 余万家企业广泛应用。全国区块链和分布式记账技术标准化技术委员会组织制定和修订 7 项国家标准，推动区块链标准体系建设。全国数字计量技术委员会和全国人工智能计量技术委员会成立，推进构建数字计量、人工智能领域计量技术规范体系。我国积极推进中外标准互认、中国标准与国际标准体系兼容，参与国际电信联盟（International Telecommunication Union，ITU）、国际标准化组织（International Organization for Standardization，ISO）、国际电工委员会（International Electrotechnical Commission，IEC）等国际标准组织标准研制，参与第三代合作伙伴计划（3rd Generation Partnership Project，3GPP）等全球知名标准化组织活动，在自动驾驶、大数据、工业互联网、智慧城市和 5G 卫星通信等方面，多个数字领域国际标准通过立项审议或正式发布。

（二）研究推进公共服务

在数据合规监管领域中，明确了支持研究开发和推广应用安全、方便的电子身份认证技术，推进网络身份认证公共服务建设。

电子身份认证技术，与数据安全、个人信息的处理、个人信息的保护实施密切相关。电子身份认证技术能够利用简单的身份载体，如个人指纹或芯片存储认证等，将个人的信息资料和认证资料等信息集合。电子身份认证的核心是数

① 参见杨雨欣：《网络空间治理背景下个人信息保护机制研究》，载《网络安全技术与应用》2022 年第 5 期。

字签名,是电子政务在技术上和法规上最重要的基础设施之一。

广义而言,电子身份认证技术是通过网络及计算机系统进行确认并操作的技术手段。从新一代信息技术发展和互联网技术服务而言,广泛应用和实施的登录、认证等服务和技术均涉及电子身份的认证。常见的方式有口令认证、硬件信息认证、生物信息识别认证等。其中,口令形式可以是常见的密钥信息;硬件形式包括特定的硬件识别设备,如存储式硬件密钥等。在常规认证中,上述两种形式可进行结合,如硬件设备识别后加入动态口令认证等。生物信息识别认证则在近年有较大技术发展,通过算法模型的广泛应用和发展,大规模的特征点识别、特征信息快速采集,如人脸特征点信息的快速采集和模型运算分析,可以在短时间内完成信息的采集、加工、认证输出和同步登录等。

上述的电子身份认证技术在数据安全与个人信息保护中具有重要的支撑性作用。因此,履责规范中明确了国家网信部门需要"支持研究开发和推广应用安全、方便的电子身份认证技术"。上述规定也是新一代信息技术发展重点关注的领域,对于相应的国家标准、行业标准,应给予足够的重视和研究,相关领域企业应积极参与标准的制定和公众意见的研提参与。

网络身份认证也是数据安全与个人信息过度采集的"重灾区",通过国家网信部门不定期进行的 App 应用程序测评可见,大部分被公示的个人信息过度采集中,都涉及身份认证环节进行了超过必要的信息采集。因此,有必要推进应用网络身份认证的公共服务,避免数据安全风险与个人信息的过度采集。

(三)社会化服务

信息网络技术的应用下,数据安全与个人信息保护的需求、个人信息的处理等非常广泛地存在于各个行业、场景和生产生活的细分领域中。通过政府的监管、履责部门的执行,上述场景和应用很难被全面地覆盖。因此,需要社会化的数据安全与个人信息保护服务体系建设,通过社会的合力,将监管执行的单一监管、一元化体系,逐步发展为多元主体共同监管执行的社会化共同参与、共同承担的模式,有利于数据合规监管的持续开展和生命力的有效发挥。①

---

① 参见张继红:《经设计的个人信息保护机制研究》,载《法律科学(西北政法大学学报)》2022 年第 3 期。

同时,数据安全与个人信息的保护评估服务可以由专业机构来提供。通过个人信息的保护认证,个人信息处理者可以向监管机关提供有利证明;通过自愿的原则、透明的程序,个人信息的保护认证发展为监管机构的认可信息。通过上述方式,可以体系化地降低个人信息处理者的运营成本。通过社会化、高效率、权威性的评估认证工作,个人信息处理者可以快速有效地明确需要执行的标准和工作内容,降低风险,从而进一步节约整个社会的运营成本。上述模式的确立可以为中小型的个人信息处理者提供专业的服务和评估认证,避免了大量的重复成本投入,降低中小型个人信息处理者的行业负担,提升社会运行效率。

三、国务院有关部门的数据监管履责概况

国务院有关部门依照有关法律、行政法规的规定,在各自职责范围内负责数据安全、个人信息保护和监督管理工作。在国务院有关部门中,基于主要业务能力,其常会涉及国务院电信主管部门、国务院公安部门、国家发展改革委(国家数据局)、国务院其他有关部门(《网络安全法》第 8 条、《数据安全法》第 6 条)。同时,基于互联网医疗、大健康领域,其也会涉及卫健部门,而金融业务的开展,必然会涉及国家金融监督管理总局等。

(一)工信部门

国务院信息化事务主管部门是工业和信息化部。工业和信息化部承担保障网络安全、数据安全和个人信息保护的部分职责,承担互联网行业网络安全审查工作,指导企业落实网络与数据安全责任。

工业和信息化部多次对电信、互联网行业开展网络数据安全保护能力的专项行动,针对数据安全合规评估开展检查监督,进而促进电信企业和互联网领域重点企业对网络数据安全管理进行流程体系建设,消除数据安全隐患。

在工业和信息化部的监管实践中,主要针对以下几个方面开展工作:(1)对新应用新场景开展网络数据安全风险评估;(2)对 App 的违法违规行为开展专项治理、评测;(3)对网络数据的监督和执法进行强化,持续开展测评公开、行政约谈等。

地方通信管理局同样在数据安全监管、个人信息保护领域开展技术实施的标准合规性检查,同时针对评估和检查结果,对个人信息保护相关的违规问题进

行监管处置。

（二）公安部门

互联网安全监督检查工作主要由县级以上地方人民政府公安机关网络安全保卫部门组织实施，同时由上级机关开展指导与监督。

近年来，公安部同样加大了个人信息保护与违法违规的处置，并进行 App 的违法违规个人信息采集的集中整治。

《数据安全法》明确"公安机关、国家安全机关等依照本法和有关法律、行政法规的规定，在各自职责范围内承担数据安全监管职责"，并明确有关组织、个人对公安机关依法调取数据的配合义务。

在网络安全的行政执法中，公安部门也被赋予了诸多行政处罚权力。《公安机关互联网安全监督检查规定》第 9 条规定，公安机关应当根据网络安全防范需要和网络安全风险隐患的具体情况，对互联网服务提供者和互联网使用单位开展监督检查。

公安机关开展监督检查，可以采取进入相应场所、要求相关负责人或者网络安全管理人员对监督检查事项作出说明等措施。公安机关在互联网安全监督检查中，发现存在网络安全风险隐患，应当督促指导其消除风险隐患，并在监督检查记录上注明；发现有违法行为，可责令整改。

（三）市场监督管理部门

市场监管总局负责市场综合监督管理，起草市场监督管理有关法律法规草案，制定有关规章、政策、标准，规范和维护市场秩序，营造诚实守信、公平竞争的市场环境。上述工作职责也涉及较多的数据安全、个人信息保护管理等。

在数据合规监管领域的标准工作开展中，市场监管总局对外保留国家标准化管理委员会牌子，以国家标准化管理委员会名义，下达国家标准计划，批准发布国家标准，审议并发布标准化政策、管理制度、规划、公告等重要文件，承担国务院标准化协调机制日常工作。例如，国家推荐性标准《信息安全技术　个人信息安全规范》，该标准文件即通过推荐标准的形式，对信息安全与个人信息安全进行标准性的规范。

数据安全认证也是数据合规监管的重要组成部分，2022 年 6 月，市场监管总局、国家网信办联合印发《关于开展数据安全管理认证工作的公告》，公告所开展的是管理体系认证。

(四)国家数据局

国家数据局由国家发展改革委管理，负责协调推进数据基础制度建设，统筹数据资源整合共享和开发利用，统筹推进数字中国、数字经济、数字社会规划和建设等。

国家数据局研究拟订数字中国建设方案、协调推动公共服务和社会治理信息化、协调促进智慧城市建设、协调国家重要信息资源开发利用与共享、推动信息资源跨行业跨部门互联互通等；统筹推进数字经济发展、组织实施国家大数据战略、推进数据要素基础制度建设、推进数字基础设施布局建设等。

四、监管措施

(一)履行数据合规监管职责部门的执法措施

不履行数据安全保护义务的，应由有关主管部门责令改正，给予警告，并处罚款，对直接负责的主管人员和其他直接责任人员可以处以罚款；拒不改正或者造成大量数据泄露等严重后果的，在处以罚款的同时，可以责令暂停相关业务、停业整顿、吊销相关业务许可证或者吊销营业执照。执法措施较为全面立体。

涉及执法措施的特别规定中，在数据出境问题上，针对向外国司法或者执法机构提供数据的行为，无论是否属于重要数据，均需要经过主管机关批准。

个人信息保护的监管机构在履行职责时，具有相应的执法权，能够采取相应的行政措施。履行个人信息保护职责的部门可以采取行政调查的手段，询问有关当事人，调查与个人信息处理活动有关的情况。同时，查阅、复制有关资料等也是履行个人信息保护职责部门进行行政调查的方法。履行个人信息保护职责的部门可以采取行政检查行为和行政强制措施。其可以通过现场检查，对涉嫌违法的个人信息处理活动进行调查；而为防止隐匿转移或灭失等，也可以开展查封或扣押的行政强制措施。①

① 参见孔祥稳：《论个人信息保护的行政规制路径》，载《行政法学研究》2022年第1期。

（二）行政约谈与强制合规审计

在履行数据安全监管职责中，除明确的行政执法措施外，行政约谈也是监管措施的重要组成部分。当有关部门发现数据处理活动存在较大安全风险时，可以按照规定的权限和程序对有关组织、个人进行约谈，并要求有关组织、个人采取措施进行整改，消除隐患。

《个人信息保护法》第 64 条规定，履行个人信息保护职责的部门在履行职责中，发现个人信息处理活动存在较大风险或者发生个人信息安全事件的，可以按照规定的权限和程序对该个人信息处理者的法定代表人或者主要负责人进行约谈，或者要求个人信息处理者委托专业机构对其个人信息处理活动进行合规审计。

个人信息安全事件，是指由于人为原因、软硬件缺陷故障、自然灾害等，大量个人信息泄露、被非法窃取等对社会造成负面影响的事件。近年来，部分信息技术领域的公司，时有用户数据相关的重要安全事件发生。而通过行政约谈、强制合规审计等方式，可以有效实施监管。①

五、数据合规监管的现状与展望

（一）数据合规监管的发展动态

国家网信办制定或修订《互联网用户账号信息管理规定》《互联网信息服务深度合成管理规定》《互联网弹窗信息推送服务管理规定》《移动互联网应用程序信息服务管理规定》《互联网跟帖评论服务管理规定》等管理制度。最高人民法院、最高人民检察院、公安部制定《关于办理信息网络犯罪案件适用刑事诉讼程序若干问题的意见》，最高人民法院制定《关于审理网络消费纠纷案件适用法律若干问题的规定（一）》《关于加强区块链司法应用的意见》《关于规范和加强人工智能司法应用的意见》等，明确信息网络犯罪案件、网络消费纠纷案件法律适用，完善区块链、人工智能司法应用规定。

《个人信息出境标准合同办法》贡献数据跨境流动中国方案；《数据出境安全

---

① 参见高秦伟：《论个人信息保护的专责机关》，载《法学评论》2021 年第 6 期。

评估办法》明确评估情形，提出评估要求；《数据安全管理认证实施规则》规范网络数据处理；市场监管总局、国家网信办联合发布《关于实施个人信息保护认证的公告》。

2022年，全国网信系统累计依法约谈网站平台8608家，警告6767家，罚款处罚512家，暂停功能或更新621家，下架移动应用程序420款，会同电信主管部门取消违法网站许可或备案、关闭违法网站25,233家，移送相关案件线索11,229件。[①]

数据合规监管执法手段立体多样。监管机关使用罚款等手段对违规企业和个人进行处罚。市场监管部门也对侵害个人信息权益的经营者开出多张高额罚单。同时，通报、警告、责令改正等手段也成为主要的执法方式。以工信部门和网信部门对违规App的通报为例，其在检测中发现App存在违规情形后，首先会对违规App提出整改要求，在限期内未按要求完成整改的App才会被公开通报，且通报中仍会要求这些App在限期内完成整改落实工作，若仍未完成整改才会依法依规对其采取约谈、下架乃至罚款等措施。

国家网信办密集出台了《网络安全审查办法》《数据出境安全评估办法》等多部规章，充分体现了国家对于信息出境安全的重视。维护国家安全是企业数据合规的底线和红线。

数据合规监管，总体呈现发展积极的态势，对企业的数据合规提出了更加谨慎的注意义务和更高的要求。

（二）数据合规监管面临的挑战

当前，新一轮科技革命和产业变革突飞猛进，数字领域国际标准体系和治理规则面临深刻变革。数据跨境流动、数字主权、数字安全与数字税等领域的理念、制度、规则之争愈加激烈。新技术、新应用的持续涌现带来了新挑战，生成式人工智能（Artificial Intelligence Generated Content，AIGC）等新技术加快实现，数字治理方式手段相对滞后，"事后管理""多头管理"的问题依然存在。

国家网信部门统管、各行业主管部门在各自职责范围内负责个人信息保护

---

① 参见薛涛：《2022年8608家网站平台被网信部门约谈》，载新华网2023年1月27日，http://www.news.cn/2023-01/27/c_1129314799.htm。

和监督管理工作。除网信部门外，工信、市场监管、金融等多行业主管部门均已参与到数据合规监管活动中。同时，在地方层面，地方网信办、通信管理局、市场监督管理部门等地方政府组成部门开展了大量数据合规监管工作。地方网信办主要负责对其行政区域内的 App 开展检测和违规 App 的通报工作，并对部分未及时整改的 App 相关负责人进行约谈。地方通信管理局负责对 App 的检测工作并对违规 App 进行通报，开展网络和数据安全检查。数据合规监管的执法对象涵盖了交通出行、餐饮服务、金融、教育等多个行业的企业和 App，同时也包括了政府委托开发的政务服务类 App。

多主体共同参与数据合规监管工作反映了我国数据合规监管行政执法体系长期存在的"多头治理"问题，即网信、工信、市场监管、公安、金融等多个领域的主管部门都负有监管职责。2012 年，全国人大常委会通过了《关于加强网络信息保护的决定》，该决定中规定"有关主管部门应当在各自职权范围内依法履行职责"；在 2016 年出台的《网络安全法》中确立了网信部门在网络安全领域的"统筹协调"职责；在《个人信息保护法》中仍然采用"国家网信部门统筹协调，有关部门各自负责"的执法体系。

（三）数据合规监管的展望

2022 年 12 月，中共中央、国务院发布《关于构建数据基础制度更好发挥数据要素作用的意见》（以下简称"数据二十条"），提出了 20 条政策举措，从数据产权、流通交易、收益分配、安全治理四方面初步搭建我国数据基础制度体系。数据基础制度包括四项制度：数据产权制度、数据要素流通和交易制度、数据要素收益分配制度、数据要素治理制度。在保障措施方面，"数据二十条"提出鼓励有条件的地方和行业在制度建设、技术路径、发展模式等方面先行先试，鼓励企业创新内部数据合规管理体系，不断探索完善数据基础制度。未来构建数据基础制度体系的探索将持续进行，相关立法也将围绕该政策导向展开。数据基础制度的建立和完善将有助于促进数据合规和高效流通，充分实现数据要素价值。

数据合规是全流程、全周期的合规。"过程治理"意味着企业必须持续追踪和监督数据合规情况。

"协同治理"体现在数据合规监管的行业特点上。互联网在各个领域高度融合，工业、交通、金融、教育等行业都进行了数字化转型，因此对互联网行业的监管不可避免地触及“传统行业”领域，而“传统行业”领域的监管也必然向互联网方向延伸，监管的重叠难以避免。因此，有必要出台明确的规定来划分不同部门的监管职责，并制定相应的协调机制以应对职责冲突的情况，其也能够为个人信息执法提供更具明确性、可预期性的合规指引。

算法领域的合规监管将继续深入开展，针对不同算法技术的应用服务提出细化的监管要求，为企业利用算法技术、提供算法服务提供详细的合规指导。

数据领域规则不断纵深细化、通过制定标准形成实践指引，不同行业、领域内的监管机构将基于本行业、领域的特点，继续制定所在行业和领域适用的数据保护规则和指南。这些监管规则和指南将趋向细节性和可操作性，为市场参与者提供更加明确的合规实践指引。

网信部门和工信部门在网络安全、数据安全和个人信息保护领域的执法权限、范围和程序明确，并在此基础上进一步加大网络执法监督检查工作力度，不断完善网络执法监督检查工作体系，强化网络执法日常监督检查。

国家在网络数据处理、个人信息处理、个人信息出境以及网络安全服务等方面陆续推动实施多项认证工作，并大力鼓励企业通过认证方式贯彻落实有关规定。“认证”有望成为不同市场参与者在开展合规工作时可选择的路径之一。认证规则，如认证机构的确定、认证申请条件和流程等，还有待进一步完善和细化。

企业面临的网络攻击风险突出，防范数据泄露风险依然会是数据合规工作的重点。企业应该结合自身情况，采取合理和适当的措施，建立数据安全治理体系，以最有效的方式保护数据的全生命周期安全。

六、结　　语

国家机关履行数据合规监管职责，提供了立体详尽的保护和救济。多部核心法律法规既有国家机关处理数据安全与个人信息的规定，也补充完善了国家机关履行职责的内容。

数据合规监管不能停留于纸面的权利义务要求，还需要重视实施中的问题和挑战，在信息产业的快速发展中平衡数据安全与个人信息权益的保护。充分调动和统筹履责部门的工作开展；通过对新技术、新应用、新场景不断进行具体规则的研究与推进，通过标准工作的持续高效开展，有力适应新形势下数据安全、敏感个人信息的突出保护需求;积极响应社会需求,广泛开展投诉举报信息的综合处理、完善机制,通过技术发展推动数据安全与个人信息保护业务的效率提升。

未来,随着数据合规监管的推进,其将在更多场景下纵深发展。期待有关部门能够推动法律法规和政策体系持续完善,建立健全数据分类分级保护基础制度,健全数字领域技术标准体系,以标准化带动企业数字技术产业创新。建设公平规范的数字合规监管、治理生态,推动全社会数据产业的健康发展。

个人信息保护司法概况及展望

何 啸

一、案件类型和数量的趋势分析

本文选取了人格权纠纷、隐私权纠纷、网络侵权责任纠纷、名誉权纠纷、个人信息保护纠纷等案件，同时针对商事主体之间的合同纠纷、不正当竞争纠纷中涉及个人信息的案件，以及部分涉及个人信息的公益诉讼案件，并结合部分涉及个人信息的刑事典型案例作为分析目标，从时间维度、案件类型维度、请求权类型维度、是否获得法院支持及其原因等维度，进行趋势分析。

检索方法一：在裁判文书网检索，以全文包含“个人信息保护法”，文书类型是“判决书”为维度，检索日期为2023年7月23日。

2021年共15件，考虑到《中华人民共和国个人信息保护法》（以下简称《个人信息保护法》）在2021年11月1日才正式实施，这一数据恰恰说明了社会各界、各司法机关对个人信息保护法的高度热情。在这些案件中，不乏原告主张应当适用尚未生效的《个人信息保护法》。① 对此，有的司法机关认为适用新法审理更有利于对原告个人信息权益的保护；②有的司法机关认为案涉纠纷发生在《个人信息保护法》生效之前，事实持续至《个人信息保护法》施行后等情形。③

2022年共97件，其中民事案件55件，刑事案件42件。文书数量较多的省

---

① 参见北京市第二中级人民法院民事判决书，(2021)京02民终11063号；江苏省扬州市中级人民法院民事判决书，(2021)苏10民终2610号；湖北省黄冈市中级人民法院民事判决书，(2021)鄂11民终3136号。

② 参见山东省济南市历下区人民法院民事判决书，(2021)鲁0102民初9788号。

③ 参见广州互联网法院民事判决书，(2021)粤0192民初17422号。

份分别是广西 23 件,北京 19 件,山东 9 件,黑龙江 7 件。

2023 年共 26 件,其中民事案件 21 件,刑事案件 5 件。文书数量较多的省份分别为北京 8 件,辽宁 5 件,广东 4 件。

检索方法二:筛选出涉及征信的个人信息保护案件。

2022 年 18 件,占总量 97 件的近 19%,其中刑事案件 11 件,民事案件 7 件。2023 年 3 件,占总量 26 件的近 12%,其中民事案件 2 件,刑事案件 1 件。

检索方法三:以全文包含"个人信息保护法""平台",文书类型是"判决书"为维度,检索日期为 2023 年 7 月 23 日。

2021 年共 7 件,其中民事案件 6 件,刑事案件 1 件。文书较多的省份是广东 3 件。

2022 年共 30 件,其中民事案件 22 件,刑事案件 8 件。文书数量较多的省份分别是北京 10 件,山东 4 件。

2023 年共 18 件,其中民事案件 16 件,刑事案件 2 件。文书数量较多的省份分别是北京 7 件,广东 3 件,浙江 2 件。

以上数据呈现如下特点:《个人信息保护法》出台后的 2022 年,各地法院受理的个人信息保护相关案件明显较多,原因可能是新鲜感。个人信息保护案件经历了一番尝试、试探之后的 2023 年,其数量开始下降,民事案件降幅不大,刑事案件降幅较大。另一种可能是大型数据处理者,为了避免自身在诉讼案件中文书公开,采取了和解、调解等方式,使大量诉讼案件(无论是有利的还是不利的)的生效文书未能上网。

二、不同类型案件中的司法概况与特点

(一)总量下降、重要性提升的刑事案件

2020 年 4 月,公安部公布 10 起侵犯公民个人信息违法犯罪典型案件。2022 年 7 月,浙江法院发布侵犯公民个人信息犯罪十大典型案件。2022 年 12 月,最高人民法院发布第 35 批共 4 件指导性案例,均为公民个人信息保护刑事案例。依据最高人民检察院 2023 年 3 月 2 日发布的消息①,2020 年全国检察机关起诉

① 参见《依法严惩侵犯公民个人信息犯罪 2022 年检察机关起诉 9300 余人》,载中国长安网,https://www.chinapeace.gov.cn/chinapeace/c100007/2023-03/02/content_12637562.shtml。

侵犯公民个人信息犯罪6000余人,2021年起诉人数攀升至9800余人,2022年起诉9300余人,近3成被告人被判处3年以上有期徒刑。

根据最高人民检察院2022年11月进行的数据统计①:2018年以来,全国检察机关以侵犯公民个人信息罪批捕16,459人、起诉33,417人,其中,2022年1月至9月批捕1199人、起诉6223人,较2018年同期分别下降47.2%、上升87.9%。

这一数据变化的背后,并不是对个人信息保护重视程度下降,而是基于个人信息保护措施日益丰富、手段日益健全、效果已有初步体现,作为最严厉的刑事打击手段,刑事审判已不再是保护个人信息的有效措施。

刑事打击范围在发生微妙变化,部分之前属于刑事案件的个人信息保护案件,以民事案件或者公益诉讼的方式完成。

例如,四川省自贡市人民检察院就李某某等个人信息保护纠纷一案提起公益诉讼,2021年12月10日,四川省自贡市中级人民法院作出(2021)川03民初102号民事判决书,此类案件属于承担刑事责任后仍应对其侵害众多自然人个人信息的行为承担民事责任的情形。

在司法途径上,民事诉讼、公益诉讼也成为保护公民个人信息的重要方式,相较于刑事手段的高成本,以民事诉讼保护个人信息则具有易启动、小成本的特点。较之刑事手段的严厉性,公益诉讼又有宽严相济、具有柔性空间的特点。刑事案件的下降,也许是个人信息领域常态化保护、长效保护、多元化保护的积极信号。

(二)作用日益重要的公益诉讼

2021年8月通过的《个人信息保护法》,专设公益诉讼条款,明确将个人信息保护纳入检察公益诉讼法定领域。2021年11月1日,《个人信息保护法》正式实施,明确授权检察机关可以提起个人信息保护领域公益诉讼。全国检察机关2022年共立案办理个人信息保护公益诉讼案件6000余件。

2021年8月6日,北京市海淀区人民检察院发布公告称,微信的"青少年模式"不符合《中华人民共和国未成年人保护法》(以下简称《未成年人保护法》),

---

① 参见史绍丹、张子璇:《数据变化看检察:2019年以来检察机关办理个人信息保护领域公益诉讼案件7109件》,载最高人民检察院官网,https://www.spp.gov.cn/zdgz/202211/t20221110_592334.shtml。

侵犯了未成年人合法权益,人民检察院可依法支持民事公益诉讼。

2021 年 8 月 21 日,最高人民检察院下发《关于贯彻执行个人信息保护法推进个人信息保护公益诉讼检察工作的通知》,规范相关公益诉讼案件办理,切实履行好公益诉讼检察的法定职责。2023 年 3 月 30 日,最高人民检察院公布“个人信息保护检察公益诉讼典型案例”。①

2021 年 9 月 2 日,由重庆市人民检察院第一分院支持起诉的重庆市首例消费者个人信息保护民事公益诉讼案在重庆市第一中级人民法院开庭审理。这是《个人信息保护法》2021 年 8 月 20 日颁布后(但未正式实施)全国开庭审理的第一例有关个人信息保护的民事公益诉讼案件。

依据最高人民检察院网站 2022 年 2 月 27 日发布的《检察机关维护个人信息安全》,2021 年,共办理个人信息保护领域公益诉讼案件 2000 余件,同比上升近 3 倍。2021 年,检察机关共办理网络侵害个人信息公益诉讼案件 800 余件,同比上升约 1.7 倍。

笔者尝试对“公益诉讼”进行如下检索:以全文包含“个人信息”“公益诉讼”为维度,检索日期为 2023 年 7 月 23 日。检索到的结果为 2023 年 28 件,2022 年 111 件,2021 年 126 件,2020 年 109 件,2019 年 34 件。在这些案件中,刑事案件 360 件,民事案件 49 件,行政案件 25 件。

数据是枯燥的,但特点是明显的,试总结如下。

1. 各类主体共同参与,针对大规模侵害用户个人信息的行为提起公益诉讼

自《个人信息保护法》施行以来,各地法院宣判了多起涉及个人信息保护的案件。个人信息民事公益诉讼案件在其中占据不小比例。

据杭州互联网法院微信公众号 2021 年 11 月 1 日发布的消息,2021 年 11 月 1 日,杭州互联网法院公开开庭审理公益起诉人拱墅区人民检察院诉被告刘某个人信息保护纠纷民事公益诉讼案,并当庭宣判,判令被告刘某承担损害赔偿金 1.4万余元,并在国家级媒体上公开赔礼道歉。

据网信浙江公众号 2022 年 1 月 12 日发布的《个人信息保护法施行两个多月　公益诉讼成为个人信息保护利器》,江苏省常州市中级人民法院公开宣判

① 参见《个人信息保护检察公益诉讼典型案例》,载最高人民检察院官网 2023 年 3 月 30 日,https://www.spp.gov.cn/spp/xwfbh/wsfbt/202303/t20230330_609756.shtml#2。

了公益诉讼起诉人常州市人民检察院与被告田某个人信息保护民事公益诉讼一案，依据《个人信息保护法》的规定，判决田某在国家级媒体上向社会公众赔礼道歉，并赔偿9000余元。2021年12月10日，江苏省扬州市中级人民法院开庭审理侵害个人信息民事公益诉讼案件，当庭判处被告张某甲、张某乙对社会公众道歉，并对其损害的社会公共利益承担停止侵权和赔偿损失的责任。

这些个案和现象本身就具有制度意义，一次公开教育的成效远强于许多次的具体打击。参与到公益诉讼个案中的不仅是消费者协会、检察院、法院、被诉讼人、被侵害的个人用户，更重要的是社会公众。

2. 公益诉讼对象从侵犯个人信息的刑事犯罪到针对大型企业的特殊群体权益保护案件

如前文提到了2021年8月北京市海淀区人民检察院对腾讯旗下产品微信的“青少年模式”不符合《未成年人保护法》的公益诉讼公告。对于大型企业而言，公益诉讼的督促整改的效果远强于公益诉讼裁判结果的作用，由于公益诉讼的发起要经历“公告—调查—听证”等漫长的过程，各大型企业在个人信息保护的风口浪尖，一旦收到公告，将被调查和听证，其必将调动自身力量进行合规整改，必将调动自身资源与公益诉讼发起者进行和解，可以预见，针对大型企业的个人信息公益诉讼以判决形式结案的将不会成为常态。杭州市余杭区人民检察院诉某网络科技有限公司个人信息民事公益诉讼案，以及诉北京快手科技有限公司未成年人保护民事公益诉讼案，均以调解方式结案，似乎也验证了上述观点。而通过公益诉讼对大型企业进行教育、对大型企业的违法行为进行补救，将会是此类公益诉讼的常态。

法不以惩罚为目的，公益诉讼制度也不是一定要以判决为结案依据。通过公益诉讼制度的设立，实现各类企业按照监管政策要求，升级相关服务功能，调整原有的业务模式，也许是公益诉讼制度最希望看到的结果。

通过对于个人信息违法行为的公益诉讼，个人信息非法获取、过度采集等现象得到有效遏制；企业的合规成本升高，但公众的个人信息得到了更好保护；从短期来看，相关的成本确实会增加，但从长期来看，一个更加全面和完善的个人信息保护制度体系正逐步形成。

3. 行政公益诉讼开始发力，督促行政机关切实履行个保义务

行政机关在达致某些行政目的时也不可避免地要收集、公开个人信息等。

2023年3月30日，最高人民检察院发布“个人信息保护检察公益诉讼典型案例”，其共8个案例，涉及行政公益诉讼的为4件，占比一半。各案例中都是以检察机关向相关行政机关发布检察建议，并未依据《个人信息保护法》第70条规定的行政公益诉讼方式，将行政机关作为被告正式提起行政公益诉讼，而是检察机关“在履行法律监督职责中发现行政机关违法行使职权或者不行使职权的，可以依照法律规定制发检察建议等督促其纠正”。

与之具有可比性的是资源环境领域的行政公益诉讼，在2021年9月15日，最高人民检察院发布的“检察公益诉讼起诉典型案例”①中，就有案例②明确将行政机关作为被告提起行政公益诉讼，并且最终判决行政机关败诉。

对于此种区别，笔者的观点如下：一是相比于环境资源类侵权行为，个人信息类侵权行为的纠正更加方便可执行。对于行政执法而言，成本不如环境资源类执法高，因此行政机关拒不履行保护个人信息职责，成本很高，收益却较低。二是相比于环境资源类违法行为，个人信息保护违法行为更具有隐蔽性，行政机关是否在收到检察建议后拒不改正，本身已是难以查明，改正的后果如何，也并非事实清楚。三是对于行政机关作为个人信息处理者，其自身行为侵害了众多个人信息利益的情形，本身也具有复杂性。较难将事态发展到需要以行政机关作为被告的地步。因此，即便是检察建议并不具有强制性效力，但其已经能够发挥出较大的对行政机关处理个人信息过程中的督促作用，而未来是否会出现将行政机关作为行政公益诉讼的被告，将取决于政府在个人信息保护中发挥何种职能观念的进一步形成。

“刚性”的诉讼制度作支撑已经被写入法典，柔性检察建议已经在实践中发挥作用。在政务活动和个人信息保护之间，如何兼顾、平衡的探索将一直持

---

① 参见《检察公益诉讼起诉典型案例》，载最高人民检察院官网，https://www.spp.gov.cn/spp/xwfbh/wsfbt/202109/t20210915_529543.shtml#2。

② 具体案例如下：案例一，2019年7月23日，赛罕区人民法院作出一审判决，判决支持了检察机关的诉讼请求，认为市城管局具有对案涉建筑垃圾渣土堆进行清理的法定监管职责。案例二，2019年5月29日，德惠市人民法院判决：确认德惠市朝阳乡人民政府原不依法履行生活垃圾治理职责违法。案例三，2020年8月31日，浉河区人民检察院向浉河区人民法院提起行政公益诉讼，诉请确认被告未依法履行林业执法监管职责的行为违法。案例四，2020年7月6日，老河口市人民检察院向老河口市人民法院提起行政公益诉讼，请求法院判令老河口市农业农村局对汉江老河口段电打鱼、地笼网等非法捕捞现象全面履行监督和管理职责。2020年12月24日，老河口市人民法院作出行政判决，判决支持检察机关诉讼请求，目前判决已生效。

续。公益诉讼正在显示教育和补救效果，弥补行政罚款、刑事制裁柔性不足的缺点。

（三）形态丰富、面向未来的民事案件

1. 当事人的诉请更加明确，诉讼主张更加丰富

《网络安全法》、原《中华人民共和国民法总则》颁布实施前，因缺乏明确法律依据，个人信息权益受到侵害时，当事人多以侵犯隐私权①、侵犯一般人格权、侵犯商业秘密等方式提起诉讼。初期的诉讼主张往往停留在常见的身份证、姓名等明显具有识别功能的信息，也有将部分已经合法公开的信息，诸如来源公开渠道（如企业黄页）的信息主张为个人隐私的而未能获得法院支持的案例②，也有收集使用个人信息中是否构成侵犯安宁权等“不纯粹”的个人信息案件③。

自《个人信息保护法》颁布实施以来，关于个人信息的诉讼案件中，原告已经能够明确依据《个人信息保护法》的规定，提出与法律规定相匹配的诉讼主张。查询权、复制权等具体的权益成为诉讼请求的重要内容，同时关于个人位置信息、网络行为痕迹、个人征信信息④、软件使用记录⑤、通讯录或好友关系数据⑥，甚至个人画像⑦等与人格利益息息相关的信息也成为司法诉讼中的诉讼主张。

2. 法院裁判规则日益清晰，更加聚焦个人信息保护的基本问题

首先，个人信息保护纠纷成为正式的、独立的民事案由，让个人信息保护案

---

① 参见北京市海淀区人民法院民事判决书，(2015)海民初字第10634号；北京市第一中级人民法院民事判决书，(2017)京01民终509号，庞某某诉中国东方航空股份有限公司、北京趣拿信息技术有限公司隐私权纠纷案经历了一审驳回原告诉讼请求，二审改判支持原告诉讼请求。

② 参见王某诉北京奇虎科技有限公司隐私权纠纷案，北京市西城区人民法院(2015)西民初字第28460号民事判决书。

③ 参见广东省深圳市南山区人民法院(2020)粤0305民初825号民事判决书认定不构成侵犯安宁权，但二审广东省深圳市中级人民法院(2021)粤03民终9583号民事判决书改判对原告的合理之处进行承担。

④ 征信信息由于符合合法、正当、必要原则，属于个人信息的合理使用，较难出现以个人征信为由主张个人信息权利的胜诉案件。

⑤ 参见北京市海淀区人民法院(2018)京0108民初25154号民事判决书，判令被告删除其保留的个人信息。

⑥ 参见广东省深圳市中级人民法院民事判决书，(2021)粤03民终9583号；北京互联网法院民事判决书，(2019)京0491民初16142号。

⑦ 参见广州互联网法院(2023)粤0192民初256号案件对交易过程中处理和分析的用户数据所形成的用户画像进行了审查。

件不再受制于案由的禁锢。

2020年12月29日,随着《最高人民法院关于修改〈民事案件案由规定〉的决定》(法〔2020〕346号)的颁布,"个人信息保护纠纷"成为能够单独适用的民事案由。这一案由的确立,意味着司法对个人权利的保护有了具体的诉讼制度支撑,也弥补了"隐私权纠纷"、"名誉权纠纷"和"一般人格权纠纷"等案由无法对个人信息进行全方位保护的不足。正如前文所述,当事人的诉请更加明确也得益于这一具体司法制度的落地。

其次,案由制度的落地,也催生了法院裁判日益清晰。以查询权、复制权为例,司法裁判通过大篇幅的文书说理,一方面,论述查阅、复制的主体应对个人信息享有合法合理利益;另一方面,论述对个人信息的保护不应侵害其他主体合法权益,并尽可能对其他个人信息主体影响较小。再以删除权为例,法院会从收集的相关个人信息是否取得了同意、是否存在主动删除相关个人信息的情形来进行说理分析。

这些虽然并不是统一的规范性文件,却以个案、类案的方式,对何谓个人信息权益、如何分析和审理关于个人信息的案件、如何保护个人信息作出了示范性意义的裁判规则,即便在一个非判例法的国家,此种裁判规则的确定也具有更加深远的现实意义和示范意义。

同时值得注意的是,在民事案件中,驳回原告诉讼请求的案件不在少数。但判令信息处理者履行个人信息保护职责的案例①也逐步出现,其中不乏大型、超大型的信息处理者。即便拥有强大的数据合规团队,面对纷繁复杂的个人信息使用形态、数据合规的具体要求,行业依然面临来自司法裁判的压力。裁判结果倒逼行业合规正在逐步显现。

3. 特殊身份参与其中成为突出特点,律师、学者、数据从业者居多

个人信息的司法保护方兴未艾,依然具有研究属性、试验属性较强的特点,这也成为法律专业人士、数据从业人士试验和探索的战场。例如,清华大学法学院教授劳东燕因为小区使用人脸识别作为门禁,从人脸识别信息被滥用角度开

① 参见北京市朝阳区人民法院民事判决书,(2018)京0105民初36658号;北京互联网法院民事判决书,(2022)京0491民初2138号;广东省广州市中级人民法院民事判决书,(2022)粤01民终3937号;北京互联网法院民事判决书,(2021)京0491民初5094号。

始向物业公司维权。[①] 最终,这场维权未能进入司法程序,但对个人信息保护制度中以个人同意为基础的法律保护机制有了更深的舆论和理论基础,也让"个人信息被不当运用所产生的风险主要由数据主体来承担"这一学术主张有了更深的拥趸。又如,麦某某与北京法先生科技有限公司等网络侵权责任纠纷案[②],麦某某作为职业律师,向一家法律平台公司发起了维权,认为法先生公司收集和使用麦某某本人的相关信息,用于其律师业务评价、中介推荐服务,侵犯其个人信息。该案双方均为专业法律人士,其交锋可谓激烈。而审理法院则从权利规范的审查方法、是否应当采用对世权及绝对权的维权形式、保证决策的透明度和结果公平公正等角度,综合考量个人信息背后的多重权益,不断探寻个人信息的合理边界。

特殊身份的参与,是试验、是尝试,也是宣传、是唤醒。个人信息权利保护的漫漫征途才刚刚开始,先行者的探索不会必然带来大众的追随,路程会因此而更清晰。

4. 司法案例在法律认定上具有探索性和创新性

关于个人信息保护、个人信息合规的行业做法,司法并未给予完全的认同,这是一个司法判例用法律说理和法律分析去与部分行业现行做法进行博弈的过程,在这个过程中司法正在逐步跳出当下、不断刺痛"行业惯例"的神经,逐步学会了走向未来。在产业发展与个人信息保护之间,司法无疑更愿意选择后者,即便是面对"符合业界标准且合理可行的数据安全保护措施以保护原告的个人信息"的抗辩,即便是数据企业要求平衡个人信息保护和数据要素合理流动中的产业发展问题,但司法案例依然作出了商业运营不影响个人信息的认定、许可使用并不等于放弃或转让了个人权利的论断。

面向未来的司法态度还体现在个人信息处理活动领域新业态的发展、新技术的应用、新问题的出现时,以裁判文书的权威性给个人信息处理者提出建议,以裁判文书的公开性要求信息处理者提高个人信息处理活动的合规标准和安全

---

① 参见刘昱秀:《与"人脸识别"较劲的教授:谁是最大受益者,谁就对风险负责》,载澎湃新闻网 2021 年 2 月 23 日,https://www.thepaper.cn/newsDetail_forward_11416767;《法学教授的一次维权:人脸识别的风险超出你所想》,载澎湃新闻网 2020 年 10 月 21 日,https://www.thepaper.cn/newsDetail_forward_9640715。

② 参见广州互联网法院民事判决书,(2022)粤 0192 民初 20966 号。

保障水平。

这种探索性和开放性也似乎暗含着如下这番道理：个人信息的法律规范并非自始基于一个预先设计的规划，而是因应侵害形态、科技进步、保护必要性及人民的权利意识而形成，处于一种快速变动的发展过程。此时，司法裁判的功能不仅仅在于定分止争，更是为权利保护和市场活动厘清规则边界。①

三、面向未来的个人信息司法保护

（一）需要解决的几个根本问题

1. 个人信息的范围、属性

个人信息保护的法益基础不是明确的个人信息权利确权，而是衍生的基础法益，如复制权、查询权、可携带权。这不同于肖像权、隐私权等传统权利。这也是个人信息保护的规范不同于传统民法权益之处。

而个人信息司法保护首先要回答的问题就是：关于某项信息是否属于个人信息。提供历史车况信息的行为是否侵犯原车主的个人信息权益②，需要从脱敏以及可识别的角度去分析。订购机票过程中产生的信息属于民法所保护的个人信息，恰恰因为其包含了可以识别到个人的具体信息。③ 而微信好友关系、读书信息则被法院以一种“场景化模式”来判断是否属于隐私信息④。由于微信好友关系，读书信息均具有个人信息的典型特征——可识别性，从而法院认定其属于个人信息。

上述问题在一个个的司法判例中不断发生，也在启发我们去思考一些问题：什么是个人信息，个人信息的范围和属性，个人信息与隐私信息的异同。但我们可以肯定，如果将各个信息机械地割裂，分别考量是否属于个人信息，既脱离个人信息使用的现实情况，又与加强个人信息保护的立法意图相悖。⑤

---

① 参见杭州互联网法院民事判决书，(2022)浙0192民初4259号。

② 参见广州互联网法院民事判决书，(2021)粤0192民初928号。

③ 参见北京市朝阳区人民法院民事判决书，(2018)京0105民初36658号。

④ 参见北京互联网法院民事判决书，(2019)京0491民初29664号。

⑤ 同上。

2. 请求权基础、可诉性、起诉条件是司法审查的前提

个人在个人信息处理活动中权利的可诉性和起诉条件是司法程序要解决的首要问题。

《个人信息保护法》第 50 条第 2 款明确规定:“个人信息处理者拒绝个人行使权利的请求的,个人可以依法向人民法院提起诉讼。”诉权是以“个人信息处理者拒绝个人行使权利的请求”为前提,即设置了个人向法院提起请求权救济的前置条件。

从合同约定的层面看,通过《隐私协议》《注册协议》等文本构建了个人行使权利的申请受理及处理机制,既符合法律的要求,也符合意思自治的原则。前置性地行使个人信息知情权和决定权,而不是径行向法院请求救济其在个人信息处理活动中享有的权利,这是“个人信息权利请求权”的起诉受理条件,也是司法审查的前提条件。

3. 权利交叉、权利竞合问题

一是不同权利之间的交叉问题。不同的请求权基础,存在交叉。如个人信息权利与隐私权、名誉权、人格权之间,个人信息权益属于人格权益,个人信息保护源于对个人私生活的尊重和个人事务自决(自由)原则,违法处理个人信息可能侵害到自然人的人格尊严,但个人信息权益不等同于人格权,个人信息权益只是一种民事权益,不具有绝对权的保护强度,侵害个人信息权益并不必然导致人格尊严受损等精神损害后果,特别是尚未发生实质性损害的情况下更是如此。

二是个人信息之间的重合交叉问题。当一个涉案的信息不再是纯粹的某个人的个人信息,而是包含了他人的信息时,个人信息权利请求的基础可能因为个人信息竞合而不再能被支持,因为一个人只能处分自己的权利,也只能向法院请求裁决自己的权利。例如,北京互联网法院审理某个人信息保护纠纷案时认为,用户的浏览记录为个人在网络活动中的行为记录,既是用户的个人信息也可能涉及视频发布者的个人信息,在保护个人信息的同时也应遵循诚实信用原则。而类似的情形还发生在死者的个人信息上,网络服务提供者在处理死者个人信息时应合法、必要、正当,不应不加任何限制地允许近亲属以一切手段对死者的相关个人信息主张权利。死者的个人信息权利是否由某个继承者来继承,是否成为继承者个人信息的一部分,这事关某一法律主体个人信息权利的内涵和外延,以及在具体场景中确立个人信息收集与利用行为的合理边界,依然会成为司

法实务界、理论界探讨的焦点。

4. 个人信息中的举证证明责任

在民事诉讼中,最为基本的证明责任是:对负有举证证明责任的当事人提供的证据,人民法院经审查并结合相关事实,确信待证事实的存在具有高度可能性的,应当认定该事实存在。

而个人信息保护适用的是过错推定责任,即被指控侵权的个人信息处理者需要证明自己的处理行为没有过错,并证明其行为与侵害结果没有因果关系。但是,无过错属于一种消极事实,个人信息处理者要证明一种消极事实的存在状态,需要更为明确的司法证明责任标准进行指引。

而在 2017 年的庞某某诉中国东方航空股份有限公司、北京趣拿信息技术有限公司隐私权纠纷案中,这种证明责任倾斜的审判思路就早已形成,法院判决指出:法律不能也不应要求庞某某确凿地证明必定是东方航空或趣拿公司泄露了其隐私信息。此处,个人信息是否必然由信息处理者泄露的举证责任并不完全由原告证明,接下来,举证责任转移至信息处理者。若信息处理者(平台)能够采取多项安全管理措施,防止用户个人信息泄露,履行了必要的用户信息安全保护义务,不存在违规处理个人信息的行为,则难以达到被认定应当承担举证不能的后果。若举证责任转移后的证明,未能达到排查合理怀疑的标准,则可能被判令承担过错责任。这一责任的分配,一方面,是基于平台的信息处理能力与平台用户个人的举证能力不具有对等性,而在举证责任上作了适当的倾斜;另一方面,是对平台已尽勤勉尽责义务的要求,不再对平台过于苛责,也是为了避免个人信息保护与数据流动及合理利用之间的失衡。

总而言之,个人信息处理者侵权责任是一种新的特殊侵权责任类型。对个人信息处理者侵权责任构成要件中的过错,应采客观过错标准。审查是否应尽到的安全保障注意义务,也许是过错责任之下,证明标准不被滥用的最好司法准则。

(二)未来可能面临的挑战

1. 司法审判结果对未来的影响依然巨大

司法对法律后果、法律责任的认定态势正在逐步形成。法院通过司法解释制定相关规则,具有明确个人信息处理规则,推动个人信息保护监管机关制定完善相应的规则的功能，司法以其缜密的逻辑思维能力，法律运用能力将个人信息保护的原理落地在具体的案件裁判中，同时由于涉及个人信息的诉讼案件远少于行政监管案件，个案裁判中对事实认定的细致程度、分析深度已经达到了见微知著的程度。

也许在未来，法院会作为某种意义上实质监管机构①，这将不断挑战司法能力平均水平。未来，《个人信息保护法》的司法解释能否厘清规范的边界，能否与行政监管并道而驰且各司其职，将是巨大挑战。

2. 责任标准将影响维权生态

责任标准导致维权生态，不恰当的责任导向催生不恰当的维权生态。在《个人信息保护法》的立法研讨中，个人信息侵权赔偿被删除，这让人不禁想起了职业打假类案件，为了安全而生的惩罚性赔偿却成为职业索赔人滥用权利不当牟利的工具，在适用《个人信息保护法》第50条和第69条时，应当防止职业索赔人的前车之鉴，以免限制数据自由流通。

3. 面向未来的开放责任正在形成

法院在面向未来时，对通过司法手段保护个人信息依然寄予了很多的期许，哪怕在裁判结果上不能支持，也要在精神上予以鼓励。曾有一份判决，热情洋溢地写道：从个体维护个人信息权益的角度而言，现代社会中个人信息泄露事件频发，每个人都有可能成为个人信息权益遭受侵害的主体，本案原告能够积极拿起法律武器进行维权，殊为不易，非常值得鼓励和赞许。②

另外，面对大数据技术正在深刻改变着人类社会和现实世界，人们在享受由

① 王锡锌教授认为，个人信息保护涉及《中华人民共和国民法典》（以下简称《民法典》）、《网络安全法》、《个人信息保护法》，具有重叠规制的特点。《民法典》主要涉及个人自治、权利本位；《网络安全法》是典型的行政规制；《个人信息保护法》兼具对民事法律关系的调整以及国家规制，具有复合性，属于对不对称民事法律关系结构的国家保护。因此，民法上的保障救济机制固然非常重要，但也应该从行政规制的角度充分理解《个人信息保护法》的规范设计。就《个人信息保护法》的司法解释而言，目前存在对于民事路径的依赖。《个人信息保护法》不是单纯的民事法律。个人信息保护民事纠纷案件的解决中必然要涉及个人信息的处理规则，必然要涉及对个人信息处理者的义务的理解，但是个人信息处理者的义务并不是对应个人的权益的，这个义务对应的是国家监管。从这个意义上说，个人信息保护的民事案件必然涉及个人信息监管的专业性、技术性，甚至是法定的程序问题。个人信息的监管职能具有较强的专业性，如果将法院作为实质上的监管机构，将对司法能力造成挑战。因此，未来《个人信息保护法》的司法解释要注意厘清规范的边界。参见金灿：《进一步完善个人信息保护法的规则》，载《经济参考报》2023年5月9日，第8版。

② 参见杭州互联网法院民事判决书，(2022)浙0192民初4259号。

此带来的信息红利的同时,法院指出的超强的数据处理能力也显著增加了个人信息遭受侵害的风险。

个人信息保护具有更多面向未来的立法意图,因而采取了不同于传统民事权利的立法设计。在唯品会的案件中,承办法官更是直言,“行业惯例仅能从一定程度上反映现有的个人信息保护水平,并非个人信息处理者是否履行法定义务的决定性因素”,这向全社会传递了一个信号:判决是面向未来的,在方兴未艾的个人信息保护大业面前,法律适用和法律解释问题本身就包含着价值判断。在一次一次的价值判断中,我们隐隐可以看见:面向未来的开放责任。

第二编　数据合规通用

企业数据合规管理体系

潘景燕

随着互联网的迅猛发展，个人和组织产生的数据呈指数型增长，大数据时代随之到来。数据成为许多企业赖以生存的生产要素，越来越多的业务决策基于数据进行，而数据安全也成为企业亟待解决的重点和难点之一。数据合规成为数据安全中尤为重要的一环，不仅关系企业的业务发展，甚至被提升到国家战略的高度。

《中华人民共和国网络安全法》（以下简称《网络安全法》）、《中华人民共和国数据安全法》（以下简称《数据安全法》）、《中华人民共和国个人信息保护法》（以下简称《个人信息保护法》）等法律对企业数据安全管理责任提出明确的要求。企业需要根据法律规定建立和逐步健全数据安全管理体系，其中，《个人信息保护法》第五章对个人信息处理者（企业）义务的直接规定，大部分是有关个人信息管理体系、制度、机制的规定。企业作为个人信息处理者应意识到，落实《个人信息保护法》，更重要的是落实法律对个人信息处理者数据合规体系的新规定。监管机构执法时，也更看重企业数据合规体系建设和个人信息保护机制实际发挥作用的情况。

笔者将结合国内外法律法规对企业数据合规管理体系的规定、要求及实践经验，以总结和示例的形式向读者展示合规落地的具体形式和举措，以期为企业落实《个人信息保护法》，实施个人信息保护和数据管理提供实操指引。

一、国内外法律法规及监管对企业建立数据合规体系的要求

(一)国际法律法规要求

以美国《加州消费者隐私法案》(California Consumer Privacy Act,CCPA)和欧盟《一般数据保护条例》(General Data Protection Regulation,GDPR)为代表,世界各国持续推进综合性数据保护立法进程,不仅为企业创设了严格的合规义务及罚则,而且通过数据访问地、业务关联者等长臂管辖规则拓宽本国法案的域外效力,争抢国际大数据话语权。欧盟《一般数据保护条例》第24条第1款规定,"考虑到处理的性质、范围、内容和目的以及处理给自然人的权利和自由带来不同程度的风险,控制者应当采取适当的技术性和组织性措施,以确保并能够证明处理活动是根据本条例规定进行,这些措施应在必要时进行审核和更新"。[①]

(二)国内法律法规要求

《网络安全法》第9条、第10条[②]规定网络运营者开展经营和服务活动,必须遵守法律、行政法规,履行网络安全保护义务;《数据安全法》第27条第1款规定,开展数据处理活动,应建立健全全流程数据安全管理制度,组织开展安全教育培训,采用技术手段和必要措施,保障数据安全。

《个人信息保护法》第五章设置专章规定企业数据合规管理义务,这种预防性监管方式标志着数据领域全行业强制合规制度的确立。

此外,各国的数据保护执法机构动作频繁,对违反数据处理规则和合规管理失职的违法行为作出严厉处罚,不断刷新执法金额最高纪录,并在多起案件中通过达成和解协议要求涉案企业进行合规整改、加强数据保护合规体系建设。面对日趋严峻的立法和执法态势,数据保护合规成为企业合规治理的刚性需求,为

---

① 参见程啸:《个人信息保护法理解与适用》,中国法制出版社2021年版,第393页。

② 《网络安全法》第9条规定:"网络运营者开展经营和服务活动,必须遵守法律、行政法规,尊重社会公德,遵守商业道德,诚实信用,履行网络安全保护义务,接受政府和社会的监督,承担社会责任。"《网络安全法》第10条规定:"建设、运营网络或者通过网络提供服务,应当依照法律、行政法规的规定和国家标准的强制性要求,采取技术措施和其他必要措施,保障网络安全、稳定运行,有效应对网络安全事件,防范网络违法犯罪活动,维护网络数据的完整性、保密性和可用性。"

企业应对数据合规风险提供了最佳实践。

二、企业建设数据合规管理体系的主要方面

（一）制定内部管理制度和操作规程

内部管理制度和操作规程是个人信息保护合规制度建设中最基础、最重要的内容。《个人信息保护法》对此的原则规定是，企业应当根据个人信息的处理目的、处理方式和个人信息的种类以及对个人权益的影响、可能存在的安全风险等，制定内部管理制度和操作规程，确保个人信息处理活动符合法律、行政法规的规定。

具体而言，企业究竟应制定哪些管理制度和操作规程，取决于企业个人信息处理业务的规模、领域和监管环境。但无论如何，企业制度体系应至少涵盖数据全生命周期的基础内容：数据安全管理要求，数据收集规则，数据使用规则，敏感个人信息处理规则，数据信息存储和保护规则，共享、提供、转让和委托处理规则，个人信息跨境传输规则，个人信息安全事件处置规则，信息安全紧急事项规范，个人信息公开披露规则等，要覆盖个人信息全生命周期。

下文以数据全生命周期的相应基础制度举例，展开分析企业数据合规管理制度的内容。

1. 制定企业数据安全管理的纲领性文件，明确公司数据合规管理总体要求、管理机构及职责、数据全生命周期管理要求、网络及数据安全技术措施、信息系统安全保护等事项。

2. 制定个人信息管理规范，主要内容涵盖负责个人信息管理治理的专门机构（或部门）、个人信息管理的要求、处理个人信息的安全技术要求等。

3. 制定数据安全事件应急响应管理办法，主要对公司发生数据安全事件的处理流程、处理机制进行规定。

（二）对数据实行分类分级管理

《网络安全法》第 21 条在规定网络运营者的安全保护义务时，也明确要求其采取数据分类等措施。所谓数据分类，是指按照某种标准（如重要程度）对数据进行区分、归类，并加以相应保护。《数据安全法》第 21 条更是明确规定：“国家

建立数据分类分级保护制度，根据数据在经济社会发展中的重要程度，以及一旦遭到篡改、破坏、泄露或者非法获取、非法利用，对国家安全、公共利益或者个人、组织合法权益造成的危害程度，对数据实行分类分级保护。国家数据安全工作协调机制统筹协调有关部门制定重要数据目录，加强对重要数据的保护。关系国家安全、国民经济命脉、重要民生、重大公共利益等数据属于国家核心数据，实行更加严格的管理制度。各地区、各部门应当按照数据分类分级保护制度，确定本地区、本部门以及相关行业、领域的重要数据具体目录，对列入目录的数据进行重点保护。”

数据分类分级保护制度是开展数据安全治理的起始点，是我国数据安全的重要制度。对数据进行分类分级管理，厘清数据保护重点，对不同级别的数据实施不同的保护，保障重要敏感数据的安全，有助于防控数据风险、保障数据交易、释放数据价值。

以个人信息为例，《个人信息保护法》将个人信息分级保护进行规定，对个人信息分级保护是信息处理者的法定义务。企业在日常运营中需要制定明确的个人信息分类分级管理办法，明确分类分级的标准和规则，对不同类别、不同级别的数据安全实施不同的安全保护策略。

个人信息的类型较多，大类分为一般个人信息和敏感个人信息。个人信息处理者应当首先建立个人信息分级管理机制，通过内部制度和操作规程，鉴别和区分企业处理个人信息的不同类别，并着重针对敏感个人信息采取严密的安全保护措施。敏感个人信息包括生物识别、宗教信仰、特定身份、医疗健康、金融账户、行踪轨迹等信息。这类信息多与人身、财产安全相关，因此受到法律特别保护，相关的程序和保护措施要求较之一般个人信息要严格。

对于个人信息分级，企业按照密级程度高低、可公开、不可公开、敏感等级不同等维度进行，对不同级别的个人信息对内存储、使用时实施不同的保护策略，不同等级的个人信息对外共享的开放程度也不同。企业自己对内部的个人信息没有明确的认识，不仅使自身运营存在严重的隐患，而且很有可能一不小心就将敏感个人信息泄露出去。

企业在运营过程中开展数据分级，建议按照如下步骤开展：首先，需要确定分级对象，明确待分级的数据，如数据项、数据集、衍生数据、跨行业领域数据等。其次，进行分级要素识别。按照数据分级要素识别数据的领域、群体、区域、精度、规模、深度、重要性、安全风险等分级要素情况。再次，进行数据影响分析。结合数据分级要素识别情况，分析数据一旦遭到泄露、篡改、破坏或者非法获取、非法利用、非法共享，可能影响的对象和影响程度。最后，综合确定级别。按照分级参考规则，综合确定数据级别，明确数据分级规则。

（三）开展事前个人信息保护影响评估

事前个人信息保护影响评估针对的是对于个人权益存在较高风险的处理活动，属于预防性的个人信息保护手段。欧盟《一般数据保护条例》将之称为"数据保护影响评估"（Data Protection Impact Assessment，DPIA）。依据该条例第 37 条第 1 款的规定，如果某类处理活动，尤其是那些利用新技术从事的处理活动，且在考虑到处理的性质、范围、内容和目的的情况下，可能对自然人的权利和自由产生高风险，则在开展该处理活动前，控制者应当对拟从事的处理活动对个人数据保护的影响加以评估，并明确了需要评估的具体情形。①

《个人信息保护法》第 55 条明确规定了个人信息处理者在处理敏感个人信息，进行自动化决策，委托处理、对外提供、公开个人信息以及向境外提供个人信息时，需要事前进行个人信息保护影响评估并对处理情况进行记录的法定要求。②

企业实践中开展个人信息保护影响评估，可采用"自查问卷 + 访谈"形式开展。按照《个人信息保护法》对个人信息保护影响评估内容的要求，制订自查问卷，由参与信息处理相关人员针对问卷填写个人信息处理的现状情况，合规人员根据已填写的自查问卷开展访谈，就填写不准确或合规有疑问的问题进行进一步核实，最终根据其处理个人信息的情形，综合出具个人信息保护影响评估报告。报告的分析要有理有据，便于后续监管检查。

（四）进行合规审计

企业合规审计义务并非在《个人信息保护法》中首次被提出。2020 年 10 月

---

① 参见程啸：《个人信息保护法理解与适用》，中国法制出版社 2021 年版，第 420 页。

② 《个人信息保护法》第 55 条规定："有下列情形之一的，个人信息处理者应当事前进行个人信息保护影响评估，并对处理情况进行记录：（一）处理敏感个人信息；（二）利用个人信息进行自动化决策；（三）委托处理个人信息、向其他个人信息处理者提供个人信息、公开个人信息；（四）向境外提供个人信息；（五）其他对个人权益有重大影响的个人信息处理活动。"

实施的《信息安全技术 个人信息安全规范》(GB/T 35273—2020)第 11.7 条对个人信息处理的安全审计作出规定,将个人信息保护政策、相关规程和安全措施列为审计对象,明确了审计活动记录及留存的相关要求。然而,由于《信息安全技术 个人信息安全规范》在效力层面仅为推荐性国家标准,该要求的实际落地情况并不尽如人意。2021 年 11 月 1 日《个人信息保护法》生效,首次在法律层面规定个人信息处理者应当对其处理个人信息遵守法律、行政法规的情况进行合规审计。

《个人信息保护法》第 54 条规定的定期进行合规审计,是指企业自主审计,企业可内部自行开展,也可邀请外部第三方机构开展。对审计频次没有进行具体要求,由企业自主掌握,给予企业一定的灵活性。建议涉及个人信息处理的企业每年至少开展一次合规审计。

(五)设立个人信息保护负责人制度

根据《个人信息保护法》的规定,企业业务涉及个人信息处理,且达到一定规模,需要设立个人信息保护负责人。

欧盟《一般数据保护条例》第 37 条规定,下列情形需要设置数据保护官:数据控制者或处理者需要对数据主体进行定期的、系统化的大规模监控;数据控制者或处理者的数据处理核心活动包括该条例第 9 条(敏感信息处理)、第 10 条(刑事定罪和罪行)规定的处理行为时。但其也明确数据处理是由公权力部门或机构、法院进行的除外。[①]

根据我国《个人信息保护法》的规定,个人信息保护负责人设置条件为处理个人信息达到国家网信部门规定数量的个人信息处理者。关于具体数量,《个人信息保护法》没有详细规定。但根据《信息安全技术 个人信息安全规范》(GB/T 35273—2020)第 11.1 条的规定,满足以下条件之一的组织,应设立专职的个人信息保护负责人和个人信息保护工作机构,负责个人信息安全工作:(1)主要业务涉及个人信息处理,且从业人员规模大于 200 人;(2)处理超过 100 万人的个人信息,或预计在 12 个月内处理超过 100 万人的个人信息;(3)处理超过 10 万

① 参见中国信息通信研究院互联网法律研究中心、京东法律研究院编:《欧盟数据保护法规汇编》,中国法制出版社 2019 年版,第 82 页。

人的个人敏感信息的。

国家市场监督管理总局组织起草的《互联网平台分类分级指南(征求意见稿)》对平台的规模进行了分类规定,即上年度活跃用户不低于5亿用户的为超级平台,上年度活跃用户不低于5000万的为大型平台。同时,国家市场监督管理总局组织起草的《互联网平台落实主体责任指南(征求意见稿)》也规定上年度活跃不低于5000万用户的为超大型平台。综合上述规定可以看到,平台规模要按大小进行划分,实行分类监管,小平台涉及个人信息较少或不涉及的不需要专职的个人信息负责人,大平台用户多、涉及个人信息较多,则需要设置个人信息负责人。个人信息保护负责人的联系方式、姓名需要向社会公开,并向个人信息保护职责部门报备。

企业在既是网络运营者又是个人信息处理者时,网络安全负责人与个人信息保护负责人可以由具备资质要求的同一人担任,但如果企业只是网络运营者,不涉及处理个人信息,则不需要设置个人信息保护负责人,反之亦然。网络安全负责人的规定详见《网络安全法》第21条第1项①。

综上所述,企业处理数据的类型千差万别,既有大企业甚至跨国公司,也有中小企业,既有政府机关,也有事业单位、社会团体等。因此,企业数据合规管理制度需要结合不同企业处理数据的目的、处理方式、数据种类以及对信息主体的影响和可能存在的安全风险等因素综合考虑。但无论如何,总体目的就是要确保数据处理活动符合法律、行政法规的规定并保护数据的安全。

---

① 《网络安全法》第21条规定:"国家实行网络安全等级保护制度。网络运营者应当按照网络安全等级保护制度的要求,履行下列安全保护义务,保障网络免受干扰、破坏或者未经授权的访问,防止网络数据泄露或者被窃取、篡改:(一)制定内部安全管理制度和操作规程,确定网络安全负责人,落实网络安全保护责任;……"

数据合规法律尽职调查

李　倩

随着《中华人民共和国个人信息保护法》(以下简称《个人信息保护法》)、《中华人民共和国数据安全法》(以下简称《数据安全法》)的陆续出台,国家对企业的数据合规安全提出了更高的要求及明确的指引。企业在日常的数据交互业务、隐私合规、新产品数据合规评估以及企业数据合规体系搭建等各个场景下均需要依赖法律人员开展数据合规工作,而法律人员的数据合规工作又都需要以尽职调查为基础,通过尽职调查摸底企业数据处理情况、全面了解业务场景之下的数据交互情况等,从而识别企业存在的数据合规问题。

一、尽职调查概念、起源及数据合规尽职调查的性质

尽职调查(Due Diligence)又被称为"勤勉尽责",原意是"适当的或应有的勤勉",最初起源于英美法中的案例法,按照《元照英美法词典》中的解释,"Due Diligence"一词的定义为"在合理的时间完成某一事项所作的刻苦努力。一个理智而又审慎的人为否定过失或共同过失而在此情况下所作的努力"。

在美国,法律尽职调查最初用于对证券市场上投资人的保护,后来被用到并购、信托、担保等交易中。美国《1933 年证券法》(Securities Act of 1933)将其描述为"合理的调查"(reasonable investigation)①,该法中明确规定:"如果当事人没有进行尽职调查,则有可能要对投资人承担民事损害赔偿责任;而在并购交易

---

① 参见《客户尽职调查究竟是什么》,载微信公众号"论根本策"2017 年 8 月 27 日,https://mp.weixin.qq.com/s/cl1_WWSTyS9v6uHILnTZjA。

中,如果当事人没有进行或者没有做好尽职调查,则需要承担未彻底了解企业状况所产生的风险。”可见,美国的证券法中,对证券发行人、承销商设定了尽职调查的义务,如果不进行尽职调查,可能存在对投资人的民事赔偿责任。

目前,在现行有效的国内数据相关法律法规中,除企业上市前证券监管部门要求以外,其他场景没有对数据处理者在涉及数据合规的相关场景中设定尽职调查的明确要求,国内数据合规工作中数据处理者并不必然需要进行尽职调查,也不会因为尽职调查与否而影响到责任的承担。笔者认为,现有数据合规尽职调查的性质和作用更在于数据业务开展前的基本情况了解以及风险排查,以便对即将开展的业务可能存在的风险及对用户的影响等进行评估。例如,《个人信息保护法》对个人信息处理者进行个人信息跨境提出安全评估、影响评估的要求,无论是安全评估还是影响评估,均需要对个人信息的处理情况、合法必要性、安全措施等进行前期的尽职调查,并以尽职调查所收集到的信息为基础,开展相应的安全评估、影响评估。在数据委托处理场景下,数据处理者需对受托方的资质、数据存储安全、数据处理情况等进行全面的提前尽职调查,为受托方的选择提供参考依据,也尽可能降低数据处理者可能承担的风险和责任。

二、数据合规尽职调查通用要点

基于前述对尽职调查的定性,笔者认为,在国内数据合规各种场景下,数据合规尽职调查应严格以数据相关法律法规的具体要求为依据,围绕数据处理者的基本情况、数据产品/业务模式的基本情况、数据处理中的角色定位、数据全生命周期的处理活动情况、企业数据管理情况等进行事实上的盘点和梳理,通过一系列的事实梳理,识别可能存在的法律风险。

以《个人信息保护法》为例,数据尽职调查通用要求见图1。

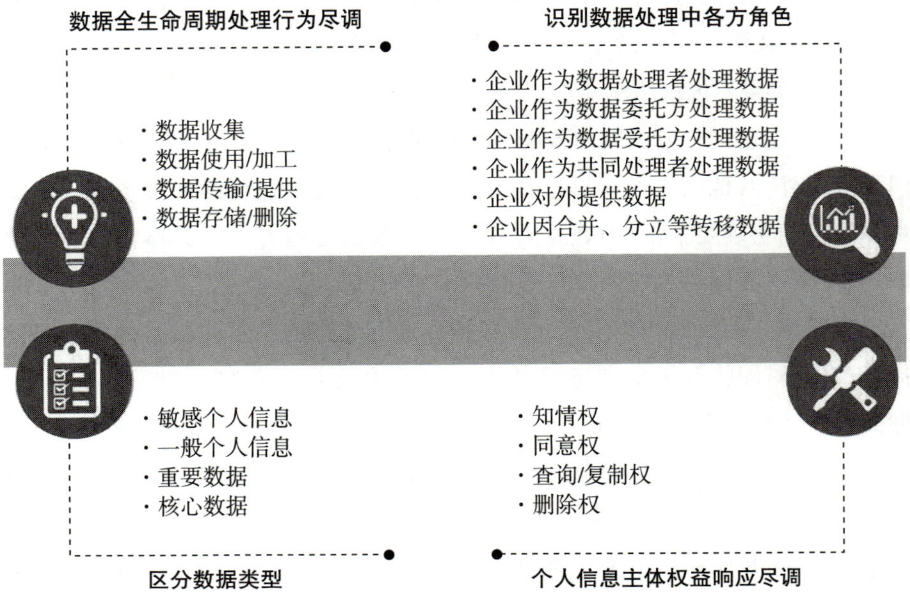

图1　数据尽职调查通用要求

（一）数据全生命周期处理行为尽调

《个人信息保护法》第4条第2款规定："个人信息的处理包括个人信息的收集、存储、使用、加工、传输、提供、公开、删除等。"本条款明确了个人信息处理的范围，也表明数据合规工作应囊括的范畴，因而数据合规的尽职调查也应该围绕着数据处理的全生命周期开展事实尽调。

1. 数据收集

在数据收集环节，数据合规的关键点聚焦在数据收集行为是否具备合法性基础，是否遵循最小必要原则以及具体收集方式是否合法等。因此，在尽职调查工作中，应重点核实需要采集的具体字段以及各字段采集时是否尽到"告知—同意"义务，敏感字段是否符合"单独同意"规则。另外，如果是从外部第三方获取个人信息的场景，还需进一步对提供方的数据来源的合法性（其是否具备完整的收集数据的授权同意链路以及收集后对外提供的授权同意链路），以及获取数据的方式的合法性、正当性进行尽职调查，避免非法获取、非法买卖个人信息。

2. 数据使用或加工

在数据使用或加工环节，主要应关注的是该数据在收集环节获取的授权范围是否与实际使用场景相匹配，即数据的使用或加工均不得超出原有的用户授权同意范围，以及数据使用的场景是否符合法律法规的规定及公序良俗的要求。

例如，在利用用户个人信息进行用户画像分析的场景下，根据《互联网信息服务算法推荐管理规定》的规定①，不得将违法和不良信息关键词记入用户兴趣点或者作为用户标签并据以推送信息。可见，对于数据的使用加工，不同场景下立法和监管层面均有相应的规则和要求，这类用户标签加工使用场景，就要求从内容安全角度完善相关事前、事中评估，禁止迎合用户的“恶趣味”而进行的信息推送。2022 年 11 月，广州互联网法院发布了 5 个个人信息保护典型案例，其中“高某某诉某副食商行网络侵权责任纠纷案”即因擅自对个人信息标签化、污名化构成非法处理个人信息的案件②。在该案中，副食商行在其运营的“反恶”网站上，将高某某标注为“打假师、欺诈师、恶人、恶意欺诈”，法院最终认为某副食商行未经高某某同意，非法获取并发布上述信息，侵害了高某某的个人信息权益；且其故意使用侮辱性等负面评价词汇描述高某某，不利于高某某的社会评价，侵害了高某某的名誉权。

再如，针对利用个人信息进行自动化决策的情形，《个人信息保护法》第 24 条第 1 款③明确要求应当保证决策的透明度和结果公平、公正，不得对个人在交易价格等交易条件上实行不合理的差别待遇。对海量的用户数据进行加工或使用时，往往会利用计算机系统进行持续追踪及采集，并利用特定的规则对个人信息进行处理并做相应决策。自动化决策给用户隐私和个人信息保护造成了很大的挑战，算法的透明度不足、不合法或不公平的歧视性规则的嵌入，容易导致数

---

① 《互联网信息服务算法推荐管理规定》第 10 条规定：“算法推荐服务提供者应当加强用户模型和用户标签管理，完善记入用户模型的兴趣点规则和用户标签管理规则，不得将违法和不良信息关键词记入用户兴趣点或者作为用户标签并据以推送信息。”

② 参见广州互联网法院：《广州互联网法院发布个人信息保护典型案例》，载微信公众号“广州互联网法院”2022 年 11 月 2 日，https://mp.weixin.qq.com/s/er1LUk8VNQoOHscISCWA2Q。

③ 《个人信息保护法》第 24 条第 1 款规定：“个人信息处理者利用个人信息进行自动化决策，应当保证决策的透明度和结果公平、公正，不得对个人在交易价格等交易条件上实行不合理的差别待遇。”

据使用后产生持续、歧视或偏见的不公平结果。“大数据杀熟”概念虽然不是一个法律概念，但近年来也成为社会大众、媒体、监管及司法机关都共同关注的话题及问题。回溯两起涉及“大数据杀熟”的案件，即刘某诉某外卖平台设置不同配送费案①以及郑某某诉上海携程商务有限公司机票价格差异案②中，法院均认为原告无法证明交易条件相同，导致无法认定平台采用“大数据杀熟”手段；但在胡某某、上海携程商务有限公司侵权责任纠纷案③中，二审法院认为“用户对某旅行服务平台产生‘大数据杀熟’的疑虑合乎常理，某旅行服务平台作为在行业内占据优势地位，并在国内享有广泛知名度数据企业，理应负有更高的社会责任和使命，应聚焦为何消费者会认为其存在‘大数据杀熟’以及如何改进提升自身的服务以消除消费者疑虑，为更好提升消费者对网络服务平台经营者的信任感而有所担当和作为”。可见，虽然直接认定平台采用“大数据杀熟”手段需有较高的证明义务，但法院仍旧认可平台应充分尽到算法透明、公正的义务。因此，在数据尽职调查中，数据使用或加工中应用到的算法主要运行机制、算法透明程度等也是应被充分关注的部分。

3. 数据传输或提供

在数据传输环节，主要应关注数据安全问题，因此在尽职调查中应对数据传输方式、是否采取相应匹配的安全保护措施等进行确认核实；在数据提供环节，按照《个人信息保护法》的规定，涉及个人信息的委托处理、共同处理、出境等，在尽职调查中应结合不同的提供方式，对数据处理目的、应用场景、处理方式、个人信息种类、保护措施、双方权利义务等各方面进行核查。

以数据出境场景为例，按照《个人信息保护法》的规定，涉及向境外提供存储于国内的个人信息的，可以从以下几个方面进行核实：(1)关键信息基础设施运营者和处理100万人以上个人信息的个人信息处理者向境外提供个人信息是否经过国家网信部门组织的安全评估；(2)是否了解境外接收方所在国家或者地区的个人信息保护政策和网络安全环境对出境个人信息的影响并进行评估；(3)是否按照国家网信部门的规定，经专业机构进行个人信息保护认证或者按照国家网信部门制定的标准合同与境外接收方签订合同；(4)是否存在

---

① 参见湖南省长沙市芙蓉区人民法院民事判决书，(2018)湘0102民初12515号。

② 参见上海市长宁区人民法院民事判决书，(2020)沪0105民初9010号。

③ 参见浙江省绍兴市中级人民法院民事判决书，(2021)浙06民终3129号。

违规向被列入限制或者禁止个人信息提供清单的组织和个人提供个人信息的情形;(5)是否采取必要措施,保障境外接收方处理个人信息的活动达到《个人信息保护法》规定的个人信息保护标准,如是否了解和掌握境外接收方的情况,特别是接收方是否具备必要的个人信息保护能力,是否向境外接收方告知我国法律、行政法规对个人信息保护的要求,并要求境外接收方采取相应的保护措施等。

4. 数据存储或删除

数据存储、删除是数据在企业域内的两种状态。在数据存储状态下,尽职调查应重点关注存储的方式、是否隔离存储、是否进行数据分级分类管理存储等;数据删除是《个人信息保护法》规定的一个独立的处理阶段,也是赋予个人信息主体相应的权利,尽职调查应当关注是否建立个人信息删除相应机制、是否依法主动删除个人信息、是否有相应的用户请求途径等。需要注意的是,基于数据分属于不同领域,还应对照相关行业和领域的监管要求,来分析和识别风险。例如,《中华人民共和国电子商务法》第 31 条①明确要求电子商务平台经营者应当记录、保存平台上相关交易信息,并确保其完整性。再如,《快递市场管理办法》第 31 条第 2 款②明确规定应当如实记录收寄物品的名称、规格、数量、重量、收寄时间、寄件人和收件人名址等内容。记录保存期限不少于一年。(见图 2)

---

① 《中华人民共和国电子商务法》第 31 条规定,"电子商务平台经营者应当记录、保存平台上发布的商品和服务信息、交易信息,并确保信息的完整性、保密性、可用性。商品和服务信息、交易信息保存时间自交易完成之日起不少于三年;法律、行政法规另有规定的,依照其规定。"

② 《快递市场管理办法》第 31 条第 2 款规定:"经营快递业务的企业收寄已出具安全证明的物品时,应当如实记录收寄物品的名称、规格、数量、重量、收寄时间、寄件人和收件人名址等内容。记录保存期限不少于一年。"

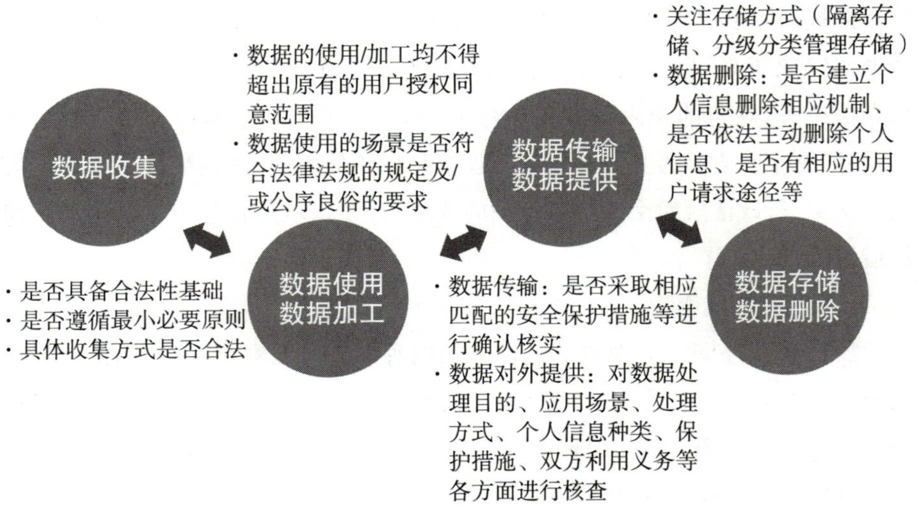

图 2　数据全生命周期处理行为尽调

（二）识别数据处理中各方角色

《个人信息保护法》第 20 ~ 23 条规定了数据共同处理、数据委托处理、数据对外提供以及因合并、分立等转移个人信息的场景及相应的责任承担条款。基于这些规定，法律人员在做数据合规尽职调查时，有必要提前对企业/产品/业务模式的基本情况进行了解和梳理，以便于识别相关业务或产品中是否涉及数据的处理，以及数据处理中各方主体的角色扮演，从而能进一步明确数据处理中各方主体的权利义务。

例如，前述提及的委托处理数据场景下，企业作为数据处理者或作为受托方，不同角色将面临不同的合规要求。如企业作为数据处理者，应对受托方的数据处理、安全保障能力等进行尽职调查核实，通过合同约定受托方的数据保护义务，并对受托方的数据处理行为进行监督，同时事前进行个人信息影响评估；如企业作为受托方，应在协议约定的处理范围内对数据进行处理，不得超范围处理数据，数据处理者要求删除或返还个人信息的，受托方也应按要求进行删除或返还，不得自行留存。以上这些合规义务都是企业法律人员开展尽职调查工作时，需要识别数据处理中不同角色应关注的不同重点。

(三)区分数据类型

《个人信息保护法》第 28 条、第 29 条规定了敏感个人信息的定义及应单独获取用户同意的具体要求。[①] 基于该规定,在数据合规尽职调查中,应对处理的数据字段及类型进行梳理调查,以便识别区分敏感个人信息与一般个人信息,其中敏感个人信息在后期的风险评估中应被给予更高的合规关注及合规标准,如应充分考虑敏感个人信息收集的场景及必要性,严格遵循最小必要原则及单独同意原则。相似地,《数据安全法》第 21 条明确提出建立数据分类分级保护制度,并提出重要数据、核心数据的定义,不同级别的数据类型应实行不同严格标准的管理制度。基于此,在数据合规尽职调查中,应根据实际的业务场景从不同维度调查数据的类型及具体字段,以便作为后续数据合规评估中最重要的信息。

(四)个人信息主体权益响应尽调

《个人信息保护法》第 44～47 条分别对个人信息主体的权益响应机制提出了要求,个人信息处理者应保障个人信息主体的知情权、同意权、查询/复制权、删除权等,这是个人信息处理者的基本义务。在不同数据合规场景下,都应对个人信息主体的权益响应现状进行盘点,以确保按照合规要求保障用户个人权益。

笔者调研了行业内较大 App 关于用户权益保障相关的设置情况,主要对用户个人信息查询复制途径,副本获取途径及方式,撤回、删除路径及范围进行了探查,发现绝大部分 App 均已不同程度地实现用户个人信息的查询、复制、撤回、删除等系统能力的提供,但可查询、复制范围略有不同,且京东、微信、美团等均自动化实现个人信息副本下载方式,易操作更安全;对于可查询、复制、删除的个人信息字段范围以及查询路径,各 App 的处理方式都不尽相同,具体的合规标准有待监管及行业各大平台从保障用户权益角度出发不断探索,实现从形式合规到实质合规的过渡。

---

① 《个人信息保护法》第 28 条规定:"敏感个人信息是一旦泄露或者非法使用,容易导致自然人的人格尊严受到侵害或者人身、财产安全受到危害的个人信息,包括生物识别、宗教信仰、特定身份、医疗健康、金融账户、行踪轨迹等信息,以及不满十四周岁未成年人的个人信息。只有在具有特定的目的和充分的必要性,并采取严格保护措施的情形下,个人信息处理者方可处理敏感个人信息。"《个人信息保护法》第 29 条规定:"处理敏感个人信息应当取得个人的单独同意;法律、行政法规规定处理敏感个人信息应当取得书面同意的,从其规定。"

除前文论述的四个维度的通用点以外，数据尽职调查工作往往还需要结合合规业务场景不同，开展对尽职调查对象的企业数据合规管理机制建设情况的尽职调查，例如，涉及与外部公司数据合作且涉及数据交互的，为保障数据合作过程中的安全性，以及评估合作对象的数据资质，需要提前对合作方的数据合规管理体系、数据安全保护能力/资质等进行尽职调查，以此判断数据在合作过程中的安全性及可能面临的风险责任，并确保其满足基本的数据处理者的义务和要求。企业自身依据《个人信息保护法》《数据安全法》等进行数据合规管理机制建设前，均需要对企业数据管理现状进行尽职调查。《个人信息保护法》第51条、第52条从数据安全的角度对个人信息处理过程中的安全保护措施提出了具体的要求①，包括建立内部数据安全管理制度，实行分级分类数据管理，数据加密、去标识化的数据保护手段以及网络信息系统安全等级保护措施等，这些都是企业在进行数据合规体系搭建的场景下必不可少需要尽职调查的内容，以此来识别需要前置部署、搭建的合规优化项。

三、不同场景下的数据尽职调查要点及示例

实践中，在不同业务场景、不同产品需求的背景之下，数据尽职调查的方向及侧重点会略有不同。以下将分别从App隐私合规、新产品数据合规、外部数据交互合规、企业搭建数据合规体系四个需求场景论述尽职调查的侧重点，并举例说明。

（一）App隐私合规数据尽职调查

从一般法律工作者实务视角看，App隐私合规工作内容主要包括了App应用场景下收集、使用、传输等各环节处理个人信息的合规，涉及用户隐私政策文

① 《个人信息保护法》第51条规定："个人信息处理者应当根据个人信息的处理目的、处理方式、个人信息的种类以及对个人权益的影响、可能存在的安全风险等，采取下列措施确保个人信息处理活动符合法律、行政法规的规定，并防止未经授权的访问以及个人信息泄露、篡改、丢失：……"《个人信息保护法》第52条规定："处理个人信息达到国家网信部门规定数量的个人信息处理者应当指定个人信息保护负责人，负责对个人信息处理活动以及采取的保护措施等进行监督。个人信息处理者应当公开个人信息保护负责人的联系方式，并将个人信息保护负责人的姓名、联系方式等报送履行个人信息保护职责的部门。"

本的拟定/签署、App 各类权限开关的设置、第三方 SDK(Software Development Kit,软件开发工具包)数据传输、App 个人信息主体权利响应机制、App 用户账号注销及个人信息数据删除等多方面的合规工作。App 移动应用程序是收集、使用用户个人信息的主要场域,也是数据合规问题发生的高频区域。因此,如何在 App 场域中兼顾用户体验和效益的同时,确保个人信息收集、使用等各环节的合规,以及保障履行用户知情、同意的义务,对法律工作者来说,是具有复杂性和挑战性的。

鉴于其复杂程度较高,笔者建议可以参考《信息安全技术　移动互联网应用程序(App)收集个人信息基本要求》(GB/T 41391—2022)的框架内容,分板块开展 App 隐私合规尽职调查工作。例如,分 App 功能划分、系统权限梳理、第三方 SDK 梳理等,均围绕不同板块的个人信息收集类型、使用目的、收集方式等进行核查了解,确保满足最小必要、告知同意等原则。

1. App 功能划分

区分 App 的基本业务功能和扩展功能。其中基本业务功能可参考《常见类型移动互联网应用程序必要个人信息范围规定》划分,尽职调查中重点核实基本业务功能收集个人信息情况,判断收集字段是否符合必要个人信息范围。扩展功能是除基本业务功能以外的业务功能,其范围较广,建议在 App 范围内做全面调研梳理,为实现改善服务质量、定向推送信息、研发新产品等目的的业务功能以及外部第三方提供的业务功能均可以纳入扩展功能。扩展功能的尽职调查(见表 1)中重点核实个人信息收集字段、目的、收集方式、授权情况等,以判断收集信息的必要性以及是否获取合法授权同意。

表 1　扩展功能尽职调查示例

基本情况		数据收集情况				数据共享情况		
产品/业务名称	业务规模(PV)	收集的个人信息字段	收集用户个人信息的目的	收集的方式	是否让用户签署授权文件	是否共享	共享对象	共享目的

2. 系统权限梳理

为保障 App 相关产品服务功能的实现,以及保障 App 稳定运行的目的,App 可能会申请或使用操作系统的相关权限,如摄像头、麦克风、日历设置等;为保障用户的知情权,App 应弹窗获取用户同意后开启权限,且应向用户展示可能申请、使用的相关操作系统权限,并告知权限功能、使用场景及目的。因此,建议尽职调查时对各类系统权限调用的场景、使用目的以及是否弹窗授权、是否展示告知等进行确认核实。具体的调查示例见表 2。

表 2 系统权限尽职调查示例

权限名称	权限功能说明	使用场景	使用目的	是否设置系统弹窗	是否有关闭路径

3. 第三方 SDK 梳理

在实践中,企业为完善 App 功能,通常会在 App 中嵌入可收集用户个人信息的第三方 SDK,合规尽职调查中往往容易忽视这类 SDK 安全性问题,造成很多安全隐患。因此,App 接入可收集个人信息的第三方 SDK 前,可对其安全性开展尽职调查(见表 3 示例):

(1)SDK 是否存在违法违规收集使用个人信息行为;

(2)SDK 是否涉及个人信息出境;

(3)SDK 收集个人信息的目的、方式、范围;

(4)SDK 收集个人信息的保存期限,停止服务后的个人信息处理方式;

(5)个人信息安全责任和保护措施;

(6)SDK 协助 App 响应用户个人信息权利请求的措施;

(7)是否充分告知用户并获取同意;

(8)第三方 SDK 的资质情况;

(9)企业与第三方 SDK 就数据处理行为的约束条款,是否能充分保障用户、企业权益。

表 3　第三方 SDK 尽职调查示例

序号	SDK 名和版本	第三方 SDK 名称/产品名称	采集信息	使用权限	使用目的	使用场景	个人信息收集类型	收集方式	第三方公司名称	收集个人信息的使用场景和目的	隐私政策链接

(二)新产品数据合规尽职调查

企业新产品上线前,法律工作者都需要做前置的合规评估,以规避其中可能存在的风险,其中数据合规是必不可少的环节。产品数据合规评估主要应聚焦在产品本身的业务流程、产品功能、数据类型、数据全生命周期的处理情况,用户授权、权益响应以及下探至数据应用的算法模型等各个方面。因此,新产品数据合规需求场景下的尽职调查范围最广,基本涵盖了数据尽职调查通用要点的方方面面,同时也对法律工作者的数据合规专业性提出更高的要求。具体的尽职调查范围可参考表 4、表 5 示例表,从《个人信息保护法》对数据处理的基本要求到《互联网信息服务算法推荐管理规定》对算法规制的各项规定,都应做全面的核查。

表 4　新产品数据全生命周期处理情况调查示例

		敏感个人信息		采集									数据使用/处理		数据存储与管理		数据对外提供		
业务/产品名称	采集个人信息字段	是否是敏感个人信息	是否获得个人单独同意	采集目的	采集个人信息的依据	采集方式	授权协议	数据主体如何撤回同意	采集时如何保证个人信息最小化采集	是否在采集过程将多项业务功能和权限一揽子打包要求客户同意	数据采集安全性		营销过程中是否使用的用户标签，具体标签包括	营销使用用户标签、短信推送等个人信息处理场景，涉及的用户协议及授权逻辑	服务端是否保存个人信息	个人信息是否加密存储	梳理产品是否存在向第三方提供个人信息，如有，是否向用户披露了接收方的名称或姓名、联系方式	第三方传输敏感个人信息是否获得单独授权	第三方传输个人信息安全技术措施
您正在评估的业务流程的名称是什么	请穷举涉及处理的个人信息字段，详见“个人信息字段举例sheet”	采集个人信息是否为个保法规定的敏感个人信息	单独授权，并非在隐私政策/用户协议中获取授权	详述采集每个PII字段的目的	描述采集PII字段时依据什么要求	数据采集方式的梳理	Controller说明通过何种方式获得PII主体对数据采集范围、目的的知情、同意或授权；Processor需要确认controller是否已获得PII主体同意。比如通过用户接受隐私权政策和controller签订协议等方式	描述数据主体如果要撤回同意，通过什么方式申请？例如通过客户端自助功能、客服渠道、专用客权平台	a. 自动采集个人信息的频率应是实现产品或服务的业务功能所必需的最低频率；b. 间接获取个人信息的数量应是实现产品或服务的业务功能所必需的最少数量	描述是否存在某些处理目的不依附于其他处理目的而单独存在，且这些处理目的没有征得数据主体同意，如果存在，请详述采集的理由	采集后是否加密后通过安全的方式传输至服务端	采集的数据在移动端是否有本地缓存或落库保存，若有保存，是否加密	具体描述标签使用情况	详细描述具体用户协议及授权逻辑	服务端是否保存个人信息	个人信息是否加密存储，请详细描述加密方式，评估是否合规	梳理产品是否存在向第三方提供个人信息，如有，是否向用户披露了接收方的名称或姓名、联系方式	第三方传输敏感个人信息是否获得单独授权	详细描述向第三方传输个人信息安全保护措施，以评估安全合规性

表 5　新产品数据、算法情况尽职调查示例

基本情况	数据使用概况							算法应用概况			
产品/业务名称	采集的个人信息类型	采集目的	是否使用外部数据；如是，请补充数据字段和数据来源	使用外部数据的目的	对否对外提供用户个人信息；如是，请补充提供的信息类型和数据接收方	对外提供数据的目的	是否需要实名认证；如是，请补充实名认证需收集的信息	采用的算法类型	算法是自研还是调用	算法应用目的	算法主要运行机制（包括数据源、数据时效性、主要业务规则等）
示例：××频道	浏览记录	个性化推荐	使用外部数据，字段	细分人群个性化推荐	否	无	否	2－个性化推送类	4－自研＋从中台调用算法	个性化商品推荐	用户使用 App 进行搜索行为时，智能算法模型会基于机器学习、模型预测等识别、分析用户输入的搜索关键词，在秒杀频道商品展示中进行筛选、匹配，实现向用户展示最感兴趣的商品、服务
	点击记录		手机号								
	搜索记录		收货地址								
	领券记录		订单信息								
	收藏记录										
	添加至购物车信息										
	手机号										

另外,考虑到互联网产品、技术、算法的复杂性,在尽职调查表无法满足基本信息了解需求的情况下,也可以考虑通过现场访谈的形式,邀请具体的运营人员、研发人员对高风险业务/产品进行深入访谈。

数据算法合规访谈提纲(通用)

一、访谈目的

进一步调研公司业务经营全流程数据算法使用情况,在业务线尽调信息基础上,深入了解数据、算法在各业务环节的流转及管控现状,便于准确评估合规风险及业务影响。

二、访谈对象

业务 owner 及上下游相关产研、算法团队。

三、访谈问题

1. 业务概况

(1)请介绍下业务模式与定位。

(2)请介绍下业务考核指标、业务体量情况。

(3)请简单介绍业务升级迭代规划。

2. 数据合规

(1)数据收集:请分产品/功能介绍收集数据的情况:

①数据具体来源及具体字段,分内部数据来源及外部数据来源;

②数据内部及外部调取使用是否存在评估流程及标准;

③数据收集目的,是否符合最小必要原则。

(2)数据使用:请分产品/功能介绍数据使用的场景、该场景是否在现有京东隐私政策的覆盖范围之内。

(3)数据共享:请分产品/功能介绍是否存在向外部共享数据(个人信息)的情形,共享目的,是否获得用户授权,是否存在评估流程及评估标准。

(4)数据存储:请分产品/功能介绍收集使用数据及/或加工后数据存储地方,不同来源数据是否存在单独存储(物理隔离或逻辑隔离)。

(5)数据删除:请分产品/功能介绍用户数据删除后,底层数据是否删除。用户个性化推荐拒绝后如何使用用户数据。

3. 算法合规

(1)算法基本情况:请分产品/功能介绍所使用算法,以及主要运行机制。

(2)算法来源:请分产品/功能介绍目前算法来自自研其他部门调用,或外部调用。

(3)算法干预:请分产品/功能介绍目前算法中是否采用内容去重、打散干预等策略。

(4)算法评估:请分产品/功能介绍目前算法是否存在定期审核评估机制以及评估标准。

(5)算法调用及追溯:算法是否有其他部门调用?是否可以追溯?其他部门在调用后的加工行为,是否能管控?

(6)专利申请:目前使用的算法模型,是否进行专利保护申请?

(7)其他:

①请介绍目前业务是否存在利用算法进行屏蔽信息、过度推荐、操纵榜单或者检索结果排序、控制热搜或者精选等干预信息呈现,实施影响网络舆论或者规避监督管理行为;

②请介绍目前业务所使用算法是否留存网络日志。

(三)外部数据交互场景合规尽职调查

企业之间业务合作往往无法避免涉及数据交互,《个人信息保护法》也对各类数据交互场景进行了明确约定,如委托处理数据、共同处理数据、对外提供数据等场景。在数据交互场景中,需要结合数据处理活动的情况,甄别企业在数据处理活动中的角色,核查企业是否按照法律规定履行相应的义务,是否采取必要的合规措施。

为保障数据交互安全,往往需要对数据合作方的资质、数据情况、合作数据来源、数据存储方式、数据管理机制及能力进行尽职调查,以便于在合作前对数据合作活动风险程度进行整体评估。其中,重点应关注合作数据来源是否合法合规,是否遵守“告知—同意”规则,是否进行事前个人信息影响评估,是否超出用户授权范围,是否按照委托方要求进行数据保护措施,是否具备相应的数据安全能力资质等。具体的尽职调查内容可见表6。

表 6　数据合作供应商尽职调查清单

项目			资料(以下资料请提供加盖公司公章的扫描版)
公司业务		公司主营业务	请提供公司的营业执照
		公司主要产品	请说明公司的主要产品(包括 App、小程序、SDK、H5 等)和相应的功能
		公司营利模式	请说明公司的主要营利模式
		公司数据保护负责人	请提供公司数据保护负责人的履历
公司数据情况	数据类型	数据主要类型	请说明公司数据类型包括哪些,是否存在个人信息
		敏感数据	请说明公司数据是否涉及敏感个人信息或者其他敏感信息
	数据来源	数据收集场景	请说明公司收集数据的产品(包括 App、小程序、SDK、H5 等),如存在外部数据,请说明外部公司名称
		数据收集授权	请提供用户或者客户或者其他第三方授权公司收集、使用数据的授权文件,如隐私政策、授权函等
		敏感数据收集授权	请说明公司是否收集敏感数据并提供相应的授权文件
	数据存储	数据存储平台	请说明公司数据存储平台,该平台是属于自有平台还是外部平台
		数据存储方式	请说明公司数据是否进行加密存储以及具体加密方式
		敏感数据存储方式	请说明公司存储数据是否包含敏感数据以及相应的存储方式
	数据使用	数据应用场景	请说明公司自身使用数据的场景,如营销、评估数据主体信用状况或工作能力等
		用户画像的使用	请说明公司是否使用用户画像,并说明使用的是直接用户画像还是间接用户画像
		个性化展示使用	请说明公司是否使用数据进行个性化展示,并说明是否为数据主体提供拒绝个性化展示的方式
		数据交互场景	请说明公司是否存在与外部第三方交互数据场景,如广告投放、数据合作
		数据跨境场景	请说明公司是否存在数据跨境场景,并说明具体情形

续表

项目		资料(以下资料请提供加盖公司公章的扫描版)
数据管理	数据访问控制	请说明公司是否设置数据访问控制措施,并说明具体措施内容
	数据处理记录	请说明公司是否保存数据处理记录,并说明保存时间
	数据主体权利响应机制	请说明公司是否存在数据主体权利相应机制,并提供具体的机制流程
	个人信息安全影响评估	请说明公司是否开展个人信息安全影响评估,并说明评估的前提及方式
	数据安全能力	请说明公司是否已经获取法律法规所要求的全部资质证书,并说明具体资质名称
	数据安全事件处置	请说明公司是否建立数据安全事件处置相应机制,并提供具体机制流程
	人员管理与培训	请说明公司如何开展数据安全合规方面的人员管理与培训
	安全审计	请说明公司是否建立数据安全合规方面的审计制度

(四)企业搭建数据合规体系尽职调查

《数据安全法》《个人信息保护法》均对数据处理者建立数据安全管理制度提出了要求,因此数据安全管理制度的建设是企业践行数据保护的政策和指南。《数据安全法》第27条明确数据处理者应建立健全全流程数据安全管理制度,组织开展数据安全教育培训,采取相应的技术措施和其他必要措施,保障数据安全。《个人信息保护法》第五章也明确了数据处理者的数据安全义务,指定个人信息保护负责人、个人信息影响评估、合规审计等义务。

因此,企业在开始搭建数据合规体系前,可以参考《数据安全法》《个人信息保护法》的规定,逐一对企业是否具有较为完善的数据安全管理制度并实际落地执行现状进行尽职调查。

调查企业数据安全管理制度主要涉及制度文件、人员管理、操作执行等方面,一般包括以下内容:(1)是否设置数据安全负责人或组织机构;(2)是否制定数据安全管理制度,产品有无对应的隐私政策;(3)有无数据分级分类保护机制;

(4)是否定期开展数据安全教育培训;(5)是否定期对数据管理进行风险监测、评估与合规审计;(6)有无数据安全事件的应急处置预案并定期演练。

四、尽职调查难点及解决方案

在通常情况下,数据合规的尽职调查工作会通过书面审查、访谈、公开检索查询等方式进行。一般情况下需要提前结合所要调查的方向进行有针对性的尽职调查清单的梳理,以便做信息的初步收集和筛选;不同场景的数据合规尽职调查,其调查清单设计的侧重点会不一样。信息经过初步收集后,法律人员可以判断该等信息能否满足法律人员进行合规判断及合规意见的输出。如果信息反馈不充分,可以考虑进行补充收集,或者直接梳理访谈清单,邀请具体的运营人员、研发人员对高风险业务或产品进行深入访谈。访谈人员不局限于业务人员,还需要深入运营、产品、研发等团队,从数据下探至可能运用到的算法模型中。数据的尽职调查工作区别于其他行业的尽职调查,特别是在互联网行业背景之下,涉及大量技术、产品以及海量数据和复杂的算法模型,给法律工作者的尽职调查工作增添了难度,也带来了全新的调整。

(一)单纯的书面审查、访谈已经无法满足数据合规场景下的尽职调查

数据合规工作覆盖了各行各业,每个行业每个企业都或多或少面临数据的收集、处理的需求,而互联网行业则是大数据处理、交互最大的需求行业。大数据处理一般都依赖于海量的数据以及系统技术进行收集、处理,所以如果仅仅只是通过书面审查、访谈的形式,一方面,无法直观理解数据处理的场景,导致无法全面识别可能存在的风险;另一方面,也无法保证和核实书面审查、访谈获得的信息的真实性和准确性。

基于此,在数据合规的特殊场景下,笔者建议可以通过注册数据处理平台(如网站、App、小程序等)账号,以用户身份深入产品/功能进行体验操作,对注册、登录、浏览、下单以及其他功能板块进行全链路体验,以便就平台内的服务条款、隐私政策、授权文件、用户权限、查询/删除等权益响应机制、个性化推荐等结合法律法规及监管要求进行核实并识别风险。

（二）数据尽职调查工作不能仅局限于数据的盘点，还需要下探至底层应用层、模型层，以探究根因及潜在风险

正如笔者在前文"数据合规尽职调查通用要点"数据使用/加工场景中论述的，除需要关注数据的使用/加工均不得超出原有的用户授权同意范围以外，还需要关注数据使用的场景是否符合法律法规的规定及/或公序良俗的要求。这是海量数据应用的大背景使然，也是国家立法对其规制的必然趋势。从《个人信息保护法》到《互联网信息服务算法推荐管理规定》，乃至2023年7月出台的《生成式人工智能服务管理暂行办法》，都体现了国家及监管将逐步深入平台的底层架构，进行"穿透式监管"。

以"自动化决策"为例，《个人信息保护法》第24条明确规定，"个人信息处理者利用个人信息进行自动化决策，应当保证决策的透明度和结果公平、公正，不得对个人在交易价格等交易条件上实行不合理的差别待遇。通过自动化决策方式向个人进行信息推送、商业营销，应当同时提供不针对其个人特征的选项，或者向个人提供便捷的拒绝方式"。该条第一次参照欧盟《一般数据保护条例》的规定，将个人信息应用于自动化决策场景中应保证公开、透明及保障用户选择权的要求进行明确；而后出台的《互联网信息服务算法推荐管理规定》在第10条、第17条第2款①中进一步就基于自动化推送设置用户标签的行为进行规定，要求不涉及违法及不良信息，并给予用户选择或删除用户标签的功能。再如，对于数据应用的合法性基础的要求也已下探至算法模型层，在2023年7月出台的《生成式人工智能服务管理暂行办法》第7条第1项②中明确，生成式人工智能服务提供者依法开展预训练、优化训练等训练数据处理活动时，应使用具有合法来源的数据和基础模型。

---

① 《互联网信息服务算法推荐管理规定》第10条规定："算法推荐服务提供者应当加强用户模型和用户标签管理，完善记入用户模型的兴趣点规则和用户标签管理规则，不得将违法和不良信息关键词记入用户兴趣点或者作为用户标签并据以推送信息。"《互联网信息服务算法推荐管理规定》第17条第2款规定："算法推荐服务提供者应当向用户提供选择或者删除用于算法推荐服务的针对其个人特征的用户标签的功能。"

② 《生成式人工智能服务管理暂行办法》第7条规定："生成式人工智能服务提供者（以下简称提供者）应当依法开展预训练、优化训练等训练数据处理活动，遵守以下规定：（一）使用具有合法来源的数据和基础模型；……"

可见,现有数据尽职调查单单限于数据类型、数据处理等问题的调研,已不能完全满足数据合规需求,还需要进一步下探至数据应用的应用层、模型层,深挖数据处理的算法逻辑及应用逻辑,才能从根本上探寻数据处理中可能存在的各类潜在风险。

(三)技术语言与法律语言的沟通障碍

数据应用场景下的合规涉及对系统、技术的理解,甚至需要从数据层面更进一步下探至算法模型,这意味着法律人员的数据合规尽职调查,需要与相应的研发技术人员就技术逻辑、数据处理方式、安全存储方式等专业技术问题进行沟通了解,并将这些技术语言转化为法律语言,在相应法律法规规定的框架之下进行风险识别。同时,在企业数据产品合规性的审查中,最终需要向企业输出尽职调查审查报告,并提出相应的整改优化建议;法律人员在输出审查报告时,也需要考虑为非法律专业人员提供能便于非法律专业人员理解的问题描述及解决方案。

这是数据合规场景下的特殊难点,也对法律工作人员提出了更高的要求,沟通的不畅或理解上的误差都容易导致尽职调查结果的不准确。因此,数据合规的尽职调查工作也可以考虑引入专业的第三方测评机构辅助进行监测和测评,以保证信息的准确性。

五、结　　语

随着互联网、大数据、人工智能等技术的不断发展、创新,数据的商业价值日益凸显其重要性。同时,伴随《数据安全法》《个人信息保护法》等法律法规的陆续出台以及不断常态化的监管执法,在日益常态化的强监管大背景之下,企业的数据合规工作成为法律工作领域较新且重要的工作。这就需要法律工作人员在熟悉数据相关法律法规适用的基础之上,充分了解企业、业务背景,履行勤勉尽责义务,在梳理法律事实的基础上,识别数据合规风险,并提出兼顾用户体验、企业效益的可操作性的合规优化建议,为企业业务保驾护航。

隐私政策编撰指南

刘 动 曾 蕊

在互联网领域高速发展、大数据兴起繁荣的时代背景下，个人信息保护被置于前所未有的重要位置。互联网企业在向用户提供产品或服务时，不可避免地会与用户产生交互，从而涉及对用户个人信息的收集与处理。在访问种类繁多的手机应用程序或网站时，用户通常会被要求勾选、同意相应的隐私政策。隐私政策，是用户获悉企业如何处理其个人信息的说明书，是企业数据合规、产品设计合规的承诺书，更是提升行业自律、增强公众信赖的宣誓书。因此，编撰一份适配、清晰、简洁的隐私政策，对企业而言至关重要。本文将以企业如何编撰隐私政策为出发点，通过梳理我国对隐私政策的相关规定、要求，从实务角度提出具体的编撰建议和指引。

本文分为三个部分。第一部分探讨隐私政策的演进和内在价值，深入了解其在社会发展中的重要性；第二部分提供隐私政策编写的总体建议，着重介绍策略性和宏观层面的考虑；第三部分深入探讨隐私政策编撰的具体方法，提供实用的技巧和建议，以确保隐私政策的清晰性、透明度和合规性。

一、隐私政策的演进和内在价值

（一）从立法、执法、司法层面看隐私政策在时间维度上的发展演进

隐私政策在中国的诞生和发展体现在不断完善的立法、逐步严格的执法和日益丰富的司法实践中。

1. 立法层面日趋完善

隐私政策的诞生源于个人信息保护等相关法律法规对于个人信息收集、使用规则应"公开"的要求。早在2012年,全国人民代表大会常务委员会《关于加强网络信息保护的决定》便要求网络服务提供者和其他企业事业单位在收集、使用公民个人电子信息时应当公开其收集、使用规则。2013年《中华人民共和国消费者权益保护法》修改时明确增加了"公开"原则。2013年《电信和互联网用户个人信息保护规定》确定了收集、使用用户个人信息时,应当遵循合法、正当、必要的原则。后续颁布施行的《中华人民共和国网络安全法》及《中华人民共和国民法典》均规定了"公开"个人信息处理规则是个人信息处理者的义务。2021年11月1日,《中华人民共和国个人信息保护法》(以下简称《个人信息保护法》)正式施行,其规定个人信息处理者应"公开个人信息处理规则,明示处理的目的、方式和范围",标志着隐私政策的法理基础趋于完善。

2. 执法层面更加严格、细致

作为立法与公众权益保护之间的桥梁,执法层面目前处于监管机关"多方发力"、审查"日趋严格"的态势。

首次公开可查的执法行动见于2019年,北京市公安局围绕App违法违规收集公民个人信息问题下发整改通知书共365份,对其中320家违法违规App运营企业给予警告以上的行政处罚,同时提示网民在使用App前应注意查看是否设有《隐私政策》等相关条款。

此后,工业和信息化部(以下简称工信部)及国家互联网信息办公室(以下简称国家网信办)的持续整治行动进一步证明了执法部门在保护个人信息方面的决心和效率。从2020年开始,工信部持续开展App侵害用户权益专项整治行动,截至2023年3月21日,工信部通报存在问题的App(SDK)共计28批(共计2047款,不包含各地通信管理局的数据),其中涉及"收集个人信息明示、告知不到位"问题的App(SDK)共计15款。[①] 因违法违规收集使用个人信息,国家网信办2021年通报下架了25款App,通报整改了351款App,其中15款是因未公开

---

① 参见关于下架侵害用户权益App的通报(2020年),关于侵害用户权益行为的App通报(2021年第1~11批),关于App侵害用户权益整治"回头看"发现问题的通报(2022年第1~6批),关于侵害用户权益行为的App(SDK)通报(2023年第1~2批),载工业和信息化部官网,https://wap.miit.gov.cn/,最后访问日期:2023年6月21日。

收集使用规则或未明示收集使用目的、方式和范围而被通报。2022 年,国家网信办责令整改 80 款 App,下架处置 55 款 App。对于收集个人信息明示、告知不到位的通报原因也聚焦到了隐私政策设置问题(如无隐私政策、隐私政策无法访问、首次启动未明示隐私政策等)。涉及上述隐私政策设置问题的 19 款 App 中 18 款被下架。

3. 司法层面不断丰富

从最高人民检察院、最高人民法院以及互联网法院公布的指导案例中,我们可以看出,我国对于个人信息保护的重视程度和在司法层面的执行力度在不断提升。各类非法获取和利用个人信息的行为被严厉打击,不仅要求侵害方进行公开赔礼道歉、删除侵权产品和数据,更是从刑事责任上进行严惩。隐私政策在司法裁决中扮演着越来越重要的角色。

例如,在最高人民检察院公布的个人信息保护公益诉讼典型案例中,某款音乐视频教学类手机应用程序,因下载安装及使用过程中未显示隐私政策条款、未通过弹窗等明显方式提示用户阅读隐私政策等个人信息收集使用规则、没有具体隐私政策的内容,被判定未公开收集使用规则、未明示收集使用个人信息的目的、方式和范围。

(二)从企业视角看隐私政策的内在价值

当下社会对个人信息保护的关注已经达到空前的高度,企业设置隐私政策,向用户展示收集、使用个人信息的目的、方式、范围以及规则,已经成为“基本操作”,而一份更清晰、易懂、友好的隐私政策,更是能建立用户与企业之间的信任。企业设置隐私政策是法律法规对于收集使用个人信息的必然要求,也是在执法、司法过程中证明自身合规性的有力证据,拥有一份合规且对用户友好的隐私政策不仅是企业的法律责任,更是其社会责任。

在日益严格的法律监管环境和公众对个人信息保护不断增长的要求下,各大应用市场也对隐私政策提出了更为细致的要求,如某些应用市场要求隐私政策的企业主体必须与应用开发者的企业主体保持一致。一款 App 往往需要在多个应用市场上线,一份精细、合理且符合各方要求的隐私政策可以在一定程度上帮助企业降低合规成本。

二、隐私政策编写的总体建议

（一）应充分了解国家相关法律法规规定的具体要求

隐私政策的主要目的在于明确公示如何处理个人信息。因此，在编写隐私政策前，应充分调研了解相关的具体规定，特别是对特定行业、领域的特殊规定以及相关国家标准。同时，除了对隐私政策实质内容的规定，还应关注隐私政策上线形式的要求。

《个人信息保护法》明确了在处理个人信息时应遵循合法、正当、必要、诚信原则，其明确了隐私政策的总体要求。此外，一些特定行业主管部门对于行业内如何处理个人信息也存在特殊要求。例如，对于电信、互联网行业，《电信和互联网用户个人信息保护规定》要求电信业务经营者、互联网信息服务提供者向用户明确告知“查询、更正信息的渠道以及拒绝提供信息的后果等事项”。再如，对于银行金融行业，2018 年，原中国银行保险监督管理委员会出台了《关于印发银行业金融机构数据治理指引的通知》，要求收集、使用数据涉及个人信息的，应当符合相应的国家标准。

除以上概要性规定外，相关国家标准对隐私政策的编写同样具有较强的指引性和针对性。2020 年，国家市场监督管理总局、国家标准化管理委员会发布了国家标准《信息安全技术　个人信息安全规范》（GB/T 35273—2020），对个人信息控制者处理个人信息的各个环节进行约束。2022 年，全国信息安全标准化技术委员会（以下简称信安标委）公布了国家标准《信息安全技术　互联网平台及产品服务隐私协议要求》征求意见稿（以下简称隐私协议征求意见稿），对于隐私政策的编写具有借鉴性。

（二）应充分关注用户友好性

隐私政策的主要受众为用户。因此，在撰写隐私政策时，应时刻考虑是否利于用户理解、方便用户阅读。在内容上，应尽量避免出现过于晦涩难懂、专业复杂的内容，表达以通俗易懂、清晰简洁为优；在方式上，可以通过多种方式，加强可视化和可读性，如生动的小视频介绍、简要版、文首增加总结性概要段落、使用结构图/流程图等，以增进用户对隐私政策内容的了解。同时，在用户同意隐私政策后，也应将相关版本的隐私政策放在合适位置以方便用户查找。

近年来，执法机关十分重视隐私政策的用户友好性。2021 年，工信部出台《关于开展信息通信服务感知提升行动的通知》，要求 39 家互联网企业应以简洁、清晰、易懂的方式向用户提供 App 产品隐私政策摘要，并应于 2021 年 12 月底前建立已收集个人信息清单和与第三方共享个人信息清单。2023 年，工信部又出台《关于进一步提升移动互联网应用服务能力的通知》，旨在向用户进一步提升全流程服务感知，真实、准确、完整地明示隐私政策，并以简洁、清晰、易懂的方式告知用户个人信息处理规则。

可见，法律法规层面明确了个人信息处理的基本原则和具体要求，这是编撰隐私政策的根本依据。此外，执法机关对法律法规的细化要求和解读，对实际操作细节的认定和把握，也需要时刻予以关注，进而体现在隐私政策的内容和形式上。对于实操中遇到的关于适用性、操作性的问题，也应及时向执法机关进行咨询。

（三）应充分聚焦企业具体的业务场景

隐私政策是处理个人信息的企业向用户公示的告知书，主要目的是公开透明地传递企业会如何处理用户的个人信息，以助于用户决策是否向企业提供其个人信息。因此，隐私政策的编写必须紧密围绕企业具体的业务场景展开，以确保隐私政策与实际处理个人信息之间的适配性。从处理个人信息的企业角度而言，其收集、使用个人信息应遵守最小必要原则。例如，业务场景在某项功能中实际收集了用户的个人信息，却未在隐私政策中列明，则企业面临过度收集个人信息、未充分告知用户的问题。再如，业务场景需要特定情况下将个人信息共享、转让其他方，却未在隐私政策中明示，则企业面临违规处理用户个人信息的问题。因此，隐私政策应充分聚焦业务的实际应用场景，既要了解现有业务，也应考虑未来业务发展的可能性；既要了解收集、使用用户个人信息的具体场景，也要核实企业如何保障用户的个人信息安全，切忌脱离业务实际或者直接照抄照搬使得隐私政策“名不副实”。

（四）应注意隐私政策的完整性

隐私政策是个人信息处理者的说明书。从篇章结构而言，隐私政策可以参照相关国家标准，确保内容完整、没有遗漏。从适用场景而言，除最常适用的手机 App 应用软件场景外，其他收集个人信息的场景，包括但不限于 PC 端网站、微信小程序、公众号、快应用、SDK、线下场景、附加功能等，均应考虑隐私政策的问题，确保涵盖场景的完整性。从用户感知而言，除隐私政策的完整文本外，用户注册协议中与个人信息处理相关的条款、获取用户敏感个人信息的单独弹窗授权文案等，也应作为隐私政策的一部分予以整体考虑，以避免相关条款间不一致或存在矛盾。

三、隐私政策编撰的具体方法

（一）准备阶段

准备阶段是隐私政策编撰的第一步。只有前期对相关产品或服务涉及的个人信息处理的全链条情况做好充分、细致的准备，后续才能水到渠成。笔者建议在该阶段做好以下工作：

1. 应充分了解上述提到的法律法规、国家标准，并调研同行业类似产品或服务的隐私政策编写情况。如提供的产品或服务需上线手机应用市场，则应提前考虑安卓、苹果系统以及相关应用商店 App 上线的具体要求。

2. 应根据企业内部个人信息处理职责的分工，确立工作团队和流程，明确职能和分工。通常，隐私政策的起草团队由研发方、产品方和内部律师共同组成。研发方负责提供应用权限调用等技术内容，产品方从产品全流程角度提供收集、使用个人信息的具体场景和使用目的等，内部律师根据相关要求从文本角度进行梳理和完善。

3. 充分了解产品或服务，对其中涉及的个人信息收集、使用场景进行评估，初步判断其收集、使用个人信息的目的、范围是否满足合法、正当、必要和诚信原则的要求。如可能对个人信息主体权益产生重大影响，应事先进行个人信息安全影响评估。

4. 明确产品或服务的基本功能和附加功能。对于附加功能，应考虑单独征求用户的同意。如该产品或服务区分集团和各业务板块，则需确保二者间隐私政策的适用性，避免出现适用范围冲突的情况。

5. 如较多地涉及老年人、儿童等特殊群体个人信息的收集与处理，建议基于特殊群体,出台在内容或者展现形式上更有针对性、适用于特殊群体用户的《儿童个人信息保护规则》或《老年人个人信息保护规则》。

6. 规划隐私政策整体的篇章结构,具体内容可以根据实际情况,参考隐私协议征求意见稿中的篇章布局。对于不常见、较为晦涩的概念,如敏感个人信息、基本设备信息等,可以考虑进行定义,以方便用户理解。开头可以增加概述或者导言的部分。同时,也可区分简要版和完整版隐私政策。

在准备阶段中,可参考对照表1中的问题清单。

表1 准备阶段问题清单

项目	建议	注意事项
相关主体及联系方式	应明确产品上架应用市场的账号主体、产品开发者账号主体以及隐私政策发布主体的名称、地址信息、联系方式	1. 如上线应用市场,需满足其对上线主体的具体要求。 2. 隐私政策的发布主体可能也是未来产生相关争议的应对主体,应考虑是否明确
基本功能和附加功能	建议区分基本功能和附加功能	不同功能的隐私政策内容会有所不同,建议优先准备主要、基本功能的隐私政策,再根据适用场景就附加功能单独编撰隐私政策或单独获得用户授权
适用范围	应明确具体的适用范围,如形式、主体范围以及除外情形等	1. 适用形式:如是否适用于App、小程序、各类软件硬件等,建议为日后可能的发展方向留有余地。 2. 关联方:如适用于关联方,可考虑列明所有关联企业。 3. 列明不适用的具体场景:列明不涉及的相关功能、涉及第三方提供服务等

(二)撰写阶段

在前期充分的调研和准备后,即可进入撰写阶段。在该阶段,笔者建议:

1. 明确隐私协议的主要内容。根据隐私协议征求意见稿,隐私协议应至少包括适用范围、摘要、收集使用个人信息规则、保障个人信息安全的规则、保障个人信息主体权利的规则、个人信息跨境流动的规则、隐私协议更新的规则等,并提供个人信息处理者的联系方式。同时,针对不同领域、行业的业务类型,应充分探究产品或服务的特殊性,并进行针对性的完善。隐私政策涉及条款类型可参考对照表2。

表2 隐私政策涉及条款类型

条款	内容说明
引言	简单介绍企业和隐私政策的目的
信息收集	列出企业收集的个人信息类型及收集方式
信息使用	说明企业如何使用收集到的个人信息
信息分享	揭示企业是否与第三方共享信息,以及共享的目的
信息保护	介绍企业保护用户个人信息的措施和安全标准
用户权利	解释用户对其个人信息享有的权利及如何行使
隐私政策的更改	说明隐私政策如何更新及如何通知用户
联系信息	提供用户与企业就个人信息保护问题沟通的联系方式

2. 根据信安标委2020年发布的《网络安全标准实践指南——移动互联网应用程序(App)收集使用个人信息自评估指南》(以下简称《App自评指南》)的要求,如果个人信息用于用户画像、个性化展示等,隐私政策中应说明其应用场景和可能对用户产生的影响。企业如需通过自动化决策方式做出对个人权益有重大影响的决定,应向用户进行说明。如果存在个人信息出境的情况,隐私政策中应将出境个人信息类型逐项列出并显著标识(如字体加粗、标星号、下划线、斜体、颜色等)。同时,隐私政策应对敏感个人信息类型进行显著标识(如字体加粗、标星号、下划线、斜体、颜色等)。

3. 避免霸王条款,不得出现免除自身责任、加重用户责任、排除用户主要权利条款。为避免用户对隐私政策单方制定的质疑,充分保障用户的权利,通常不宜在隐私政策中出现霸王条款,以避免被认定为格式条款从而无效。同时,对于需要用户着重阅读、对用户权利影响较大的条款,应充分提示用户阅读,可通过加黑、描粗、下划线等各种形式予以强调,并可要求用户下拉到底部或者停留特定时间后方可进行下一步操作。

4. 应注意易读性,做到用户友好。隐私政策的内容应尽量通俗易懂、简单明了,避免晦涩难懂、冗长烦琐。

表3至表6将根据个人信息处理的链路，逐一分解隐私政策中的主要条款，以提供实操性的指引建议。

表3 收集、使用个人信息

项目	建议	注意事项
收集个人信息的场景和目的	应逐一列举个人信息的收集类型和范围，并区分个人信息以及敏感个人信息	1. 应明确定义个人信息、敏感个人信息。 2. 根据《App自评指南》要求，在描述收集个人信息的业务功能和每项业务功能所收集的个人信息时，均应逐项列举，不可使用“等、例如”等方式做概括说明。不得出现多项业务功能对应一类个人信息的情况，每项业务功能应分别对应所收集的个人信息。 3. 2021年《常见类型移动互联网应用程序必要个人信息范围规定》对常见类型App规定了基本功能服务和必要个人信息范围，可作为重要参考依据。 4. 如果企业属于2021年工信部确定的双清单企业，则需准备个人信息收集清单，方便用户查看
使用个人信息的场景和目的	应逐一列明个人信息的使用目的和具体场景。 应逐一列明调用设备权限的目的和具体场景，如是否为使用某项功能所必需以及开启或关闭路径	1. 使用敏感个人信息或调用敏感权限时，应做出特别提示。 2. 除取得个人同意外，《个人信息保护法》第13条及相关法律法规还规定了其他无须个人同意即可处理个人信息的情形，可援引至隐私政策中并进行适当的解释。 3. 使用个人信息时，应明确具体的使用场景和目的，且应与收集的范围和类型相匹配对应
常见类型App在收集、使用个人信息方面的特殊性	网上购物类App，应围绕账户、浏览商品、下单、交付、商品评价、售后及争议处理、安全保障等全流程明确收集、使用个人信息的具体场景	1. 在对商品进行个性化推荐的场景下，应明确个性化内容的展示逻辑，并提供关闭个性化内容或推荐、不针对个人特征排序的方法路径选择。 2. 出于维护交易安全、防范黑灰产以及安全事件等因素考虑，可能需收集用户设备信息、设备日志信息等相关信息进行风险校验。如涉及该场景，应充分说明目的的合理性，并详述所收集的个人信息

续表

项目	建议	注意事项
	网络支付类App，应重点关注金融领域的特殊监管要求，并明确标示敏感个人信息	1. 金融机构为履行反洗钱、反电信网络诈骗义务，通常需要用户提供身份基本信息，并进行实名制验证。实名制验证的具体要求和过程应充分披露。 2. 在账户开通、支付转账、信用卡还款、账单查询、身份验证、客服咨询等业务场景下，通常涉及收集敏感个人信息，应充分明示。 3. 为维护支付系统稳定安全运行，通常也需要收集用户设备信息、所在地区、软件安装列表、日志信息等，应完整列示所有需使用到的相关信息
	短视频类App，应主要梳理内容推荐和发布、个性化推荐等功能所需要收集和使用的个人信息	1. 如内容推荐涉及地理位置信息，则应明确是否收集精确定位信息。如涉及，应明确标示其为敏感个人信息。如涉及搜索，则应介绍自动排序的考虑因素。 2. 在用户发布内容时，应明确收集用户地理位置信息并展示用户发布内容时的所在地信息。 3. 对于个性化推荐服务，建议明确具体的适用范围、收集字段以及是否会对算法推荐进行训练

表4　对外提供个人信息以及数据出境

项目	建议	注意事项
提供个人信息的情况	将用户信息提供给第三方应取得个人单独同意，可按照委托处理、共同处理、转移（企业合并、分立）、公开披露四个方面分别进行说明	1. 明确说明目的与合法性：应简洁、清晰列出App与第三方共享的用户个人信息基本情况，包括与第三方共享的个人信息种类、使用目的、使用场景和共享方式等。[1] 2. 透明度与可访问性：清楚地标记哪些信息会向第三方共享及共享的细节，设置个人信息共享清单，清单设置可参考如下方式： (1)按照内嵌SDK、关联App共享以及合作商第三方共享三种类型分别披露； (2)列表内容需包含第三方企业名称、产品/类型、共享信息名称、使用目的、使用场景、共享方式、第三方隐私政策链接； (3)第三方企业名称要用全称，共享信息名称要明确到字段。 3. 获取用户的明确同意。 4. 保护措施：说明采取了哪些措施来保护用户的个人信息，以减少用户对信息安全的担忧，如根据法律规定签署相关协议并约定各自的权利和义务

续表

项目	建议	注意事项
个人信息的跨境传输	因业务需要必须向境外提供个人信息的，如企业的数据服务器位于其他国家、进行跨境电子商务活动等	1. 了解并遵守不同国家及地区的法律要求，如欧盟《一般数据保护条例》和我国《个人信息保护法》。 2. 向用户明示自身的跨境传输符合法律要求，如告知用户已完成了网信部门相关评估与认证、已按照网信部门标准合同与接收方订立合同、会要求接收方按照所适用的法律法规的要求以及其他任何相关的保密和安全措施处理相关个人信息。 3. 获取用户单独同意

〔1〕工业和信息化部《关于开展信息通信服务感知提升行动的通知》在“建立个人信息保护‘双清单’”中规定：“与第三方共享个人信息清单应简洁、清晰列出 App 与第三方共享的用户个人信息基本情况，包括与第三方共享的个人信息种类、使用目的、使用场景和共享方式等。”

表 5　存储、保护个人信息

项目	建议	注意事项
个人信息的存储期限	个人信息存储期限应当为实现处理目的所必要的最短时间	1. 存储期限应根据业务需要和相关领域法律要求制定，如电子商务领域要求交易信息保存不少于 3 年〔1〕、网络直播视频保存不少于 3 年〔2〕。 2. 向用户清晰说明存储期限。 3. 期满后及时删除数据
数据存储的位置	明确指出个人信息存储的地理位置	向用户说明个人信息存储的地理位置，列明存储于国内还是国外，这对于用户了解其个人信息受到哪些法律保护非常重要
数据存储的安全保护	企业使用加密技术保护存储在服务器上的用户数据	1. 技术措施：向用户说明已采取符合业界标准安全防护措施防止个人信息遭到未经授权访问、公开披露、使用、修改等。数据加密类，阐述在存储过程中如何使用加密技术来保护数据，应包括数据在传输过程中以及在存储时的加密措施。访问控制类，说明采取了哪些措施限制对存储在数据库中的个人信息的访问，可能包括使用密码、双因素认证或其他访问控制机制。数据备份类，描述数据备份的策略和频率以及在发生数据丢失或损坏时如何恢复数据。 2. 组织措施：是否制定相应的管理制度和操作规范、个人信息是否分级分类管理、是否有个人信息保护专职部门等。

续表

项目	建议	注意事项
		3. 安全审计和监控：说明是否进行相应的安全审计和监控以监测和防止未经授权的访问或数据泄露。 4. 应对安全事件：明确说明如果发生数据泄露或其他安全事件，将采取何种措施，包括通知用户和相关监管机构等

〔1〕《中华人民共和国电子商务法》（以下简称《电子商务法》）第31条规定，"商品和服务信息、交易信息保存时间自交易完成之日起不少于三年；法律、行政法规另有规定的，依照其规定"。

〔2〕《网络交易监督管理办法》第20条第2款规定："网络直播服务提供者对网络交易活动的直播视频保存时间自直播结束之日起不少于三年。"

表6　个人信息主体权利、特殊群体、申诉渠道

项目	建议	注意事项
个人信息主体的权利	用户有权查阅、复制、更正、删除其个人信息	1. 访问查阅：说明用户如何行使访问其个人信息的权利，包括可以访问哪些个人信息以及访问频率等（如有）。 2. 数据的导出和复制：为用户提供方便的路径以便其可以轻松导出或复制个人信息。同时，应说明提供的格式和方式。 3. 更正和更新：阐述用户如何更正或更新存储的个人信息，并说明处理更正或更新请求的时间要求。 4. 删除数据：说明用户如何操作删除其个人信息，并清楚地指出删除的后果以及处理删除请求的时间要求。 5. 撤回同意：说明用户如何撤回先前给予处理其个人信息的同意，并阐述撤回同意后的数据处理流程。 6. 自动决策和个人信息处理：如果使用自动化处理，应告知用户如何行使拒绝人工审查自动化决策的权利。 7. 响应时间和费用：说明企业的响应时间，并说明是否收费以及费用标准。 8. 注销账户：告知用户享有注销账户的权利，并阐释用户应通过何种方式注销账户以及注销的后果

续表

项目	建议	注意事项
特殊群体的保护	对未成年人的个人信息应给予特别保护	1. 专门处理规则:说明该政策适用于特殊群体,并强调对未成年人个人信息保护设有专门的个人信息处理规则。 2. 收集信息的限制:对于特殊群体,应限制收集的个人信息的范围。 3. 明确同意:在收集特殊群体的个人信息之前,应获得被收集主体及其法定监护人的明确同意。对于未成年人,尤其要注意获取父母或监护人的同意。 4. 定制化通知:为特殊群体提供定制化的隐私通知,使用简单明了的语言,以确保能够理解所收集的个人信息类型以及个人信息的使用和共享方式。 5. 额外的访问和控制权利:提供给特殊群体更多的访问和控制权利,如允许监护人访问和管理未成年人的个人信息等
用户的申诉渠道	提供通过电子邮件或网站等方式提交申诉的渠道	1. 多种渠道:提供多种申诉渠道,以满足不同用户的需求和偏好,可包括电话、电子邮件、网站表单、社交媒体或聊天功能等。 2. 响应时间:说明高效的响应时间,以此显示企业致力于解决用户问题。 3. 进一步申诉途径:如果用户对初步响应不满意,为其提供进一步申诉的渠道

(三)上线阶段

在确认隐私政策终稿后,就进入了隐私政策的上线阶段,笔者建议:

1. 根据《电子商务法》相关规定和行业做法,建议隐私政策应进行为期 7 天的公示后正式生效。

2. 隐私政策的查看位置应易于用户访问,且建议保有具体的下载途径。在进入 App 主功能界面后,建议通过 4 次以内的点击能够访问隐私政策。同时,隐私政策的链接位置应突出、无遮挡。

3. App 首次运行时应对用户进行明显的提示。App 首次运行时,应通过弹窗等明显方式提示用户对隐私政策进行操作点击和页面阅读。同时,应确保个人信息主体自主选择同意隐私政策,不得以默认、捆绑、停止安装使用、一揽子同意等手段变相强迫用户同意。

4. 建立反馈更新机制。建议根据业务发展情况、监管机关要求对隐私政策进行定期的更新,如收集使用个人信息的目的、方式、范围等发生变化时应以适当方式通知用户,如发布公告、消息推送等,并妥善留存旧有版本。

四、结　　语

编撰一份好的隐私政策,离不开对法律法规、国家标准、执法机关要求以及企业产品或服务的充分熟悉和把握。我国第一批隐私政策上线至今已数年时间,隐私政策经历了从无到有、逐渐精细的过程。在此过程中,立法机关、监管机关、行业、企业和用户间不断进行良性互动,使隐私政策越来越亲民、细化、详尽。面向未来,隐私政策势必会继续与时俱进,更加以用户为核心,以充分保障用户的权利。

数据出境合规研究与实践

闫　琼　徐　迪

一、数据出境制度概况

(一)数据出境立法演进

在数字化经济浪潮席卷全球的背景下,数据作为生产要素,其顺利流通是开展跨境业务和活动的重要条件,也是境内外经济实体提升生产效率的基本诉求。当前,企业在实施跨境处理活动时,不仅需要持续建设自身的数据合规框架和数据安全能力,更需要持续关注数据出境流动监管的相关要求。

为应对跨境流动数据数量飙升以及逐步扩张的信息全球化趋势,经济合作与发展组织于 1980 年发布了《隐私保护和个人数据跨境流动指南》(Guidelines on the Protection of Privacy and Transborder Flows of Personal Data)并将"数据跨境流动"纳入法律议题,在世界范围内掀起了关于数据跨境流动监管的立法热潮。[①] 例如,欧盟于 2018 年 5 月 25 日出台的《一般数据保护条例》(General Data Protection Regulation,GDPR)规定,在判断相关第三国或国际组织符合充分保护认定或适当安全措施前提下,可将正在处理或计划进行处理的个人数据向第三国传输;如第三国或国际组织不具备前述条件的,个人数据的控制者或处理者应当进行安全评估并采取合适的安全措施。

我国对数据出境的立法近年来也在不断地变化发展。随着《中华人民共和

---

① See Martina F. Ferracane, *Restrictions on Cross-Border Data Flows: A Taxonomy*, ECIPE Working Paper, No. 1, 2017, p. 2.

国网络安全法》(以下简称《网络安全法》)、《中华人民共和国数据安全法》(以下简称《数据安全法》)、《中华人民共和国个人信息保护法》(以下简称《个人信息保护法》)、《网络数据安全管理条例(征求意见稿)》、《数据出境安全评估办法》、《关于实施个人信息保护认证的公告》、《网络安全标准实践指南——个人信息跨境处理活动安全认证规范 V2.0》和《个人信息出境标准合同规定》等一系列法律法规、国家标准的出台,数据出境的合规路径体系逐渐形成。

2017 年 6 月 1 日,《网络安全法》正式实施。《网络安全法》首次规定了数据出境的安全评估制度,随后配套法规《个人信息和重要数据出境安全评估办法(征求意见稿)》(以下简称 2017 年配套法规征求意见稿)和配套标准《信息安全技术　数据出境安全评估指南(草案)》(以下简称 2017 年配套标准草案)相继出台。

根据《网络安全法》的规定,关键信息基础设施运营者(Critial Information Infrastructure Operator,CIIO)在我国境内运营中收集和产生的个人信息和重要数据应当在境内存储;因业务需要,确需向境外提供的,应当按照国家网信部门会同国务院有关部门制定的办法进行安全评估。据此,《网络安全法》规定的安全评估应仅限于关键信息基础设施运营者处理的个人信息和重要数据的出境,对于不属于关键信息基础设施运营者的数据出境未作出规定。2017 年配套法规征求意见稿扩大了安全评估的范围,规定所有网络运营者收集的个人信息和重要数据,只要符合该征求意见稿第 9 条的情形(含有或累计含有 50 万人以上的个人信息、数据量超过 1000GB 等),均需进行安全评估;2017 年配套法规征求意见稿对安全评估的内容、数据不得出境的情形等均作出了规定。2017 年配套法规征求意见稿规定,网络运营者在数据出境前自行进行安全评估并对评估结果负责;此外,行业主管或监管部门负责安全评估工作并定期开展安全检查。2017 年配套标准草案对上述安全自评估内容、数据出境计划的制定等内容作出了详细规定并在附录中列示了重要数据识别指南、个人信息和重要数据出境安全风险评估方法。但 2017 年配套法规征求意见稿和 2017 年配套标准草案均未正式公布实施。

2019 年,国家互联网信息办公室(以下简称国家网信办)就《个人信息出境安全评估办法(征求意见稿)》(以下简称 2019 年配套法规征求意见稿)向社会公开征求意见。2019 年配套法规征求意见稿中没有对重要数据出境的安全评估作出规定，并且删除了2017年配套法规征求意见稿中的自评估制度。按照该征求意见稿规定，网络运营者处理个人信息不区分处理的人数等情况，凡是要将个人信息出境均须报请省级网信部门进行安全评估。这体现了当时强化个人信息出境的管制和数据本地化存储的价值取向，较为严格。但加强管制必然意味着数据流通便利的减弱，因此2019年配套法规征求意见稿也并未正式实施。

2021年9月1日，《数据安全法》施行。《数据安全法》在规定关键信息基础设施运营者在中华人民共和国境内运营中收集和产生的重要数据的出境安全管理适用《网络安全法》的基础上，进一步对其他数据处理者在中华人民共和国境内运营中收集和产生的重要数据的出境安全管理进行了授权性立法。此外，《数据安全法》对向境外司法和执法机构提供数据做出了限制，要求境内的组织、个人向外国司法或者执法机构提供存储于中华人民共和国境内的数据必须获得主管机关批准。

2021年11月1日，《个人信息保护法》施行。《个人信息保护法》第38条以及《网络数据安全管理条例（征求意见稿）》第35条对数据出境的几种主要方式做出了清晰的描述：（1）通过国家网信部门组织的数据出境安全评估；（2）数据处理者和数据接收方均通过国家网信部门认定的专业机构进行的个人信息保护认证；（3）按照国家网信部门制定的关于标准合同的规定与境外数据接收方订立合同，约定双方权利和义务；（4）法律、行政法规或者国家网信部门规定的其他条件。

2022年、2023年相关主管机关、标准制定组织等陆续出台了《数据出境安全评估办法》（包括各级主管机关发布的实施指南）、《关于实施个人信息保护认证的公告》、《网络安全标准实践指南——个人信息跨境处理活动安全认证规范V2.0》和《个人信息出境标准合同办法》、《个人信息出境标准合同备案指南（第一版）》，数据出境主要的三种路径逐渐落地。逐渐成型的法规体系既强调监管又方便数据流通，为涉及数据出境的市场主体提供了可供执行的指引。

（二）类型化数据出境制度

1. 个人信息出境

如果拟出境数据为个人信息，根据《个人信息保护法》《数据出境安全评估办法》等法律法规的要求，个人信息的出境目前主要有三种路径，即安全评估路径、安全认证路径和标准合同路径。根据《数据出境安全评估办法》，关键信息基础设施运营者和处理100万人以上个人信息的数据处理者以及自上年1月1日起累计向境外提供10万人个人信息或者1万人敏感个人信息的数据处理者向境外提供个人信息的，应申报数据出境安全评估。对于不属于需要申请网信部门进行安全评估的个人信息出境情形，数据处理者可以选择安全认证或签订标准合同的方式实现个人信息出境。安全认证的方式适用于跨国公司或者同一经济、事业实体下属子公司或关联公司之间的个人信息跨境处理活动；在不需要进行安全评估的情况下，个人信息处理者也可以选择签订标准合同的方式作为个人信息出境的合规方式。

2. 重要数据、核心数据、国家秘密出境

如果拟出境数据为国家秘密，则应当报国务院有关主管部门或者省、自治区、直辖市人民政府有关主管部门批准，并与对方签订保密协议。如果拟出境数据为重要数据，则根据《数据出境安全评估办法》和《网络数据安全管理条例（征求意见稿）》的要求，重要数据的出境应当通过网信部门组织的数据出境安全评估。关于核心数据的出境，《工业和信息化领域数据安全管理办法（试行）》规定，法律、行政法规有境内存储要求的，应当在境内存储，确需向境外提供的，应当依法依规进行数据出境安全评估。虽然目前就核心数据出境的规定不多，但是按照立法的基本逻辑，核心数据的管控要求应是高于重要数据的，或者至少应等同于重要数据，因此核心数据的出境至少应进行数据出境安全评估。

3. 遗传资料、测绘数据材料出境

《中华人民共和国生物安全法》第56条规定，利用我国人类遗传资源开展国际科学研究合作，将我国人类遗传资源材料运送、邮寄、携带出境，保藏我国人类遗传资源等行为，应当经国务院卫生健康主管部门批准；该法第57条规定，将我国人类遗传资源信息向境外组织、个人及其设立或者实际控制的机构提供或者开放使用的，应当向国务院卫生健康主管部门事先报告并提交信息备份。根据《中华人民共和国人类遗传资源管理条例》第3条第2款以及《中国人类遗传资源材料出境审批行政许可事项服务指南》，为临床诊疗、采供血服务、查处违法犯罪、兴奋剂检测和殡葬等活动需要，对外提供人类遗传资源材料，依照国家相关法律法规管理，无须取得科技部的批准。《人类遗传资源管理条例实施细则》第

10 条、第 11 条、第 36 ~ 38 条对向境外提供我国人类遗传资源的主体、事先报告、信息备份、安全审查等具体制度进行了规定;第 14 条、第 31 ~ 35 条就开展国际科研合作过程中的行政许可、伦理审查、备案进行规定。

《中华人民共和国测绘法》第 34 条规定,如果需要对外提供测绘成果,应按照国务院和中央军事委员会规定的审批程序执行。

4. 上市公司数据出境

《网络安全审查办法》第 7 条规定,掌握超过 100 万用户个人信息的网络平台运营者赴国外上市,必须向网络安全审查办公室申报网络安全审查。《境内企业境外发行证券和上市管理试行办法》第 9 条规定,境内企业境外发行上市活动,应当严格遵守外商投资、网络安全、数据安全等国家安全法律、行政法规和有关规定,切实履行维护国家安全的义务。涉及安全审查的,应当在向境外证券监督管理机构、交易场所等提交发行上市申请前依法履行相关安全审查程序。

5. 司法数据跨境协助

《中华人民共和国国际刑事司法协助法》第 4 条规定,非经中华人民共和国主管机关同意,外国机构、组织和个人不得在中华人民共和国境内进行本法规定的刑事诉讼活动,中华人民共和国境内的机构、组织和个人不得向外国提供证据材料和本法规定的协助。《个人信息保护法》第 41 条规定,中华人民共和国主管机关根据有关法律和中华人民共和国缔结或者参加的国际条约、协定,或者按照平等互惠原则,处理外国司法或者执法机构关于提供存储于境内个人信息的请求。非经中华人民共和国主管机关批准,个人信息处理者不得向外国司法或者执法机构提供存储于中华人民共和国境内的个人信息。

6. 其他数据出境

对于法律、行政法规没有特别规定的其他一般数据,如企业一般的经营信息等,可以根据数据处理者的需要传输出境。

二、数据出境重要制度合规应对

(一) 常见数据出境场景

所谓数据出境,是指数据处理者将在国内收集、产生的重要数据和个人信息,提供给境外主体的行为。[①] 鉴于数据信息特有的科技属性与流动隐蔽性,无论是数据的主动出境还是被动出境,都应当关注数据营商自由与数据安全保护之间的关系。

1. 数据主动出境

境内的数据处理者通过主动开展传输、存储、上载、递送等动作,将其在境内运营中收集和产生的数据通过软件或硬件介质提供至境外,这是数据出境中最常见的方式,也是最符合直观印象的数据出境方式。专用于数据传递功能的软件包括电子邮件、API(Application Programming Interface,应用程序接口)等传输信道等,硬件介质包括U盘、移动硬盘甚至装载数据的便携笔记本等。当以这些方式向境外提供数据时,即发生了数据出境,可能会触发相关合规义务。

如果企业使用的信息系统、软件平台或数据库的服务器或云端部署在境外,也会构成境内主体主动向境外传输数据的情形。

2. 数据被动出境

在数据被动出境场景下,数据处理者收集和产生的数据存储在境内,其也并未采取任何主动将数据提供给境外的行为,但境外的机构、组织或者个人(无论其是否与境内实体存在关联关系)可以查询、调取、下载、导出该等境内数据,这种情形也构成数据出境。

如果境内处理者将其境内服务器、数据库或信息系统向境外主体开放,使得境外主体可以在境外对存储于境内的数据进行访问、下载或者调用,同样属于“数据出境”的场景。

3. 其他特殊情形

有一类较为特殊的数据出境情形,就是境外收集和产生的数据传输到中国境内进行加工后,再传输到境外。加工包括数据收集、存储、访问、修改、转让、披露、匿名化、去标识化、恢复、删除、销毁等方式。此种情形是否构成数据出境需要结合具体情况进行判断。

在境外数据境内加工的场景下,共有三类可能的情形:未在中国境内对境外数据进行任何加工处理,仅经由中国出境的不属于中国法意义上的“数据出境”;在中国境内对境外数据进行加工处理,但加工后并不涉及中国境内产生的任何

① 参见马其家、刘飞虎:《数据出境中的国家安全治理探讨》,载《理论探索》2022年第2期。

数据的,也不属于中国法意义上的“数据出境”;在中国境内对数据进行加工处理,涉及境内产生的个人信息或其他数据,且将加工后的数据传输至境外的,则属于中国法意义上的“数据出境”。

(二)数据出境安全评估

1. 适用范围

《个人信息保护法》从主体维度确定了两个需要经过监管安全评估的法定主体,包括关键信息基础设施运营者和处理个人信息达到国家网信部门规定数量的个人信息处理者。按照法律要求,该主体掌握的个人信息数据是以在中国境内储存为原则的,即该两个主体应当将在中华人民共和国境内收集和产生的个人信息存储在境内。跨境提供是在必要性要求下,经过相关管理机构的安全评估后,才能跨境提供。如何界定是否属于以上两类主体,可以参照以下相关的法规规定来确认。

《关键信息基础设施安全保护条例》第 2 条规定,“关键信息基础设施”是指公共通信和信息服务、能源、交通、水利、金融、公共服务、电子政务、国防科技工业等重要行业和领域的,以及其他一旦遭到破坏、丧失功能或者数据泄露,可能严重危害国家安全、国计民生、公共利益的重要网络设施、信息系统等。

对于“个人信息达到国家网信部门规定数量”,按《数据出境安全评估办法》规定的“处理 100 万人以上个人信息”,或“自上年 1 月 1 日起累计向境外提供 10 万人个人信息或者 1 万人敏感个人信息”执行。

2. 评估要点

《个人信息和重要数据出境安全评估办法(征求意见稿)》成为落实上位法中安全评估的一个实施细则,其中安全评估的主要评估要素梳理为以下几点,可以作为企业评估及后续跟进关注的合规要点。①

(1)数据出境的目的、范围、方式等的合法性、正当性、必要性。

(2)境外接收方所在国家或者地区的数据安全保护政策法规及网络安全环境对出境数据安全的影响;境外接收方的数据保护水平是否达到中华人民共和

---

① 参见孟洁:《跨境数据合规 企业数据出境评估指引——暨〈数据出境安全评估办法(征求意见稿)〉解读【走出去智库】》,载网易网 2021 年 11 月 11 日,https://www.163.com/dy/article/GOHS7SAN0519BMQ6.html。

国法律、行政法规规定和强制性国家标准的要求。

(3)出境数据的数量、范围、种类、敏感程度,出境中和出境后泄露、篡改、丢失、破坏、转移或者被非法获取、非法利用等风险。

(4)数据安全和个人信息权益是否能够得到充分有效保障。

(5)数据处理者与境外接收方订立的合同中是否充分约定了数据安全保护责任义务。

(6)遵守中国法律、行政法规、部门规章情况。

(7)国家网信部门认为需要评估的其他事项。

3. 评估方式

数据出境风险自评估和网信部门组织的安全评估均包括重要数据、敏感个人信息及达到一定数量的普通个人信息。从评估安全角度及侧重点来看,自评估侧重于从出现数据泄露、篡改等非法获取、非法利用的风险后,个人信息权益维护的渠道是否通畅的角度进行评价,考虑数据如何顺利出境,便于企业开展业务;安全评估则从境外接收方所在国家或地区的数据安全保护法律、政策、网络安全环境,以及个人信息权益是否能够得到充分有效保障的角度进行评价,侧重于数据出境行为对国家安全、公共利益、个人和组织的合法权益带来的风险(见表1)。

表1　网信部门组织评估VS风险自评估

序号	风险自评估内容(《数据出境安全评估办法》第5条)	网信部门组织评估(《数据出境安全评估办法》第8条)	比较分析
1	数据出境和境外接收方处理数据的目的、范围、方式等的合法性、正当性、必要性	数据出境的目的、范围、方式等的合法性、正当性、必要性	前者比后者增加“境外接收方”的判断
2	出境数据的规模、范围、种类、敏感程度	出境数据的规模、范围、种类、敏感程度	一致
3	数据出境可能对国家安全、公共利益、个人或者组织合法权益带来的风险	数据出境活动可能对国家安全、公共利益、个人或者组织合法权益带来的风险	前者与其他自评估事项并列,而后者作为总体评估重点

续表

序号	风险自评估内容(《数据出境安全评估办法》第5条)	网信部门组织评估(《数据出境安全评估办法》第8条)	比较分析
4	境外接收方承诺承担的责任义务,以及履行责任义务的管理和技术措施、能力等能否保障出境数据的安全	境外接收方的数据保护水平是否达到中华人民共和国法律、行政法规的规定和强制性国家标准的要求	一致
5	数据出境中和出境后遭到篡改、破坏、泄露、丢失、转移或者被非法获取、非法利用等的风险	出境中和出境后遭到篡改、破坏、泄露、丢失、转移或者被非法获取、非法利用等的风险	一致
6	个人信息权益维护的渠道是否通畅	数据安全和个人信息权益是否能够得到充分有效保障	后者范围更广
7	与境外接收方拟订立的数据出境相关合同或者其他具有法律效力的文件等是否充分约定了数据安全保护责任义务	数据处理者与境外接收方拟订立的法律文件中是否充分约定了数据安全保护责任义务	一致,形式和颗粒度有所差异
8	无	境外接收方所在国家或者地区的数据安全保护政策法规和网络安全环境对出境数据安全的影响	仅后者涉及,前者不包含该部分内容
9	无	遵守中国法律、行政法规、部门规章情况	仅后者涉及,前者不包含该部分内容
10	其他可能影响数据出境安全的事项	国家网信部门认为需要评估的其他事项	仅后者涉及,前者不包含该部分内容

4. 监管职责分工及评估流程

数据出境安全评估在国家网信办主导下,采取国家和省级网信办协同、与有关部门及专业机构协同的方式。《数据出境安全评估办法》规定,省级网信部门负责接收数据出境安全评估申请材料,并完成完备性查验。国家网信部门负责决定是否受理安全评估,并根据申报情况组织国务院有关部门、省级网信部门、专门机构等开展安全评估。任何组织和个人发现数据处理者违反《数据出境安全评估办法》向境外提供数据的,可以向省级以上网信部门举报。评估流程见图1。

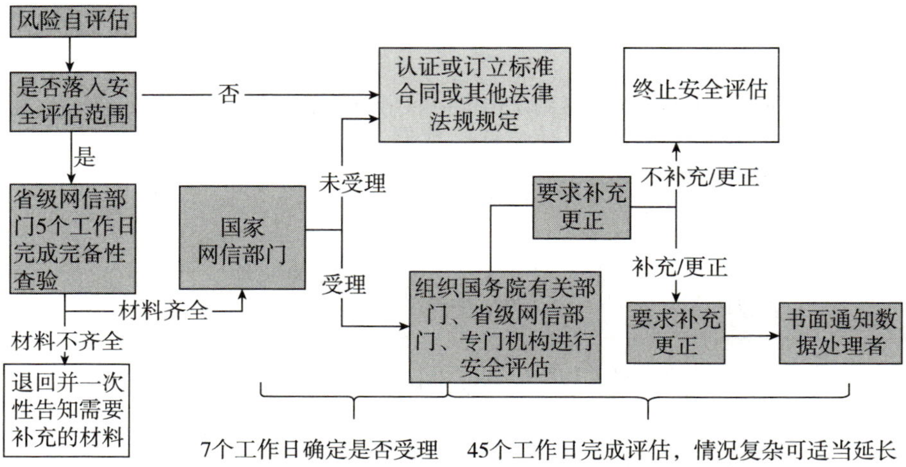

图1 评估流程

(三)个人信息出境标准合同

1. 适用范围

结合《数据出境安全评估办法》的相关规定可以看出,标准合同制度是数据安全评估制度的补充,只适用于非关键信息基础设施运营者,不仅处理个人信息体量较小,且需要进行跨境传输的个人信息及个人敏感信息数量亦极小的情况。与采取个人信息保护认证的方式相比,标准合同制度省去了向认证机构进行申报的流程,也更为简便,可能作为更多有少量个人信息跨境传输需求的主体之首选。需要注意的是,《个人信息出境标准合同办法》明确禁止个人信息处理者以数量拆分的手段将依法应当通过出境安全评估的个人信息通过订立标准合同的方式向境外提供。

2. 个人信息保护影响评估要求

个人信息保护影响评估并非《个人信息出境标准合同办法》路径下独有的合

规步骤要求,事实上,根据《个人信息保护法》第55条第4项的规定,向境外提供个人信息的,应当事前进行个人信息保护影响评估。也就是说,无论采用安全评估制度、个人信息保护认证制度还是标准合同制度,在事前进行个人信息保护影响评估都是必需的。

《个人信息出境标准合同办法》对个人信息保护影响评估的要求是基于《个人信息保护法》第55条的要求,但结合了个人信息“出境”这一场景的特点而设置,具体如下:

(1)个人信息处理者和境外接收方处理个人信息的目的、范围、方式等的合法性、正当性、必要性(对应《个人信息保护法》:个人信息的处理目的、处理方式等是否合法、正当、必要);

(2)出境个人信息的规模、范围、种类、敏感程度,个人信息出境可能对个人信息权益带来的风险(对应《个人信息保护法》:对个人权益的影响及安全风险);

(3)境外接收方承诺承担的义务,以及履行义务的管理和技术措施、能力等能否保障出境个人信息的安全(对应《个人信息保护法》:所采取的保护措施是否合法、有效并与风险程度相适应);

(4)个人信息出境后遭到篡改、破坏、泄露、丢失、非法利用等的风险,个人信息权益维护的渠道是否通畅等;

(5)境外接收方所在国家或者地区的个人信息保护政策和法规对标准合同履行的影响;

(6)其他可能影响个人信息出境安全的事项。

由此可以看出,上述要求与个人信息保护认证制度中关于个人信息保护影响评估的要求及数据安全评估制度中自评估的要求是基本一致的。

3. 备案和重新备案要求

《个人信息出境标准合同办法》第7条规定,个人信息处理者应当在标准合同生效之日起10个工作日内向所在地省级网信部门备案,备案应当提交标准合同及个人信息保护影响评估报告。

备案完成后,个人信息处理者及境外接收方须严格履行已签署生效的标准合同,如出现影响个人信息权益的情形,则须重新开展个人信息保护影响评估,补充或者重新订立标准合同,并履行相应备案手续。

国家网信办发布的《个人信息出境标准合同备案指南(第一版)》则对个人信息出境标准合同的适用范围、备案方式、备案流程、备案材料、个人信息保护影响评估报告(模板)等内容进行了进一步的细化规定和模板示范。

个人信息出境标准合同备案流程见图 2。

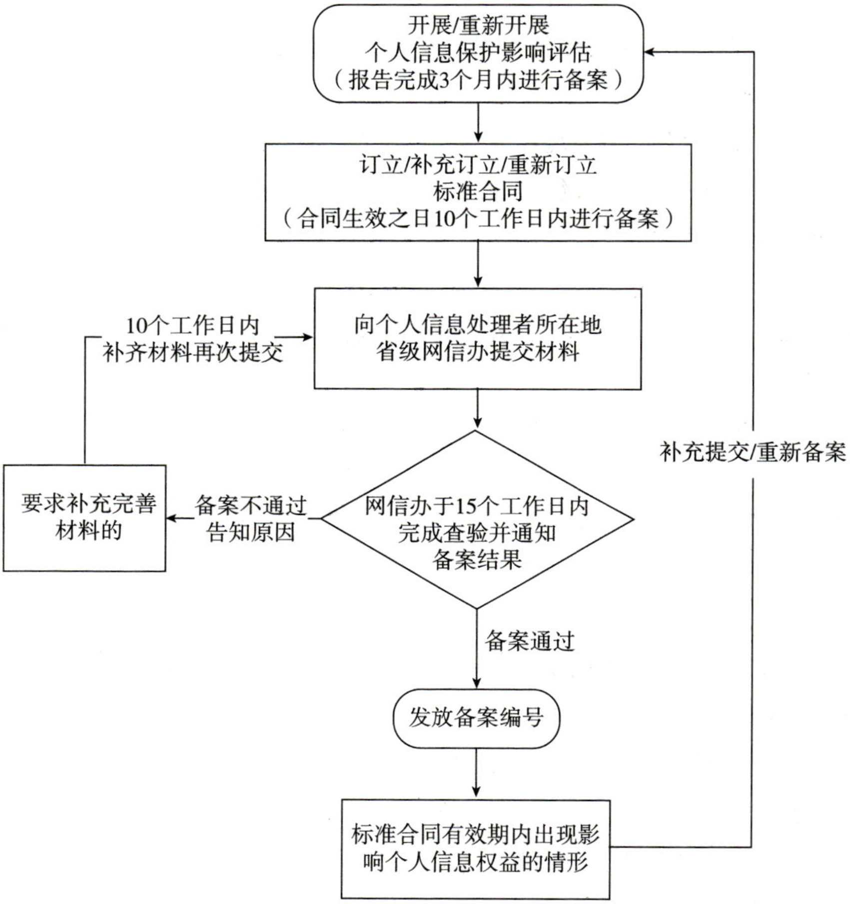

图 2　个人信息出境标准合同备案流程

资料来源:陈梅瑜、吴娇燕、夏律:《出海实务|〈个人信息出境标准合同备案指南(第一版)〉解读与实务指引》,载微信公众号"网络法实务圈"2023 年 6 月 25 日,https://mp. weixin. qq. com/s/sZ8CVFxfSVhUwjl5xYz_0g。

备案结果分为通过、不通过。通过备案的,省级网信办向个人信息处理者发放备案编号;不通过备案的,个人信息处理者将收到备案未成功通知及原因或者要求补充完善材料的通知。因此,企业在提交备案后仍然需要保持与备案部门的密切沟通，及时反馈、及时补正，确保备案工作的及时通过。

4. 标准合同签订和履行要点

《个人信息出境标准合同办法》规定，标准合同应当严格按照本办法附件订立，个人信息处理者可以与境外接收方约定其他条款，但不得与标准合同相冲突。

标准合同范本主要内容包括相关定义、个人信息处理者及境外接收方的义务、境外接收方所在国家或者地区个人信息保护政策和法规对合同履行的影响、个人信息主体的权利及救济、合同解除、违约责任及争议解决方式等。

其中最值得注意的是个人信息主体的权利一项，明确规定了个人信息主体作为合同第三方所享有的权利。一般来讲，合同具有相对性，仅对当事人具有法律约束力，但《个人信息出境标准合同办法》根据《中华人民共和国民法典》第522 条之当事人约定向第三人履行债务的规定，在标准合同中确认了具体个人信息主体权益及其救济路径。

备案递交的标准合同应为中文版。合同应当先签署后备案，由于《个人信息出境标准合同办法》第 7 条规定个人信息处理者应在标准合同生效之日起 10 个工作日内办理备案，因此标准合同生效日期应当作技术处理。

（四）个人信息保护认证

2022 年 6 月 24 日，全国信息安全标准化技术委员会发布实践指南《网络安全标准实践指南——个人信息跨境处理活动安全认证规范》（TC260 – PG – 20222A，以下简称《跨境认证规范》）。该标准是对《个人信息保护法》第 38 条跨境传输路径的落地方案，就个人信息保护认证制度，明确了个人信息保护认证的适用范围和认证方式，并从基本原则、个人信息处理者和境外接收方在跨境处理活动中应遵循的要求、个人信息主体权益保障等方面提出了要求。

1. 适用范围

跨国公司数据跨境传输：跨国公司或者同一经济、事业实体下属子公司或关联公司之间的个人信息跨境处理活动，就跨国集团内部的个人信息跨境传输，可以由境内一方申请认证，并承担法律责任。

在境外处理境内自然人个人信息的活动（《个人信息保护法》第 3 条第 2 款），需要由境外处理个人信息者在境内设置专门机构或指定代表进行认证，并承担法律责任。

以上两种情形下,均可按照国家推荐的自愿性原则进行个人信息保护认证。

2. 认证机构

《个人信息保护法》确定了应“按照国家网信部门的规定经过专业机构进行认证”的原则,《跨境认证规范》中确定了认证机构对个人信息处理者和境外接收方的监督权,但未明确认证机构以及如何申请认证的相关流程。

3. 基本原则

《跨境认证规范》针对个人信息保护认证活动确定了6项基本原则,其中4项承继了《个人信息保护法》规定的所有个人信息处理活动均需遵循的合法、正当、必要和诚信原则,公开、透明原则,信息质量原则,责任明确原则,另外基于《个人信息保护法》第38条的规定,确定了同等保护原则与自愿认证原则。

同等保护原则:个人信息处理者和境外接收方在跨境处理个人信息时应当采取必要措施,确保个人信息跨境处理活动达到中华人民共和国个人信息保护相关法律法规规定的个人信息保护标准。同等保护原则是多数国家个人信息跨境立法的原则,也是企业实务中数据跨境场景下对境外数据处理者的合同要求,除满足中国法律法规相关标准外,也会要求处理者满足企业自身的数据安全和个人信息保护的相关技术性要求。

自愿认证原则:个人信息跨境处理活动认证属于国家推荐的自愿性认证,鼓励符合条件的个人信息处理者和境外接收方在跨境处理个人信息时自愿申请个人信息跨境处理活动认证,充分发挥认证在加强个人信息保护、提高个人信息跨境处理效率方面的作用。

4. 认证要求

根据《跨境认证规范》的要求,开展个人信息跨境处理活动的个人信息处理者和境外接收方之间应当签订具有法律约束力和执行力的文件(如数据处理协议或承诺函)。目前,国内的《个人信息出境标准合同》以及相关配套文件已发布,实践中可以进行约定并签署。

此外,该标准还从组织管理、跨境处理规则、个人信息保护影响评估、个人信息主体权益保障等维度全方位地对认证条件进行了规定。其中,组织管理角度应指定个人信息保护负责人,并设立个人信息保护机构,负责人主要负责组织的个人信息保护的资源保障及指导汇报,保护机构主要负责信息跨境活动的规划、评估、监督以及相关投诉的处理。

三、企业数据出境安全评估申报的相关问题

数据出境安全评估申报材料要求见表2。

表2　数据出境安全评估申报材料要求

<table>
<tr><th>序号</th><th colspan="2">材料名称</th><th>要求</th><th>备注</th></tr>
<tr><td>1</td><td colspan="2">统一社会信用代码证件</td><td>影印件加盖公章</td><td></td></tr>
<tr><td>2</td><td colspan="2">法定代表人身份证件</td><td>影印件加盖公章</td><td></td></tr>
<tr><td>3</td><td colspan="2">经办人身份证件</td><td>影印件加盖公章</td><td></td></tr>
<tr><td>4</td><td colspan="2">经办人授权委托书</td><td>原件</td><td></td></tr>
<tr><td rowspan="2">5</td><td rowspan="2">数据出境安全评估申报书</td><td>承诺书</td><td>原件</td><td></td></tr>
<tr><td>数据出境安全评估申报表</td><td>原件</td><td></td></tr>
<tr><td>6</td><td colspan="2">与境外接收方拟订立的数据出境相关合同或者其他具有法律效力的文件</td><td>影印件加盖公章</td><td>对数据出境相关约定条款作高亮、线框等显著标识。法律文件以中文版本为准,若仅有非中文版本,须同步提交准确的中文译本</td></tr>
<tr><td>7</td><td colspan="2">数据出境风险自评估报告</td><td>原件</td><td></td></tr>
<tr><td>8</td><td colspan="2">其他相关证明材料</td><td>原件或影印件加盖公章</td><td>相关证明材料以中文版本为准,若仅有非中文版本,须同步提交准确的中文译本</td></tr>
</table>

资料来源:《数据出境安全评估申报指南(第一版)》。
注:在提交上述书面材料的同时,需通过光盘方式提交相应电子版文件。

结合以上数据出境安全评估申报材料的准备要求,出境申报表、自评估报告和出境合同作为申报材料中较为重要的企业出境情况介绍与协议约定,是企业进行申报准备中的主要工作。其中涉及以下几点:

1. 申报主体甄别

主体性质:依照《数据出境安全评估办法》的规定,首先需要确认申报主体是否为关键信息基础设施运营者,是否为关键信息基础设施运营者通常由主管部门来认定。如果是关键信息基础设施运营者,则无须进入数据盘点直接进行场景梳理;如果不是关键信息基础设施运营者,则需要进入数据盘点,确认是否达到数据出境的申报门槛。

主体能力:自评估报告中需要提供申报主体及数据处理者的详细注册信息、业务情况描述、财务状况描述、数据系统及安全保障能力、境外接收方相关信息及安全能力等信息,要求申报主体是需要有经济能力和安全技术能力的业务实体,当该业务流实际会涉及企业多个主体时,如同一集团公司中的业务履行主体和操作系统分属于不同的公司主体,申报主体的选择需要考虑其前述因素,选择适格的申报主体。

境外主体:如果涉及数据跨境的业务主体非境内实体,但实际业务中存在境内采集数据的情形,并满足数据出境安全评估的要求,则申报主体的确认应按照《个人信息保护法》第53条的要求,即“在中华人民共和国境内设立专门机构或者指定代表,负责处理个人信息保护相关事务”,数据出境安全评估相关的申报工作属于前述事务,应当以境内公司或指定代表作为申报主体。

2. 申报数据盘点

依照《数据出境安全评估办法》的规定,需要申报的数据类型涉及重要数据和个人信息,个人信息在法律界定中已经有较为清晰明确的界定,且可依照《信息安全技术　个人信息安全规范》(GB/T 35273—2020)盘点确定。但重要数据的概念虽然在多个法律法规征求意见稿中被提及,但一直未有明确的规范发布生效。在盘点时,可以参考《个人信息和重要数据出境安全评估办法(征求意见稿)》中界定的重要数据的定义,即“是指与国家安全、经济发展,以及社会公共利益密切相关的数据”来确认。如果不能确定某项非个人信息是否属于重要数据的范畴,可以和网信部门确认,或者通过向网信部门申报数据出境安全评估,由网信部门明确相关数据是否属于重要数据,从而进一步降低潜在合规风险,避免产生严重的违法后果。

3. 申报场景划分

在申报的过程中,会出现复杂的业务或同一主体存在多个数据跨境的场景,为了明确地梳理出境的情况以及明确梳理出每一个场景下合法必要性，可以就不同的数据出境业务分场景开展申报。同类型数据视出境业务不同，在申报中可以明确区分场景。例如，员工个人信息出境与客户个人信息出境应区分为两个不同出境场景进行说明。

4. 有效期限

《数据出境安全评估办法》第 14 条规定，通过数据出境安全评估的结果有效期为 2 年，自评估结果出具之日起计算。有效期届满，需要继续开展数据出境活动的，应当在有效期届满 60 个工作日前重新申报评估。

5. 境外数据接收方的安全保障能力与责任承担

境外接收方是安全评估中的一个重要评估项，但如果境外接收方是个人或者小微主体，其本身没有技术安全能力，相关数据事件的责任承担能力较弱，如何在跨境评估申报中证明或保证跨境数据的安全性，可以从以下几点考量。

(1)法律层面：从国内法来看，需要更为严格遵循最小必要的原则，保证实际出境信息为满足业务需求的最小量信息。同时，从境外接收方所在国家的法律和当地相关数据安全保障规则和体系的完整性、对应监管机构的完备性以及执法案例等方面进行全面的分析。

(2)技术安全层面：通过企业自身的业务系统保证数据最小化输出，并在实现商业目的的前提下采取技术处理和相关的安全措施。

(3)合同层面：在与境外接收方签订的合同中通过合同相关责任约定来约束境外接收方的数据使用，同时设置有力的违约责任和补救机制。

在我国已建立的数据出境合规机制的“三驾马车”中，数据出境安全评估是外部监管要求最高的一项制度。企业在日常运营中，应完善企业自身的数据分级分类保护、重视自身数据出境合规工作，在发现触发数据出境安全评估的情形下，按要求、按步骤开展和落实安全评估申报工作，从长远角度保障数据出境业务合规、顺利开展。

第三编　区分场景的数据合规

网上购物服务的数据合规

刘　艳

近十几年来，中国电商交易规模逐年增长，网上购物已深入千家万户，成为大家日常生活中不可或缺的消费方式。然而事物的发展都有双面性，在享受互联网技术带来的高效便捷的购物服务的同时，广大用户也饱受隐私泄露、数据滥用及大数据杀熟等问题困扰。如何实现网上购物服务的数据合规，为广大用户提供安全放心的购物环境，进而推动网上购物服务产业的良性发展，使数据这一新的生产要素为经济建设提供能量，是网上购物服务提供者及监管部门均须面对的问题。本文从网上购物服务数据合规问题现状入手，分析和探讨目前网上购物服务的数据收集、存储、传输、提供、删除等合规问题，列明目前相关的立法及国家标准，同时提出相应的数据合规方案，并对常见数据合规问题进行问答式总结，为网上购物服务的相关主体提供合规指引。

一、立法及行业标准

（一）数据保护领域

在我国，《中华人民共和国网络安全法》（以下简称《网络安全法》）、《中华人民共和国数据安全法》（以下简称《数据安全法》）与《中华人民共和国个人信息保护法》（以下简称《个人信息保护法》）被并称为保护数据安全的"三驾马车"。[①]《网络安全法》为构筑网络安全的基础，强调网络安全的保护；《数据安全

① 参见 Amelie：《输不起的战争：数据安全立法背后的大国博弈|甲子光年》，载微信公众号"甲子光年"2021 年 9 月 23 日，https://mp. weixin. qq. com/s/ir6_jduNLlwZwHLiFOUtrA。

法》规定了任何组织、个人收集数据应采取合法、正当的方式;《个人信息保护法》则是我国首部完整规定个人信息处理规则的法律。这三部法律搭建了我国数据合规的主要法律架构。具体到网上购物服务的数据合规,则有 2022 年出台的国家标准《信息安全技术　网上购物服务数据安全要求》(GB/T 42014—2022),此外还有《关于开展 App 违法违规收集使用个人信息专项治理的公告》、《常见类型移动互联网应用程序必要个人信息范围规定》、《信息安全技术　移动互联网应用程序(App)收集个人信息基本要求》(GB/T 41391—2022)等通用的法规和标准,为网上购物服务的数据合规提供了立法基础,丰富了我国数据合规的法律体系,是网上购物服务数据保护的合规依据和指引。

(二)消费者权益保护领域

首先,早在 2013 年,《中华人民共和国消费者权益保护法》(以下简称《消费者权益保护法》)修正后就对消费者个人信息保护作出了规定:"经营者收集、使用消费者个人信息,应当遵循合法、正当、必要的原则,明示收集、使用信息的目的、方式和范围,并经消费者同意……经营者及其工作人员对收集的消费者个人信息必须严格保密,不得泄露、出售或者非法向他人提供。经营者应当采取技术措施和其他必要措施,确保信息安全,防止消费者个人信息泄露、丢失……"① 2013 年《消费者权益保护法》首次将个人信息保护作为消费者权益确认下来,针对现实中个人信息泄露、骚扰信息泛滥的情况,规定了经营者收集、使用消费者个人信息的原则,对所收集个人信息的保密义务,商业信息的发送限制等,是对消费者个人信息保护的早期立法探索,具有积极意义。②

其次,《中华人民共和国电子商务法》(以下简称《电子商务法》)作为中国电商行业的基础性法律,为参与电商的各类型市场主体合规经营提供了法律框架,明确且具体地规定了各方的权利义务和责任。③ 其中就有多处提及消费者个人信息保护,如"电子商务经营者根据消费者的兴趣爱好、消费习惯等特征向其提

① 《消费者权益保护法》第 29 条。

② 参见《[3·15 普法]带你读懂〈消费者权益保护法〉》,载微信公众号"法治寿光"2021 年 3 月 11 日,https://mp.weixin.qq.com/s/eH04qlUElZqUJU_lEqnvtw?。

③ 参见杭州市商务委员会(市粮食局):《〈电子商务法〉争议焦点之辩》,载杭州市商务局官网,http://sww.hangzhou.gov.cn/art/2018/9/28/art_1551502_29269559.html。

供商品或者服务的搜索结果的,应当同时向该消费者提供不针对其个人特征的选项,尊重和平等保护消费者合法权益”①、“电子商务经营者收集、使用其用户的个人信息,应当遵守法律、行政法规有关个人信息保护的规定”②等,从消费者权益保护的角度,要求 App 运营者在进行个性化推荐的同时应向用户提供非个性化推荐的选项,合规收集使用用户个人信息。

此外,《网络交易监督管理办法》是《电子商务法》出台后,为贯彻落实《电子商务法》而制定的重要部门规章,对相关法律规定进行了细化完善,制定了一系列保障消费者权益的具体制度规则,针对网络消费者个人信息的收集使用规则作出详细规定。③ 例如,《网络交易监督管理办法》第 13 条规定:“网络交易经营者……应当……明示收集、使用信息的目的、方式和范围,并经消费者同意……收集、使用个人生物特征、医疗健康、金融账户、个人行踪等敏感信息的,应当逐项取得消费者同意……未经被收集者授权同意,不得向包括关联方在内的任何第三方提供。”这对营造安全放心的网络消费环境具有重要意义,切实保护个人信息安全。

二、网上购物服务数据合规问题现状

网上购物服务的数据包括网上购物服务提供者(多为电商平台)在网上购物服务过程中收集和产生的个人及组织用户数据,如买家消费记录、收货人信息(姓名、地址、电话号码)、卖家账号信息等,以及网上购物服务提供者在提供网上购物服务过程中处理的各类业务经营相关数据,如商品信息、商品类目数据、成交总额、用户访问量、库存、销售规则等。④ 近几年甚嚣尘上的大数据“杀熟”⑤、

① 《电子商务法》第 18 条第 1 款。

② 《电子商务法》第 23 条。

③ 参见《市场监管总局出台〈网络交易监督管理办法〉》,载中央人民政府官网,https://www.gov.cn/xinwen/2021-03/16/content_5593222.htm。

④ 参见《信息安全技术　网上购物服务数据安全要求》(GB/T 42014—2022)第 5.2 条“网上购物服务数据范围”。

⑤ 参见胡锦武、姚子云、郭丰庆:《瞭望|大数据“杀熟”的利益机制》,载微信公众号“瞭望”2021 年 5 月 25 日,http://mp.weixin.qq.com/s/EYqXuAR-zkVzcFflF4MgUQ。

用户信息泄露[①]事件,不断为网上购物服务的数据安全敲响警钟,电商从业者均需依照法律法规及标准,谨慎评估风险、制定合规策略。下文将主要分析目前网上购物服务的数据收集、存储、传输、提供、删除等所暴露出的合规问题。

(一)无授权或过度收集数据

在数据收集活动中,网上购物服务提供者在注册、浏览、搜索、下单、发货等环节均可能出现过度收集或无授权收集用户数据的问题。在 2022 年年底国家网信办依法集中查处一批侵犯个人信息合法权益的违法违规 App 中,就暴露出大量 App 存在强制或频繁索要非必要权限、超范围收集上传通讯录等问题,被全网通报并责令整改。[②]

《个人信息保护法》第 4 条规定,"个人信息的处理包括个人信息的收集、存储、使用、加工、传输、提供、公开、删除等",可见收集是数据处理的源头,如果数据的收集不合规,则数据后链路使用会存在极大风险,如同无本之木,想要长久发展必定会受其掣肘。此外,网上购物服务提供者主要为众多电商平台,因其直接面向 C 端用户提供服务,往往也处于舆论的前端,如因数据收集或其他链路上存在合规问题,除承担法律责任外,舆论压力也可能会导致企业遭受较大损失,长期来看是企业和用户的"双输"局面。因此,数据收集的合规须引起重视,应从长远角度制定合规策略。

(二)数据存储和传输存在安全风险

数据存储和传输也是数据处理中的重要环节,在网上购物服务场景,因涉及大量用户购物相关的个人信息,必须采取有效安全措施保护,否则在技术领域,极易暴露于未经授权的访问、泄露、篡改或丢失的巨大风险中。河南省商丘市睢阳区人民法院 2021 年公布的一起案件显示,犯罪分子通过自己开发软件爬取到了某电商平台客户的数字 ID、昵称、手机号码等信息近 12 亿条,共获利 34 万余

---

① 参见《不要泄露!疑似 45 亿条国内个人信息泄露背后的数据安全账》,载安恒信息官网,https://www.dbappsecurity.com.cn/content/details2148_15672.html,最后访问日期:2023 年 10 月 23 日。

② 参见《国家网信办依法集中查处一批侵犯个人信息合法权益的违法违规 App》,载中国网信网,http://www.cac.gov.cn/2022-11/03/c_1669106604621340.htm。

元,最终被判处侵犯公民个人信息罪。① 此外,近年来国际上也频发数据泄露事件,涉事平台承担巨额损失的同时可能因危及大量用户的个人信息安全而面临巨额罚款。2020 年万豪酒店就因遭受网络攻击,致使数百万客户个人数据泄露,收到了英国信息专员办公室(Information Commissioner's Office, ICO)开具的 1840 万英镑巨额罚单。在官方调查中万豪被发现未按规定采取适当的技术或组织措施来保护其系统上的个人数据。②

数据作为互联网时代的"石油"③,如果失去安全有效的"油库"和运输"管道",那么在数据处理过程中必然会伴随上述诸多风险,每一种风险的暴露都可能给企业甚至行业带来无法估量的打击和损失。数据存储和传输的安全,是网络空间安全的基础,是国家安全的重要部分④,也是提升用户"安全感"实现数据全链路合规的重要技术保障。对于数据存储和传输,目前我国采取了数据等级保护制度,即对国家重要信息、法人和其他组织及公民的专有信息以及公开信息和存储、传输、处理这些信息的信息系统分等级实行安全保护。目前主要电商平台涉及第三级监督保护级,即俗称的三级等保,⑤该项认证要求在物理安全(如防火、防潮)及技术层面(如系统安全管理和恶意代码防范)上均须达到相应标准。

(三)数据使用存在泄露风险或超出用户同意范围使用

数据使用活动是 C 端用户感知最为敏感的环节。例如,电商平台未采取脱敏等安全措施,极易导致数据泄露或超出用户同意范围展示用户数据,由此导致用户数据被商家甚至被不法人员获取,对用户进行营销信息"轰炸"甚至欺诈。再如,电商平台在个性化广告中使用算法工具,在自动化决策中也存在滥用用户数据的风险,如电商平台通过数据收集,记录下用户的购物习惯、点击、加购等行为,实时分析用户意图,再综合算法规则计算出个性化推荐的内容,最终向用户

---

① 参见河南省商丘市睢阳区人民法院刑事判决书,(2021)豫 1403 刑初 78 号。

② 参见酒管财经:《万豪深陷数据"泄露门":行业要像重视卫生那样守卫客户信息》,载澎湃网 2022 年 7 月 11 日,https://www.thepaper.cn/newsDetail_forward_18959528。

③ 参见刘坤、尹泽人:《数字经济时代的"石油",如何产生更多"动力"》,载光明日报 2023 年 3 月 23 日,第 15 版。

④ 参见管晓宏、沈超、刘烴:《数据安全为何重要? 应如何保障?》,载微信公众号"中国网信杂志"2022 年 6 月 21 日,https://mp.weixin.qq.com/s/TZDboN8NBdAtSPu6XCJWTA。

⑤ 参见《信息安全技术 网络安全等级保护基本要求》(GB/T 22239—2019)。

推送,实现精准营销。

根据《个人信息保护法》第 24 条的规定,利用个人信息进行自动化决策,应当保证决策的透明度和结果公平、公正,不得对个人在交易价格等交易条件上实行不合理的差别待遇;通过自动化决策方式向个人进行信息推送、商业营销,应当同时提供不针对其个人特征的选项,或者向个人提供便捷的拒绝方式。这为大数据"杀熟"及个性化推荐规定了合规原则。互联网的广泛应用离不开用户个人数据,基于海量用户数据进行各类分析研究、营销推广、黑灰产账号识别等也是各平台长期发展的重要方式。如何在数据使用和加工中,依法依规实现数据合法合理使用,使个性化推荐具备合法性基础,让数据作为行业发展的"石油"为行业注入源源不断的动力,这是整个行业以及行业监管部门的巨大挑战;但同时,这也是促进各互联网平台的技术发展进步,加速推进行业的数字化转型与平台经济的健康发展的必经之路。

(四)未经用户授权向第三方提供或超范围提供数据

电商平台经营者为完成支付、发货等活动与第三方支付平台或物流开展合作,或委托第三方开展数据分析等服务时,存在电商平台未经用户授权或超过用户授权的范围向第三方提供用户数据的行为,该行为可能因第三方无法提供充足安全保障措施、数据遭受外部网络攻击、数据被内部员工泄露和数据流通中被泄露产生风险。

脸书(Facebook)就曾因外部网络攻击深陷数据泄露的泥潭,先是 2018 年英国"剑桥分析"公司非法获取 8700 万脸书用户数据,后又出现脸书泄露 5.33 亿用户数据事件;[①]内部员工泄露也屡见不鲜,2020 年某公司就曾出现利用员工账号和第三方非法工具窃取运单信息,导致 40 万条个人信息泄露;[②]2019 年,上海市松江区市场监督管理局因未经消费者同意向第三方提供其个人信息对某电商店铺的运营公司作出警告及罚款,理由是消费者在网页上提交需求订单后,该平台获得了消费者的姓名、地址和手机等个人信息,并将消费者的个人信息提供给

---

① 参见惠晓霜:《5000 万用户数据泄露?脸书创始人发声道歉》,载新华网,http://www.xinhuanet.com/world/2018-03/23/c_129835450.htm。

② 参见宋媛媛:《快递业何以成为信息泄露的重灾区》,载法治周末,http://m.legalweekly.cn/qyyf/2020-12/03/content_8372342.html。

全资子公司，由子公司向消费者寄送药品，但其无法提供任何方式证明已经告知消费者会将其个人信息提供给子公司，导致该公司受到行政处罚。①

（五）数据未及时删除或被恶意恢复、滥用

《个人信息保护法》第47条规定了5种个人信息处理者应当主动删除个人信息的情形，如处理目的已实现、无法实现或者为实现处理目的不再必要，个人信息处理者停止提供产品或者服务，或者保存期限已届满，个人撤回同意等，参考了欧盟《一般数据保护条例》中关于数据主体的删除权的规定，该规定要求个人信息处理者必须按照个人信息主体的要求删除数据。电商平台如未对设备进行及时有效的数据删除措施，有可能导致数据被恶意恢复、滥用的风险。此外，存在电商平台永久留存、过度使用用户数据，未向用户提供有效的删除功能或途径，对用户隐私安全产生潜在威胁的风险。②

目前，已有民事诉讼案件当事人主张与删除个人信息相关的权利，如（2022）粤01民终3937号案件中，当事人要求涉案电商App删除在其身上收集到的所有非必要信息；（2021）粤03民终9583号案件中，当事人要求涉案App在其服务器中删除与当事人相关的全部个人信息。虽然案件的处理结果并非全部对涉案App不利，但用户对该项权利的主张体现了用户对删除其个人信息保护其个人隐私的重视，须引起各电商平台的重视。

三、合规方案

根据上述法律法规及标准的要求，结合目前行业实践，网上购物服务数据的合规方案要点如下。

（一）数据收集应合法必要

根据上述法律法规及《信息安全技术　移动互联网应用程序（App）收集个人信息基本要求》（GB/T 41391—2022）、《信息安全技术　个人信息安全规范》

① 参见《〈网络交易监督管理办法〉5月1日施行，送给经营者一份数据合规建议》，载宿州市商务局官网2021年5月10日，https://mofcom.ahsz.gov.cn/ztzl/dszxxctsgc/191794941.html。

② 参见《信息安全技术　网上购物服务数据安全要求》（GB/T 42014—2022）附录A.2。

（GB/T 35273—2020）及《信息安全技术　网上购物服务数据安全要求》（GB/T 42014—2022）等标准，总结网上购物服务数据收集合规要点如下：

第一，收集个人信息需具备合法性，获取个人信息的渠道应符合法律要求。

第二，收集个人信息应当符合最小必要原则。根据《常见类型移动互联网应用程序必要个人信息范围规定》的规定，为实现电商 App 购买商品的基本功能，需要收集的必要个人信息包括：注册用户移动电话号码，收货人姓名（名称）、地址、联系电话以及支付时间、支付金额、支付渠道等支付信息；同时，为了实现其常见的扩展功能，如支持用户将商品加入购物车进行批量支付、自动定位位置信息用作收货地址、发表评价等，还可能涉及收藏列表、购物车信息、位置信息、评价信息等用户个人信息的收集，具体可参见《信息安全技术　网上购物服务数据安全要求》（GB/T 42014—2022）附录 C。

第三，收集个人信息应向个人信息主体告知收集、使用的目的、方式和范围等规则，并获得个人信息主体的授权同意；需注意收集敏感个人信息前，应征得明示同意。另外，如收集不满 14 周岁未成年人的个人信息，应征得其监护人的明示同意。

目前，多数电商 App 隐私政策均会清晰列明其收集的个人信息类型，并在完整版隐私政策中详细说明收集的合法性、目的及必要性，对基本功能、扩展功能分别涉及收集的个人信息进行清晰列明，并同时解释收集、使用的目的、方式和范围等规则；对于未成年人的个人信息保护，隐私政策也会依照法律法规及国际标准的要求进行专章说明。①

（二）数据存储和传输需做好安全措施

参考 GB/T 35273—2020 及 GB/T 42014—2022 的要求，为了防止数据遭受未经授权的访问、泄露、篡改或丢失的风险，数据存储和传输的合规要点如下：

第一，应尽力将个人信息的存储时间控制在必要的最小范围。

第二，应做好敏感个人信息如生物识别信息的加密安全措施，敏感个人信息

---

① 参见《京东基本功能隐私政策》，载 https://in.m.jd.com/help/app/private_policy.html，最后访问日期：2023 年 10 月 23 日；《天猫国际隐私政策》，载 https://terms.alicdn.com/legal-agreement/terms/suit_bu1_alibaba_group/suit_bu1_alibaba_group202110261749_10094.html，最后访问日期：2023 年 10 月 23 日。

一旦被泄露或者被非法使用，容易导致自然人的人格尊严受到侵害或者人身、财产安全受到危害①，所以应加强对敏感个人信息的重视与保护，对敏感个人信息进行较高级别的存储设置。

第三，当网上购物服务提供者停止运营其产品或服务时，应停止继续收集个人信息，并逐一送达或公告个人信息主体，对持有的个人信息进行删除或匿名化处理。

（三）数据使用和加工须遵循最小必要原则

根据《个人信息保护法》、《电子商务法》、GB/T 35273—2020 及 GB/T 42014—2022 等法律法规和标准的要求，为了防止超授权范围使用个人信息、滥用用户个人信息的风险，数据使用和加工的合规要点如下：

第一，网上购物服务提供者进行数据使用时，应遵循最小必要原则，对敏感个人信息宜设置更严格谨慎的访问流程。

第二，在用户个人信息展示时，应采取措施降低用户个人信息泄露风险，如去标识化展示；在使用个人信息时，也应在收集时已经说明的范围内进行使用。

第三，工业和信息化部等在 2019 年发布的《关于开展 App 违法违规收集使用个人信息专项治理的公告》中倡导“App 运营者在定向推送新闻、时政、广告时，为用户提供拒绝接收定向推送的选项”等要求，强调需为用户提供退出定向推送的选项。《App 违法违规收集使用个人信息行为认定方法》同时明确“利用用户个人信息和算法定向推送信息，未提供非定向推送信息的选项”属于“未经用户同意收集使用个人信息”行为。可见，电商类 App 运营者利用用户个人信息进行个性化推荐的，应当提供非定向推送信息的选项及退出选项。

因此，在向用户进行个性化推荐时，应当尊重和平等保护消费者合法权益；不应根据用户特征实行不合理的差别待遇。目前，大多数相关应用均已上线取消个性化推荐按钮，如图 1 所示，某 App 在个性化选项中提供了关闭个性化推荐的选项，并在“详细了解”中说明了个性化推荐算法逻辑，便于用户理解相关功能。

① 参见《个人信息保护法》第 28 条。

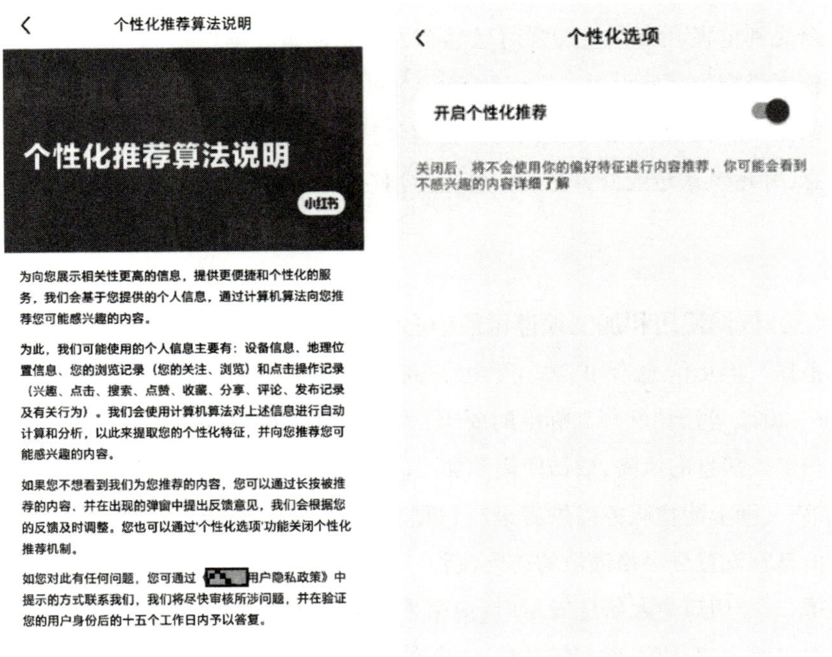

（a）　　　　　　　　　　（b）

图1　个性化推荐算法说明

（四）需在用户授权范围内提供数据

为了避免网上购物服务提供者未经用户授权或超范围提供用户数据或超范围展示用户个人信息的风险，参考 GB/T 35273—2020、GB/T 42014—2022 的要求，数据提供的合规要点如下：

第一，如委托第三方处理个人信息，委托行为不得超出用户授权同意的范围。如发现未按要求处理个人信息或未能有效履行个人信息安全保护责任，委托人应立即依法依规采取措施。

第二，在共享、转让个人信息的场景，应充分重视风险，依法依规进行告知，在用户授权范围内进行数据提供。目前，各头部电商购物 App 中基本上已在隐私政策中列出共享、转让个人信息的相关场景。

第三，用户购买商品或服务时，网上购物服务提供者提供给卖家的数据以及为实现支付、发货向第三方支付及物流服务提供者提供的数据应限于最小必要范围。①

（五）应及时删除数据并保存删除记录

为了避免未进行有效删除而导致的数据被恶意恢复、滥用，参考 GB/T 35273—2020、GB/T 42014—2022 的要求，数据删除的合规要点如下：

第一，如个人信息主体要求删除，应立即删除确实已收集的个人信息；个人信息主体注销账户后也应及时删除其个人信息或进行匿名化处理；因法律法规规定需要留存个人信息的，不能再次将其用于网上购物服务业务活动中。

第二，如遇到业务下线、机房裁撤、业务迁移等原因，应及时进行数据删除或销毁。

第三，应保存数据删除的有关记录，记录内容包括但不限于删除的数据类型、方式、时间、责任人等。

另外，如得知或者发现第三方未按合作要求或授权要求处理个人信息或未有效履行个人信息安全保护责任，立即要求第三方停止相关行为，并采取或要求第三方采取有效补救措施控制或消除个人信息面临的安全风险。必要时终止与第三方的合作关系，并要求第三方及时删除从个人信息控制者获得的个人信息。②

四、总结与展望

据商务部电子商务司负责人介绍，“2022 年，我国网络零售市场总体稳步增长……电商新业态新模式彰显活力……覆盖更多应用场景，加速万物到家”③。此外，国家统计局发布的数据显示，2023 年 1 ~ 4 月，全国网上零售额 4.41 万亿

---

① 参见《信息安全技术 网上购物服务数据安全要求》（GB/T 42014—2022）第 10.1 条“数据提供”。

② 参见卞静舒、李琳琳、郑雯婷：《新规范下个人信息处理的合规要点》，载兰台律师事务所官网 2020 年 4 月 15 日，http://www.lantai.com/detail/214.html/。

③ 张翼：《2022 年全国网上零售额 13.79 万亿元 电商新业态新模式彰显活力》，载中央人民政府网，https://www.gov.cn/xinwen/2023-01/31/content_5739339.htm。

元,同比增长 12.3% 。[①] 2022 年年底,中共中央、国务院发布“数据二十条”[②]也明确指出,数据是新型生产要素,要促进其合规流通。网上购物服务的数据合规事关整体数据安全与国家经济健康有序发展,各电商平台应通过不断提升数据合规能力,在为用户提供高效便捷的服务的同时,赋予用户个人数据的“安全感”,在数据的收集、存储、传输、提供、删除等各环节为用户数据打造“防护网”。在本文成文之际,国家市场监督管理总局与国家标准化管理委员会刚刚发布了关于个人信息处理中告知和同意的最新国家标准[③],相信随着法律法规与各类标准的不断完善,用户个人信息的“防护网”必定会越来越坚固,为广大用户提供更加安全放心的购物环境,推动网上购物服务产业的长期健康发展。

附:常见问题 Q&A

Q:网上购物服务有哪些典型场景?

A:第一,通过电商平台进行网购;第二,在微信等即时通信平台嵌入第三方社交平台提供网上购物服务;第三,通过直播形式提供商品或服务展示引导客户下单;第四,线上线下融合购物(Online to Offline,O2O),如美团线上购买到店套餐,线下到店消费。

Q:网上购物场景哪些是需要收集的必要个人信息?

A:根据《常见类型移动互联网应用程序必要个人信息范围规定》的规定,为实现网上购物类 App 购买商品的基本功能,需要收集的必要个人信息包括:注册用户移动电话号码,收货人姓名(名称)、地址、联系电话以及支付时间、支付金额、支付渠道等支付信息;同时,为了实现其常见的扩展功能,如支持用户将商品

---

① 参见《国家统计局:前 4 月全国网上零售额同比增长 12.3%》,载全国电子商务公共服务网 2023 年 5 月 19 日,https://dzswgf. mofcom. gov. cn/news/phone/44/2023/5/m - 1684480003388. html。

② “数据二十条”即中共中央、国务院《关于构建数据基础制度更好发挥数据要素作用的意见》。

③ 该标准即《信息安全技术 个人信息处理中告知和同意的实施指南》(GB/T 42574—2023),载全国标准信息、公共服务平台网,https://std. samr. gov. cn/gb/search/gbDetailed? id = FC816D04FFD262EBE05397BE0A0AD5FA。

加入购物车进行批量支付、自动定位位置信息用作收货地址、发表评价等，还可能涉及收藏列表、购物车信息、位置信息、评价信息等用户个人信息的收集。

Q：网上购物服务数据处理活动主要包括哪些？

A：在电商平台提供网上购物服务的过程中，数据处理活动主要包括从注册、浏览、下单、支付、配送等环节中进行数据收集、存储、传输、使用、加工、提供、公开、删除、出境等处理活动。

Q：网上购物服务提供者不提供账号注销方式是否一定违法？

A：是。首先，《消费者权益保护法》规定了消费者享有自主选择商品或服务的权利，如果用户不能选择注销，即拒绝接受服务，则涉及强迫用户继续交易。其次，《电信和互联网用户个人信息保护规定》（工业和信息化部令第24号）中明确规定："电信业务经营者、互联网信息服务提供者在用户终止使用电信服务或者互联网信息服务后，应当停止对用户个人信息的收集和使用，并为用户提供注销号码或者账号的服务"，如企业违反了账号注销义务，"由电信管理机构依据职权责令限期改正，予以警告，可以并处一万元以上三万元以下的罚款，向社会公告；构成犯罪的，依法追究刑事责任"。

Q：未经用户同意收集个人信息的罚则

A："告知—同意"是法律确立的个人信息保护核心规则①，未经用户同意收集个人信息是明显的违法违规行为。《个人信息保护法》第七章根据个人信息处理的不同情况，对违法处理个人信息的行为设置了不同梯次的行政处罚。对未造成严重后果的轻微或一般违法行为，可由执法部门责令改正、给予警告、没收违法所得，对拒不改正的最高可处100万元罚款；对情节严重的违法行为，最高可处5000万元或上一年度营业额5%的罚款，并可以对相关责任人员作出相关从业禁止的处罚。同时，《个人信息保护法》还专门规定，对违法处理个人信息的应用程序，可以责令暂停或终止提供服务。在民事责任方面，《个人信息保护法》

---

① 参见程啸：《〈个人信息保护法〉——"十大亮点"彰显个人信息全面保护》，载最高人民检察院官网，https://www.spp.gov.cn/llyj/202108/t20210830_527978.shtml。

明确，处理个人信息侵害个人信息权益造成损害，个人信息处理者不能证明自己没有过错的，应当承担损害赔偿等侵权责任。同时，《个人信息保护法》还对侵害众多个人权益的民事公益诉讼作了规定。此外，构成犯罪的，将会依法追究刑事责任。

Q：未设置非个性化推荐的选项有何后果？

A：根据《个人信息保护法》第 24 条的规定，通过自动化决策方式向个人进行信息推送、商业营销，应当同时提供不针对其个人特征的选项，或者向个人提供便捷的拒绝方式。如未同时提供不针对其个人特征的选项，可参照上一问题罚则。另外，根据《互联网信息服务算法推荐管理规定》，算法推荐服务提供者未向用户提供不针对其个人特征的选项，法律、行政法规有规定的，依照其规定；法律、行政法规没有规定的，由网信部门和电信、公安、市场监管等有关部门依据职责给予警告、通报批评，责令限期改正；拒不改正或者情节严重的，责令暂停信息更新，并处 1 万元以上 10 万元以下罚款。构成违反治安管理行为的，依法给予治安管理处罚；构成犯罪的，依法追究刑事责任。

Q：未成年人个人信息是否可以收集？

A：可以，但有严格限制条件。《个人信息保护法》将不满 14 周岁未成年人的所有个人信息都作为敏感信息进行了升级保护，其中规定，个人信息处理者处理不满 14 周岁未成年人个人信息的，应当取得未成年人的父母或者其他监护人的同意。个人信息处理者处理不满 14 周岁未成年人个人信息的，应当制定专门的个人信息处理规则。此外，国家互联网信息办公室还发布了《儿童个人信息网络保护规定》，对不满 14 周岁的未成年人给予特殊严格保护。

从快递运单安全看快递行业数据安全保护

刘熙君　周益文

快递行业掌握着大量个人信息，其核心为快递运单中的用户姓名、电话号码、地址信息，若发生泄露则可能暴露快递用户的地理实时位置、出行轨迹、联系方式等敏感信息，导致信息被用于盲发“货到付款”快递骗取货款甚至精准诈骗。近年来，快递行业频繁发生数据泄露事件，快递数据安全逐渐成为数智物流时代最棘手、最重要、最紧迫的风险治理工作。根据国家邮政局公布的数据，仅在2022年邮政快递领域个人信息安全治理专项行动中，国家邮政局联合有关部门就侦破窃取贩卖快递信息案件206起，涉案金额9621万元，打掉犯罪团伙65个，抓获犯罪嫌疑人844名；各级邮政管理部门检查寄递企业3.77万处，查处违法违规行为524起，督促寄递企业追究处理212人。①

一、快递运单数据全生命周期的合规要点

（一）数据收集

寄递企业在提供邮件快件寄递服务的过程中，需要遵守最小必要原则。运单信息属于《信息安全技术　移动互联网应用程序（App）收集个人信息基本要求》（GB/T 41391—2022）规定的必要个人信息，包括寄件人姓名、证件类型和号码等身份信息；寄件人地址、联系电话；收件人姓名（名称）、地址、联系电话；寄递物品的名称、性质、数量。前述必要信息的收集属于落实《中华人民共和国反恐

① 参见《2023年邮政快递业民生实事专题新闻发布会》，载国家邮政局官网，https://www.spb.gov.cn/gjyzj/c106927/202302/a76b495fe58946999c452287fbfe8dfa.shtml。

怖主义法》《邮件快件实名收寄管理办法》《邮政业寄递安全监督管理办法》《智能快件箱寄递服务管理办法》等快递行业对寄送企业的法定义务,符合《中华人民共和国个人信息保护法》(以下简称《个人信息保护法》)第 13 条第 1 款第 2 项规定的"为订立、履行个人作为一方当事人的合同所必需"的合法性基础,不需要取得寄递用户同意,因而不需要告知寄递用户。

(二)数据存储

寄递企业在保存快递运单数据的过程中应当遵守存储时间最小化原则,除法律法规另有规定外,对于超出保存期限的,应当对个人信息进行删除或进行匿名化处理。

关于快递运单信息的法定存储要求,《快递市场管理办法》《邮件快件实名收寄管理办法》《邮政企业、快递企业安全生产主体责任落实规范》均规定了安全寄递记录保存期限为合作终止后不少于一年;《快递业务经营许可管理办法》也指出,申请通过互联网等信息网络经营快递业务许可,应当有相适应的信息处理能力,能够保存快递服务信息不少于 3 年。邮政行业标准《寄递服务用户个人信息保护要求》(YZ/T 0189—2023)规定了实物寄递运单保存至投递完成后不少于 1 年、电子寄递运单保存至投递完成后不少于 3 年、智能收投服务终端对其采集的个人信息离线存储时间不宜超过 30 天。

寄递企业需要定期销毁快递运单并保存销毁和删除记录,满足《快递暂行条例》《邮政企业、快递企业安全生产主体责任落实规范》项下的法定义务。根据邮政行业标准《寄递服务用户个人信息保护要求》(YZ/T 0189—2023),对于纸质寄递运单,寄递企业需要安排集中销毁并由 2 名以上人员共同完成;而对于电子个人信息,寄递企业应在收到信息主体删除要求或发生依法应当删除情形时及时删除,而且如果确因法定保存期限未届满或者从技术上难以实现删除时,寄递企业应当停止存储与保护之外的数据处理活动。

(三)数据使用

寄递企业在使用快递运单数据过程中的合规关注重点之一是除寄递服务以外的其他用途均须事先取得寄递用户的同意。

寄递企业在使用快递运单数据过程中的合规关注重点之二是通过去标识处

理降低数据展示风险。国家标准《快递电子运单》(GB/T 41833—2022)、邮政行业标准《寄递服务用户个人信息保护要求》(YZ/T 0189—2023)明确,寄递企业应当避免在电子运单上显示完整的收寄件个人信息,其中收寄件人姓名隐藏1个汉字以上、联系电话隐藏6位以上、地址隐藏单元户室号。《寄递服务用户个人信息安全管理规定》和国家标准《快递电子运单》(GB/T 41833—2022)均明确要求寄递企业采用射频识别、手机虚拟安全号、电子纸等技术手段,对快递电子运单上的个人信息进行全加密处理;《寄递服务用户个人信息安全管理规定》甚至将寄递企业的义务延伸至其与电商平台或者快递电子运单集成系统运营企业等第三方对接寄递信息或者授权使用分配本企业单号资源时要求其对快递电子运单信息进行去标识化的义务。

寄递企业在使用快递运单数据过程中的合规关注重点之三是通过访问权限控制降低数据访问风险。国家标准《快递电子运单》(GB/T 41833—2022)要求,快递电子运单上隐藏及加密的信息内容,仅限于寄递企业及其授权的第三方、相关管理部门合法读取。

(四)数据提供

寄递企业在提供快递运单数据的过程中,需要先区分性质为委托处理、共享还是共同处理。对于委托处理,寄递企业应当与受托处理者签订委托处理协议、做好监督和审计、在终止委托时通知删除;对于共享,需要告知接收方的身份、联系方式、处理目的和方式、信息种类并取得信息主体的单独同意;对于共同处理,需要双方通过合同等形式共同确定应满足的个人信息安全要求、各方责任分担并向信息主体明确告知。

(五)数据出境

寄递企业在中华人民共和国境内实名收寄活动中收集和产生的个人信息和重要数据,原则上需要在境内实现本地化存储,相关规定详见《邮件快件实名收寄管理办法》《寄递服务用户个人信息安全管理规定》。

当寄递企业因业务原因确需进行个人信息出境的,应当按照《数据出境安全评估办法》《数据出境安全评估申报指南(第一版)》《个人信息出境标准合同办法》等相关法律法规的规定执行订立标准合同或申报数据出境安全评估的流程。

若寄递企业被监管部门认定为关键信息基础设施的运营者，还将承担《关键信息基础设施安全保护条例》项下更严格的安全保护义务。

二、快递运单数据的数据合规治理难点

（一）隐私运单体系增加企业成本，经济效率与数据安全难平衡

为了强化信息安全源头治理，快递隐私运单已在快递行业推广多年，但全国范围覆盖率并不高。经过国家邮政局、公安部、国家互联网信息办公室在2022年3～9月部署的邮政快递领域个人信息安全治理专项行动，主要寄递企业自有渠道收件已基本实现隐私面单全覆盖①，但是非自有渠道收件运单的去标识仍需要继续推进。

隐私面单推进困难的第一个也是最主要的原因是，使用隐私面单将增加寄递企业成本并降低派送效率。首先，快递员必须增配手持智能终端设备并调适专门的软件才能给收寄件人打电话联系，因此部分寄递企业甚至曾经一度将隐私面单作为增值服务项目进行额外收费。其次，隐私面单不像传统面单信息"一目了然"，快递员需要通过手持设备扫描才能查看信息，据某寄递企业工作人员的反馈，使用隐私面单派送的派件量将由300多单/天降至100多单/天，如无法像查看传统面单一样将同一楼层的快递快速分类存放一次送达，降低了配送效率，影响快递员收入，从而挫伤快递员使用积极性。最后，客户前往驿站取件时可能因为脱敏后的姓名或手机号码片段相同而错拿快递，在使用虚拟号时因收件人屏蔽未知号码而导致快递员无法及时联系上收件人，增加异常处理成本。因此，在某些快递量暴增时期，如各高校开学放假期间、"双十一"购物节期间，快递公司可能会选择降低隐私面单覆盖率的方式，以牺牲安全性的代价来保障更高的货物流转效率。

隐私面单推进困难的第二个客观原因是，部分特殊的快递代领业务中强制实施隐私面单将导致货物滞留，如不允许快递员进入的高校、小区、部队单位等。在这种极端情况下，寄递企业并不能像管理其自有员工或加盟商一样对前述代

① 参见《邮政快递领域个人信息安全治理专题新闻发布会实录》，载国家邮政局官网2022年9月9日，https://www.spb.gov.cn/gjyzj/c106927/202209/5f5c3c217d47444d8592e46e20e00f4c.shtml。

领人员进行统一管理和强制使用上述安全技术工具，因此依赖明文面单供代领人识别送达。

（二）链条参与方及从业人员众多，隐私运单无法实现一劳永逸

国家邮政局数据显示，2022 年快递服务营业网点 23.1 万处①，从业人员超过 400 万人，日均数据传输总量超过 5TB②。面对如此海量的信息触点，虽然隐私运单能避免面单信息被与履约不相关的第三方直接查阅从而减少部分泄露途径，但其作用有限，心怀不轨的从业人员仍可通过后台系统查询个人信息后进行滥用、泄露。尽管寄递企业建立了数据安全内部管理机制，并与员工签订保密协议，对个人权限进行最小化设置，但这仍然无法杜绝个别人员铤而走险知法犯法。

除自有网点及员工外，快递产业链条参与主体众多：在下单环节，运单信息可能最初来源于寄递用户自行提供或者通过电商平台、其他快递物流服务受理组织、快件代存组织间接提供；在物流履约环节，运单信息可能传输至委托的其他快递物流服务组织、加盟商；在保险、清关等环节，运单信息可能传输到从事保险及代为清关的服务机构。

尽管《寄递服务用户个人信息安全管理规定》第 17 条规定了寄递企业应当制定本企业与市场相关主体的信息系统互联的安全技术规则，并实行接入审查与定期安全风险评估，但寄递企业相对弱势的市场地位导致了其在执行本条法定义务过程中与电商平台、智能快递柜运营公司、末端快递驿站平台公司矛盾重重，采用哪种安全技术方案往往取决于强势主体的选择。例如，在物流末端派送环节的强势主体如智能快递柜、驿站拒不承认电商平台的虚拟号技术方案，强制要求电商平台或委托其代派代揽的快递公司提供明文运单信息，否则通过既不自行通过虚拟号向收件人发送取件码也不委托电商平台或快递公司代为向收件人发送取件码的方式进行抵制，导致未接收到准确到货通知和取件码的客户不断发起投诉，末端派送不畅，从而倒逼电商平台加密传输明文信息或提供更多商

---

① 参见《2022 年邮政行业发展统计公报》，载国家邮政局官网，https://www.mot.gov.cn/fenxigongbao/hangyegongbao/202305/t20230530_3836925.html。

② 参见《邮政快递领域个人信息安全治理专题新闻发布会实录》，载国家邮政局官网 2022 年 9 月 9 日，https://www.spb.gov.cn/gjyzj/c106927/202209/5f5c3c217d47444d8592e46e20e00f4c.shtml。

业利益交换。例如,上游电商平台通过手机虚拟安全号进行运单信息隐藏之后并不与下游的寄递企业共享数据,导致上下游企业之间形成信息壁垒从而影响快递效率和服务品质,甚至可能出现互相推责从而损害消费者售后权益的情况,即使推荐性国家标准《快递电子运单》(GB/T 41833—2022)第6.8.3条规定了快递服务组织和电商经营主体等不应附加不合理的条件限制电子运单履约主体及其授权的第三方、相关管理部门合法读取电子运单信息。鉴于电商平台违反《网络交易监督管理办法》第32条规定的不得"禁止或者限制平台内经营者自主选择快递物流等交易辅助服务提供者"的违法后果相对较低(责令限期改正、情节不严重的处以5万元以上50万元以下的罚款、情节严重的处以50万元以上200万元以下的罚款),普通快递公司出于电商平台随时可能全部或部分切断系统对接的担忧,一般会选择被动接受电商平台的各项要求。

尽管各方对于前述行为到底是属于数据保护所必需还是涉嫌不正当竞争尚存争议,但可以看出通过统一监管寄递企业实现对全链条交互对象的间接监管的效果可能并不理想,寄递企业对于强势主体的安全风险评估大部分可能流于形式审查而非实质审查,即通过系统交互对方提供的安全责任承诺来主张其已履行完其法定义务。

(三)行业安全立法正逐步完善,目前的监管模糊地带需明确

目前,我国快递领域监管是邮政管理部门为主,其他行政机关为辅。自2021年以来,邮政管理部门极力推广隐私运单,陆续下发了《关于切实加强邮件快件隐私面单推广应用工作的通知》《关于开展隐私面单推广应用试点的通知》,但就相关专门性立法而言尚存模糊地带:在2023年发布的部门规章《寄递服务用户个人信息安全管理规定》第13条中,要求寄递企业应当对快递电子运单单号资源实施全过程管理,并采用有效技术手段对快递电子运单信息进行去标识化处理,但对于何谓"有效技术手段"并没有统一评估标准,同时明确在处于"法律、行政法规另有规定""用户有要求"两种例外情形时可以不对运单信息进行去标识化处理。从目前业内实践来看,有些电商平台和寄递企业将是否要求提供隐私面单服务的选择权交给了商家,而商家从节约成本的角度则倾向于忽略对消费者信息的去标识化处理。而各家企业采取的去标识化技术手段也各不相同,尽管《快递电子运单》(GB/T 41833—2022)、《寄递服务用户个人信息保护要求》

(YZ/T 0189—2023)对如何进行去标识化提供了示例,但其属于没有法律强制性的推荐性国家标准或行业标准,因此我们仍然看到五花八门的面单信息脱敏方式,甚至同一家快递公司对不同快件采取不同的面单信息脱敏规则。[①]

从立法角度来看,运单管理并非市场监督管理部门的关注重点,《电子商务法》《网络交易监督管理办法》并没有明确规定电商企业未执行隐私运单的后果。目前,邮政监管机构主要依赖管理寄递企业来间接传导监管压力至电商平台。例如,《寄递服务用户个人信息安全管理规定》要求寄递企业应要求电商平台对运单信息进行去标识化处理,并确保不影响正常寄递服务,否则不得对接寄递信息。

目前,各个监管机构在查处隐私运单时的处理依据主要是《个人信息保护法》第51条第3项规定的个人信息处理者必须采取加密、去标识化等安全技术措施防止未经授权的访问以及个人信息泄露、篡改、丢失,未见快递或电商领域的专门性法律法规进行追责。《快递市场管理办法》尚在修订中,其是否能解决上述问题,有待进一步观察。

三、快递运单数据的数据合规治理方案的几点思考

(一)统一安全技术标准,破除上下游互联互通的信息壁垒

在当前多种技术路线并行的环境下,尽管邮政监管部门要求各电商平台等参与主体要与寄递企业打通信息瓶颈、及时共享有关数据共同推进隐私面单,但实际效果却不尽如人意。让快递行业打破壁垒、有序竞争、安全运行,需要理顺消费者、商家、电商平台、快递电子运单集成系统运营企业、智能快件箱运营企业、末端快递驿站运营企业等参与主体在快递行业服务市场中的话语权的顺序,需要整体考虑全产业链各环节全流程中阻碍数据互联互通、妨碍数据保护的潜在问题,设计和提供标准较为统一、能够溯源数据泄露平台、贯穿产业链上下游各作业场景的数据安全解决方案。

---

① 参见王誉博主持:《快递单新国标实施三个月 个人信息保护效果如何?仍有部分快递运单存在个人信息"裸奔"现象》,中央电视台"新闻直播间"栏目2023年7月10日播出,https://tv.cctv.com/2023/07/10/VIDEsuPfzBkpOaXSSouo2Uwx230710.shtml。

（二）联合立法与执法，多部门共同统一推进运单数据保护

鉴于快递产业链参与主体众多，邮政管理部门可以考虑继续联动市场监督管理部门，在与电商平台“总对总”数据对接的过程中，联合挖掘电商平台快件运单数据安全管理过程中的深层次问题，对电商和物流企业齐抓共管、协同治理，衔接好电商平台用户隐私数据全链路加密和去标识化处理方案与运单信息去标识化方案。同时，邮政管理部门需要继续与公安、网信部门联动，全面检查快递行业个人信息保护情况；继续跟进解决最高人民检察院“七号检察建议”[①]，配合检察机关采取“刑事检察建议 + 公益诉讼”的方法并行保护运单数据安全。

（三）平衡安全与效率，促进快递业数据合规高效流通使用

2022 年 12 月 19 日，中共中央、国务院《关于构建数据基础制度更好发挥数据要素作用的意见》（以下简称“数据二十条”）对外发布，从数据产权、流通交易、收益分配、安全治理等方面构建数据基础制度，提出 20 条政策举措。物流企业数据的使用价值在于其对产业生产效率和市场运行效率的普遍提升作用，应当通过物流企业的数据流通交易鼓励市场主体逐步探索和完善数据定价体系，用市场化的手段合理评估和量化数据的经济贡献，有助于进一步将数据资源提升为数据资产，真正释放其内在价值。依据“数据二十条”，充分发挥物流企业海量数据规模和丰富应用场景优势，激活数据要素潜能，做强做优做大数字经济，增强经济发展新动能。

---

① 参见《一图读懂最高检“七号检察建议”》，在最高人民检察院官网，https://www.spp.gov.cn/zdgz/tj/202112/t20211203_537781.shtml。

健康医疗数据共享的路径探索与讨论

沈成一　周晓盼

我国健康医疗数据的应用,在政策影响、技术革新、环境变化以及行业发展等各种因素作用下,经历了从"信息化、电子化",到"结构化、标准化",直至"数字化、智慧化、市场化"的不断发展。自 2009 年《中共中央　国务院关于深化医药卫生体制改革的意见》提出"以医院管理和电子病历为重点,推进医院信息化建设"后,我国医院的信息化建设正式启动。随后国务院以及各相关部门根据深化医药卫生体制改革的有关安排,针对医院信息化系统、电子病历系统、健康档案等陆续出台相关规范,①以电子病历为核心的医院信息化建设以及以居民健康档案为核心的医疗卫生信息化建设在全国开花,健康医疗数据的应用也随着全国健康信息平台的基本建立,逐步进入研究与讨论视野,大家对于健康医疗数据的认识逐渐从电子化向结构化、标准化发展。2020 年《中共中央　国务院关于构建更加完善的要素市场化配置体制机制的意见》的发布确定了数据资源第五大生产要素的属性,同时在区块链、云技术、人工智能等新技术的驱动以及疫情催

---

① 如 2010 年原卫生部发布《电子病历基本规范(试行)》,国家中医药管理局发布《中医电子病历基本规范(试行)》;2011 年 10 月原卫生部发布《电子病历系统功能应用水平分级评价方法及标准(试行)》;2017 年原国家卫生计生委发布《电子病历应用管理规范(试行)》;2018 年国家卫生健康委员会《关于进一步推进以电子病历为核心的医疗机构信息化建设工作的通知》;2019 年三级公立医院与二级公立医院绩效考核文件出台;2021 年《公立医院高质量发展促进行动(2021—2025 年)》发布等。

化下,健康医疗大数据发展迅速。[①] 2021 年《“十四五”大数据产业发展规划》、2022 年《中共中央　国务院关于构建数据基础制度更好发挥数据要素作用的意见》(又称“数据二十条”)的发布以及 2023 年国家数据局的建立,基本确立了数据要素的权属性质并明确了机构保障,为健康医疗数据的市场化发展指明了方向。2023 年中共中央办公厅、国务院办公厅印发《关于进一步完善医疗卫生服务体系的意见》,明确提出“加强健康医疗大数据共享交换与保障体系建设。建立跨部门、跨机构公共卫生数据共享调度机制和智慧化预警多点触发机制。推进医疗联合体内信息系统统一运营和互联互通,加强数字化管理”,医疗卫生服务体系智慧化、数字化进程加快。

伴随健康医疗数据在行业内不断得到应用,健康医疗数据的资源性与价值性越发凸显。比如,在医药供应链领域,药物使用情况、用药依从性等健康医疗数据可以帮助医药供应链企业分析患者需求,从而改善药品生产和供应环节;在智慧医疗领域,通过大数据技术实现低成本、高效率的健康医疗数据采集与价值挖掘,用于重大疾病诊断与预测、临床试验数据分析处理;在健康管理领域,通过可穿戴设备、智能检测仪等渠道获取的健康数据,能够为居民提供有效的健康管理方案和个性化的医疗保健指导等。

但看似一片向好的健康医疗数据应用,时至今日仍然会陷于“数据孤岛”的困境。尤其是掌握最大健康医疗数据占比的医院无法突破数据共享卡点,“不敢共享、不愿共享”仍是现状。[②] “不敢”在于现有法规侧重强化个人信息保护并设定较高责任,业界也没有统一、有效的去标识化和匿名化方案,[③]医院无法有力控

---

① 中商产业研究院数据显示,到 2021 年,我国医疗大数据解决方案的市场规模已增长至 212.6 亿元,对比 2016 年的 28.1 亿元,年均复合增长率达 49.89%。参见中商产业研究院:《中国医疗大数据的市场规模以及市场机遇分析》,载中商情报网,https://www.askci.com/news/chanye/20210414/1825581420472.shtml#:~:text=%E6%95%B0%E6%8D%AE%E6%98%BE%E7%A4%BA%EF%BC%8C%E4%B8%AD%E5%9B%BD%E5%8C%BB,%E7%8E%87%E6%98%AF49.89%25。

② 2023 年两会期间,全国政协委员、中国医学科学院肿瘤医院肝胆外科副主任赵宏提案《加强数据利用,推动精准医疗发展》。其介绍当前我国健康医疗数据管理仍面临不敢共享、不愿共享的困境。参见杨雪丹:《赵宏委员:加强健康医疗数据共享利用　推动精准医疗发展》,载光明网,https://politics.gmw.cn/2023-03/09/content_36418754.htm。

③ “目前的难点、风险点在于,医疗数据的去标识化没有统一的标准,而《网络安全法》《数据安全法》《个人信息保护法》三部法律,侧重强化个人信息保护,医疗机构或会担心合规风险,不敢将去标识后的数据进行院外共享流通。”参见吴斯旻:《深度对话|医疗数据开放利用痛点何在》,载第一财经网 2023 年 4 月 12 日,https://www.yicai.com/news/101728984.html。

制其数据共享后的不确定性风险，从而保持极其谨慎与保守的态度。而“不愿”则在于缺乏成功共享案例情况下，医院无法看到“共享”所带来的可预计收益，在已经投入资金建设自有信息系统后，没有动力再次投入大量成本去完善或统一各机构间的数据标准规范或系统差异化等问题，反而会担忧自身数据资源价值的流失以及可能的竞争力减弱。因合规风险而“不敢”，因缺乏有效回报而“不愿”，并进而形成负向循环，让医院更加愿意守在自己的“数据孤岛”内，避免因数据共享带来无法预计的损失。

本文主要在现有法规、标准与案例下，尝试讨论通过有效的去标识化技术手段，辅以健全的机制控制及数据安全保障措施，对健康医疗数据的处理从“去标识化”向“匿名化”演进，降低由于数据被“重标识”所带来的个人健康医疗信息或数据的安全隐患与合规风险，为缺乏数据技术能力的主体（如医院等）对外提供数据共享合规指引，让该等数据控制者“敢于”迈出健康医疗数据共享的步伐，打破“不敢”“不愿”的“数据孤岛”困境，以充分发挥健康医疗数据的价值。

一、共享前提：厘清健康医疗数据的含义

明确健康医疗数据的内涵与外延，确定其内容范围并准确识别，是适用后续数据处理与保障机制，从而实现数据合规共享的前提。但我国目前并没有关于健康医疗数据的统一名称与概念，而主要以部门立法的方式对健康医疗数据进行规制与保护，不同部门规制的侧重点不同，所使用的名称以及其定义范围也均有不同。①

从时间维度，我们可以尝试厘清健康医疗数据内涵与外延的形成。1998 年《人类遗传资源管理暂行办法》正式施行，“人类遗传资源”是最早在法规层面出现的与生命健康有关的信息概念，其更多具备“资源”或“资产”属性。2009 年中

---

① 不同法规政策对于健康医疗数据的定义和描述均有差异，如 2018 年国务院办公厅《关于促进“互联网 + 医疗健康”发展的意见》中使用“医疗健康数据”，2020 年《信息安全技术 健康医疗数据安全指南》使用“个人健康医疗数据”，2021 年《个人信息保护法》使用“医疗健康信息”，而 2023 年中共中央办公厅、国务院办公厅印发《关于进一步完善医疗卫生服务体系的意见》中使用“健康医疗大数据”等。为防止误解或歧义，以及基于数据与信息主要为内容与载体的关系，本文统一使用“健康医疗数据”“个人健康医疗数据”指代所要讨论的数据对象，并包含该等数据中所承载的相应信息（如个人健康医疗数据也包含对于个人健康医疗信息的指代）。

共中央、国务院发布《关于深化医药卫生体制改革的意见》,随后原国家卫生部、国家中医药管理局、原国家卫生计生委等部门陆续发布《健康档案基本架构与数据标准(试行)》《医疗机构病历管理规定(2013年版)》《电子病历应用管理规范(试行)》等规章规范,围绕个人健康管理、临床诊疗以及指导干预的卫生服务等的"健康医疗信息"范畴逐步形成。2015年《国务院关于印发促进大数据发展行动纲要的通知》提出构建电子健康档案与电子病历数据库,并着手建立"医疗健康管理和服务大数据应用体系"①;随之国务院办公厅于2016年到2018年陆续发布《关于促进和规范健康医疗大数据应用发展的指导意见》《关于促进"互联网+医疗健康"发展的意见》,健康医疗数据伴随着大数据、人工智能技术应用的鼓励与快速发展成为焦点。2018年国家卫生健康委员会发布的《国家健康医疗大数据标准、安全和服务管理办法(试行)》中,首次明确了健康医疗大数据的概念,是"指在人们疾病防治、健康管理等过程中产生的与健康医疗相关的数据"②。该办法还规定了健康医疗大数据包括境内所产生的健康和医疗数据。③2020年发布的《信息安全技术 健康医疗数据安全指南》则明确界定了个人健康医疗数据的概念,即"单独或者与其他信息结合后能够识别特定自然人或者反映特定自然人生理或心理健康的相关电子数据"④。该定义也做到了与2021年所出台的《个人信息保护法》中对于个人信息的定义在"健康医疗"细分领域内的匹配。⑤

从内涵角度,依据该数据主体、所承载信息范围的不同,健康医疗数据包括个人健康医疗数据、健康医疗数据以及健康医疗大数据三层含义。⑥ 其中,个人健康医疗数据指与自然人在疾病预防与诊疗以及自身健康管理有关的一切信息与数据,既包括与人的生理与心理健康有关的信息与数据,也包括特定情境下的

---

① 《国务院关于印发促进大数据发展行动纲要的通知》(国发〔2015〕50号)规定:"构建电子健康档案、电子病历数据库,建设覆盖公共卫生、医疗服务、医疗保障、药品供应、计划生育和综合管理业务的医疗健康管理和服务大数据应用体系。"

② 《国家医疗健康大数据标准、安全和服务管理办法(试行)》第4条。

③ 《国家医疗健康大数据标准、安全和服务管理办法(试行)》第2条。

④ 《信息安全技术 医疗健康数据安全指南》(GB/T 39725—2020)第3.1条。

⑤ 《个人信息保护法》第4条规定:"个人信息是以电子或者其他方式记录的与已识别或者可识别的自然人有关的各种信息,不包括匿名化处理后的信息。"

⑥ 参见胡晓华、董梦圆:《观点 | 健康医疗数据合规系列(一):厘清概念》,载微信公众号"天达共和法律观察"2022年4月2日,https://mp.weixin.qq.com/s/74yrKbw3oiDzJCkpsuie0A。

与疾病预防、诊疗以及健康管理相关的器械、药品、交易等信息与数据；健康医疗数据是包括个人健康医疗数据以及由其加工处理后的与健康医疗相关的，如群体性、分析结果、统计等相关数据；健康医疗大数据则是对健康医疗数据的整理、汇总形成的庞大数据集合，三者属于包含关系。

从外延角度，依据现有法规标准，健康医疗数据包括病历数据、个人健康信息、人口健康信息、临床数据、医疗器械等相关数据、人类遗传资源等多种具体对象（见表1）。这些对象与健康医疗数据的内涵共同构成健康医疗数据的含义与范围。

表1 健康医疗数据的外延（举例）

数据对象	定义	来源	生效时间
病历	病历指医务人员在医疗活动过程中形成的文字、符号、图表、影像、切片等资料的总和，包括门（急）诊病历和住院病历。病历归档以后形成病案。电子病历与纸质病历具有同等效力	《医疗机构病历管理规定》	2013年11月20日
	电子病历指医务人员在医疗活动过程中，使用信息系统生成的文字、符号、图表、图形、数字、影像等数字化信息，并能实现存储、管理、传输和重现的医疗记录，是病历的一种记录形式，包括门（急）诊病历和住院病历	《电子病历应用管理规范（试行）》	2017年4月1日
人口健康信息	指依据国家法律法规和工作职责，各级各类医疗卫生计生服务机构在服务和管理过程中产生的人口基本信息、医疗卫生服务信息等人口健康信息	《人口健康信息管理办法（试行）》	2014年5月5日
临床数据	指在有关文献或者医疗器械的临床使用中获得的安全性、性能的信息	《医疗器械临床试验质量管理规范》	2016年3月1日
医疗器械相关数据	（1）健康数据：标明生理、心理健康状况的私人数据（Private Data，又称个人数据 Personal Data、敏感数据 Sensitive Data，指可用于人员身份识别的相关信息），涉及患者隐私信息 （2）设备数据：描述设备运行状况的数据，用于监视、控制设备运行或用于设备的维护保养，本身不涉及患者隐私信息	《医疗器械网络安全注册技术审查指导原则》	2017年1月20日

续表

数据对象	定义	来源	生效时间
人类遗传资源	包括人类遗传资源材料和人类遗传资源信息 (1)人类遗传资源材料指含有人体基因组、基因等遗传物质的器官、组织、细胞等遗传材料 (2)人类遗传资源信息指利用人类遗传资源材料产生的数据等信息资料	《中华人民共和国人类遗传资源管理条例》	2019 年 7 月 1 日

二、共享路径：个人健康医疗数据"匿名化"

个人健康医疗数据的直接共享在现有法规下存在两种合规路径：其一，必须获得个人信息主体明确、单独的授权同意，包括必须履行充分告知义务。但在大数据时代，海量信息的批量处理、多方共享、目的不特定之频繁利用加大了有效同意获取的难度。[①] 反映到个人医疗健康数据的处理上，往往兼具数据处理与医疗活动的双重专业壁垒，进而让个人信息主体（如患者）对于数据处理的方式、目的与机制的理解难度提高，使授权同意原则的实际应用陷入困境。其二，遵从法律法规除外规定。目前，明确允许直接共享个人健康医疗数据的规定较少，且主要适用于行政机关依据行业监管及法定职权的场景，几乎不适用于当前科学研究与商业化应用的共享场景。例如，《个人信息保护法》第 13 条规定的履行法定职责或法定义务所必需的情形；《数据安全法》第 35 条规定的公安机关、国家安全机关因依法维护国家安全或者侦查犯罪需要调取数据的情形；或者如卫生健康部门出于行业监管角度的上传数据要求。[②]

在上述两种路径无法实现的背景下，仅能对个人健康医疗数据进行匿名化

---

① 参见田野：《大数据时代知情同意原则的困境与出路——以生物资料库的个人信息保护为例》，载《法制与社会发展》2018 年第 6 期。

② 比如，《互联网诊疗监管细则（试行）》第 25 条规定，省级卫健部门应当按照"最少可用原则"采集医疗机构的相关数据，重点包括电子病历、电子处方等信息。

处理，从而实现合规共享。①

但在国内外实践中，“绝对匿名化”处理并不存在。“绝对匿名化”要求数据处理过程需要达到“无法识别”与“无法复原”两个目的。“无法识别”可以通过去标识化手段实现，但除非删除数据所承载的所有信息，否则只要该数据可结合的其他数据无限大，仍会存在“复原”的可能，这种“绝对”是一种理想状态。笔者认为，法律层面对于这种理想状态的规定，其核心在于确定个人信息安全状态的绝对化保护，并非意在阻断数据的流转与其价值化实现。当个人信息安全状态可以得到有效保护，“相对匿名化”的个人信息的共享并非无法实现。实际上，国内各地陆续出台的法规标准，也一直在不断探索如何在保障信息安全前提下实现共享突破。比如，《深圳经济特区数据条例》认为，一般采用去标识化手段即可向他人提供个人数据，但应保证该等数据无法直接识别个人信息主体；并允许通过约定匿名化的方式落实法规关于匿名化的规定。② 四川省市场监督管理局发布《四川省健康医疗大数据应用指南》则是对健康医疗数据进行 1 ~ 5 级的数据划分，其中除第 5 级“包含敏感个人遗传信息”数据需要做到“数据不出域，可用不可见”外，第 3 级“包含敏感个人信息或不满十四周岁未成年人的信息”以及第 4 级“包含敏感病种的数据”均为个人健康医疗数据，依据其分级采用相应的去标识化手段（如采用抑制、屏蔽、泛化、加密、假名化、K – 匿名模型等技术开展去标识化工作），并配合以目的合法性审查、专家安全性评估等方式，可以实现共享。③ 上海市场监督管理局发布的《数据去标识化共享指南》（DB31/T 1311—

① 《个人信息保护法》第 4 条规定：“个人信息是以电子或者其他方式记录的与已识别或者可识别的自然人有关的各种信息，不包括匿名化处理后的信息。”《网络安全法》第 42 条规定：“网络运营者不得泄露、篡改、毁损其收集的个人信息；未经被收集者同意，不得向他人提供个人信息。但是，经过处理无法识别特定个人且不能复原的除外。”又如《涉及人的生命科学和医学研究伦理审查办法》（国卫科教发〔2023〕4 号）第 32 条规定：“使用人的信息数据或者生物样本开展以下情形的涉及人的生命科学和医学研究，不对人体造成伤害、不涉及敏感个人信息或者商业利益的，可以免除伦理审查，以减少科研人员不必要的负担，促进涉及人的生命科学和医学研究开展……（二）使用匿名化的信息数据开展研究的……”

② 《深圳经济特区数据条例》第 26 条规定：“数据处理者向他人提供其处理的个人数据，应当对个人数据进行去标识化处理，使得被提供的个人数据在不借助其他数据的情况下无法识别特定自然人。法律、法规规定或者自然人与数据处理者约定应当匿名化的，数据处理者应当依照法律、法规规定或者双方约定进行匿名化处理。”

③ 参见四川省市场监督管理局：《〈四川省健康医疗大数据应用指南〉等 58 项地方标准》，载四川省市场监督管理局官网 2023 年 2 月 9 日，http://scjgj.sc.gov.cn/scjgj/c104492/2023/2/9/cc5e01b460884032b9f4c88eba13e1ac.shtml。

2021)也规定规范共享数据的分类分级进行去标识化评估,完善数据共享风险的识别与控制的措施,促进数据合法合规的利用。在标准层面,如中国广告协会、中国通信标准化协会发布的《互联网广告匿名化实施指南》(T/CAAAD 004—2022、T/CCSA 424—2022),为了使动态下的数据匿名化能够有效进行和能被证明,提出实现路径及主要框架(包括建立合规评估见证规则、数据利用前高级别去标识化、数据利用中形成受控环境确保数据匿名化状态以及维护各种存案证据等),该指南目的在于增强数字行业的竞争力,发挥数据要素的商业价值。在2023年11月中国信息通信研究院产业与规划研究所、北京国际大数据交易所最新联合发布《数据清洗、去标识化、匿名化业务规程(试行)》则对匿名化的构成要素进行了解释,认为"匿名化是去标识化的强化",并指出"数据匿名化处理在强调标识符的'不可识别性'基础上,要求标识符同时满足'难以复原性'标准……匿名化处理仅是描述应用匿名化技术的过程,并非描述数据达到绝对匿名化的状态,完满、聚堆的不可复原状态无法100%确定"①。所以,无法"绝对匿名化"的数据如果通过一定机制方法使该等数据的"重识别"风险尽力降到最低,甚至无限趋于"绝对匿名化"的理想状态,从而趋于个人信息绝对安全的保障,即可认为该等数据已经实现"匿名化"。笔者认为此等思路方法具有实践意义,也是实现个人健康医疗数据共享的合理路径。为避免歧义,本文中所称"匿名化"均非"绝对匿名化",而是经过处理已经难以复原并无法具备识别作用的过程。

三、共享实现:"匿名化"的合规指引

(一)健康医疗数据的分级分类

清晰明确的数据分级分类是数据处理者②可以实现数据准确处理并保障数据与信息安全的必要前提,其具体的意义、作用与思路等近些年来已经讨论得非

① 中国信息通信研究院产业与规划研究所、北京国际大数据交易所:《数据清晰、去标识化、匿名化业务规程(试行)》,载中国信息通信研究院官网2023年11月17日,http://www.caict.ac.cn/kxyj/qwfb/ztbg/202311/P020231117626922388674.pdf。

② 为统一表述,本文所称"数据处理者",使用的是《个人信息保护法》中概念,即"在个人信息处理活动中自主决定处理目的、处理方式的组织、个人"(第73条第1项),除本文明确写明,"数据处理者"包括了"数据控制者""数据使用者""数据接收方""数据提供方""数据共享方"等各法规或标准中所定义的相关角色。

常充分，无须赘述。国家陆续出台的相应标准可以结合数据处理者自身企业性质、数据管理的组织机制以及业务特性，直接参考适用。比如，《信息安全技术　健康医疗数据安全指南》（GB/T 39725—2020）给出了明确的分类参考（见表2）。

表2　健康医疗数据分类

数据类别	范　　围
个人属性数据	（1）人口统计信息，包括姓名、出生日期、性别、民族、国籍、职业、住址、工作单位、家庭成员信息、联系人信息、收入、婚姻状态等 （2）个人身份信息，包括姓名、身份证、工作证、居住证、社保卡、可识别个人的影像图像、健康卡号、住院号、各类检查检验相关单号等 （3）个人通讯信息，包括个人电话号码、邮箱、账号及关联信息等 （4）个人生物识别信息，包括基因、指纹、声纹、掌纹、耳廓、虹膜、面部特征等 （5）个人健康监测传感设备 ID 等
健康状况数据	主诉、现病史、既往病史、体格检查（体征）、家族史、症状、检验检查数据、遗传咨询数据、可穿戴设备采集的健康相关数据、生活方式、基因测序、转录产物测序、蛋白质分析测定、代谢小分子检测、人体微生物检测等
医疗应用数据	门（急）诊病历、住院医嘱、检查检验报告、用药信息、病程记录、手术记录、麻醉记录、输血记录、护理记录、入院记录、出院小结、转诊（院）记录、知情告知信息等
医疗支付数据	（1）医疗交易信息，包括医保支付信息、交易金额、交易记录等 （2）保险信息，包括保险状态、保险金额等
卫生资源数据	医院基本数据、医院运营数据等
公共卫生数据	环境卫生数据、传染病疫情数据、疾病监测数据、疾病预防数据、出生死亡数据等

资料来源：《信息安全技术　健康医疗数据安全指南》（GB/T 39725—2020）第6条“分类体系”。

在数据分级方面，《信息安全技术　健康医疗数据安全指南》主要从重要程度、风险级别、数据主体可能损害等方面将数据分为五级①，但整体分级较为宽

① 参见《信息安全技术　健康医疗数据安全指南》（GB/T 39725—2020）第6.2条、第8条等。

泛。2023 年《四川省健康医疗大数据应用指南》(DB51/T 2989—2023)在《信息安全技术 健康医疗数据安全指南》基础上,主要从是否包含个人健康医疗数据,以及个人健康医疗数据的具体种类等角度,给出了更加细化的参考标准,并严格比对分级数据规定了详细的去标识化要求(见表3)。

表3 分级数据去标识化要求

数据等级	数据内容	去标识化技术要求
第1级	不包含个人敏感信息或者经过脱敏的病历数据,不包含个人敏感信息或者经过脱敏的检验检测报告	
第2级	机构运营、生产的相关数据:门诊住院人次,药品消耗信息;检验、检查、医疗设备等运行数据,例如开机次数,运行时长,治疗次数等	宜按照 GB/T 37964 的相关要求采用数据抽样、数据聚合等技术开展去标识化工作
第3级	包含敏感个人信息的数据或不满14周岁未成年人的信息	宜按照 GB/T 37964 的相关要求采用抑制、屏蔽、泛化、加密、假名化、K-匿名模型等技术开展去标识化工作
第4级	包含敏感病种的数据:艾滋病诊疗数据,性病诊疗数据,重型精神病诊疗数据,其他敏感病种诊疗数据	宜采用数据无效化、赋随机值、数据替换、对称加密等方式,实现数据脱敏,必要时可采用安全多方计算(含同态加密)、可信执行环境等隐私计算技术,联邦学习等框架实现数据"可用不可见"
第5级	包含敏感个人遗传信息的数据:个人及家庭成员基因测试信息	宜采用"安全多方计算、可信执行环境、联邦学习"等隐私安全计算,实现"数据不出域,可用不可见"

实践中,上述标准可以直接参考适用,但往往数据处理者自身企业性质、数据管理的组织机制以及业务特性各异,故可以在上述标准中继续补充、调整,以达到数据管理、成本效率以及安全保障之间的平衡。比如在数据分类方面,还可参考该等数据如遭受破坏后对于数据处理者的影响因素,在一般数据、重要数据、核心数据的基础上进行细化分级,并针对不同类别采取不同的安全保护措施。

（二）个人健康医疗数据的识别

1. 关于个人健康医疗数据的准确理解

由于健康医疗数据中的个人健康医疗数据是个人信息乃至敏感个人信息，[①]如果漏识别或误识别其中所包括的个人健康医疗数据，从而并未采用合法授权同意机制、未进行有效的去标识化手段与充分的保障机制，数据处理者将面临重大责任或损失，这也是数据处理者在数据分享中“不敢”“不愿”的核心原因；而对个人健康医疗数据认定的准确理解是精准识别与处理的重要前提。

分析个人健康医疗数据需要明确对个人信息的理解。关于个人信息的定义，《民法典》侧重识别说，《个人信息保护法》侧重关联说，程啸教授在《个人信息保护法理解与适用》中认为，两者“虽然定义不认同，但实质差别不大，识别说更多从信息本身出发，只有可以直接或间接识别特定自然人的信息才是个人信息；而关联说则是从信息主体出发，只有已识别或可识别的自然人相关的信息才是个人信息。但那些与已识别或可识别的自然人无关的信息，本身也是无法直接或间接识别特定的，不属于个人信息”[②]。所以，无论采取识别说还是关联说，个人信息的范围并无本质冲突。鉴于目前关于数据处理的相关技术标准，如后文提到的《信息安全技术　个人信息去标识化指南》（GB/T 37946—2019）、《信息安全技术　个人信息去标识化效果评估指南》（GB/T 42460—2023）（以下简称《效果评估指南》）等主要沿用识别说对个人信息与数据加以界定。而识别说在司法判例中也被采纳，比如在陈某、百度公司个人信息保护纠纷案二审中，黄冈中院认为，识别包括直接识别和间接识别，包含对个体身份的识别及个体特征

---

① 《个人信息保护法》第28条规定“医疗健康”的个人信息属于敏感个人信息，但具体含义在法律条文中并未展开。如前文所述，健康医疗的范围散见于各部门立法，国家标准也会给出更具体的对象罗列。比如《信息安全技术　健康医疗数据安全指南》将电话号码等纳入健康医疗数据的范围，如果对电话号码不作特定场景或目的的限定，那么其并不一定属于敏感个人信息，如因为其属于个人健康医疗数据从而认定为敏感个人信息，存在对敏感个人信息的泛化。所以，本文并未一刀切地表述为个人健康医疗数据均属于敏感个人信息。

② 程啸：《个人信息保护法理解与适用》，中国法制出版社2021年版，第57页。

的识别，识别的信息可以是单独信息，也可以是组合信息。[①] 在广州唯品会电子商务有限公司、周某某个人信息保护纠纷案中，广州市中级人民法院认定个人信息认定的关键因素是"识别"，只有可以直接或间接识别特定自然人的信息才是个人信息。[②] 故本文在对于数据本身进行讨论时，主要采用识别说，从《民法典》的直接识别与间接识别的角度进行区分与描述；但对于间接识别数据判定时，则从个人信息主体本位出发，采用关联说的认定方式，考虑相关数据通过结合是否起到识别作用。

基于识别说，个人医疗健康数据的主要特性在于该等数据中包含了直接识别数据与间接识别数据，两者都应属于个人医疗健康数据，需要分别予以识别，并需要下探评估到每一个可被处理的单一数据字段（包括该字段下具体信息）。根据《信息安全技术 个人信息去标识化指南》，组成处理数据集中每条（行）记录对应一个个人信息主体，记录中的每个字段（列）对应一个属性的最小数据集为微数据，而特定环境下可以实现个人信息主体唯一识别的微数据中的某一或多个属性的数据为标识符。[③] 其中，直接识别数据被称为"直接标识符"，该等数据在特定环境下可以单独识别个人信息主体；间接识别数据被称为"准标识符"，该等数据需要与其他数据结合方可唯一识别个人信息主体。[④] 该标准中的"直接标识符"即为"直接识别数据"，而"准标识符"即为"间接识别数据"，为保持表述一致，后文涉及对于"直接标识符"或"准标识符"的处理，将均使用"直接识别数据"与"间接识别数据"指代。

2. 识别直接识别数据

已经发布的国家标准对于直接识别数据进行了明确列举，可以作为有效参

---

① 黄冈中院认为，虽然百度公司提交单独的 IP 地址本身不具有识别性，但是百度公司作为信息处理方，相应服务器均已收集陈某的电话号码、唯一设备标识符、浏览记录、使用时间、时长等，其中陈某的电话号码为实名认证号码，IP 地址与上述信息的组合能够识别到陈某在该区域。故百度公司收集陈某使用设备 IP 地址形成的城市位置应属于陈某的个人信息。参见陈某、百度公司个人信息保护纠纷案，湖北省黄冈市中级人民法院（2021）鄂 11 民终 3136 号民事判决书。

② 参见广州唯品会电子商务有限公司、周某某个人信息保护纠纷案，广东省广州市中级人民法院（2022）粤 01 民终 3937 号民事判决书。

③ 参见国家市场监督管理总局、中国国家标准化管理委员会《信息安全技术 个人信息去标识化指南》（GB/T 37946—2019）第 3.4 条、第 3.6 条。

④ 参见国家市场监督管理总局、中国国家标准化管理委员会《信息安全技术 个人信息去标识化指南》（GB/T 37946—2019）第 3.7 条、第 3.8 条。另《效果评估指南》（GB/T 42460—2023）中继续沿用此标准定义。

考。但需要注意的是，实践中数据属性的多样性大大超过标准所列举的范围，并且直接识别与间接识别也可能存在动态的相对性。所以，判断与识别直接识别数据，需要准确理解直接识别数据与该数据主体之间唯一性的关系，该等数据必须是个人所具备的独一无二的信息。笔者归纳为以下四个方面：

(1)生理唯一性：由于个人信息主体生理上的独特性所产生的唯一性关系，比如生物识别信息；

(2)法律唯一性：由于法律规定的与个人身份唯一绑定的数据，比如身份证号码、电话号码、互联网协议(IP)地址等；①

(3)环境唯一性：在特定环境内相关信息可以唯一指向主体身份的数据，比如极小群体范围内的姓名；②

(4)数据唯一性：只要是与上述三类唯一性信息形成直接的、一对一对应关系的数据，可以直接用来单独识别个人信息主体的数据，也将具备唯一性，从而属于直接识别数据，比如基于电话号码或身份证信息所注册网站账号等。

结合相应标准规范，个人医疗健康数据中的直接识别数据以及其主要种类见表4：

---

① 比如，《居民身份证法》第3条第2款规定，"公民身份号码是每个公民唯一的、终身不变的身份代码"。电信法规中各种需要用户实名认证的信息，如《网络安全法》第24条规定，用户办理网络接入、域名注册服务、固定电话、移动电话入网等必须提供真实身份信息；又如工信部颁布的《电话用户真实身份信息登记规定》第6条规定，电信业务经营者为用户办理入网手续的，电信业务经营者应当要求受托人出示用户和受托人的有效证件，并提供用户和受托人的真实身份信息。所以，一个电话号码足以判断个人身份。诚然，鉴于历史与管理问题，可能存在身份证号或电话号码重合的情况，但无论是公安机关还是电信主管部门持续进行存量问题的相关清理整顿(如工信部2017年发布消息，2016年共组织1.2亿电话用户补录登记)，而新增用户则严格贯彻实名制要求，此类情况已经基本得到解决，不具备唯一识别性的数据将属于小概率意外情况。

② 重名现象比较普遍，这个时候就需要观察处理环境，群体范围越小(如某一企业或某一小地域范围)，重名概率或数量很低，足以直接识别个人身份。在大数据环境下，姓名可能由于唯一性变弱而丧失直接识别性，但间接识别性仍然很强。本文建议仍采用严格口径，将姓名作为直接识别数据。

表 4　直接识别数据的种类与具体数据

唯一性因素	具体数据举例
生理唯一性	基因、指纹、声纹、掌纹、眼纹、耳廓、虹膜、面部特征、笔迹、步态等及其比对信息(如特征值、模板等)
法律唯一性	身份证号、军官证、护照号、驾驶证号、电话号码(包括手机号和固定电话号码)、工作证、出入证、社保卡、居住证、港澳台通行证等证件号码、传真号码、银行账户、车辆标识符合序列号(包括车牌号)、社会保障号码、健康卡号码、医保账户、银行账户、互联网协议(IP)地址等
环境唯一性	姓名、精确位置信息(如详细住址)等
数据唯一性	基于电话号码或实名信息注册的产品或系统账号(如电子邮件地址、网站账号、用户 ID、PIN 值等)以及其登录密码、银行卡片验证码(CVN 和 CVN4)、USBKEY、动态口令、U 盾(网银、手机银行密保工具信息)、病历号、设备标识符合序列号(如个人健康监测传感设备 ID 等)等

资料来源:结合《网络安全标准实践指南—网络数据分类分级指引》(TC260 - PG - 20212A)、《信息安全技术　健康医疗数据安全指南》(GB/T 39725—2020)、《信息安全技术　个人信息去标识化效果评估指南》(GB/T 42460—2023)附录 A 等国家标准与技术文件相关内容,整理罗列。

3. 判断间接识别数据

间接识别数据需要与其他数据结合后才可以唯一识别用户身份,因此判断某一数据是否为间接识别数据将更加复杂。间接识别数据的判断应在直接识别数据的识别工作完成后进行,以排除直接识别数据的干扰。在识别过程中也需要结合数据本身特征、数据使用环境、处理目的、数据需求者或背景情况等方面动态地、综合地判断。参考《效果评估指南》,常见的识别方法包括:

(1)识别常见的间接识别数据。《效果评估指南》中列举了 15 种间接识别数据("准识别符")的情况,可以直接作为判断依据:①性别;②出生日期或年龄;③事件日期(如入院、手术、出院、访问相关日期);④地理范围(如邮政编码、建筑名称、地区);⑤族裔血统;⑥国籍、籍贯;⑦语言;⑧原住民身份;⑨可见的少数民族地位;⑩职务、工作单位、部门等职业信息;⑪婚姻状况;⑫受教育水平;⑬上学年限;⑭总收入;⑮宗教信仰。[①]

① 参见《效果评估指南》(GB/T 42460—2023)附录 B。

（2）与常见的间接识别数据相关度较高的数据（高相关数据），也可以判断为间接识别数据。如一组出生注册数据中，婴儿出生日期与出院日期高度相关，而出生日期属于常见识别数据，则该处理数据中的出院日期也属于间接识别数据。又如，用户的诊疗记录与其购药记录高度相关，当就诊记录在特定环境下被认为是间接识别数据时，其购药记录（如网络平台的订单信息）可以判断为间接识别数据。

需要注意的是，高相关度的判定方法不能无限延伸，否则会不当地加重数据处理者的责任与负担，如对于过大范围的被判定为间接识别数据的数据进行后续处理（如去标识化），也可能导致处理数据有用性受损，无法发挥数据价值。无限延伸的问题在于，如 A 数据与 B 数据高度相关，B 数据与 C 数据高度相关，当 A 数据被认为是间接识别数据时，C 数据是否由于 B 数据被判定为间接识别数据，从而也被判定为间接识别数据？解决思路则是从个人信息主体出发，回归关联说，当找到所有高相关度数据后，重新审视各数据间结合是否可以起到识别个人信息主体的作用。识别的判断可以参考 2021 年深圳中院就王某、深圳市腾讯计算机系统有限公司个人信息保护纠纷案①，该案中关于用户的好友关系是否构成个人信息，法官给出了识别场景、识别主体、识别效果、识别作用的判断“识别性”的四要素，即在特定识别场景下的特定主体范围内，判断相关信息数据通过互相结合是否可以“具体到人”，达到识别效果，发挥识别作用。案件中该用户的好友关系涉及 7 位好友，假设该用户与每一位好友的好友关系已经通过高相关度方法判断出其为一个延伸性的高相关度数据，此时则不必再考虑相关度问题，而是回归在这个特定的平台内的所有用户范围内，是否可以找到有另一位用户也具有相同的与 7 个高相关数据有同样的关系。若无法找到，则此 7 个高相关度数据即可判定为该用户的间接识别数据。② 同时，法官也强调“‘结合型’个人信

---

① 参见王某、深圳市腾讯计算机系统有限公司个人信息保护纠纷案，广东省深圳市中级人民法院（2021）粤 03 民终 9583 号民事判决书，该案入选为广东高院发布 2021 年度全省法院涉互联网十大案例。

② 二审判决认为，“本案中，上诉人王某‘微信好友关系’具体体现为上诉人王某同时与‘Q’‘洪 X’等 7 个账号属于好友关系。由于在案证据不能证明除上诉人王某外，还存在其他主体也同时与‘Q’‘洪 X’等 7 个账号属于好友关系，因而，该‘微信好友关系’即属于账号‘亡 XXX’的‘个性化特征’，从识别作用看，能够与上诉人王某的其他平台信息结合具体特定个人，应当被认定为受法律保护的个人信息”。详见王某、深圳市腾讯计算机系统有限公司个人信息保护纠纷案，广东省深圳市中级人民法院（2021）粤 03 民终 9583 号民事判决书。

息不能泛化，仍应有一定的限制范围，避免将‘识别特定自然人’泛化为‘具有某种同类特征的不特定人’。”[①]

(3)基于“重识别”风险判断是否为间接识别数据。这种方法可被用来进一步对间接识别数据进行筛选，主要通过计算某一字段所取值的独特性，独特性越高，则“重识别”风险越高。[②] 这个步骤需要计算机与数据专业背景的技术专家参与评估。所以需要从流程机制上设置相应的专家评估的环节，并结合数据处理者自身系统架构以及业务情况，探讨相配套的技术评估方法与标准。

(4)辅助性决策：基于“环境风险”判断是否为间接识别数据。另外，除对数据本身进行技术性分析外，评估“重识别”风险也应考虑处理数据的数据需求者(如拟共享方、数据接收方)的整体能力。这在《效果评估指南》中被称为“环境风险”。[③] 主要从两方面考量：数据需求者本身技术情况，以及数据需求者是否拥有更多的背景知识或背景数据。比如，个人医疗保险公司、医院、互联网企业通常具备较强的数据获取能力，该等机构利用其背景知识对“处理数据”进行关联从而重识别的可能性较高，或者专业的数据分析与处理机构具备较强的数据理解能力或分析处理能力，重识别可能性也较高。此种情况下，利用背景知识或技术重识别风险高的“处理数据”就可以识别为间接识别数据。简言之，主要是将“处理数据”被重识别的背景知识和能力与数据需求者的背景知识和能力进行比较，当对方属于数据获取能力强或者数据技术处理能力强的时候，即可以考虑给予判定，并从而设置更多的去标识化手段或通过协议给予对方更高的违约责任以降低后续潜在风险。这个方法需要数据提供者自身具备极强的背景知识、数据理解与分析能力，并且对数据需求者有非常深入的了解，否则较难实现准确甚至定量的判断。所以此方法建议仅作为辅助性决策，并需要依托数据处理者内部的数据处理组织与决策机制。

---

① 二审判决认为，“随着技术的不断发展，互联网对个人信息的收集、控制、处理及传播使个人信息的外延不断更新，对个人信息范畴的界定不能局限于现有法律列举的事项。当信息结合体中的信息种类和数量达到一定程度时，信息结合体便能够定位识别至具体自然人。如果对这些信息均赋予受法律保护的个人信息地位，将导致个人信息的保护范围过大，显然将不当增加信息收集者的责任和义务。因此，‘结合型’个人信息不能泛化，仍应有一定的限制范围，避免将‘识别特定自然人’泛化为‘具有某种同类特征的不特定人’”。详见王某、深圳市腾讯计算机系统有限公司个人信息保护纠纷案，广东省深圳市中级人民法院(2021)粤03民终9583号民事判决书。

② 参见《效果评估指南》(GB/T 42460—2023)附录C C.2 c)项。

③ 参见《效果评估指南》(GB/T 42460—2023)附录C C.2 d)项。

（三）个人信息保护影响评估

《个人信息保护法》规定处理敏感个人信息应当进行个人信息保护影响评估，评估事项应当包括个人信息的处理目的、处理方式等是否合法、正当、必要；对个人权益的影响及安全风险；所采取的保护措施是否合法、有效并与风险程度相适应等。由于健康医疗数据涉及大量敏感个人信息，所以对健康医疗数据去标识化处理前应当进行个人信息保护影响评估。实践中，一般通过分析个人信息处理活动对个人信息主体的权益可能造成的影响及其程度，以及分析安全措施的有效性与现有安全措施下安全事件发生可能性，结合两方面结果形成评估报告，综合得出个人信息处理活动的安全风险及风险等级，并提出相应的改进建议。

比如，针对直接识别数据，即使经过合适的去标识化技术与安全的密文传输，处理过的直接识别数据仍可能与其他数据结合发挥识别作用，落入间接识别数据范围。另外，一旦这类数据共享后产生后续安全问题，就可能被直接认定为违规提供个人信息。所以，一方面在决定对直接数据进行去标识化处理前必须进行必要性评估与合法性评估，另一方面对于处理过的直接识别数据仍应进行间接识别数据的判定、处理以及相应的效果评估。[①] 其中，必要性评估目的在于评估对外提供数据是否“最小、必要”，从而限缩需传输的直接识别数据范围。数据处理者往往基于各种动机，索要溢出的数据。比如，在商保对接的场景中，保险机构为准确承保，一般需要医疗机构传输一项直接识别数据（已经获得用户有效授权同意），但实践中保险机构为了提升承保准确性，往往会要求数据提供方提供多种直接识别数据以便于交叉验证。如果保险机构的目的仅在于标识其相应保单，一种直接标识数据已经可以满足该目的时，那么向其提供其他数据将违反“最小、必要”原则，应拒绝其要求；而交叉验证则可以考虑其他方式（如数据采集准确性核对、定期校准、事后盘查等）。

合法性评估是指个人医疗健康数据处理者对于数据的收集、存储、使用、转让与共享是否严格遵守法律规定，应采取合法形式的判断。即使这种直接识别

---

① 针对“处理过的直接识别数据”的判断、处理与效果评估，参见本文中针对“间接识别数据”的相关内容。

数据已经“匿名化”,仍建议对其进行合法性评估,以确保数据共享时的合法正当性。由于“绝对匿名化”情况并不存在,无论如何处理直接识别数据,实践中笔者仍建议取得该等数据共享的合法有效授权,其实质意义在于依法规避数据共享过程中的法律责任,为数据共享提供合法性保障。合法有效授权需要满足特殊处理要求(具有特定的目的和充分的必要性,并采取严格保护措施)、个人单独同意(充分知情的前提下自愿、明确作出)、特别告知事项(处理个人敏感信息的必要性以及对于个人权益影响)等。①

除上述举例的评估方面外,其他具体评估维度与方法建议参照《信息安全技术　个人信息安全规范》(GB/T 35273—2020)、《信息安全技术　个人信息安全影响评估指南》(GB/T 39335—2020)、《数据出境安全评估申报指南(第一版)》等相关要求。

(四)个人健康医疗数据的去标识化处理

去标识化处理的目的主要在于运用相应的技术或模型,去除处理数据的识别作用,并尽量降低该等数据的“重识别”风险。前文所述针对个人健康数据中直接识别数据与间接识别数据的识别方法,实际上已经为去标识化工作确定了处理的“锚点”,即该数据在什么情况下可能发挥识别作用,就可以针对这种情况采用适合的去标识化手段。

常用去标识化手段包括统计技术、密码技术、抑制技术等去标识化技术以及如 K - 匿名模型等去标识化模型(见表 5),不同的技术与模型可以适用于不同的数据对象与处理场景,并起到较好的去标识化作用。②

---

① 部分学者提出,构建个人健康信息“利用友好型”的保护模式,允许在其他保护手段已提供适当保护的前提下,省略同意程序,或以默示同意替代明示同意,与现行法律规定存在冲突。参见李润生:《论个人健康信息“利用友好型”保护模式的建构》,载《行政法学研究》2021 年第 5 期。但本文主要目的就是通过在现行法规及国家标准之下讨论探索实现共享的可能性,故不对授权同意的方式、方法进行深入讨论。

② 详细的去标识化技术,详见国家市场监督管理总局、中国国家标准化管理委员会《信息安全技术　个人信息去标识化指南》(GB/T 37964—2019)附录 A、附录 B。

表 5　常用去标识化技术与模型

常用去标识化技术与模型	适用数据对象与处理场景
统计技术	数据抽样、数据聚合
密码技术	确定性加密、保序加密、保留格式加密、同态加密、同态秘密共享
抑制技术	屏蔽、局部抑制、记录抑制
假名化技术	独立假名创建、派生假名创建
泛化技术	取整、顶层与底层编码
随机化技术	噪声添加、置换、微聚焦
数据合成技术	—
K－匿名模型	L－多样性、T－接近性
差分隐私模型	服务器模式、本地模式

需要注意的是，去识别化技术与模型存在局限性，单一的技术或模型往往无法规避重识别风险。比如，假名化技术可以较好地应用于对直接识别数据的处理，通过恰当的假名作为媒介，不同的子数据结合可以关联使用而不会泄露个人信息主体的身份；但是，采用多个原始直接识别数据对应一个假名分配表和分配技术，会导致以直接识别数据为统计对象的数据分析结果失真，从而降低数据有用性。聚合技术遇到多个公开发布的数据包含时，攻击者对比多个聚合数据的差异，可能推断出相关的识别数据。另外，所有的技术与模型核心目的在于防范“重识别”的常见方法，包括“分离、关联与推断”，从而降低“重识别”风险。但不同技术降低“重识别”风险的能力也有不同。比如，“抑制技术”中的“屏蔽技术”可以有效降低“分离”风险，但无法降低“推导”风险；同样为“抑制技术”中的“局部抑制技术”与“记录抑制技术”则可以部分降低“推导”风险，但也仅能降低部分的“分离”风险；而“统计技术”中的“聚合技术”则可以将“分离”与“推导”风险都有效降低。所以，必须了解这些技术与模型可适用的数据类型、数据属性类型、降低何种“重识别”风险更具优势，并结合多种技术与模型加以控制，才能有效降低“重识别”风险。①

① 详细的去标识化技术与模型的特性以及其降低“重识别”风险能力，参见国家市场监督管理总局、中国国家标准化管理委员会《信息安全技术　个人信息去标识化指南》，GB/T 37964—2019，附录 C。

(五)去标识化效果评估

经去标识化处理的个人数据仍存在“重标识”风险,定期、可持续的去标识化效果评估是进一步实现去标识化直至“匿名化”的关键动作。2023 年新发布的《效果评估指南》第 4 条给出了一定参考,依据个人信息表示度分级(见表 6),通过评估准备、定性评估、定量评估、形成结论、沟通协商、过程文档管理的评估实施步骤,依据一定计算方法并设定重识别风险临界数值(可接受风险阈值),最终评估个人信息去标识化活动的效果。

表 6 个人信息表示度分级

级别	风险	划分依据
4	风险最低	不包含任何标识符
3	风险较低	消除了直接标识符,但包含准标识符,且重标识风险低于可接受风险阈值
2	风险较高	消除了直接标识符,但包含准标识符,且重标识风险高于或等于可接受风险阈值
1	风险最高	包含直接标识符,在特定环境下能直接识别个人信息主体

除将包含直接识别符确定为最高风险级别外,《效果评估指南》以间接识别数据具有的识别能力是否超过可接受风险阈值从而进一步划分为“识别能力高于阈值的间接识别数据”和“识别能力低于阈值的间接识别数据”,进一步细化评估效果。这种分级方式主要基于去标识化处理后的信息残留的识别能力和再识别风险对其进行层次化分类,根据不同信息蕴含的安全风险对其采取相应的规制和保护措施提供了基础,有助于扭转当前一体规制模式过度限制信息流转与使用的弊端。①

另外,随着技术发展,再识别的风险日益超出了数学和统计学模型的预测能力,放弃单纯从技术层面分析身份识别的可能性,而是追问谁有可能从数据中获取个人信息以及获取成功性概率,特定的行业或经济部门是否存在有关侵害隐

① 参见齐英程:《我国个人信息匿名化规则的检视与替代选择》,载《环球法律评论》2021 年第 3 期。

私之倾向性的某种历史、惯例或传统，以及管理者采取的保护措施是否足以降低此种风险等综合性的因素去判断去标识化数据是否会“重识别”更为有效。所以在《效果评估指南》基于 K－匿名模型的去标识化效果评估示例中，重新标识概率结果的统计就综合了重标识攻击的“动机”和“能力”这两个重要因素。[①] 当然目前《效果评估指南》存在不足的是，没有明确完善评级结果对应的后续处理行为，规定个人信息处理者针对不同级别的个人信息能够进行哪些处理活动，以及不同类型的个人信息是否应该在去标识化分级处理上存在差异。[②]

针对不同风险级别的去标识化效果，结合企业实际情况，存在较低风险的数据合作可以继续；存在较高风险的，需倒查合规性并评估可能责任、及时终止损害扩大化，包括充分告知、终止合作、要求删除数据、追究对方法律责任等措施。

（六）数据共享中的行为控制及过程控制[③]

经过“去标识化处理”与“去标识化效果评估”，处理数据已经不具备识别作用，其“重识别”风险也基本达到“难以复原”标准。但是，由于数据合作是动态的，已经去除或降低的“重识别”风险可能由于某些变化而再次出现或升高。需要在数据共享的过程中依据数据行为持续加以控制，才可以真正实现数据“匿名化”目标。

1. 数据共享的行为控制

（1）数据传输环节：①接收方应具有相应的数据安全能力以保护信息主体权利，不得有法律法规所禁止的情形，如获取后非法出售、非法提供等；②严格遵守与提供方约定的合同义务，对任何超越范围和违反合同约定的使用行为承担法律责任；③应经由加密状态下的求交计算，筛选并仅传输有限交集的数据标记所对应的、与提供方的合同所约定的“属性、行为、关系”等数据内容，禁止传输未经去标识化直接识别数据，并加密传输（如采用通道与数据双加密方式，全链路 SSL 加密）；④域内匿名，如标记不可逆，生成过程有额外信息或密钥被服务机构

① 参见《效果评估指南》附录 D。

② 也有学者指出，识别效果评估应当结合具体数据外延进行动态化、差异化体调整。参见苏宇、高文英：《个人信息的身份识别标准：源流、实践与反思》，载《交大法学》2019 年第 4 期。

③ 此处主要综合参考：中国广告协会、中国通信标准化协会发布的《互联网广告匿名化实施指南》（T/CAAP 004—2022、T/CCSA 424—2022）以及上海市市场监督管理局《数据去标识化共享指南》（DB31/T 1311—2021）。

独立维护与管理，在数据共享域内，除生成标记的共享主体之外，其他任何主体无法识别特定信息主体；⑤标识隔离，对数据共享评估合格范围内的信息主体进行“重标识”处理，根据可获得的数据情况和应用场景选择合适的模型和技术，将重标识的风险控制在可接受范围内，确保数据接收方之间的潜在串通不会增加重标识风险。

（2）数据的使用环节：①鼓励“非识别”的使用：处理数据应用中指向群体或无须明确身份的个体，接收方经评估后可获取经技术处理的数据，开展非识别下的数据应用。②控制“已识别”的使用：处理数据应用中必须指向个体，接收方的数据处理行为应取得个人信息主体的同意，将“个人同意范围内的数据项/值（标签）”关联至信息主体标识（符），从而开展已识别下的数据应用相关业务；已识别下的数据利用，不论是否经过数据加工行为，应严格评估接收方数据处理行为取得同意的方式和授权范围。③禁止“可识别”的使用：数据应用指向个体，使用前未获同意，遵循其他法律条款，从数据中重新识别个人后开展应用。

2. 数据共享的过程控制①

（1）过程记录：机构组织应确保“匿名化”的每一步骤均约束在“匿名化”处理环境中实现了预定目标，并有效记录和保存。具体要求为：在“匿名化”的各个步骤中，需在确定目标步骤撰写“匿名化”工作方案，明确各步骤要完成的工作，并在确定目标、技术处理、效果评估阶段记录工作过程和结果，形成文档；组织管理层在“匿名化”处理的各个步骤完成时，对该阶段记录文档进行审查，检查输出文档是否齐全和内容完备，及时发现已经出现或可能出现的错误或偏差，并采取适当控制措施，监督各步骤执行过程得到完整和有效的执行；监控审查过程也应记录到文档中，记录内容至少包括监控审查对象、时间、过程、结果和措施等内容。

（2）有效备案：存证备案机构组织间的数据“匿名化”，除过程记录外，还应在公信机构，以数据交换、共享、流通、交易的合同为单位，有效备案并存证关键

① 数据共享的过程控制主要是验证合作过程中的具体数据处理行为没有出现偏差或违背合作初始目的，并通过有效的记录方式佐证实际履行与约定之间的“一致性”。如郑佳宁教授认为，考虑信息保护在收集、处理、利用等场景中的整体有效性，应当加强匿名信息应用的流通控制和目的控制，从而实现数据匿名化的体系性控制，以协调数据自由流通与个人信息保护之间的平衡。参见郑佳宁：《数据匿名化的体系规范构建》，载《政法论丛》2022年第4期。

记录，以形成有效的"匿名化"证明，并支持审计与审查。具体包括：①事前备案，将测评报告、评估报告、评估结论、与法律见证书进行备案；②事中存证，"匿名化"处理执行过程关键记录进行存证，如关联控制记录；③事后验证，"匿名化"处理后，支持审计机构对"匿名化"效果进行验证。

（七）健康医疗数据"匿名化"的安全保障措施

"匿名化"健康医疗数据不属于个人信息，虽然可以豁免个人信息处理合规要求并防范个人信息安全，但是数据处理者仍然应当遵守《数据安全法》《网络安全法》关于数据安全合规的一系列义务，[①]确保数据安全。

1. 建立并落实数据安全保护制度

依据《数据安全法》第 27 条、第 29 条的规定，企业应参照相应国家标准和行业标准，搭建企业内部信息安全制度，应当包括数据采集安全、数据传输安全、存储安全、数据备份与恢复、使用安全、数据处理环境安全、数据内部共享安全、数据销毁安全等数据处理全流程。内容应包含透明度、系统保护和默认保护、数据处理记录、设置数据保护专员、数据保护影响评估与咨询、收集与泄露通知、更正和通知等。从事涉外业务的企业还应关注相应国际标准和外国数据保护规范，如 ISO/IEC 27001 国际标准与欧盟《通用数据保护条例》。为落实完善数据全生命周期的技术防御保障措施，企业应当积极采取物理机房、加密算法、安全测试、网络防火墙、主机服务器等数据安全技术保障措施，在技术层面完善数据全生命周期合规措施，并对数据进行闭环管理，提升数据安全保护能力。

2. 制定网络安全事件应急预案、数据泄露的立即补救、告知与报告义务

企业应当制定网络安全应急预案，定期进行应急演练，以确保在真实的数据安全事件发生时可以有条不紊地应对，同时试验应急预案的可用性。应急演练是安全能力长期建设中的重要环节，演练的颗粒度应细化至起草上报监管机构和通知受影响的个人信息主体的文本内容。应当培训员工识别、上报、管理和解决数据泄露等安全事件，确保员工知晓如何发现以及在发现后如何处理此类

---

① 此处参照高富平教授的建议，即赋予医疗机构对医疗数据利用权利的同时，配置相应的安全管理义务，促使建立良好的数据治理体系，由此可以开启医疗机构主导的医疗数据资源社会化利用的大门。参见高富平：《论医疗数据权利配置——医疗数据开放利用法律框架》，载《现代法学》2020 年第 4 期。

事件。

3. 确认第三方供应商的数据安全能力

由于多数企业均会使用外部供应商提供数据处理等服务，如 HIS 供应商、大数据分析供应商、AI 技术供应商等，企业的数据安全义务也应当延伸到使用的第三方供应商上。企业可以要求供应商提供数据安全能力证明（如 ISO27001），通过在与第三方供应商和数据处理者的书面协议中加入强制性的数据保护条款，要求定期对第三方的安全措施和能力进行审计，以确保第三方供应商具有必需的数据安全能力。

4. 重要数据处理者的风险评估义务

国家实行数据分级分类保护制度，对关系国家安全、国民经济命脉、重要民生、重大公共利益等的国家核心数据，实行更加严格的管理，健康医疗数据中的人类遗传资源等可能构成重要数据。依照《数据安全法》的相关规定，重要数据处理者的义务包括但不限于风险评估制度，即数据处理者应当对其数据处理活动定期开展风险评估，并向主管机关报送评估报告，尤其应重点评估数据安全的现实风险及其应对措施，具体可以参照《网络安全标准实践指南—网络数据安全风险评估实施指引》（TC260 – PG – 20231A）等。

四、结　语

中共中央、国务院印发的《"健康中国 2030"规划纲要》设立了包括人均健康预期寿命等健康指标，以及形成一批具有较强创新能力和国际竞争力的大型企业，成为国民经济支柱性产业的经济指标，而健康数据对于以上两个目标均有着极其重要的作用。国务院发布的《关于促进和规范健康医疗大数据应用发展的指导意见》明确指出，健康医疗大数据是国家重要的基础性战略资源。健康医疗大数据应用发展将带来健康医疗模式的深刻变化，有利于激发深化医药卫生体制改革的动力和活力，提升健康医疗服务效率和质量，扩大资源供给，不断满足人民群众多层次、多样化的健康需求，有利于培育新的业态和经济增长点。我国拥有十几亿人口，每年产生数以亿万计的健康医疗数据，企业及行业协会也在积极努力进行健康医疗数据共享应有的实践。[①] 国家机关也在努力推动不同行政部门掌握的医保数据与商保数据的融合打通，进一步发挥商业健康保险的保障功能。[②]

虽然包括《个人信息保护法》在内的法律层面没有就匿名化数据及去标识化数据界分清晰，但不可忽视伴随技术发展，从“去标识化”到“匿名化”的通路逐渐完善。如学者所说，信息科技固然是当今世界个人信息权益的最大威胁，但同时它也是化解危机的优先工具。[③] 在信息与数据安全、隐私保护等方面，安全固然优先，但也应平衡效用，促进数据安全性与有用性的平衡，从而使信息科技与法律彼此协调，共建激励相容的个人信息治理体系。

基于此，本文尝试对医疗健康数据的定义、“匿名化”构成要素进行分析，并结合多项标准，通过对于健康医疗数据科学地分类分级，个人健康医疗数据的精准识别，进行个人信息保护影响评估，采用恰当的去标识化处理，通过去标识化效果评估以及共享中进行有效控制等综合性措施，实现个人健康医疗数据“去标识”并“难以复原”，达到其“匿名化”效果，从而降低健康医疗数据共享中的核心障碍。并针对已经“匿名化”健康医疗数据进行有效的数据安全保障措施，降低数据共享中潜在的数据安全风险，综合形成健康医疗数据实现共享的实践路径，希冀提出切合中国法律法规的合规路径，并探索实现数据要素价值变现与增值突破。

---

① 例如，中关村科学城管委会、中国技术交易所、清华大学北京信息科学与技术国家研究中心及中关村生命科学园2020年共同发起的中关村医药健康大数据交易平台正式启动，目的在于打造医药健康领域的大数据“交易市场”。参见北京市科学技术委员会、中关村科技园区管理委员会：《中关村生命科学园：赋能“智慧” 打造全球领先“生命谷”》，载北京市科学技术委员会、中关村科技园区管理委员会官网2023年7月13日，http://zgcgw.beijing.gov.cn/zgc/index/index.html。

② 参见陈婷婷、李秀梅：《基本医保与商业健康保险信息共享有新进展，相关协议征求意见中》，载澎湃新闻2023年6月21日，https://www.thepaper.cn/newsDetail_forward_23568949。

③ 参见许可：《个人信息治理的科技之维》，载《东方法学》2021年第5期。

网联汽车领域数据合规

孟　蕾

在互联网多模式发展和工业智能化趋势的背景下，智能网联汽车已然成为创新发展的新方向。为了实现以及提供自动驾驶、辅助驾驶、人机交互、智能网联等功能，整车企业会采集车辆行驶环境、车辆工况以及驾驶人员和乘客的个人数据等信息；根据国家工业信息安全发展研究中心的调研结果，一辆智能网联汽车每天收集的数据容量在10TB以上①，已成为信息社会的数据生产和传输重要终端。

无论是从网联汽车产品自身的质量安全维度，还是从所收集的数据安全维度，数据合规能力对于网联汽车整车企业都尤为重要，并已成为整车企业入场智能网联汽车领域的基础条件之一。笔者将从整车企业的汽车数据管理视角出发，梳理和分析对整车企业的合规要求和建议。

一、网联汽车领域的数据立法及国家标准

网联汽车领域的数据相关标准化文件，由法律法规、部门规章、部门规范性文件以及国家标准等共同组成。

---

① 2021年6月19日，国家工业信息安全发展研究中心副总工程师兼信息政策所所长黄鹏在2021中国汽车论坛“智能网联汽车产业发展与安全分论坛”介绍《智能网联汽车数据安全研究》报告时表示：“在调研过程中获知，一辆智能网联汽车每天至少收集10TB的数据。这些数据不仅包含驾乘人员的面部表情、动作、目光、声音数据，还包括车辆地理位置、车内及车外环境数据、车联网使用数据等。”参见《〈智能网联汽车数据安全研究〉：重点关注跨境数据流动问题等》，载百家号网2021年6月21日，https://baijiahao.baidu.com/s?id=1703194019361010044&wfr=spider&for=pc。

(一)网联汽车领域的数据法律法规

网联汽车领域的数据相关法律法规,除《网络安全法》《数据安全法》《个人信息保护法》等各行业数据普遍适用的规定外,还包括以下相关规定(见表1)。

表1　网联汽车领域数据相关规定

位阶	发文时间	规定名称	发文部门
部门规章	2018年11月27日	《道路机动车辆生产企业及产品准入管理办法》	工业和信息化部
	2021年8月16日	《汽车数据安全管理若干规定(试行)》	国家互联网信息办公室 国家发展和改革委员会、 工业和信息化部 公安部 交通运输部
部门规范性文件	2020年11月23日	《关于进一步加强汽车远程升级(OTA)技术召回监管的通知》	国家市场监督管理总局
	2021年6月4日	《关于汽车远程升级(OTA)技术召回备案的补充通知》	国家市场监督管理总局
	2021年7月30日	《关于加强智能网联汽车生产企业及产品准入管理的意见》	工业和信息化部
	2021年9月13日	《关于开展汽车数据安全、网络安全等自查工作的通知》	工业和信息化部装备工业发展中心
	2021年9月15日	《关于加强车联网网络安全和数据安全工作的通知》	工业和信息化部
	2022年4月15日	《关于开展汽车软件在线升级备案的通知》	工业和信息化部装备工业发展中心
	2022年8月30日	《关于促进智能网联汽车发展维护测绘地理信息安全的通知》	自然资源部
	2022年12月8日	《工业和信息化领域数据安全管理办法(试行)》	工业和信息化部

除上述已经生效的规定外,目前工业和信息化部、公安部也在制定《关于开展智能网联汽车准入和上路通行试点工作的通知(征求意见稿)》,虽然该通知尚

未进入意见征求阶段①,但其中有关"数据安全保障能力"的要求与现有生效规定基本一致,也可作为参考指引。

(二)网联汽车领域的数据规范标准

除上述规定外,工业和信息化部在现有国家车联网产业标准体系的基础上,还组织编制了《车联网网络安全和数据安全标准体系建设指南》,用于指导相关标准的研制,其中涉及"数据安全"方面的标准体系见表2②。

表2 "数据安全"方面的标准体系

项目	标准	状态
通用要求	智能网联汽车数据通用要求	制定中
	智能网联汽车数据安全共享模型与规范	待制定
	智能网联汽车数据安全共享参考架构	待制定
	智能网联汽车数据安全要求	待制定
	智能网联汽车数据保护密码应用技术要求	待制定
	车联网数据安全保护能力参考框架	待制定
分类分级	车联网信息服务　数据安全技术要求	已发布
	车联网服务平台重要数据记录系统技术规范	待制定
数据出境安全	车联网数据跨境流动安全管理要求	待制定
	车联网数据跨境流动安全评估规范	待制定
个人信息保护	车联网信息服务　用户个人信息保护要求	已发布
	基于移动互联网的汽车用户数据应用与保护技术要求	制定中
	基于移动互联网的汽车用户数据应用与保护评估方法	制定中
	车联网用户个人信息合规检测要求	待制定
应用数据安全	信息安全技术　网络预约汽车服务数据安全指南	制定中
	网络预约出租汽车服务平台数据安全防护要求	制定中
	车联网信息服务　数据安全保护能力评估规范	制定中
	车联网应用服务　数据脱敏实施方法	待制定

---

① 参见《公开征求对〈关于开展智能网联汽车准入和上路通行试点工作的通知(征求意见稿)〉的意见》,载工业和信息化部官网2022年11月2日,https://www.miit.gov.cn/gzcy/yjzj/art/2022/art_4ae46de7edee4a72adb611b3c67b9d6e.html。

② 参见《车联网网络安全和数据安全标准体系建设指南》附件"车联网网络安全和数据安全相关标准项目明细表"。

2021 年 10 月 8 日，全国信息安全标准化技术委员会发布《汽车采集数据处理安全指南》，该指南规定了对汽车采集数据进行传输、存储和出境等处理活动的安全要求。①

值得关注的是，除上述国家标准之外，联合国世界车辆法规协调论坛（World Forum for Harmonization of Vehicle Regulations，简称 UN/WP29）于 2020 年 6 月发布了 3 项关于智能网联汽车的重要法规 R155②/R156③/R157④，即信息安全/软件升级/自动车道保持系统，该法规适用于 1958 年协议下成员国，其中包括所有欧盟国家和其他经济合作与发展组织（Organization for Economic Co-operation and Development，OECD）国家。虽然中国不在该协议国内，但生产的汽车只要销售到这些国家就必须通过相关认证。其中，R155（信息安全与信息安全管理系统）是全球第一个汽车信息安全强制法规。根据该规范的规定，在网络安全方面符合适用范围的汽车必须取得 CSMS（Cyber Security Management System，网络安全管理体系认证）证书、VTA（Vehicle Type Approval，车辆型式认证）证书。截至 2023 年，国内部分整车企业已取得 CSMS 证书，如哪吒汽车、比亚迪汽车、宇通客车、上汽乘用车、小鹏汽车、蔚来、长城汽车。⑤

在与国际标准对齐方面，工业和信息化部也强调要加强与国家标准化组织的交流与合作，积极参与国际电信联盟（International Telecommunication Union，ITU）、国际标准化组织（International Organization for Standardization，ISO）、国际电工技术委员会（International Electrotechnical Commission，IEC）、联合国世界车辆法规协调论坛等国际标准化活动，共同推进国际标准研制。同时，工业和信息化部在制定有关网联汽车的强制性标准时，也借鉴和参考了 R155/R156/R157 中

---

① 《汽车采集数据处理安全指南》（TC260—001）第 1 条规定，"本文件规定了对汽车采集数据进行传输、存储和出境等处理活动的安全要求"。

② See UN Regulation No. 155 – Cyber security and cyber security management system，https://unece. org/transport/documents/2021/03/standards/un-regulation-no-155-cyber-security-and-cyber-security.

③ See UN Regulation No. 156 – Software update and software update management system，https://unece. org/transport/documents/2021/03/standards/un-regulation-no-156-software-update-and-software-update.

④ See UN Regulation No. 157 – Automated Lane Keeping Systems（ALKS），https://unece. org/transport/documents/2021/03/standards/un-regulation-no-157-automated-lane-keeping-systems-alks.

⑤ 参见阿宝说车：《R155 认证 1 年倒计时，国内哪些车企拿到了海外市场关键"通行证"?》，载腾讯网 2023 年 6 月 23 日，https://new. qq. com/rain/a/20230623A04ZES00。

的相应思路，并基于国内行业技术发展现状和政府管理需求，截至2023年5月制定了《汽车整车信息安全技术要求（征求意见稿）》以及《智能网联汽车自动驾驶数据记录系统（征求意见稿）》。[①]

（三）网联汽车领域的数据合规监管概述

从上述相关法律法规以及国家标准来看，网联汽车领域的数据合规监管思路与其他行业领域数据基本一致，聚焦于数据安全的整体要求、分级分类管理、出境安全、个人信息保护以及应用数据安全等五个方面进行监管：

1. 整体要求：整车企业应当建立健全汽车数据安全管理制度，依法履行数据安全保护义务，明确责任部门和负责人；建立数据安全事件报告机制。

2. 分级分类管理：建立数据资产管理台账，实施数据分类分级管理；加强个人信息与重要数据保护。

3. 出境安全：个人信息和重要数据应当按照有关法律法规规定在境内存储；需要向境外提供数据的，应当通过数据出境安全评估。

4. 个人信息保护：在整体数据分级分类管理的基础上，细化个人信息分级分类标准，明确用户敏感数据和个人信息保护的场景、规则、技术方法，包括匿名化、去标识化、脱敏等。

5. 应用数据安全：针对数据全生命周期采取有效技术保护措施，防范数据泄露、毁损、丢失、篡改、误用、滥用等风险。

二、网联汽车领域数据的特殊性及重点关注

网联汽车领域的数据相较于其他行业领域的数据更为广泛，基于数据的属性或特性，按照数据主体可分为以下六大类[②]：

1. 基础属性类数据，是指网联汽车相关软硬件产品的基础数据，包括车辆自

---

① 参见《公开征求〈汽车整车信息安全技术要求〉等四项强制性国家标准的意见》，载工业和信息化部官网2023年5月5日，https://www.miit.gov.cn/jgsj/zbys/qcgy/art/2023/art_439d600cba254bd5b426d4dadc6d82b5.html。

② 《车联网信息服务　数据安全技术要求》（YD/T 3751—2020）第5条规定，车联网信息服务相关的数据基于其属性或特征，按照数据主题进行分类，可以分为6大类：基础属性类数据、车辆工况类数据、环境感知类数据、车控类数据、用户个人信息和应用服务类数据。

身的发动机号、车架号、车辆品牌和型号等车辆基础数据,以及软件或系统开发商、类别、版本、大小等车联网移动端应用软件基础数据。

2. 车辆工况类数据,是指与网联汽车实际运行特征或车辆实际系统操作有关的数据,包括动力系统、底盘系统、车身系统、电子系统、辅助驾驶系统、自动驾驶系统等相关的运行状态、系统工作参数,以及整车控制器等相关的工况数据。

3. 环境感知类数据,是指与网联汽车所处外部环境相关的数据信息,外部环境包括外部道路、外部行人、测速雷达、摄像头等相关的信息。

4. 车控类数据,是指与网联汽车操控直接相关的指令数据,包括智能决策车控类数据、车辆远程操控类数据。

5. 用户个人信息,是指车联网信息服务与用户密切相关的数据信息,这些数据信息能够一定程度上识别车联网用户个人身份或反映出用户个人活动情况,可细分为:用户身份证明类信息、车联网信息服务用户数据和服务内容信息以及用户服务相关信息。关于用户个人信息部分下文中会详细分析。

6. 应用服务类数据,是指除上述5类数据之外,与车联网信息服务相关的数据,包括与车辆维修、保养、金融保险等相关涉车服务类数据。

基于网联汽车领域数据的广泛性以及数据特性,网联汽车领域的数据合规监管存在一定的特殊性,主要体现在以下几个方面。

(一)企业数据安全管理能力是智能网联汽车行业的准入条件

如上文所述,网联汽车领域的数据合规监管思路与其他行业领域数据基本一致,聚焦于数据安全的整体要求、分级分类管理、出境安全、个人信息保护以及应用数据安全五个方面。但是,相较于其他行业的数据合规管理的日常化和后置性,网联汽车领域的数据安全管理能力则是智能网联汽车生产企业申请进入该领域的基础条件之一。从以下方面可以看出:

现行规范《关于加强智能网联汽车生产企业及产品准入管理的意见》对于企业的安全管理能力的各方面明确提出了要求,并且《关于开展汽车数据安全、网络安全等自查工作的通知》中也要求智能网联汽车生产企业上报对于各相关方面的落地执行情况。

目前仍在意见征求阶段的有关智能网联汽车准入的相关规定,包括《汽车整车信息安全技术要求(征求意见稿)》等文件,也明确将整车企业的数据安全管理能力要求作为其生产网联汽车的强制性标准之一。

（二）产品数据安全管理能力是智能网联汽车产品质量的组成部分

网联汽车的车辆工况、车控指令等数据是整车企业提供辅助驾驶、自动驾驶等功能的核心数据，而且此类数据在车辆出现事故等情况时，也是进行判定责任的相关依据。近年来，智能网联汽车发生事故后，在事故场景还原时经常出现各方说辞不一的情况。

从产品质量管理的角度来看，网联汽车领域的数据相关规定要求整车企业对于工况类型数据履行必须收集的义务，且对于数据要求的安全等级要高于其他领域。《关于加强智能网联汽车生产企业及产品准入管理的意见》明确要求，具有自动驾驶功能的汽车产品，“应具有事件数据记录系统和自动驾驶数据记录系统，满足相关功能、性能和安全性要求，用于事故重建、责任判定及原因分析等。其中，自动驾驶数据记录系统记录的数据应包括车辆及系统基本信息、车辆状态及动态信息、自动驾驶系统运行信息、行车环境信息、驾乘人员操作及状态信息、故障信息等”。对于自动驾驶功能以外的网联汽车，国家市场监督管理总局则要求汽车在进行汽车软件在线升级（又称 OTA 升级）前进行备案。①

此外，工业和信息化部制定中的《智能网联汽车自动驾驶数据记录系统（征求意见稿）》②对于自动驾驶数据记录的要求则提出了更为细致的要求，如记录的数据不符合要求，则可能被认定为产品质量不合格，并由此导致事故责任的认定。

---

① 《关于进一步加强汽车远程升级（OTA）技术召回监管的通知》（市监质〔2020〕123 号）提出：（1）自本通知印发之日起，生产者（含在中国境内依法设立的生产汽车产品并以其名义颁发产品合格证的企业，以及从中国境外进口汽车产品到境内销售的企业）采用 OTA 方式对已售车辆开展技术服务活动的，应按照《缺陷汽车产品召回管理条例》及《缺陷汽车产品召回管理条例实施办法》要求，向市场监管总局质量发展局备案。从 2020 年 1 月 1 日至本通知印发前已实施的 OTA 技术服务活动，生产者应于 2020 年 12 月 31 日前补充备案。（2）生产者采用 OTA 方式消除汽车产品缺陷、实施召回的，应按照《缺陷汽车产品召回管理条例》及《缺陷汽车产品召回管理条例实施办法》要求，制定召回计划，向市场监管总局质量发展局备案，依法履行召回主体责任。如 OTA 方式未能有效消除缺陷或造成新的缺陷，生产者应当再次采取召回措施。

② 参见《公开征求〈汽车整车信息安全技术要求〉等四项强制性国家标准的意见》，载工业和信息化部官网 2023 年 5 月 5 日，https://www.miit.gov.cn/jgsj/zbys/qcgy/art/2023/art_439d600cba254bd5b426d4dadc6d82b5.html。

(三)用户个人信息保护及其合规要求

近年来,智能网联汽车为了提升用户体验不断丰富创新功能,如提供车辆远程拍照功能、车车互联功能等,使用户可远程记录、查看、共享车外信息或者行车记录信息等,导致用户个人信息泄露负面舆情频发。2022 年 3 月,比亚迪和东风日产旗下车辆相继停用了远程拍照功能。据了解,上述两个品牌的“千里眼”及远程拍照功能可远程记录并查看车外摄像头拍摄的影像信息。2022 年 5 月,有网友称通过高合汽车 HiPhi X 的“车车互联”功能,可实时查看多位高合汽车用户的行车记录仪实时画面,随后高合汽车宣布关闭该功能。[①]

关于网联汽车领域的用户个人信息保护,工业和信息化部参考《信息安全技术 个人信息安全规范》(GB/T 35273—2020)进一步制定了《车联网信息服务 用户个人信息保护要求》。相较于通用性标准中的两分法,即一般信息—敏感信息,经综合考虑车辆网信息服务用户个人信息的敏感程度和在发生用户个人信息泄露或滥用等事件后对用户个人信息和财产等方面的危害程度,网联汽车领域的用户个人信息采用了三分法,即一般信息—重要信息—敏感信息。[②]

经比对通用规范及行业规范中列明各类用户个人信息,会发现网联汽车领域的重要信息包括:(1)通用规范中的部分敏感信息,如用户电话号码、宗教信仰、通讯录、好友列表、行踪轨迹、网页浏览记录、精准定位信息、交易信息、消费记录、流水记录等;虽然行业规范中将此部分敏感信息作了降级规定,但是蔚来、小鹏、特斯拉等整车企业在收集该部分用户信息时,仍按照通用规范中的相关标准进行管理,比如在隐私政策中明确标识或者突出显示该部分信息。(2)网联汽车领域的特殊信息,包括上文提及的基础属性类数据、工况类数据、车控类数据以及应用服务类数据,如车辆类型、车辆品牌、车辆型号、底盘型号、发动机型号、车牌号、车辆识别码(VIN 码)、车辆远程操控指令记录、语音服务的系统备份信

---

① 参见李硕:《手机收到车辆“异震”报警,竟引发信任危机!智能车时代车主隐私该如何得到保护?》,载新浪网,https://finance.sina.cn/chanjing/gsxw/2022-07-01/detail-imizmscu9680004.d.html?vt=4&wm=4007?ch=3&cid=76478&node_id=76478。

② 《车联网信息服务 用户个人信息保护要求》(YD/T 3746—2020)第 7.1 条关于“用户个人信息敏感性分级方法”规定,综合考虑车联网信息服务中用户个人信息的敏感程度和在发生用户个人信息泄露或滥用等事件后对用户人身和财产等方面的危害程度进行敏感性分级。本标准将车联网信息服务用户个人信息划分为个人敏感信息、个人重要信息和个人一般信息。

息、智能辅助驾驶相关服务场景下的车辆驾驶行为、行经路线等信息。对于工况类数据、车控类数据以及应用服务类数据，目前蔚来并未将其作为用户个人信息纳入隐私政策①中，特斯拉则作出了较为详细的列举②。

关于用户个人信息的收集、使用、共享等处理场景，《汽车数据安全管理若干规定（试行）》第8条和第9条作出了如下细化规定：

1. 处理个人敏感信息，应当符合以下要求：（1）必须具有直接服务于个人的目的，包括增强行车安全、智能驾驶、导航等；（2）除取得个人单独同意外，还需提供个人可以自主设定同意期限的功能；（3）在保证行车安全的前提下，以适当方式提示收集状态，为个人终止收集提供便利；（4）对于指纹、声纹、人脸、心律等实物识别特征信息的收集，明确以具有增强行车安全的目的和充分的必要性时方可收集。

2. 智能网联汽车还需收集道路周边情况辅助驾驶，在此过程中可能会拍摄到车外人员，此场景下对行人进行告知并获取同意的方案并不可行。因此，《汽车数据安全管理若干规定（试行）》明确，因保证行车安全需要收集车外个人信息，可以无须取得个人同意，但是在向车外提供时应当进行匿名化处理，包括删除含有能够识别自然人的画面或者对画面中的人脸信息等进行局部轮廓化处理等。

（四）重要数据及其合规要求

《网络安全法》针对关键信息基础设施运营在中国境内运营中收集和产生的个人信息和重要数据提出了应当在国内存储的法定要求。这是"重要数据"在法律层面的首次亮相。《数据安全法》提出了数据分级分类保护制度，将重要数据目录的制定和对重要数据的重点保护作为了一项法定义务。但是它们均未对"重要数据"作出明确定义。

《汽车数据安全管理若干规定（试行）》第3条明确了汽车数据中的重点数据范围，具体包括：

---

① 参见《蔚来汽车隐私政策》，载蔚来官网2023年5月29日，https://www.nio.cn/policies/privacy-policy。

② 参见《客户隐私声明》，载特斯拉官网2023年7月1日，https://www.tesla.cn/legal/privacy#how-we-may-use-your-information。

1. 军事管理区、国防科工单位以及县级以上党政机关等重要敏感区域的地理信息、人员流量、车辆流量等数据;

2. 车辆流量、物流等反映经济运行情况的数据;

3. 汽车充电网的运行数据;

4. 包含人脸信息、车牌信息等的车外视频、图像数据;

5. 涉及个人信息主体超过 10 万人的个人信息;

6. 国家网信部门和国务院发展改革、工业和信息化、公安、交通运输等有关部门确定的其他可能危害国家安全、公共利益或者个人、组织合法权益的数据。

依据相关规定,上述数据应当依法存储在境内,因业务需要确需向境外提供的,应当通过数据出境安全评估。相较于《数据出境安全评估办法》第 4 条要求的处理 100 万人以上个人信息或 1 万人敏感个人信息的出境需经安全评估,网联汽车领域对于个人信息的境内存储要求更高。

(五)环境感知类数据及其合规要求

环境数据的采集与收集是网联汽车实现自动驾驶的基础,包括实时交通数据、地图数据、周边环境数据。环境数据中涉及数据安全的是地图数据,高精定位技术下,采集自然地理信息很大程度上会落入《中华人民共和国测绘法》(以下简称《测绘法》)所规定的测绘范围。

2022 年自然资源部发布的《关于促进智能网联汽车发展维护测绘地理信息安全的通知》第 1 条明确规定,智能网联汽车安装或集成了卫星导航定位接收模块、惯性测量单元、摄像头、激光雷达等传感器后,在运行、服务和道路测试过程中对车辆及周边道路设施空间坐标、影像、点云及其属性信息等测绘地理信息数据进行采集、存储、传输和处理的行为,属于《测绘法》规定的测绘活动。同时,该通知第 2 条也明确测绘活动的主体是指测绘数据的收集、存储、传输和处理者,是指车企、服务商(图商)和部分智能驾驶软件提供商(自动驾驶科技公司),仅获得辅助驾驶等服务的智能网联汽车驾乘人员,不属于测绘主体。

根据《测绘法》《关于促进智能网联汽车发展维护测绘地理信息安全的通知》《测绘资质管理办法》《外国的组织或者个人来华测绘管理暂行办法》的相关

规定,高精地图等测绘地理信息属于外资禁入的负面清单①,境内企业也须在取得甲级测绘资质后方可开展②。因此,整车企业在发展自动驾驶功能时需特殊注意功能的合规性,如通过高精地图提供该功能,则必须取得甲级测绘资质或者与具备资质的单位合作。整车企业在布局合规发展自动驾驶功能方面,目前有两种做法:(1)特斯拉作为外商投资企业,在境内无法取得该资质,其辅助驾驶或自动驾驶则主要通过纯视觉感知,即单纯依靠摄像头采集图像并通过算法计算实现周边环境的感知;(2)境内部分企业选择投资具有测绘资质的公司提前布局,如小鹏收购智途科技、上汽控股参投 Momenta、吉利参投易图通、东风汽车投资立德空间等。

三、结　　语

当前我国网联汽车产业进入发展快车道,数据在网联汽车发展中的重要性不言自明。同时,网联汽车领域的数据具有多样性、规模性、非结构性、保密性等特征。目前,对于网联汽车领域的数据合规要求体系框架已经搭建,但是多数规范和标准仍在制定中,这就导致网联汽车领域合规存在的一个典型问题是实际落地案例较少,缺少指导性强的操作指南,边界不明确、企业探索成本高。在现阶段的数据管理中,整车企业应当关注重点业务环节与重点类型数据,结合自身实际、最新的法律法规规定和监管部门的最新要求,实时调整数据分类分级规则并形成其新的数据目录,以确保其数据合规体系符合法律法规的规定和监管要求。

---

① 《关于促进智能网联汽车发展维护测绘地理信息安全的通知》(自然资规〔2022〕1号)第4条规定:"根据《外商投资准入特别管理措施(负面清单)(2021年版)》的规定,地面移动测量、导航电子地图编制等属外资禁入领域。取得这些专业类别测绘资质的内资企业,应严格执行国家有关规定。"

② 《测绘资质管理办法》(自然资办发〔2021〕43号)第3条规定:"导航电子地图制作甲级测绘资质的审批和管理,由自然资源部负责。前款规定以外的测绘资质的审批和管理,由省、自治区、直辖市人民政府自然资源主管部门负责。"

政务数据合规使用及 ToG 业务的数据合规

叶彤彤

随着《中华人民共和国数据安全法》(以下简称《数据安全法》)的出台,以及近期各种网络安全审查活动的开展,数据安全成为企业关注的法律风险点。政务数据是数据类型中的一个重要分类,政务数据在调节经济运行、改进政务服务、优化营商环境、支撑疫情防控等方面发挥了重要作用。对政务数据的运用可以提高政府管理水平和服务效能,为推进国家治理体系和治理能力现代化提供有力支撑,也是推动数字经济发展和数字政府建设的重要工具之一。《数据安全法》第五章专门确定了政务数据的数据安全管理制度、开放原则、委托方的职责及法律责任。

笔者从政务数据概念及合规使用角度入手,针对企业在日常经营中及与政府合作过程中如何合规处理、收集、共享政务数据问题进行解读。

一、政务数据的概述

政务数据是指政务部门在依法履行职责过程中生成、采集的,以一定形式记录、保存的各类数据,包括政务部门直接或通过第三方依法采集的、依法授权管理的和因履行职责需要依托政务信息系统形成的数据①;也称为公共数据或公共信息资源。公共数据通常以电子信息形式记录,并通过分布式系统、非关系型数据库(Not Only SQL Databases,简称"NoSQL 数据库")等方式存储。而《广东省公共数据管理办法》第 3 条规定,以非电子形式对公共管理和服务机构依法履行

① 参见贵州省地方标准《政务数据 数据分类》(DB52/T 1123—2021)第 3.1 条。

职责、提供公共服务过程中制作或获取的信息的记录也属于公共数据，在一定程度上扩大了公共数据资源的概念外延。

（一）参与者及常见平台

政务数据的参与者主要包括国家机关、公民、企业、外国人和社会组织。以公民数据为例，可以包含公民的基本信息、教育信息、社保信息、劳动就业信息、婚姻状况、死亡信息等；企业数据包括企业的税务登记、纳税状况、工商登记、执业资格、破产注销、环境保护资质等。

随着电子政务的发展，全国各地政府和机关部门都相继推出电子政务服务平台，截至 2022 年 9 月，全国已建设 26 个省级政务数据平台、257 个市级政务数据平台、355 个县级政务数据平台①；在医疗、教育、交通、企业服务、社会安全等多个领域都有涉足。截至 2023 年 12 月 7 日，国家政务服务平台官方网站显示，全国一体化政务服务平台已涵盖 45 个国务院部门、31 个（省、自治区、直辖市）和新疆生产建设兵团；已完成合计 527 万项的实施清单，约 13.6 亿件政务服务办件。②

表 1 列举了常用的数据应用平台供参考。

表 1　常用数据应用平台

平台	简介
全国一体化在线政务服务平台	实现市场主体身份在线“一次验证，全网通用”，营业执照和各类电子文件和信息共享复用，提升政务服务效能，提供行政许可、行政处罚、守信激励、失信惩戒、重点关注、资质/资格、风险提示等信息查询功能
国家医保服务平台	办理全国医保个人账户查询、医保缴费记录、医保消费记录查询、全国定点医疗机构查询、药品目录查询、跨省住院费用直接结算服务查询、跨省门诊费用直接结算试点查询等业务
中国高等教育学生信息网（学信网）	开通学籍学历查询、在线验证、出国教育背景信息服务、研究生招生等多个政务数据使用场景
国务院国资委监管企业产权信息查询平台	查询国有产权登记信息，查询企业与中央企业的出资关系、归属关系、产权级次的信息

① 参见国务院办公厅《关于印发全国一体化政务大数据体系建设指南的通知》（国办函〔2022〕102 号）。

② 参见国家政务服务平台：http://gjzwfw.www.gov.cn，最后访问日期：2023 年 12 月 7 日。

续表

平台	简介
国家知识产权公共服务网	一站式知识产权服务(专利、商标、地理标志的申请、缴费、查询服务),公共服务网点一体化可视化查询,提供多种知识产权查询检索服务
全国个体私营经济发展服务网	查询小微企业政策、企业信息;提供贷款申请服务、企业登记服务、标准(国家标准、地方标准、国际标准、行业标准等)信息查询、认证认可信息服务等

(二)政务数据的获取途径

为了推进政务数据开放共享、有效利用,加快构建国家公共数据开放体系,截至2022年10月,我国已有208个省级和城市的地方政府上线了数据开放平台,其中省级平台21个,城市平台187个。① 企业可通过各地公共数据开放平台获取政务数据。开放平台是面向数据开放主体和数据利用主体,实现公共数据开放全过程管理,保障公共数据及开放过程的合规、安全、可控,促进数字经济发展的信息化管理系统。数据开放门户为数据利用主体(自然人、法人)提供可机器读取、可利用、具有原始性的公共数据。②

表2为政务数据开放规模比较完善的主要地区的网站名称及统一资源定位符(Uniform Resource Locator,URL)供参考:

表2　政务数据开放规模比较完善的地区网站

地区	网址
北京	北京市公共数据开放平台(data. beijing. gov. cn)
上海	上海市公共数据开放平台(data. sh. gov. cn)
浙江	浙江・数据开放(data. zjzwfw. gov. cn)
贵州	贵州省政府数据开放平台(data. guizhou. gov. cn)
广东	“开放广东”全省政府数据统一开放平台(gddata. gd. gov. cn)
山东	山东公共数据开放网 – 首页(data. sd. gov. cn)

① 参见复旦大学数字与移动治理实验室、国家信息中心数字中国研究院联合发布:《2022年中国地方政府数据开放报告:城市指数》,第8页。

② 参见上海市大数据中心:《上海市公共数据开放平台操作指南》(版本2.1.0)。

（三）政务数据的分类分级

目前对公共数据的分类没有国家性的标准，不少省市出台的公共数据开放管理办法中都提到了要制定公共数据分级分类规范，目前可查询到山西省、贵州省、浙江省以及杭州市、泰州市和长春市均制定了明确的地方性的数据分类标准。各地数据资源管理部门根据政务数据的属性、特征或核心管理需求，将数据从资源属性、归集属性、安全管理、共享和开放属性等维度对数据进行分类，图 1 为贵州省的政务数据分类概览图。

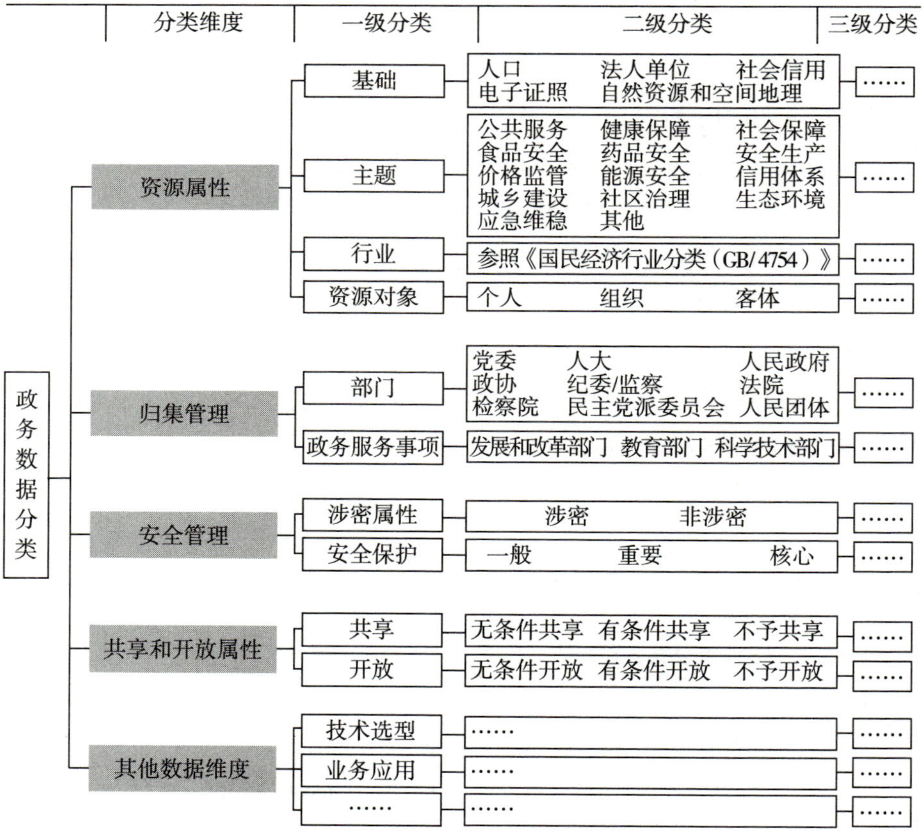

图 1　贵州省的政务数据分类概览

资料来源：贵州省地方标准《政务数据　数据分类》（DB52/T 1123—2021）。

根据政务数据的种类,在各地的数据管理相关法规中对政务数据能否开放一般设置了三类开放等级,即无条件开放类、有条件开放类及不予开放类(见表3)。[①]

表3 政务数据开放等级

序号	等级	内容
1	不予开放类	涉及国家秘密、商业秘密(包括保密商务信息)、个人隐私的公共数据或法律、法规规定不得开放的公共数据。但是,经过依法脱密、脱敏处理或者相关权利人同意开放的,应当开放
2	有条件开放类	对数据安全和处理能力要求较高、时效性较强或者需要持续获取的公共数据
3	无条件开放类	除上述不予开放和有条件开放类型以外的其他公共数据

注:列入有条件开放类或者不予开放类的政府数据,应当有法律、行政法规或者国家有关规定作为依据。

通过考察部分地区公共数据开放平台的开放目录,我们发现目录项下大多按照业务场景、领域、主题或以政府机构部门为单位提供开放的公共数据信息,并提供目录发布、数据汇集、数据获取、统计分析、应用展示等服务。在实际的操作过程中,登录网站后,针对不同开放类型和不同等级的数据资源,可以采用不同方式加以获取。

二、企业与政府就政务数据的合作场景

在实践中出于成本和效率的考量,国家机关通常会委托第三方进行设计、维护数据平台,或存储、处理大量的政务数据。《贵州省政务数据资源管理办法》也提出,在依法利用和保障安全的原则下,各级大数据主管部门统一授权具备条件的市场主体运营本级政务数据,开发形成不涉及国家秘密、商业秘密、个人隐私的数据服务和产品。[②] 根据《数据安全法》第40条的规定,国家机关委托他人建

① 参见《贵州省政府数据共享开放条例》第21条。

② 参见《贵州省政务数据资源管理办法》第34条。

设、维护电子政务系统，存储、加工、政务数据，应当经过严格的批准程序。国家机关的委托行为，可视为一种政府采购行为，批准程序可参考《中华人民共和国政府采购法》对政府采购事项的批准规定（获得设区的市级以上人民政府财政部门的批准①）。

（一）企业与政府机关合作业务中涉及政务数据服务的场景

在企业和政府机关的合作业务中，政务数据服务是一个非常重要的环节。以下是一些企业与政府机关合作业务中涉及政务数据服务的典型场景。②

1. 参与政务服务信息基础设施的建设，如政务专网、一体化数据中心、“一网统管”工程。

2. 交通物流、城乡智能化设施改造工程，互联网医院、互联网教育、水电气管网的数字化改造。

3. 数字治理能力提升工程，大政务信息化建设统筹，打造数字经济“大脑”（数字招商平台），统计监测城市数字经济运行、辅助支撑产业招商。数字政府建设工程，建立政务信息系统应用和数据共享开放后评价体系。

4. 数据采集、数据清洗、标注、加工等产业，为机器视觉、自动驾驶等领域提供数据采集、存算一体化、异构数据管理等技术研发服务。

5. 航空口岸全链条信息集成、建设航空物流公共信息平台；铁路、公路、水路、航空等运输环节信息对接共享，提升“水、公、铁”一体化服务。

2023年是数字乡村发展工作大力发展的一年，在《2023年数字乡村发展工作要点》中也详细列举了数字化赋能乡村产业发展建设的多个场景。例如：

1. 粮食全产业链数字化工程，通过5G、人工智能、大数据等新一代信息技术与粮食的产、购、储、加、销深度融合，推动粮食产购储加销全链条“上云用数赋智”；

2. 建设“数字供销”，优化完善数字供销综合服务平台，持续推动供销经营服务网点数字化改造；

3. 推进“互联网＋”农产品出村进城工程，发展多种形式的农产品互联网营

---

① 参见《中华人民共和国政府采购法实施条例》第23条。

② 参见珠海市人民政府《关于支持数字经济高质量发展的实施意见》（珠府〔2022〕54号）。

销渠道。持续深化“数商兴农”，进一步培育壮大农特产品网络品牌，培养新型农村电商人才，发展农村电商新基建；

4. 农村公共区域视频监控建设，提升重点公共区域视频监控覆盖率，深化公共安全视频图像信息资源应用；

5. 通过“互联网 + 医疗健康”模式进一步推动各级各类医疗卫生机构接入区域全民健康信息平台，加强跨区域跨机构医疗健康信息互通共享。

在与政府机关合作具体业务时，需关注以下几点：首先，应严格依据《中华人民共和国网络安全法》（以下简称《网络安全法》）、《关键信息基础设施安全保护条例》、《数据安全法》、《中华人民共和国个人信息保护法》（以下简称《个人信息保护法》）等法律法规，明确各方应承担的政务数据合规责任，并将相关责任落实为工作制度和行为规范；其次，按照国家标准、行业标准、地方标准以及相关指南文件等进行细化，明确工作流程和工作规范，形成工作文件；最后，需配备相应技术人员，如律师、工程师等，实现快速落地和治理监管。

（二）政务数据安全及合规领域相关的标准规范

政务数据安全及合规领域相关的标准规范整理见表 4。

表 4　政务数据安全及合规领域相关的标准规范

序号	标准规范名称	标准号
1	信息技术　大数据　政务数据开放共享　第 1 部分：总则	GB/T 38664. 1—2020
2	信息技术　大数据　政务数据开放共享　第 2 部分：基本要求	GB/T 38664. 2—2020
3	信息技术　大数据　政务数据开放共享　第 3 部分：开放程度评价	GB/T 38664. 3—2020
4	信息技术　大数据　政务数据开放共享　第 4 部分：共享评价	GB/T 38664. 4—2022
5	信息安全技术　政务信息共享　数据安全技术要求	GB/T 39477—2020
6	政务信息系统定义和范围	GB/T 40692—2021
7	信息安全技术　基于互联网电子政务信息安全实施指南　第 1 部分：总则	GB/Z 24294. 1—2018

续表

序号	标准规范名称	标准号
8	信息安全技术　基于互联网电子政务信息安全实施指南　第2部分:接入控制与安全交换	GB/Z 24294.2—2017
9	信息安全技术　基于互联网电子政务信息安全实施指南　第3部分:身份认证与授权管理	GB/Z 24294.3—2017
10	信息安全技术　基于互联网电子政务信息安全实施指南　第4部分:终端安全防护	GB/Z 24294.4—2017
11	电子政务外网　安全大数据和运维保障平台接入规范　第1部分:安全大数据平台	DB32/T4318.1—2022
12	四川省一体化政务服务平台系统接入规范	DB51/T 2943—2022
13	政务服务中心管理规范　第8部分:政务服务平台建设与管理	DB43/T 2422.8—2022
14	政务大数据安全技术框架	DB11/T 2049—2022

三、企业与政府就政务数据的合作中的法律责任

(一)企业违规使用政务数据的法律责任

企业作为数据利用主体,在获取使用政务数据时应当注意:(1)积极履行数据利用协议约定的义务,如按照协议约定的方式获取使用数据、依协议约定组织数据安全培训、准备应急预案等;(2)在获取使用政务数据时不得侵犯商业秘密、个人隐私等他人合法权益,合法使用政务数据;(3)不得利用政务数据获取非法收益;(4)按照规定采取安全保障措施,避免造成危害信息安全事件;(5)避免出现违反法律法规规定的其他行为。

以《个人信息保护法》为代表的"数据三法"针对违规处理数据行为设置了严格的罚则,包括对单位没收违法所得并处5000万元以下或上一年度营业额5%以下罚款、责令暂停相关业务或停业整顿、吊销业务许可或营业执照等,对直接负责的主管人员和其他直接责任人员处10万元以上100万元以下罚款,并可以决定禁止其在一定期限内从事部分领域的管理工作等。

地方出台的数据条例对于违规处理数据行为也设置了严厉的处罚方式。例

如,《深圳经济特区数据条例》针对经营主体参与交易未经开放的政务数据的情况规定,对经营主体处以没收违法所得,并处 5 万元以上 100 万元以下罚款;并可以依法给予其他行政处罚。《上海市数据条例》规定,对于处理涉及个人隐私、个人信息、商业秘密的授权运营数据不符合规定的经营主体,将依法予以行政处罚,相关信息纳入公共信用信息服务平台;并且,对于违反规定处理个人信息,侵害众多个人的权益的,检察院、消费者权益保护委员会等可以向人民法院提起诉讼。

(二)企业作为受托方应承担的法律责任

企业在使用或存储、处理政府数据时应当遵守一定的义务并承担相应责任。企业作为政务数据的利用者与数据成果的最终输出者,在使用政务数据时应签订协议,协议中需明确政府与企业在数据服务过程中的双方权责;同时,企业需特别注重全面履行数据处理者的法定与约定义务。

企业作为受托方,首要义务是按照国家机关的指示进行建设、维护电子政务系统,存储、加工政务数据。受托方不得变更国家机关的指示,如果因为客观情况变化而导致需要变更委托人的指示时,应该重新经过批准程序。同样地,除非经过国家机关的同意并重新经过批准程序,受托方数据处理机构不得转委托。受托人除了履行作为一般主体的数据安全保护义务,还需履行与委托人国家机关相关的特殊保护义务。如果受托人违反《数据安全法》第 40 条规定,应承担的法律责任包括民事责任(合同违约损害赔偿),治安处罚责任、刑事责任等。

四、企业合规建议

(一)企业使用(获取、利用、开发)政务数据的合规建议①

1. 根据数据的不同开放类别及分类,以合法手段获取政务数据。

对于属于应当开放类的政务数据,企业可以直接采集获取;对于有条件开放

① 参见杨锦文、高健、李圆圆、王心慧:《企业如何合规使用公共数据》,载律商网 2022 年 5 月 4 日,https://hk. lexiscn. com/law/prof_articles_content. php? article_id = 416372&search_keyword = %E4% BC% 81% E4% B8% 9A% E5% A6% 82% E4% BD% 95% E5% 90% 88% E8% A7% 84% E4% BD% BF% E7% 94% A8% E5% 85% AC% E5% 85% B1% E6% 95% B0% E6% 8D% AE&crid = 651fc5fb - c8e5 - 40f4 - aec3 - be3116b97d00&prid = c130af8a - 3727 - 4010 - 9550 - 007c57508705。

的政务数据，企业应当参考政务数据主管部门制定的规范和数据开放具体程序，提出开放申请。

企业从开放平台下载数据时，除了常规的人工查询下载方法，目前很多企业借助网络爬虫等工具通过自动化手段爬取政务数据，以提高数据获取效率。需要注意的是，企业如果不当使用网络爬虫获取政务数据，可能违反《中华人民共和国反不正当竞争法》《网络安全法》《个人信息保护法》，需要承担一定的民事责任和行政责任。如果违反《中华人民共和国刑法》等相关规定，情节严重的，可能涉及以下刑事责任：

其一，对于不予开放或者有条件开放的政务数据，通过网络爬虫绕开或者强行突破政务数据开放平台设置的技术措施获取该等数据的，可能构成非法侵入计算机信息系统罪、非法获取计算机信息系统数据罪。

其二，对于开放的政务数据，通过网络爬虫大规模下载数据，导致公共平台系统瘫痪等的，可能构成破坏计算机信息系统罪。

2. 合法正当利用政务数据。

各地法规均明确规定，企业依法开发、利用公共数据所获得的财产权益受到法律保护。但是，对于企业如何开发、利用公共数据，仅作了原则性的禁止规定，如使用公共数据，不得损害国家利益、社会利益和其他主体的合法权益，特别是不能损害数据主体（相关数据所指向的自然人、法人或者其他组织）的合法权益等。

【案例分享】

浙江蚂蚁小微金融服务集团股份有限公司等（原告）诉苏州朗动网络科技有限公司（被告）商业诋毁及不正当竞争纠纷案[①]中，被告经营的企业信用信息查询平台于2019年5月多次向VIP用户推送具有误导性的原告清算变更信息通知（系原告2014年年报出现的历史信息，此后该情况消失），导致公众将原告的历史清算信息误认为2019年的即时信息，对原告造成商誉损失。诉讼过程中，被告抗辩其发布的信息系从国家企业信用信息公示系统抓取，与该系统显示的被

---

① 参见浙江蚂蚁小微金融服务集团股份有限公司诉苏州朗动网络科技有限公司案，浙江省杭州市中级人民法院(2020)浙01民终4847号民事判决书。

告企业信息一致,不属于二次编辑。法院从以下两点出发,认为被告发布误导性清算信息的行为存在主观过错,构成不正当竞争,判决向原告赔偿损失及合理费用 60 万元,并为其消除影响:

其一,虽然数据本身来源于公共数据,但不应因数据来源的公共属性,而损害数据原始主体的商业利益。原告对信息的发布和推送行为具有基本的注意义务,应当保持推送信息与被告企业信息的一致性、时效性,即客观公正地反映企业信息。

其二,对于重大负面敏感信息,原告应当通过数据过滤、交叉检验等数据处理方式,确保数据的质量,防止信息发布行为不当而误导公众,损害信息主体企业的利益。

因此,企业对公开数据进行加工、使用、发布信息时,不得因为公开数据的公共属性而放弃履行其注意义务,而是应当保证信息的准确性、时效性,对于重大负面敏感信息应履行更高的注意义务。

(二)企业作为政府部门受托方使用政务数据的合规建议

在开展政府合作业务中涉及政务数据的,与其他合作项目类似的,企业方应着重关注合同条款的订立与政务数据的合规治理。

一方面,合同条款作为合作各方法律权利义务关系的基础,应当完备地阐述各方在具体法律角色定位下所承担的义务,既应该纳入法律法规、监管规定、重要国家标准的具体合规要求,确保绝不触及底线规范,也需要结合具体的合作项目安排,对可能存在的数据合规风险节点以及要求合作方承诺与保障的内容进行定制化设计,并适时根据法律法规与监管规定,在必要的情况下对合同进行补充约定,以保证合同条款的完整性。①

另一方面,企业在为政府机关提供服务时,以建设"数字政府"或"城市大脑"项目为例,在建设内容中有可能会包含部分涉及国家安全的公共数据的收集、管理等内容,尤其是涉及敏感部门的数据信息,所以保障政务数据的安全显

① 参见宁宣凤、吴涵、淡雪紫、黎辉辉:《医疗大数据发展和合规管理并重》,载金杜律师事务所官网 2019 年 9 月 23 日,https://www.kwm.com/hk/zh/insights/latest-thinking/healthcare-big-data-devt-and-compliance.html。

得尤为重要。2022 年 7 月,财政部发布《中华人民共和国政府采购法(修订草案征求意见稿)》,其第 33 条指出,国家建立政府采购安全审查制度,对可能影响国家安全的政府采购活动开展国家安全审查。工信部门及部分省市已经出台相关规定,要求对该类涉及国家安全的重要数据进行国家安全审查。例如,《深圳经济特区数据条例》第 82 条即明确规定重要数据出境需进行国家安全审查。

政务数据面临的安全风险源于数据处理的全过程,涉及具有政务数据合规义务的各方,自然也包括作为受托人的企业方。在与政府机关的商务合作中涉及政务数据合规治理时,应着重识别并防控来自数据收集、存储、交换、传输、使用、销毁等环节的风险。企业在为政府机关提供服务的各阶段中应履行的政务数据合规场景有以下几种①:

1. 在项目开发和实施阶段,制定和实施数据策略且建立数据分类系统,执行数据处理批准程序,全流程对数据安全进行管控;

2. 应制定数据保护政策,如隐私保护政策、数据合规政策的更新,完善隐私通知和投诉流程,制订风险管理计划,制订数据隐私泄露响应备案;

3. 不时对数据合规和隐私保护的法规、标准、流程进行综合评估,输出评估报告。

除上文提及的政务数据合规义务外,在政务数据开发和应用的过程中,企业方还应当注意的一般性合规要求包括②:

1. 收集环节:直接从个人处收集时,应就相应的数据处理活动取得有效授权;对涉及从政府部门处获取数据的企业而言,应当对数据提供方、涉及的数据种类与类型等进行合法性确认。

2. 使用环节:要以国家安全的站位保障数据安全,坚持以数据开发利用和产业发展促进数据安全,以数据安全保障数据开发利用和产业发展。数据安全作

---

① 参见毕敏、官中奇:《如何构建政务数据合规治理体系》,载律商网 2022 年 2 月 16 日,https://hk. lexiscn. com/law/prof_articles_content. php? article_id = 424011&search_keyword = % E5% A6% 82% E4% BD% 95% E6% 9E% 84% E5% BB% BA% E6% 94% BF% E5% 8A% A1% E6% 95% B0% E6% 8D% AE% E5% 90% 88% E8% A7% 84% E6% B2% BB% E7% 90% 86% E4% BD% 93% E7% B3% BB&crid = 2f40e6d4 - 7172 - 4de9 - ac3b - 85660d2a0fd4&prid = c130af8a - 3727 - 4010 - 9550 - 007c57508705。

② 参见宁宣凤、吴涵、淡雪紫、黎辉辉:《医疗大数据发展和合规管理并重》,载金杜律师事务所官网 2019 年 9 月 23 日,https://www. kwm. com/hk/zh/insights/latest-thinking/healthcare-big-data-devt-and-compliance. html。

为数据开发利用的基石和红线,是政务数据处理活动中各方主体都必须遵循的基本准则。

3. 存储环节:落实有关数据分类、重要数据备份、加密认证等措施保障数据存储安全。

五、展　望

现阶段我国政务数据开放实践尚处于起步环节,各地方政府也在积极地制定数据分类分级指南,建设高质量的政务数据开放平台,希望在大量的政务数据中挖掘精品,通过商业化利用创造高价值的数据。企业应当立足于与各地政务数据共享及开放的相关规定,通过合法利用政务数据开展经营活动。

在企业与政府合作过程中,"互联网+政务"的深度应用,不仅利于政府精确化开展政务服务,还将令政府工作更加公开透明。在政务数据处理过程中,企业和政府机关都需深刻理解数据与国家安全的关系,企业自身需按照法律法规的规定合规使用政务数据,政府机关也需加强对政务数据的治理,确保政务数据处理全过程合法合规,这也会同步提升政府现代化治理能力。

人脸识别企业合规

李　倩

近年来，随着互联网科技的高速发展，人脸识别技术（facial recognition technology）在全球范围内得到了广泛的应用和落地，并渗透到人们生活中，成为不可或缺的一部分。人脸识别技术在给社会经济发展和人民生活带来便利的同时，也让社会大众的个人信息安全及人身、财产安全面临巨大挑战，引发社会大众的广泛关注。

2019 年，杭州市发生了"中国人脸识别第一案"，一审和二审法院均认为，人脸识别信息相比于其他生物识别信息而言，呈现敏感度高、采集方式多样、隐蔽和灵活的特性，不当使用将给公民的人身、财产带来不可预测的风险，应当作出更加严格的规制和保护。经营者只有在消费者充分知情同意的前提下方能收集和使用，且须遵循合法、正当、必要原则。①

最高人民法院研究室副主任郭锋在新闻发布会上表示，"人脸信息具有唯一性和不可更改性，我们可以换手机、可以换密码、可以换住址，但是我们没法'换脸'。未成年人的人脸信息一旦泄露，侵权影响甚至可能伴随其一生，特别是技术歧视或算法偏见所导致的不公平待遇，会直接影响未成年人的人格发展"②。可见，人脸信息采集的边界以及如何实现信息技术发展与人格权益之间的平衡，成为企业合规实务的挑战。

---

① 参见郭某与杭州野生动物世界有限公司服务合同纠纷案，浙江省杭州市富阳区人民法院（2019）浙 0111 民初 6971 号民事判决书。

② 《〈最高人民法院关于审理使用人脸识别技术处理个人信息相关民事案件适用法律若干问题的规定〉新闻发布会》，载最高人民法院官网 2021 年 7 月 28 日，https://www.court.gov.cn/zixun/xiangqing/315841.html。

一、人脸识别技术概要及应用

（一）人脸识别技术

所谓人脸识别，是“自动处理包含个人面部的数字图像，以便对这些个人进行识别、认证/验证或分类”①。人脸识别技术是允许自动识别和匹配人脸的生物特征识别系统，其通过创建“生物特征模板”来提取并进一步处理生物特征识别数据，并用于验证（verification）、识别（identification）或分类（categorisation）。其中，验证和识别是通过处理匹配的个人独特特征，以确定其个人身份。分类是根据他或她的生物特征（如性别、年龄或种族）推断个体是否属于特定群体②。换言之，通过采集人脸识别特征与存储的特定自然人或指定范围内的人脸数据进行1∶1或1∶N的比对，不仅可以用来验证“我是否是我”，还可以准确识别“我是谁”，同时，可以通过结合大数据技术获知、预测“我是一个什么样的人”，而根本无须知道“我是谁”。

这里提到的利用人脸识别技术采集并处理的人脸识别特征，与我们通常所理解的简单照片存在本质的区别。欧盟《一般数据保护条例》（General Data Protection Regulation，GDPR）引言第51条对简单的“照片”和具有生物特征的“面部图像”的法律性质进行了区分，明确生物特征识别数据的定义仅适用于通过特殊技术手段处理的，允许对自然人进行唯一识别和认证的照片。《中华人民共和国个人信息保护法》（以下简称《个人信息保护法》）并没有对“生物识别信息”做进一步的解释说明，笔者进一步参考《信息安全技术　个人信息安全规范》附录B“个人敏感信息判定”发现，该规范明确将面部识别特征与个人基因、指纹等信息统称为“个人生物识别信息”。可见，人脸特征信息作为生物识别信息，属于敏感个人信息，且具有唯一性，不可或难以更改，一旦被泄露或非法使用，可能对自然人人身财产权益造成严重损害。

---

① Article 29 Data Protection Working Party (2012), Opinion02/2012 on Facial Recognition in Online and Mobile Services, 00727/12/EN, WP192, Brussels, 22 March2012, p. 2.

② 参见《欧盟基本权利局“人脸识别技术”报告》，载微信公众号“网安寻路人”2020年2月4日，https://mp.weixin.qq.com/s/LZmep0j_SrEv1kWNVjFQeg。

(二)应用场景

人脸识别技术起步于20世纪90年代末,经过20多年的发展,被广泛应用于社会的各个领域。公权力监控场景的需求日益增加,如智慧城市项目、公安机关的天网系统在人流中识别在逃犯罪分子,以及疫情期间在人口流动、体温监测等方面,人脸识别技术都发挥了重要作用。企业应用场景需求就更为丰富,可以分为线上、线下两个场景。其中,线上场景集中在App、小程序的刷脸登录或支付、实名认证、换脸应用等环节;线下场景主要包括小区、园区、线下店等公共场所设置人脸识别设备、员工刷脸打卡等。在企业应用场景下,更需关注个人信息收集是否满足必要性及单独同意的要求,并进一步保障数据存储安全,避免用户个人信息泄露,造成财产损失。

二、法律规制现状

随着人脸识别技术的普及,其在国内、国际都引起了充分关注。纵观全球,以欧美为首的多个国家和地区都在积极制定与人脸识别技术相关的法律法规。

(一)美国、欧盟法律规制现状

美国已有至少7个州制定与生物识别数据相关法案,其中伊利诺伊州颁布的《生物信息隐私法案》(Biometric Information Privacy Act,BIPA)是美国境内第一部旨在规范"生物识别符和信息的收集、使用、保护、处理、存储、保留和销毁"的法律,具有非常重要的参考意义。但由于历史传统文化及文化驱动力的不同,美国在保护个人数据主体权利的基础上,更加侧重于促进数据共享流动与数据的商业利用价值。[①] 因此,美国在联邦层面还没有制定专门规制人脸识别数据的相关法案。

相较于美国现状,欧盟在人脸识别的法律适用上主要是用《一般数据保护条例》来进行规制。欧盟《一般数据保护条例》禁止未经同意处理和分享生物识别数据,特别是商业应用,并且数据主体需具体、明确地同意,任何形式的被动同意

---

① 参见余圣琪:《人脸识别技术的风险与法律规制》,载《上海法学研究》2020年第15卷。

均不符合《一般数据保护条例》的规定。同时,欧盟《一般数据保护条例》第6条以列举的形式,对数据使用的合法性及必要性的情形进行了列举。可见,欧盟在对人脸识别的应用上,更关注公民个人的隐私安全,对该项技术的应用的规制也更为严格。2021年4月,欧盟委员会发布了《关于制定人工智能统一规则》的提案,将限制警方在公共场合使用人脸识别软件。

2020年美国加利福尼亚州北区地方法院审理的脸书(Facebook)人脸侵权案最终以脸书支付6.5亿美元告终;2020年6月8日,IBM宣布停止人脸识别技术,避免种族歧视和违反平等原则,强调负责任的科技和技术应用的评估;谷歌在2019年即停止在谷歌云开放通用人脸识别API,脸书2019年不再默认开启图片人脸识别功能;2022年6月22日,微软宣布将停止销售基于面部图像猜测人们情绪的技术,而且将不再提供不受限制的人脸识别技术。可见,随着欧美对人脸识别技术及敏感个人信息持续施加法律限制,行业巨头们也都纷纷主动约束、调整这类技术的应用模式。

(二)中国法律规制现状

2021年8月,《个人信息保护法》出台,该法第26条明确规定,在公共场所安装图像采集、个人身份识别设备,应当为维护公共安全所必需,且应设置显著的提示标识。用于其他目的的,应取得个人单独同意。

2021年7月,《最高人民法院关于审理使用人脸识别技术处理个人信息相关民事案件适用法律若干问题的规定》颁布,这是我国首部对使用人脸识别技术处理个人信息相关民事案件的审理做出全面系统规范的司法解释。该规定明确处理人脸信息的全过程涵盖"收集、存储、使用、加工、传输、提供、公开"的数据全生命周期,同时,设定对人脸信息处理的合法边界,明确争议救济路径以及举证责任分配、责任承担等条款,对处理人脸识别数据的重要方面和基本原则进行统筹规制,从而保障敏感个人信息的安全,也为企业人脸识别数据处理提供了合规方向性的指引。

2021年10月,国家标准《信息安全技术　生物特征识别信息保护基本要求》(GB/T 40660—2021)发布。该标准明确区分生物特征识别原始信息、比对信息、生物特征识别信息的定义,同时对生物特征识别信息的收集、存储、使用等全流程处理提出了较为具体的安全要求。

2021 年 11 月，国家互联网信息办公室公布《网络数据安全管理条例（征求意见稿）》，提出数据处理者利用生物特征进行个人身份认证的，应当对必要性、安全性进行风险评估，不得将人脸、步态、指纹、虹膜、声纹等生物特征作为唯一的个人身份认证方式，以强制个人同意收集其个人生物特征信息。

2022 年 11 月，国家互联网信息办公室、工业和信息化部、公安部联合发布《互联网信息服务深度合成管理规定》，其中对于深度合成服务提供者和技术支持者提供人脸、人声等生物识别信息编辑功能的场景，要求应当提示深度合成服务使用者依法告知被编辑的个人，并取得其单独同意。

可见，国内对于人脸识别的法律规制，不仅明确了处理人脸信息必须获得个人单独同意的基本原则，而且细化规定了人脸信息在收集、存储、深度合成等应用场景的具体规则要求，为企业合规提供了方向性的指引。

综合比对前述各国家或地区立法模式可以发现，各国家或地区均立足于本国国情制定相关法律法规，但无论是欧美还是中国，对人脸识别技术的应用均保持包容、审慎的态度，一方面旨在保护数据主体的基本权利，另一方面希望在充分保障数据主体权利的基础之上，不限制数据共享、流动。

三、人脸识别技术在应用中存在的问题

人脸识别具有非接触性、唯一性的特点，因此也极容易被获取，且一旦被获取，数据主体的合法权益就容易被损害。结合 2021 年 7 月最高人民法院颁布的《关于审理使用人脸识别技术处理个人信息相关民事案件适用法律若干问题的规定》中所列明的处理人脸信息认定属于侵害自然人人格权益的行为内容，目前应用中存在的问题在信息收集、信息存储、信息使用、信息删除等各个环节都有发生。

（一）未经用户同意收集人脸信息

2021 年央视“3·15”晚会，一些企业被曝偷偷安装具备人脸识别功能的摄像头，没有征集用户授权同意收集人脸信息。同年 8 月，浙江理工大学学生发现杭州湖滨银泰 in77 商场的 MCM 门店外安装了人脸识别抓拍摄像头，消费者只要到店，就会被自动抓拍并注册成会员，商家通过将人脸信息与其消费行为结合

分析,进行精准营销。基于此,该学生将商场及门店诉至法院,认为商场及门店在未经其同意的情况下处理其人脸信息,严重损害其合法权益。① 鉴于人脸识别应用不断扩大,特别是在线下场景中人脸识别技术的非接触性及隐蔽性较强,商家在享受便捷的同时,忽视了对人脸信息的保护和关注,让人脸信息置于随时被泄露的不可控风险之中。

(二)强制收集人脸信息

南都个人信息保护研究中心在《人脸识别应用场景合规报告(2021 年)》中,对北京 10 个小区、3 个写字楼进行测评探访,重点从强制使用人脸信息、是否明确告知人脸信息处理规则、数据存储和删除等方面进行了解。经探访后发现,被测小区一半以上强制要求必须录入人脸,且必须刷脸进入;有部分小区虽未强制要求住户录入人脸,但已不再提供门禁卡,属于《最高人民法院关于审理使用人脸识别技术处理个人信息相关民事案件适用法律若干问题的规定》中"变相强迫"的情形②。除此以外,"人脸识别第一案"③中也涉及人脸信息采集的强制同意问题。杭州野生动物世界有限公司强制要求年卡用户使用人脸识别方式入园,未注册人脸识别的用户将无法正常入园。最终二审法院认为,杭州野生动物世界有限公司欲利用收集的照片扩大信息处理范围,超出事前收集目的,表明其存在侵害郭某面部特征信息之人格利益的可能与危险,应当删除郭某办卡时提交的包括照片在内的面部特征信息。④ 基于前述这些常见问题,《最高人民法院关于审理使用人脸识别技术处理个人信息相关民事案件适用法律若干问题的规定》第 10 条专门对小区物业等建筑物管理人场景下使用人脸识别作出明确规定,要求不能将人脸识别验证作为唯一的身份验证方式。

---

① 参见南都个人信息保护研究中心:《人脸识别应用场景合规报告(2021)》。

② 《最高人民法院关于审理使用人脸识别技术处理个人信息相关民事案件适用法律若干问题的规定》第 4 条规定:"有下列情形之一,信息处理者以已征得自然人或者其监护人同意为由抗辩的,人民法院不予支持:……(三)强迫或者变相强迫自然人同意处理其人脸信息的其他情形。"

③ 参见郭某与杭州野生动物世界有限公司服务合同纠纷案,浙江省杭州市富阳区人民法院(2019)浙 0111 民初 6971 号民事判决书。

④ 参见郭某、杭州野生动物世界有限公司服务合同纠纷案,浙江省杭州市中级人民法院(2020)浙 01 民终 10940 号民事判决书。

(三)滥用人脸信息进行深度合成

随着人脸技术的发展,利用人脸信息提供人脸生成、人脸替换、人脸操控、姿态操控等人物图像、视频生成或者改变个人身份特征的编辑服务较为普遍。这类场景的应用,如果无法显著告知为合成内容,容易造成用户的混淆和误导用户,引发一系列信息伪造或欺诈行为,导致用户财产受损。现在甚至出现了一种令人担忧的技术手段——“照片活化技术”,利用这种技术工具,一张静态照片就会“活”起来。目前已有黑产使用这项技术生成动态视频,骗过人脸核验机制,盗取账户,造成财物损失的情况。2023 年 5 月,内蒙古包头市公安局发布了一起利用 AI 换脸技术实施电信诈骗的案例,诈骗者通过 AI 换脸技术进行视频连线郭某,谎称其好友表示要借郭某公司账户走账 430 万元,郭某向“好友”转账后发现被骗。[①] 近年来,这类 AI 诈骗案件层出不穷。

为此,国家互联网信息办公室等于 2022 年 11 月出台《互联网信息服务深度合成管理规定》,明确在第 14 条规定深度合成服务提供者和技术支持者提供人脸、人声等生物识别信息编辑功能的,应当提示深度合成服务使用者依法告知被编辑的个人,并取得其单独同意。[②] 同时,该规定在第 17 条明确,深度合成服务可能导致公众混淆或者误认的,应当在生成或者编辑的信息内容的合理位置、区域进行显著标识,向公众提示深度合成情况。[③] 可见,现有法律法规已经从人脸信息的采集等前端场景逐步下探至深度合成等风险较高的实际应用场景,企业合规工作也应遵循立法趋势,从人脸信息的采集授权到应用等各环节全方面评估。

---

① 参见《AI 换脸新骗局正在全国爆发! 科技公司老板 10 分钟被骗走 430 万元》,载澎湃网 2023 年 5 月 22 日,https://www.thepaper.cn/newsDetail_forward_23185080。

② 《互联网信息服务深度合成管理规定》第 14 条第 1 款规定:“深度合成服务提供者和技术支持者应当加强训练数据管理,采取必要措施保障训练数据安全;训练数据包含个人信息的,应当遵守个人信息保护的有关规定。”

③ 《互联网信息服务深度合成管理规定》第 17 条规定:“深度合成服务提供者提供以下深度合成服务,可能导致公众混淆或者误认的,应当在生成或者编辑的信息内容的合理位置、区域进行显著标识,向公众提示深度合成情况:……深度合成服务提供者提供前款规定之外的深度合成服务的,应当提供显著标识功能,并提示深度合成服务使用者可以进行显著标识。”

（四）人脸信息存储不安全

国家标准《信息安全技术 个人信息安全规范》（GB/T 35273—2020）明确传输和存储个人敏感信息时，应采用加密等安全措施；个人生物识别信息应与个人身份信息分开存储，且仅存储个人生物识别信息的摘要信息，摘要信息通常具有不可逆特点，无法回溯到原始信息。国家标准《信息安全技术 生物特征识别信息保护基本要求》（GB/T 40660—2021）对生物特征识别信息的存储提出了更细化、具体的要求，明确尽可能减少存储生物特征识别比对信息，且应具备不可链接性，超出授权期限的信息还应当进行删除或匿名化处理。目前，部分 App 或线下场景委托技术方提供人脸识别技术，并不确定是否采用加密等安全措施进行存储，也存在直接存储、传输用户人像照片等原始信息的情况，或并未评估存储的人脸信息特征值是否能满足不可逆的要求。这样极容易在使用过程中出现信息的泄露，导致用户人身财产受损。

四、企业合规实务要点

（一）遵循民法典规定，处理人脸信息应保障透明性，明示告知并获得用户单独同意

《中华人民共和国民法典》（以下简称《民法典》）第 1035 条规定，处理个人信息应征得该自然人同意，公开处理规则，明示处理目的、方式和范围；《最高人民法院关于审理使用人脸识别技术处理个人信息相关民事案件适用法律若干问题的规定》第 2 条呼应《个人信息保护法》中敏感个人信息处理应获得单独同意的要求，从侵权行为种类角度明确了人脸信息的处理必须坚守“明示同意”和“单独同意”的基本规则。一般来讲，“明示同意”要求信息处理者将处理信息的规则、目的、方式、范围向信息主体明确说明；而对于“单独同意”，现在法律法规尚未明确具体要求和规则，但参考欧盟相关规定，欧盟《一般数据保护条例》明确数据主体的同意是指“数据主体通过书面声明或经由一个清楚确定的动作，表示同意对其个人数据进行处理。该意愿表达应是自愿的（Freely Given）、特定的

(Specific)、知情的(Informed)、明确的(Unambiguous)"[①]。基于此,笔者借鉴欧盟的四要件及从文义解释进行理解。首先,"单独同意"应确保个人充分知情,为特定种类个人信息单独制定说明文本,避免一并捆绑授权或一揽子授权的形式。其次,"单独同意"也应当确保个人充分自愿,避免"强迫或变相强迫同意"的情况,即如人脸信息不属于提供产品或者服务所必需的,不能因个人拒绝授权而被拒绝提供产品或服务。

1. 线上场景

从实操角度看,通过 App 等线上渠道收集人脸信息的经营者,可在操作界面以隐私政策或增加弹窗、授权协议等方式,以清晰、明确、易懂的方式告知用户人脸识别数据收集目的、处理方式以及是否存在共享的情形、用户撤回路径等,并事先经过用户同意。这里需特别说明的是,隐私政策通常比较冗长,用户理解成本较高,通过隐私政策进行相应告知及授权,容易被理解为"一并捆绑授权或一揽子授权"。因此,笔者认为,统一在《隐私政策》中获取授权并非一劳永逸的方式,建议参考国家标准《信息安全技术　移动互联网应用程序(App)收集个人信息基本要求》(GB/T 41391—2022)及《常见类型移动互联网应用程序必要个人信息范围规定》的要求,区分 App 基本业务功能和拓展业务功能,对于并非 App 基本业务功能所必须收集人脸信息的场景,建议在收集场景中单独进行文案提示,并给予用户自主选择权且不应影响用户基本业务功能使用,以避免"一揽子授权""捆绑授权"的质疑。

还需注意的是,无论是隐私政策还是弹窗文案,都需尽量避免使用不合理地免除或者减轻责任、加重对方责任的格式条款,如类似"永久性、不可撤销、可任意转授权"等字样,根据《最高人民法院关于审理使用人脸识别技术处理个人信息相关民事案件适用法律若干问题的规定》相关条款,这类要求自然人授予其无期限限制、不可撤销、可任意转授权等处理人脸信息的权利的格式条款均无效,信息处理者在丧失合法性基础的情形下进行的处理行为构成侵权。

2. 线下场景

《个人信息保护法》第 26 条规定:"在公共场所安装图像采集、个人身份识别设备,应当为维护公共安全所必需,遵守国家有关规定,并设置显著的提示标识。

---

① 洪延青:《解锁 GDPR 的正确姿势:风险路径》,载《中国信息安全》2018 年第 7 期。

所收集的个人图像、身份识别信息只能用于维护公共安全的目的，不得用于其他目的；取得个人单独同意的除外。”根据此条规定，线下场景下的人脸信息使用需要进行显著标识的设置，超出公共安全目的的，需另行获取单独同意。实操中对于很多线下商超、线下店等公共场所而言，不同于线上渠道存在 App 交互介质，逐一获取用户单独同意较为困难。目前线下场景仅通过张贴“您已进入人脸识别区”或“仅为维护公共安全收集您的个人信息”但并非仅限于公共安全这一目的使用告示，已不能满足合规要求。在通常情况下，笔者建议在摄像头安装处或人脸识别柜台等位置放置告示或二维码，对线下场景个人信息处理规则进行充分告知，并提供用户在线确认或撤回同意的途径。不过线下场所获取用户同意的方式如何才算有效、合规还有待立法或司法实践进一步明确。

（二）处理人脸信息应符合最小必要原则

《民法典》规定，处理个人信息的，应当遵循合法、正当、必要原则。《个人信息保护法》《民法典》的规定虽然过于原则，但通过解释，笔者认为，这里的“必要原则”应理解为处理的个人信息应与所提供服务有直接关系。参考《信息安全技术　个人信息安全规范》（GB/T 35273—2020）有关收集个人信息的最小必要原则的规定发现，该规范也认为“收集的个人信息的类型应与实现产品或服务的业务功能有直接关联；直接关联是指没有上述个人信息的参与，产品或服务的功能无法实现”。可见，不论是国家法律法规还是不具有强制效力的国家标准，在对于“必要原则”的理解上，均认为“应与提供服务直接相关”。

为更好落实这一原则，国家互联网信息办公室、工业和信息化部、公安部、国家市场监督管理总局联合制定了《常见类型移动互联网应用程序必要个人信息范围规定》，明确移动互联网应用程序（App）运营者不得因用户不同意收集非必要个人信息，而拒绝用户使用 App 基本功能服务。这从实操层面对“与服务相关”进行了明确解释；同时，《最高人民法院关于审理使用人脸识别技术处理个人信息相关民事案件适用法律若干问题的规定》从民事责任层面对此进行了明确，收集人脸信息应基于“提供产品或者服务所必需”，并且设置专条对线下物业服务场景的强制人脸识别进行明确规定，为进入动物园、小区、写字楼等场所并非必要进行人脸识别提供了依据。但是，不同场景下是否有必要处理人脸信息，还需要基于不同的业务场景进行不同的分析判断，笔者建议实操中可以参考《信息

安全技术　个人信息安全规范》(GB/T 35273—2020)中“直接关联”的定义,判定“如果没有个人信息的参与,产品或服务是否能够实现”。

(三)不得强迫用户同意使用人脸识别

《最高人民法院关于审理使用人脸识别技术处理个人信息相关民事案件适用法律若干问题的规定》明确规定了信息处理者不得强迫或者变相强迫自然人同意处理人脸信息,并且首次清晰地规定在小区物业场景下,不能将人脸识别作为业主验证身份的唯一方式,还需提供其他合理验证方式,即充分给予用户选择权。实操中,除《最高人民法院关于审理使用人脸识别技术处理个人信息相关民事案件适用法律若干问题的规定》明确的小区物业等线下应用场景应满足前述规则外,很多线上场景也应该同样适用。例如,很多 App 涉及刷脸登录功能或实名认证环节涉及人脸信息采集用于身份验证,参考《最高人民法院关于审理使用人脸识别技术处理个人信息相关民事案件适用法律若干问题的规定》的相关规定,App 登录不能仅限于使用刷脸登录功能,还可以提供账号密码登录、手机号验证登录等其他方式供用户选择;而实名认证除人脸识别以外,还可以提供手机号、身份证号或银行卡等其他要素认证。

(四)从数据收集、存储、使用、删除、用户权益响应等各环节建立特殊、有效的安全保障机制

人脸识别信息作为敏感个人信息,应采取更为特殊、安全的方式进行保护,参考《信息安全技术　个人信息安全规范》(GB/T 35273—2020)关于“个人敏感信息的传输和存储”相关条款,企业原则上不应存储原始个人生物识别信息,可以考虑仅存储个人生物识别信息的摘要信息;尽量采取本地化分析/处理策略,降低数据在传输、共享过程中的泄露风险;实现分析、处理目的后及时删除人脸数据;确保人脸识别信息与一般身份信息分开存储,并采取更加严密的安全措施;严格限制人脸信息使用场景,超出授权范围的,应另行进行合规评估流程;建立保障用户查询、更改、删除人脸信息的渠道和权益响应机制。

(五)不同应用场景审慎应用人脸识别技术

企业合规中,应对不同使用目的进行梳理,根据不同需求使用人脸信息的必要性,来确认是否需要进行人脸信息的采集,同时在使用数据时,也应权衡隐私风险与消费者的可得利益,并向消费者提供减轻或避免风险的选择。[①] 例如:(1)客流统计且不精准识别用户身份的场景下,只需要实现客流量、热区数据统计等需求,无须精准识别用户身份信息的,理论上从必要性考虑,企业可以不使用人脸识别技术。(2)识别、验证场景下,需要采集用户人脸信息进行 1∶1 或 1∶N 身份验证识别,从而进行真实身份验证或进行用户购物特征分析后精准营销。该等场景下,应获得用户单独授权同意。但实践中,线下店铺悬挂提示性标牌并不符合"明示同意"要求,部分商家采取在会员协议、隐私政策中加入相应条款的方式有限降低风险,但无法保证所有到店用户都能签署相关协议,因此线下店如何完全合规地获得用户明示同意还有待探讨。(3)其他使用人脸识别技术识别情绪等场景:这类场景下,通常需要利用人脸识别技术识别人的内在情绪,并将获得的情绪结果应用于课堂表现分析、求职面试评估、医疗健康分析、客户行为分析及广告营销等行业。①从必要性的角度分析,人的内在情绪数据属于人极为私密的数据,将人脸识别情绪技术应用于前述场景,是否符合最小必要和比例原则,这一点就有待探讨。例如,将人脸识别技术应用于课堂监测、评价,有学者认为,对学生内心活动的窥探,可能会异化师生之间的情感互动,甚至会导致人性的压抑和扭曲。[②] ②从数据准确性角度分析,"面部表情和内在情绪之间的关系是不可靠的、不特定的,不能普遍化的"[③]。也就是说,面部表情不一定与内在情绪完全一致,有时候表情可能混合了多种情绪,也可能某些情绪无法在脸上表现,如通过这类表情进行识别分析,容易对一个人做出错误的判断。这类错误数据的应用,容易对数据主体生活造成影响,特别是在医疗健康场景的应用中。人脸识别技术相当于一把利剑,戳开了保护我们隐私的各种"帷幕"。[④] 微软也在 2022 年 6 月 22 日宣布将停止销售基于面部图像猜测人们情绪的技术,而且将不再提供不受限制的人脸识别技术。可见,这类涉及人的内心活动和私密

---

① 参见洪延青:《人脸识别技术的法律规制研究初探(DPO 社群成员观点)》,载微信公众号"网安寻路人"2019 年 8 月 16 日,https://mp.weixin.qq.com/s/bpjPLpj1VyD0TAtpDQocOA。

② 参见程猛、阳科峰、宋文玉:《"精准识别"的悖论及其意外后果——人脸情绪识别技术应用于大学课堂的冷思考》,载《重庆高教研究》2021 年第 6 期。

③ 同上。

④ 参见洪延青:《人脸识别技术的法律规制研究初探(DPO 社群成员观点)》,载微信公众号"网安寻路人"2019 年 8 月 16 日,https://mp.weixin.qq.com/s/bpjPLpj1VyD0TAtpDQocOA。

信息的人脸识别技术的深度应用,在国际和国内都被审慎监管,我们在应用时应加强伦理考量,甚至应该考虑微调“技术中立”的原则,在特殊的情形中,考虑对人脸识别技术的运用设置黑名单。①

五、结　语

“在大数据和云计算的时代,包括个人信息在内的数据,只有充分地流动、共享、交易,才能实现集聚和规模效应,最大限度地发挥价值。但数据在流动、易手的同时,可能导致个人信息主体及收集、使用个人信息的组织和机构丧失对个人信息的控制能力,造成个人信息扩散范围和用途的不可控。因此,在涉及个人信息流动、易手等再利用时应给予用户、数据提供方保护及控制的权利。同时,尊重个体对个人信息权利的处分和对新技术的选择,是在个人信息保护和大数据利用的博弈中找到平衡点的重要因素。”②人脸识别技术是新科技时代的产物,企业在拥抱新科技的同时,应以充分保障数据主体权利为基础,探索科技带来的价值红利。

---

① 参见洪延青:《人脸识别技术的法律规制研究初探(DPO社群成员观点)》,载微信公众号“网安寻路人”2019年8月16日,https://mp.weixin.qq.com/s/bpjPLpj1VyD0TAtpDQocOA。

② 参见北京知识产权法院民事判决书,(2016)京73民终588号。

儿童个人信息网络保护企业合规指引

袁 尧

儿童个人信息是个人信息的特殊分类，二者的主要区别是信息主体的年龄差异。儿童不等同于未成年人。根据《中华人民共和国个人信息保护法》（以下简称《个人信息保护法》）对敏感信息的定义[①]以及《儿童个人信息网络保护规定》对儿童的定义[②]，本文所称儿童是指不满14周岁的未成年人[③]。笔者拟从儿童个人信息特殊保护的必要性、我国儿童个人信息网络保护现状、儿童个人信息网络保护难点与解决思路、儿童个人信息网络保护企业合规指引等四个方面展开论述。

一、儿童个人信息特殊保护的必要性

（一）国家战略与国家职责

儿童是国家的未来、民族的希望，保护儿童就是保障国家利益。[④]

在实现中华民族伟大复兴战略全局和世界百年未有之大变局加速演进的当

---

① 《个人信息保护法》第28条第1款规定："敏感个人信息是一旦泄露或者非法使用，容易导致自然人的人格尊严受到侵害或者人身、财产安全受到危害的个人信息，包括生物识别、宗教信仰、特定身份、医疗健康、金融账户、行踪轨迹等信息，以及不满十四周岁未成年人的个人信息。"

② 《儿童个人信息网络保护规定》第2条规定："本规定所称儿童，是指不满十四周岁的未成年人。"

③ 《中华人民共和国民法典》（以下简称《民法典》）第17条规定："十八周岁以上的自然人为成年人。不满十八周岁的自然人为未成年人。"

④ 参见陈爱武：《未成年人保护的迭代升级：新〈未保法〉亮点阐释——基于总则内容的展开》，载《人民论坛》2022年第5期。

下,竞争日趋激烈和复杂。从某种意义上说,国与国之间的竞争,最重要的就是人才竞争,而人才竞争的核心就是对儿童的竞争,儿童是一个国家的最重要的战略储备资源。因此,如何对待儿童、如何保护儿童就成为涉及国家千秋伟业的大事。① 基于此,国家从各个维度、采用不同方式介入儿童保护工作,其中包括大力加强法治宣传教育、不断完善相关领域立法、不断建立健全专门的行政执法制度、不断强化司法保护等。2020 年修订的《中华人民共和国未成年人保护法》(以下简称《未成年人保护法》)确立的国家保障原则,也称国家责任原则,是指在儿童保护问题上,国家具有最广泛的、最终的、托底的保障责任和保护义务,这也彰显了国家对未成年人这一特定群体的特别关爱和责任担当。②

(二)儿童个人信息易被侵害

1. 儿童心智发展不成熟,自控力、自救能力较弱

儿童身心尚处于发育过程中,其行为能力、同意能力以及风险识别能力在生理阶段不及成年人般完善。儿童由于安全意识不足和自控能力较差,在使用网络的过程中难以抵御其诱惑,极易暴露隐私、泄露其个人信息。而且,受制于心智发育的不成熟和网络安全意识的缺乏,儿童群体很少能够意识到随意处置个人信息对自身利益带来的消极影响③,尽管可能事后意识到自身权益遭到侵害,但也会束手无策或为时已晚。

儿童身心发展的特殊性决定了其无法拥有完全的信息自决。④ 基于儿童特殊的年龄阶段和智力、心理、行为等特殊的发展过程或潜在的诸多特性,儿童个人信息网络安全需要特殊安排与特殊规制。⑤

2. 监护人法律与安全意识不足

监护制度是为保护无民事行为能力人和限制民事行为能力人的人身财产权

---

① 参见陈爱武:《未成年人保护的迭代升级:新〈未保法〉亮点阐释——基于总则内容的展开》,载《人民论坛》2022 年第 5 期。

② 同上。

③ 参见张旭、朱笑延:《"全民触网"时代儿童个人信息安全的保护路径》,载《青少年犯罪问题》2020 年第 1 期。

④ 参见安琳:《儿童个人信息网络保护的困境与制度应对——基于对"监护人同意"模式的反思》,载《图书馆研究》2022 年第 1 期。

⑤ 参见李学成:《互联网时代未成年人网络安全保护的价值取向与立法展望》,载《郑州航空工业管理学院学报(社会科学版)》2022 年第 2 期。

益而设立。基于监护关系,监护人对儿童个人信息享有知情权,并在对外行为方面享有代理权,以此弥补儿童认知能力、行为能力缺陷,为其做出更符合自身利益的选择。[①]

但是现实中,监护人未必能够完全履行监护人的义务。首先,部分监护人的风险意识不足,缺乏专业知识,有意识或无意识地泄露儿童信息;其次,部分监护人即使能够意识到隐私保护和信息安全的重要性,也很难从多样化的网络应用场景中识别出具体的个人信息安全风险[②];再次,监护人的亲权利益与儿童的个人利益未必始终一致,监护人可能成为侵害儿童个人信息权益的一方;最后,社会中,监护人无法履行、不履行监护人职责的现象或悲剧也偶有发生。

所以,儿童个人信息保护体系还需要其他方面补充、完善,如国家亲权、儿童个人信息保护制度的完善、网络环境的治理、网络运营者的自律与监督管理、法律与网络知识教育、司法救济途径等。

3. 易识别、侵害后果严重

基于自身年龄、智力、精神状态等特殊性,与成年网民相比,儿童人身利益更易遭受损害,影响也更为严重。儿童的社会关系单纯、社会角色较少,通过少量的信息,就能得到较为清晰的人物画像,这为不法分子实施不法行为带来便利。[③]互联网为儿童提供丰富资源的同时,也充斥着无用甚至阴暗的信息,当儿童个人信息权益遭受侵害的同时,儿童的身心健康、自我发展都受到极大的威胁,甚至给整个家庭带来巨大的灾难。[④]

综上所述,儿童个人信息保护墙有其固有的脆弱性,需要特殊的、严格的保护。

---

① 参见徐培颖:《未成年人个人信息保护中监护人同意之完善》,载《太原城市职业技术学院学报》2022 年第 5 期。

② 参见张旭、朱笑延:《“全民触网”时代儿童个人信息安全的保护路径》,载《青少年犯罪问题》2020 年第 1 期。

③ 参见《未成年人网络保护现状研究报告》,载西藏网信办官网 2022 年 8 月 2 日,https://wxb.xzdw.gov.cn/qwfb/zyjs/202208/t20220802_267498.html。

④ 参见张思佳:《儿童个人信息保护民事法律问题研究》,辽宁大学 2022 年硕士学位论文,第 7 页。

二、我国儿童个人信息网络保护现状

（一）我国儿童个人信息网络保护立法现状

我国儿童个人信息保护立法有集中式的立法，也有分散式的立法。

在法律层面，自2017年6月1日起施行的《中华人民共和国网络安全法》（以下简称《网络安全法》）是首部系统规定网络个人信息保护的法律，提出国家为未成年人提供安全、健康的网络环境，但是没有针对儿童或者未成年人网络个人信息保护作出特殊规定。2020年5月28日全国人民代表大会通过的《民法典》将个人信息作为一项公民的合法权益进行保护，确立了个人信息处理基本原则，但没有细致区分儿童或未成年人与成年人的个人信息。自2021年6月1日起施行的新修订的《未成年人保护法》确立了"最有利于未成年人"原则，将原本为"家庭保护""学校保护""社会保护""司法保护"的"四大保护"结构，新增"政府保护"与"网络保护"两章成为"六大保护"的结构，加大了对未成年人个人信息的专门保护。[①] 2021年8月20日全国人民代表大会通过的《个人信息保护法》首次明确不满14周岁未成年人的个人信息为个人敏感信息，除了获取父母或者其他监护人的同意，还要求个人信息处理者对此制定专门的个人信息处理规则给予特殊保护。

在行政法规及部门规章层面，主要有自2019年10月1日起施行的《儿童个人信息网络保护规定》，该规定是首部保护儿童信息的专门性法律规范，尽管只是一项部门规章，但为儿童个人信息的网络保护确立了基本的规范框架。2021年10月8日生效的新修订的《未成年人节目管理规定》是对涉及未成年人形象、个人信息等内容的节目进行规范的部门规章。2023年10月16日公布的《未成年人网络保护条例》将于2024年1月1日起施行，该条例以"个人信息、网络保护"专章的形式，进一步细化了《网络安全法》《个人信息保护法》等上位法的相关要求，系统地构建了未成年人个人信息网络保护体系。

在国家标准、行业标准、团体标准层面，主要有全国信息安全标准化技术委

---

① 参见王思燕：《论大数据背景下未成年人个人信息保护》，中国人民公安大学2021年硕士学位论文，第15页。

员会出台国家标准等,其中包括《信息安全技术 公共及商用服务信息系统个人信息保护指南》(以下简称《个人信息保护指南》)、《信息安全技术 个人信息安全规范》(以下简称《个人信息安全规范》)。其中,《个人信息保护指南》对未成年人信息的收集做出限制,《个人信息安全规范》将14周岁以下(含)未成年人的个人信息列入"敏感个人信息"。

除民法保护外,刑法保护是个人信息法律保护的最后一道防线,亦具有重要的威慑作用,虽未在法条中直接针对未成年人个人信息设置特殊保护,但也都体现了优先保护、侧重保护的理念,旨在为未成年人营造一个健康的成长环境。

(二)我国儿童个人信息网络保护原则

在以上立法框架下,我国基本形成由一般原则和特殊原则构成的儿童个人信息保护原则。其中,一般原则为个人信息保护通用原则;特殊原则系基于儿童个人信息特殊保护的逻辑,应由个人信息处理者严格遵守的个人信息特殊性原则。

1. 一般原则

(1)合法、正当

早在2012年,《关于加强网络信息保护的决定》就对"合法、正当、必要"进行了规定。后续出台的《网络安全法》《民法典》《个人信息保护法》也均对"合法、正当、必要"进行了规定。合法性原则要求个人信息处理行为应当满足法律法规规定,既包括处理目的合法也包括处理方式合法。正当性原则要求个人信息处理行为应当符合立法宗旨和法律价值,不得以谋求自身利益而侵害其他个人的个人信息权益,所以该原则更多强调个人信息处理目的的正当。[①] 个人信息处理目的的正当有一个前提,即目的特定、明确。如果个人信息处理目的过于宽泛、抽象,不仅无法衡量目的是否正当,而且无法去判断是否符合其他个人信息处理原则。如果处理目的不明确,那又如何判断该处理目的项下哪些个人信息是必要的、哪些个人信息是为实现处理目的而必要的。例如,早期时,不少互联网企业的隐私政策中将个人信息处理目的描述为"提升用户体验",该目的并不明确,

---

① 参见赵精武:《〈个人信息保护法〉:构筑新时代个人信息权益保护的安全防护网》,载国家互联网信息办公室,http://www.cac.gov.cn/2021-09/08/c_1632692967516943.htm。

也较难直观地判断是否合法、正当。

(2)最小必要

在合法、正当的前提下,最小必要原则要求个人信息的收集范围和处理方式应当仅以实现相应的服务功能和业务目的为必要。①

《个人信息保护法》总则部分第6条确立了两个"最小原则",即"权益影响最小"和"最小范围"。该原则是个人信息处理应遵循的核心原则,尤其是处理目的"最小范围"原则,这是禁止"过度收集个人信息"的关键。② 个人信息处理者只有在严格遵守处理目的的"最小范围"前提下,即"非必要不收集",才能确保其采取对个人权益影响最小的方式。③

落实"最小必要原则"须有一定的评估标准。国家互联网信息办公室、工业和信息化部等四部门联合发布的《常见类型移动互联网应用程序必要个人信息范围规定》(国信办秘字〔2021〕14号)对39类互联网应用程序之必要个人信息的范围作出规定,从消费者的视角出发对处理目的加以严格限制,将必要个人信息的范围限定为最小值。④ 2022年5月7日,工业和信息化部发布《移动互联网应用程序(App)收集使用个人信息最小必要评估规范》(以下简称《评估规范》)系列行业标准中4部标准的报批稿,以"最小必要原则"为切入点,从位置信息、图片信息、短信信息等方面阐述"最小必要原则"的落地尺度。《评估规范》作为此前电信终端产业协会发布的系列团体标准的细化升级版本,其与《个人信息安全规范》等国家标准的规定互有衔接,是企业合规的重要参考。

(3)知情同意

知情同意原则,亦可称之为告知同意原则,该原则是个人信息保护的基石和核心制度,也是个人信息自主控制的实现途径和处理个人信息的合法性基础。⑤ 知情同意原则有两方面含义:一是知情或者告知,法律法规意在通过"告知"降低

---

① 参见赵精武:《〈个人信息保护法〉:构筑新时代个人信息权益保护的安全防护网》,载国家互联网信息办公室,http://www.cac.gov.cn/2021-09/08/c_1632692967516943.htm。

② 参见王春晖:《〈个人信息保护法〉最大亮点是"两个最小"原则》,载搜狐网2021年9月17日,https://www.sohu.com/a/489457512_416839。

③ 同上。

④ 参见武腾:《最小必要原则在平台处理个人信息实践中的适用》,载《法学研究》2021年第6期。

⑤ 参见常宇豪:《论信息主体的知情同意及其实现》,载《财经法学》2022年第3期。

个人信息主体与个人信息处理者的信息不对称性。① 告知应该是完整的,不能有所隐藏,不能过于分散而难以获取与归纳,应该是清晰易懂的,不能充斥着普通人难以理解的技术或者法律术语。二是“同意”,“同意”应是“充分知情”前提下“自愿、明确”作出的意思表示。② 当个人信息主体是儿童时,知情同意原则需要进一步的解决方案,如被国际上广泛采纳的“监护人同意”制度。

2. 特殊原则

(1)最有利于未成年人

2020 年修订的《未成年人保护法》第 4 条规定,保护未成年人,应当坚持最有利于未成年人的原则,且本条第 3 项即为“保护未成年人隐私权和个人信息”。该条确立了儿童保护最核心的原则——最有利于未成年人原则。从渊源上看,该原则源于 1989 年联合国颁布的《儿童权利公约》第 3 条第 1 款规定,即“关于儿童的一切行动,不论是由公私社会福利机构、法院、行政当局或立法机构执行,均应以儿童的最大利益为一种首要考虑”。最有利于未成年人原则实际上是“儿童利益最大化原则”的中国表达。③ 在该原则项下,在处理关乎未成年人的问题时,要全方位地考虑未成年人的长远利益和根本利益,采取最有利于未成年人的措施。④

该原则虽是框架性的,但它是儿童个人信息保护纲领性的原则,是不同于成年人个人信息保护的最大特点。⑤ 在该原则下,数据流动与个人信息保护之间的平衡点会向个人信息保护一端倾斜,会使得其他原则的适用、解释趋严,亦会使得儿童个人信息保护相关评估、治理、执法趋严。⑥

---

① 参见黄怡帆:《个人信息保护中知情同意的困境及重构》,载《东南大学学报(哲学社会科学版)》2022 年第 S1 期。

② 《个人信息保护法》第 14 条第 1 款规定:“基于个人同意处理个人信息的,该同意应当由个人在充分知情的前提下自愿、明确作出。法律、行政法规规定处理个人信息应当取得个人单独同意或者书面同意的,从其规定。”

③ 参见陈爱武:《未成年人保护的迭代升级:新〈未保法〉亮点阐释——基于总则内容的展开》,载《人民论坛》2022 年第 5 期。

④ 参见《最高人民检察院关于印发最高人民检察院第三十五批指导性案例的通知》,载《中华人民共和国最高人民检察院公报》2022 年第 5 期。

⑤ 参见孙益武:《儿童个人信息保护是伪命题还是真难题——兼评〈儿童个人信息网络保护规定〉》,载《青少年犯罪问题》2020 年第 2 期。

⑥ 参见马锦涛、金马:《个保法视野下未成年人个人数据流动与个人信息保护平衡的基本原则探析》,载《网络安全技术与应用》2022 年第 5 期。

(2)监护人同意

因儿童的行为能力、同意能力不足,故在儿童个人信息保护领域引入监护人同意制度。知情同意是个人信息保护的核心原则,监护人同意原则是儿童个人信息保护的核心原则,该原则保护的是儿童个人信息主体的知情权与同意权。父母作为儿童的法定监护人,基于监护权管理儿童的财产,保护儿童的人身,由父母替代子女行使其知情权和同意权是儿童个人信息保护的关键。[①]《民法典》第34条第1款规定,监护人的职责是代理被监护人实施民事法律行为,保护被监护人的人身权利、财产权利以及其他合法权益等,由此可见监管人代替儿童行使权利的同时亦负有责任保护儿童的个人信息权益。

在监护人权利、义务之外,网络运营者在处理儿童个人信息时,有义务征得监护人的同意。[②] 2021年3月11日,浙江省杭州市余杭区人民检察院诉国内某知名短视频平台侵犯儿童个人信息民事公益诉讼案结案,在儿童个人信息收集环节,法院认为涉案短视频平台在未采取合理措施以显著、清晰的方式告知并征得儿童监护人明示同意情况下,存在违规收集、管理儿童网络账号、位置、联系人,以及儿童面部、肢体、声音等儿童信息的行为;在儿童个人信息使用、共享、披露环节,法院认为涉案短视频平台在未采取合理措施征得儿童监护人有效明示同意的情况下,运用大数据算法,向具有浏览儿童视频喜好的用户大量推送含有儿童信息的内容,并提供下载共享功能。

前述规定在解释和执行过程中面临一些难题,例如,如何在秉承最小化收集个人信息基本原则的情况下有效识别儿童用户,如何有效地获得监护人的明示同意。这均关乎合规成本与技术问题,我国立法虽然规定了儿童个人信息保护适用监护人同意原则,但是并没有明确具体的监护人同意实现方式。[③] 除上述两个难题外,监护人同意制度还有其他完善的空间。例如,儿童年龄范围界定问题:《民法典》等重要的法律法规并未明确地认可满14周岁但不满18周岁的未成年人的同意能力,但《未成年人保护法》《个人信息保护法》《儿童个人信息网

① 参见徐培颖:《未成年人个人信息保护中监护人同意之完善》,载《太原城市职业技术学院学报》2022年第5期。

② 《儿童个人信息网络保护规定》第9条规定:"网络运营者收集、使用、转移、披露儿童个人信息的,应当以显著、清晰的方式告知儿童监护人,并应当征得儿童监护人的同意。"

③ 参见韩凯伦:《未成年人信息保护监护人同意规则适用研究》,河南大学2022年硕士学位论文,第16页。

络保护规定》《个人信息安全规范》均以 14 周岁为限来专门保护儿童个人信息，这在一定程度上使满 14 周岁但不满 18 周岁的未成年人个人信息保护略显尴尬。[1] 又如，我国立法目前将 14 周岁以下未成年人个人信息“一刀切”式地全部划分为敏感信息而适用监护人同意原则，并不区分个人信息处理场景、处理的个人信息类别等。[2] 对于该原则的实践难点，笔者于后文详细阐述。

(3) 儿童个人信息专审原则

《个人信息保护法》第 31 条第 2 款规定：“个人信息处理者处理不满十四周岁未成年人个人信息的，应当制定专门的个人信息处理规则。”《儿童个人信息网络保护规定》第 8 条规定：“网络运营者应当设置专门的儿童个人信息保护规则和用户协议，并指定专人负责儿童个人信息保护。”该条明确了网络运营者在个人信息处理活动中应当遵守儿童个人信息专审原则：基于儿童个人信息的特殊性，个人信息处理者在处理个人信息过程中应就儿童个人信息制定专门的处理制度，以儿童利益保护最大化为活动宗旨。[3]

三、儿童个人信息网络保护难点与解决思路

（一）社会共建

《全面督促尽责履职　凝聚网络保护合力——北京互联网法院关于涉未成年人网络民事案件审理情况的调研报告》[4]（以下简称《调研报告》）显示，未成年人触网低龄化趋势凸显，未成年人维权能力有差异。《调研报告》统计，在 143 件案件中，当事人为 10 岁以下未成年人的案件有 39 件，占比达 27.3%，年龄最小的仅 6 岁，未成年人触网低龄化趋势在司法纠纷中凸显。《调研报告》指出，未成年人权益受侵害后，维权能力存在差异，88.8% 的案件涉及城镇地区的未成年

---

① 参见韩凯伦：《未成年人信息保护监护人同意规则适用研究》，河南大学 2022 年硕士学位论文，第 14 页。

② 参见徐培颖：《未成年人个人信息保护中监护人同意之完善》，载《太原城市职业技术学院学报》2022 年第 5 期。

③ 参见马锦涛、金马：《个保法视野下未成年人个人数据流动与个人信息保护平衡的基本原则探析》，载《网络安全技术与应用》2022 年第 5 期。

④ 参见《全面督促尽责履职　凝聚网络保护合力——北京互联网法院关于涉未成年人网络民事案件审理情况的调研报告》，载《人民法院报》2023 年 6 月 1 日，第 8 版。

人;在 11 件案件中,未成年人是在祖父母、外祖父母抚养期间进行充值打赏,占充值打赏类案件的 26.2% ,同比上升 10 个百分点,此类群体维权能力不强,在诉讼主体确定、案由选择、举证能力方面弱势明显。《调研报告》还指出,除平台外,网络主播、为平台提供技术支持或者其他支持的第三方、为相关应用提供上架和下载服务的应用市场运营者等亦成为被诉对象,诉讼相关主体日益复杂,未成年人维权难度增加。

综上可知,儿童触网年龄越来越低、儿童个人信息主体维权能力差异较大、儿童个人信息纠纷相关主体日益复杂等,均使得儿童个人信息网络保护难度增加。针对未成年人网络保护问题,北京互联网法院从家长正确履行监护职责、相关市场主体严格落实法律要求进而持续优化适合未成年人的网络服务和产品、学校强化对学生的网络安全意识培养和网络素养教育、相关部门强化履职严格执法、全社会弘扬良好风尚共同营造良好网络空间 5 个方面给予了对策建议。以上对策建议当然亦适用于儿童个人信息网络保护。

(二)企业合规

在以上儿童个人信息保护原则中,“监护人同意”可谓企业落实合规义务的最大难点。该原则项下引申出儿童个人信息处理者的“双重验证”义务:第一,验证个人信息主体是否为 14 周岁以下未成年人;第二,验证同意主体是该儿童的父母或者监护人。每一重验证均给企业合规工作带来了难点。

1. 儿童身份识别

第一重验证的难点就是儿童身份识别问题。网络环境越发纷繁复杂,网络服务的诱惑力只增不减,儿童使用父母账号或者儿童自身虚报年龄、提供虚假凭证以获得产品和服务的状况无法避免。目前,我国网络运营者主要采取如下方式进行儿童身份验证。

(1)自我验证

该方式简单易行、成本最低,但极易被规避。网络运营者往往被动依赖于用户主动提供的注册信息来识别其年龄,如服务过程中不会采取进一步验证或者分析其真实年龄，则该儿童身份验证机制很可能无效。① “青少年模式”大多基于该验证逻辑，抖音、快手等均启用了 14 周岁以下实名认证用户强制进入青少年模式的保护措施。青少年模式是我国在法律框架下探索儿童网络保护的主要尝试之一，其功能较为综合，不局限于个人信息保护领域。青少年模式于 2019 年试点上线以来，在监管部门的指导要求下，国内主流直播与短视频平台青少年模式的使用率、用户量、月活跃用户数等均呈现增长趋势②，但该模式的开启目前主要依赖于用户的主动选择、依赖于监护人的主动应用。

《未成年人网络保护条例》提出了“未成年人模式”③，也规定了分龄的合规要求，该规定也呼应了国家网信办于 2023 年 8 月发布的《移动互联网未成年人模式建设指南（征求意见稿）》内容，该指南要求移动智能终端、应用程序以及应用程序分发平台应根据不同年龄阶段的未成年人身心发展特点，通过评估产品的类型、内容与功能等要素，为不同年龄阶段用户提供适合其身心发展的信息和服务。

（2）生物识别

该方式较为可靠，需要一定成本，小企业无应用动力。该方式主要应用于实名认证过程中，通过指纹、虹膜、人脸识别等方式来识别用户年龄，但是该验证手段涉及敏感信息，如果过度采集或者保护不力，会带来其他合规问题。④

（3）数据分析

该方式主要指对用户的信息、行为进行数据分析，以判断用户身份是否为儿童。但目前技术受限，较难精准地以 14 周岁为界限区分用户，仅能预估用户的年龄范围。⑤

---

① 参见李云杰：《儿童网络个人信息保护研究》，中国人民公安大学 2022 年硕士学位论文，第 18 页。

② 参见《直播与短视频行业未成年人网络保护白皮书》（2023），中国演出行业协会、南方都市报、南都大数据研究院联合编制。

③ 《未成年人网络保护条例》第 43 条规定：“网络游戏、网络直播、网络音视频、网络社交等网络服务提供者应当针对不同年龄阶段未成年人使用其服务的特点，坚持融合、友好、实用、有效的原则，设置未成年人模式，在使用时段、时长、功能和内容等方面按照国家有关规定和标准提供相应的服务，并以醒目便捷的方式为监护人履行监护职责提供时间管理、权限管理、消费管理等功能。”

④ 参见李云杰：《儿童网络个人信息保护研究》，中国人民公安大学 2022 年硕士学位论文，第 18 页。

⑤ 同上，第 18 ~ 19 页。

在域外实践中，有一些离线身份验证手段，如外呼验证，虽然其相对可靠，但是企业合规成本较大，企业负担较重，我国互联网企业暂未普遍采纳。

2. 监护人同意的可验证性

第二重验证难点是如何取得可验证的监护人同意，无论在技术上还是在法律上都是争论较多的问题。

美国联邦贸易委员会（Federal Trade Commission）在美国《儿童网络隐私保护法》（Children's On-line Privacy Protection Act）基础上陆续制定了相关合规指南。指南列举了几种可验证的方法。例如：由监护人签署一个同意表格并通过传真、邮箱或电子扫描方式邮寄给网络运营者；涉及金钱交易时，使用信用卡、借记卡或其他在线支付系统，向账户持有人提供每笔单独交易的通知；由监护人给训练有素的人员拨打免费电话；由监护人与训练有素的人员进行视频会议；由监护人提供官方身份证明文件副本；由监护人进行作题挑战且该等题目凭借儿童智力尚不能有效作答；通过人脸识别技术验证比对监护人主动提交的驾照照片或其他身份证件照片等信息。① 这些方法具有参考意义，但是由于会给网络运营商带来较高的成本以及父母与网络运营商责任平衡等问题而备受争议。

在我国的保护实践中，大部分网络运营者采取的是推定同意模式，对同意的验证很少，已有验证方式的有效性也有待探讨。② 例如，某视频网站设计了家长验证功能，其验证方式是在5个汉字中找出2个字并与题目汉字组成成语，该方法并非其首创，亦参考了域外经验，但是因为各儿童知识水平有别，依靠题目的难度级别没有办法准确筛选某个年龄段范围以内的儿童，答对高难度题目也不必然意味着该儿童具有同意能力。

监护人同意制度的实践探索之路困难重重，我们寻求有效保护的同时，要防止个人信息的过度收集，并兼顾网络运营者的合规成本。面对此难题，海伦·尼森鲍姆的隐私场景理论指出，隐私是合理的信息流通，保护隐私与个人信息的关键在于确保具体场景中个人信息的合理流通。③ 同时，根据美国《儿童网络隐私

① 参见戴曾盛：《儿童个人信息保护完善路径研究——基于美国COPPA法案对比》，载《太原城市职业技术学院学报》2022年第5期。

② 参见徐培颖：《未成年人个人信息保护中监护人同意之完善》，载《太原城市职业技术学院学报》2022年第5期。

③ 参见安琳：《儿童个人信息网络保护的困境与制度应对——基于对"监护人同意"模式的反思》，载《图书馆研究》2022年第1期。

保护法》的实施细则，并非所有面向儿童的网络服务都需要取得严格的监护人同意，而是针对不同隐私风险等级的网络场景采用差异化的同意方式：最低风险的网络服务无须取得父母同意；中度风险等级的网络服务，可以采用较为简单的“加强型电子邮件”的验证方式；高风险等级的网络服务必须符合严格的同意机制，网络服务提供者需要通过父母签署同意书、提供身份证明等方式取得验证同意。[①] 参考以上理论，结合我国现有的法律框架，可将解决方案再进一步细化。例如，细分年龄区间，将年龄以及个人信息类别与敏感度结合来看作为第一层判定，将个人信息处理场景风险等级作为第二层判定，以明确地区分何时应该严格落实监护人同意原则、何时进行普通的验证、何时可以豁免。

四、儿童个人信息网络保护企业合规指引

考虑到儿童个人信息网络保护企业合规难点，在上述儿童个人信息网络保护原则框架下，企业可根据个人信息处理的过程，分阶段、全方位地落实儿童个人信息网络保护合规义务。

（一）事前合规

1. 制定专门的儿童个人信息保护规则

《个人信息保护法》和《儿童个人信息网络保护规定》都明确规定处理儿童个人信息，应当制定专门的个人信息处理规则或保护规则。互联网平台个人信息保护规则常表现为“隐私政策”和“用户协议”。对于非专门面向儿童用户的平台服务，如电商企业平台，一般会在“隐私政策”和“用户协议”中设置儿童个人信息保护条款；对于专门面向儿童用户的平台服务，如线上教育平台，一般会单独制定“儿童隐私政策”“儿童用户协议”。

2. 建立儿童个人信息保护内部管理制度

儿童个人信息保护内部管理制度可包含以下几个方面：设置专人负责儿童个人信息保护；以最小授权为原则，设置严格的内部访问权限、记录访问情况；将

---

① 参见安琳：《儿童个人信息网络保护的困境与制度应对——基于对“监护人同意”模式的反思》，载《图书馆研究》2022 年第 1 期。

儿童个人信息设置为级别较高的重要数据,并对其单独存储或者特殊识别以在实践中匹配访问控制的要求;制定更为严谨的儿童个人信息安全应急预案,确保能够即时采取补救措施;针对与第三方交互处理儿童个人信息制定事前评估制度,以明确风险并采取一定技术和制度措施有效降低风险。①

(二)事中合规

1. 采用专门技术手段强化儿童个人信息保护

在上文提到的国内某知名短视频平台未成年人保护民事公益诉讼中,在儿童个人信息存储环节,法院认为,涉案短视频平台缺乏专门的儿童信息保护池,在"内容""用户"两个维度对平台中涉及儿童的个人信息未能采取加密等措施予以存储。据此可见,技术手段是确保儿童个人信息保护落到实处的关键之一。技术手段包括但不限于加密技术、风险监测、记录备份等一切可以保障儿童个人信息安全的措施。

2. 健全并落实个人信息合规审计制度

"合规审计"是互联网企业履行自我监管义务的一项重要制度。该项措施并非儿童个人信息保护项下的特殊要求,而是完整的个人信息保护体系的重要方面。根据《个人信息保护法》第 69 条的规定②,个人信息主体不需要证明个人信息处理者存在过错,而是推定个人信息处理者有过错,即过错推定原则。值得关注的是,《未成年人网络保护条例》对个人信息处理者提出了较高的审计合规要求,其要求个人信息处理者应当每年对其处理未成年人个人信息的遵守法律法规的情况开展合规审计,并将审计情况及时报告网信等部门。③

所以,个人信息处理者有必要对于自身的合规性进行定期审查并做出相应的整改,并在审计专项中将儿童个人信息保护作为单独章节论述。这样也可以在一定程度上证明自身不存在过错,履行了相关保障措施,避免或降低承担民事

---

① 参见《未成年人网络保护现状研究报告》,载西藏网信办官网 2022 年 8 月 2 日,https://wxb.xzdw.gov.cn/qwfb/zyjs/202208/t20220802_267498.html。

② 《个人信息保护法》第 69 条第 1 款规定:"处理个人信息侵害个人信息权益造成损害,个人信息处理者不能证明自己没有过错的,应当承担损害赔偿等侵权责任。"

③ 《未成年人网络保护条例》第 37 条规定:"个人信息处理者应当自行或者委托专业机构每年对其处理未成年人个人信息遵守法律、行政法规的情况进行合规审计,并将审计情况及时报告网信等部门。"

赔偿责任风险和高额行政处罚责任风险。

3. 落实最小必要原则

鉴于儿童在我国的特殊保护地位以及其个人信息的敏感性，个人信息处理者在收集、存储并使用儿童个人信息时，应当严格遵守最小必要原则，真正实现“采取最少数量、最少类型、最小范围、最短周期、最少访问、最低频次的处理方式”，以确保实现对儿童的权益影响最小。此外，根据《未成年人网络保护条例》第36条①的规定，企业工作人员访问未成年人个人信息的，应当经过相关负责人或者其授权的管理人员审批，记录访问情况，并采取技术措施，避免违法处理未成年人个人信息。

上文提到，最小必要原则与儿童用户身份识别有一定的冲突，获取更多的信息有利于有效甄别用户年龄，但是除识别用户年龄之用以外，所收集的个人信息可能并非提供产品或者服务之必要。此种情况下，个人信息处理者需仅以合理手段验证用户年龄、监护人身份，如验证过程无法避免收集个人信息的，需将个人信息严格限定在身份验证目的范围内处理，并在完成处理后立即删除收集的个人信息。

4. 落实监护人同意原则

在处理儿童的个人信息时，应取得儿童的监护人的事先同意，并保留取得监护人事先同意的相关证据。落实该原则的过程中，具体可分为儿童及其监护人身份核验、监护人同意的实施、留存取得个人信息主体同意过程的证据、设置便捷的撤回同意机制等四个方面。

(1)儿童及其监护人身份核验

关于如何进行身份核验，参考《信息安全技术　个人信息告知同意指南(征求意见稿)》的思路，互联网企业可以针对提供的产品或服务的受众以及所属行业类型的不同而采取不同的验证方式、验证强度。例如：针对面向大众的综合类产品或服务(如电商平台)，采取用户自主填写年龄信息方式进行核验；针对面向儿童用户的产品或服务(如儿童教育、儿童音视频服务)，默认用户为儿童并要求

---

① 《未成年人网络保护条例》第36条规定：“个人信息处理者对其工作人员应当以最小授权为原则，严格设定信息访问权限，控制未成年人个人信息知悉范围。工作人员访问未成年人个人信息的，应当经过相关负责人或者其授权的管理人员审批，记录访问情况，并采取技术措施，避免违法处理未成年人个人信息。”

提供监护人联络方式进行核验;针对目标人群不是儿童的产品或服务(如金融服务),直接拒绝不满14周岁的用户注册使用;针对强监管类的产品或服务(如网络直播、网络游戏),强制采取用户身份实名制并根据实名情况分类采取保护措施。根据《未成年人网络保护条例》第31条的规定,网络直播服务提供者应当建立网络直播发布者真实身份信息动态核验机制,不得向不符合法律规定情形的未成年人用户提供网络直播发布服务。

值得一提的是,实名认证的设置应当符合《未成年人保护法》等①相关法律法规及政策的规定。2021年,广州互联网法院调解了一起因未成年人进行大额游戏充值而引发的网络服务合同纠纷案。② 在该案中,未成年人沈某某(事发时未满11周岁)用其父亲的手机为某款游戏频繁充值,法院审理过程中发现,涉案游戏账号实名认证姓名与身份证号码无法匹配,认证姓名为沈某某父亲,而身份证号码则为沈某某母亲的证件号,该游戏平台的游戏账号实名认证形同虚设。广州互联网法院向该案涉游戏平台发出司法建议书,其中包括严格执行实名认证注册制度。

(2)监护人同意的实施

参考《信息安全技术　个人信息处理中告知和同意的实施指南》的思路,互联网企业可以区分产品或服务的受众以及所属行业类型的不同而设置不同的同意机制。例如,针对电商平台,基于可能存在的儿童个人信息处理活动设计告知同意的机制;针对儿童教育、儿童音视频服务,采取儿童不易绕过的方式引导儿童向其监护人转达相关告知内容,并取得监护人的单独同意(要求提供监护人的联系方式,或设置需要由监护人作出单独同意的步骤,属于不易绕过的方式);针对金融服务,个人信息处理者发现存在不满14周岁的未成年人用户的,可参考儿童教育、儿童音视频服务项下的同意机制,或者直接拒绝服务;针对网络直播、

---

① 《未成年人保护法》第75条第2款规定:"国家建立统一的未成年人网络游戏电子身份认证系统。网络游戏服务提供者应当要求未成年人以真实身份信息注册并登录网络游戏。"《国家新闻出版署关于进一步严格管理切实防止未成年人沉迷网络游戏的通知》第2条规定:"严格落实网络游戏用户账号实名注册和登录要求。所有网络游戏必须接入国家新闻出版署网络游戏防沉迷实名验证系统,所有网络游戏用户必须使用真实有效身份信息进行游戏账号注册并登录网络游戏,网络游戏企业不得以任何形式(含游客体验模式)向未实名注册和登录的用户提供游戏服务。"

② 参见《广东法院未成年人司法保护典型案例》,载江门市新会区文化广电旅游体育局官网2023年5月30日,https://www.xinhui.gov.cn/jmxhqwgj/gkmlpt/content/2/2679/mpost_2679064.html#1542。

网络游戏，通过实名验证信息发现用户为不满 14 周岁的未成年人用户的，可参考儿童教育、儿童音视频服务项下的同意机制。

(3)采取技术措施，留存取得个人信息主体同意过程的证据

在留存取得个人信息主体同意过程的证据的过程中，记录的内容可包括个人信息主体信息、同意的方式、同意的时间、同意的期限、同意的意见、同意对应的告知内容等。记录的方式可包括文件、日志、数据库、电子签章等。个人信息处理者可根据相关法律法规要求和自身举证的需要决定证据留存的时限。在证据留存过程中，须注意以下两点：第一，个人信息处理者留存同意的证据需遵循最小必要原则，避免以留存同意证据为由，扩大个人信息的收集范围；第二，个人信息处理者需对留存证据的使用范围严格限制，不得通过留存证据分析个人信息主体的习惯、意图、想法，并采取严格的访问控制措施防止留存证据被用于法律法规要求和自身举证以外的任何目的。

(4)设置便捷的撤回同意机制以及删除个人信息路径

此环节要求在隐私政策中向监护人说明撤回同意、删除儿童个人信息的具体场景和操作方法。个人信息处理者在收到撤回同意请求后，可通过验证个人信息主体身份等方式，确认提出请求者为个人信息主体监护人。个人信息处理者在收到删除个人信息请求后，如果从技术上难以实现，则应对儿童个人信息进行匿名化处理，直至无法识别所留存的信息属于儿童个人信息。

另有，相较于《个人信息保护法》第 50 条①对于个人信息处理者拒绝个人行使权利的请求时应当说明理由的规定，《未成年人网络保护条例》第 34 条②进一步明确，对于拒绝未成年人个人信息权利的行使，该说明应当以书面形式呈现。

(三)事后合规

事后合规重在救济，以下三项措施并非法律法规针对儿童个人信息保护设置的特殊合规义务，而同样是完整的个人信息保护体系中不可或缺的部分。

---

① 《个人信息保护法》第 50 条第 1 款规定："个人信息处理者应当建立便捷的个人行使权利的申请受理和处理机制。拒绝个人行使权利的请求的，应当说明理由。"

② 《未成年人网络保护条例》第 34 条第 1 款规定："未成年人或者其监护人依法请求查阅、复制、更正、补充、删除未成年人个人信息的，个人信息处理者应当遵守以下规定：……(三)及时受理并处理未成年人或者其监护人查阅、复制、更正、补充、删除未成年人个人信息的申请，拒绝未成年人或者其监护人行使权利的请求的，应当书面告知申请人并说明理由。"

1. 健全投诉举报救济机制①

企业需要切实保障反馈渠道的畅通。除在隐私政策中显著标明监护人投诉反馈机制之外,企业还可以开通儿童个人信息保护投诉举报专用渠道,且最好提供不少于一种反馈渠道(电话、在线客服、邮件等)。

2. 及时补救并报告②

该项内容要求企业有一定预见能力。事后的补救报告措施是一种积极的管控行为,其目的是将损害降到最低,恢复个人信息安全秩序。③ 根据《未成年人网络保护条例》第35条④的规定,发生或者可能发生未成年人个人信息泄露、篡改、丢失的,个人信息处理者不仅应当及时采取补救措施,而且应将事件情况以邮件、信函、电话、信息推送等方式告知未成年人及其监护人。此外,《未成年人网络保护条例》新增了针对所有类型的网络服务提供者对于未成年人人身保护的要求,其规定通过未成年人私密信息发现未成年人可能遭受侵害的,网络服务提供者应当采取必要措施保存有关记录,并向公安机关报告⑤。网络音视频、网络社交等网络服务提供者可重点关注。

3. 违法行为处置⑥

当网络运营者经过主动审查或由被侵权人通知认定存在侵犯个人信息权益

① 《网络安全法》第49条第1款规定:"网络运营者应当建立网络信息安全投诉、举报制度,公布投诉、举报方式等信息,及时受理并处理有关网络信息安全的投诉和举报。"

② 《网络安全法》第42条第2款规定:"网络运营者应当采取技术措施和其他必要措施,确保其收集的个人信息安全,防止信息泄露、毁损、丢失。在发生或者可能发生个人信息泄露、毁损、丢失的情况时,应当立即采取补救措施,按照规定及时告知用户并向有关主管部门报告。"

③ 参见陶思召:《互联网平台的个人信息保护监管义务研究》,上海师范大学2022年硕士学位论文,第31页。

④ 《未成年人网络保护条例》第35条规定:"发生或者可能发生未成年人个人信息泄露、篡改、丢失的,个人信息处理者应当立即启动个人信息安全事件应急预案,采取补救措施,及时向网信等部门报告,并按照国家有关规定将事件情况以邮件、信函、电话、信息推送等方式告知受影响的未成年人及其监护人。个人信息处理者难以逐一告知的,应当采取合理、有效的方式及时发布相关警示信息,法律、行政法规另有规定的除外。"

⑤ 《未成年人网络保护条例》第38条规定:"网络服务提供者发现未成年人私密信息或者未成年人通过网络发布的个人信息中涉及私密信息的,应当及时提示,并采取停止传输等必要保护措施,防止信息扩散。网络服务提供者通过未成年人私密信息发现未成年人可能遭受侵害的,应当立即采取必要措施保存有关记录,并向公安机关报告。"

⑥ 《网络安全法》第47条规定:"网络运营者应当加强对其用户发布的信息的管理,发现法律、行政法规禁止发布或者传输的信息的,应当立即停止传输该信息,采取消除等处置措施,防止信息扩散,保存有关记录,并向有关主管部门报告。"

行为时，需对侵权主体作出相应的处置措施。

五、结　　语

在儿童个人信息网络保护方面，儿童及其监护人本人才是保护体系的第一道防线，监护人应不断提高个人信息风险意识。《未成年人网络保护条例》第33条规定："未成年人的监护人应当教育引导未成年人增强个人信息保护意识和能力、掌握个人信息范围、了解个人信息安全风险，指导未成年人行使其在个人信息处理活动中的查阅、复制、更正、补充、删除等权利，保护未成年人个人信息权益。"这是我国首次将未成年人监护人的教育引导义务以法条形式纳入未成年人网络权益保障范畴。监护人应担负起儿童个人信息保护第一责任人的使命，与国家机关、企事业单位、社会各组织与机构等，共同履行儿童个人信息保护职责。

人力资源管理场景下的个人信息保护

张佳子

2021 年 5 月的一天，一名女子像往常一样从居住的小区出门，出门时她摘下口罩透了会儿气，想起此时疫情管控还在继续，于是又重新戴上了口罩。5 月的上午，夏天的热已经开始露头儿，工作日的海淀还是如往常一样拥堵，该名女子最终在 10 点前顺利到达位于西三旗附近的学清嘉创大厦。大厦门口上方立着 BD 公司的牌子，玻璃门、条幅均显示"BD"的 logo，刷卡处还张贴着 BD 公司一款出名产品的宣传海报。大堂人很多，该女子与多人先后刷卡进入学清嘉创大厦一层闸机内门，并消失在簇拥着关闭了的电梯门后。

以上是 2022 年北京市海淀区人民法院审理的一起劳动争议案件中公司一方所描述的场景，相应地，公司方还提交了 7 段相似场景下用手机拍摄的该名女子在居住的小区门口、学清嘉创大厦门口及大堂的视频，通过当天的衣着、体态、身高、样貌等要素加以证明该名女子当时正在实施违反竞业限制义务的行为，其入职了该公司的竞争对手——BD 公司。该名被跟拍的女子胡某既非名人又非明星，而正是此时法庭上的被告一方。①

读到此，作为法律人，我们会本能地发出这样的疑问：胡某的行踪是如何被得知的？此类未经当事人同意而获取的视听证据是合法的吗？获取的过程和结果是否侵害了胡某的个人隐私？

那就让我们带着这些疑问，共同探讨人力资源场景下的个人信息保护。

---

① 参见北京市海淀区人民法院民事判决书，(2022) 京 0108 民初 14581 号。

一、人力资源管理场景下的个人信息

在探讨人力资源场景下的个人信息保护之前，首先要了解法律上的个人信息都是什么，以及哪些是人力资源场景下常见的个人信息。

（一）个人信息的定义与分类

1. 中国

《中华人民共和国个人信息保护法》（以下简称《个人信息保护法》）第 4 条、第 28 条分别定义了个人信息和个人敏感信息，前者包含了后者，后者是特定的前者。具体而言：

（1）个人信息是指以电子或者其他方式记录的与已识别或者可识别的自然人有关的各种信息，不包括匿名化处理后的信息。根据《信息安全技术　个人信息安全规范》（GB/T 35273—2020），个人信息举例见表 1。

表 1　个人信息举例

项目	内容
个人基本资料	个人姓名、生日、性别、民族、国籍、家庭关系、住址、个人电话号码、电子邮件地址等
个人身份信息	身份证、军官证、护照、驾驶证、工作证、出入证、社保卡、居住证等
个人生物识别信息	个人基因、指纹、声纹、掌纹、耳廓、虹膜、面部识别特征等
网络身份标识信息	个人信息主体账号、IP 地址、个人数字证书等
个人健康生理信息	个人因生病医治等产生的相关记录，如病症、住院志、医嘱单、检验报告、手术及麻醉记录、护理记录、用药记录、药物食物过敏信息、生育信息、以往病史、诊治情况、家族病史、现病史、传染病史等，以及与个人身体健康状况相关的信息，如体重、身高、肺活量等
个人教育工作信息	个人职业、职位、工作单位、学历、学位、教育经历、工作经历、培训记录、成绩单等
个人财产信息	银行账户、鉴别信息（口令）、存款信息（包括资金数量、支付收款记录等）、房产信息、信贷记录、征信信息、交易和消费记录、流水记录等，以及虚拟货币、虚拟交易、游戏类兑换码等虚拟财产信息

续表

项目	内容
个人通信信息	通信记录和内容、短信、彩信、电子邮件，以及描述个人通信的数据（通常称为元数据）等
联系人信息	通讯录、好友列表、群列表、电子邮件地址列表等
个人上网记录	指通过日志储存的个人信息主体操作记录，包括网站浏览记录、软件使用记录、点击记录、收藏列表等
个人常用设备信息	指包括硬件序列号、设备 MAC 地址、软件列表、唯一设备识别码（如 IMEI/Android ID/IDFA/OpenUDID/GUID/SIM 卡 IMSI 信息等）等在内的描述个人常用设备基本情况的信息
个人位置信息	包括行踪轨迹、精准定位信息、住宿信息、经纬度等
其他信息	婚史、宗教信仰、性取向、未公开的违法犯罪记录等

（2）个人敏感信息是指一旦泄露或者非法使用，容易导致自然人的人格尊严受到侵害或者人身、财产安全受到危害的个人信息，包括生物识别、宗教信仰、特定身份、医疗健康、金融账户、行踪轨迹等信息，以及不满 14 周岁未成年人的个人信息。根据《信息安全技术　个人信息安全规范》（GB/T 35273—2020），个人敏感信息举例见表 2。

表 2　个人敏感信息举例

项目	内容
个人财产信息	银行账户、鉴别信息（口令）、存款信息（包括资金数量、支付收款记录等）、房产信息、信贷记录、征信信息、交易和消费记录、流水记录等，以及虚拟货币、虚拟交易、游戏类兑换码等虚拟财产信息
个人健康生理信息	个人因生病医治等产生的相关记录，如病症、住院志、医嘱单、检验报告、手术及麻醉记录、护理记录、用药记录、药物食物过敏信息、生育信息、以往病史、诊治情况、家族病史、现病史、传染病史等
个人生物识别信息	个人基因、指纹、声纹、掌纹、耳廓、虹膜、面部识别特征等
个人身份信息	身份证、军官证、护照、驾驶证、工作证、社保卡、居住证等
其他信息	性取向、婚史、宗教信仰、未公开的违法犯罪记录、通信记录和内容、通讯录、好友列表、群组列表、行踪轨迹、网页浏览记录、住宿信息、精准定位信息等

2. 欧盟

在《一般数据保护条例》①第4条第1款、第9条第1款中,欧盟数据保护委员会分别定义了一般类型的个人数据和特殊类型的个人数据,其分类逻辑大抵与我国《个人信息保护法》中对个人信息和个人敏感信息的分类相似。具体而言:

(1)一般类型的个人数据是指与被识别或可被识别的自然人相关的任何信息。其包括姓名、识别号码、位置数据、在线身份识别码等标识符,或自然人的身体、生理、遗传、心理、经济、文化或社会身份等特定的,通过一个或多个要素能够直接或间接识别出个人的信息。

(2)特殊类型的个人数据也叫敏感数据,包括可揭露出其种族、民族、政治观点、宗教和哲学信仰、工会成员身份的,或以识别出特定个人为目的的基因数据、生物识别数据,或健康数据、与自然人性取向或性经历相关的数据。

3. 美国

在美国联邦方面,目前尚没有针对个人信息保护(通常归为隐私权保护的范畴)的统一综合性法律。对于个人信息的保护,美国实行的是行业分别立法。但在州立法方面,也有不局限于行业的个人信息保护法律,如《2020年加利福尼亚州隐私权法》。但在2022年6月21日,美国众议院和参议院商务委员会的主要成员联合发布了《美国数据隐私和保护法案》,这是美国首份获得两党、两院支持的美国联邦层面规制私营部门的综合性隐私保护法草案,但很可惜,这部法案尚未生效,且根据目前披露的草案内容来看,其明确在适用数据(covered data)中排除了"雇员数据"。

上述《美国数据隐私和保护法案》草案第2条(8)(A)所定义的"适用数据"是指单独或与其他信息结合识别或关联或合理关联到个人或设备的信息,这些信息可识别、关联或合理关联到个人,并可能包括衍生数据以及唯一标识符。

就已经生效的法律而言,《2020年加利福尼亚州隐私权法》第14条修订了《2017年加利福尼亚州民法典》第1798.140条的相关定义,其中个人信息的定义与《美国数据隐私和保护法案》草案第2条(8)(A)基本一致,具体为:

---

① 《一般数据保护条例》(General Data Protection Regulation, GDPR),也翻译为《通用数据保护条例》,本文借鉴了《欧盟数据宪章》一书的翻译。

(v)(1)“个人信息”是指能够识别特定消费者或家庭、与之相关联、对之进行描述、能够合理地与之关联,或能够合理地与之直接或间接相关联的信息。个人信息包括但不限于以下内容,如果其满足前述条件:

(A)标识符,如真实姓名、别名、邮政地址、个人唯一标识符、在线标识符、IP 地址、电子邮件地址、账户名、社保号码、驾照号码、护照号码或其他类似的标识符。

(B)第 1798.80 条(e)款中描述的任何类别的个人信息。①

(C)在加利福尼亚州或联邦法律下受保护的分类的特征。

(D)商业信息,包括个人财产记录,购买、获得或考虑购买的产品或服务的记录,或其他购买史或倾向,或消费史与倾向。

(E)生物识别信息。

(F)互联网或其他电子网络活动信息,包括但不限于浏览历史、搜索历史以及关于消费者与互联网网站、应用程序或广告进行交互的信息。

(G)地理位置数据。

(H)音频、电子、视觉、热成像、嗅觉或类似信息。

(I)专业或就业相关信息。

(J)教育信息,即《家庭教育权利和隐私法案》中定义的非公开的个人可识别信息。

(K)从该款中确定的任何信息中推断出的消费者个人画像结论,该个人画像反映出消费者的偏好、特征、心理趋势、倾向、行为、态度、智力、能力和天赋。

(L)个人敏感信息。

(2)“个人信息”不包括可公开获得的信息,或合法获得的、真实

① 根据《2017 年加利福尼亚州民法典》第 1798.80 条(e)款的规定,“个人信息”是指识别、涉及、描述或能够与特定个人相关联的任何信息,包括但不限于他或她的姓名、签名、社保号码、身体特征或描述、地址、电话号码、护照号码、驾驶执照或州身份证号码、保险单号码、教育、就业、工作经历、银行账号、信用卡号、借记卡号或任何其他财务信息、医疗信息或健康保险信息。“个人信息”不包括从联邦、州或地方政府记录中合法向公众提供的公开信息。

的、引起公众关注的信息。就本项而言,“可公开获得”是指:从联邦、州或地方政府记录中合法获得的信息,或者某企业有合理理由认为是由消费者合法地向公众公布的,或从广泛传播的媒体获得的;或者如果消费者没有将信息限定于特定的受众,则由消费者已经向其披露了信息的人提供的信息。“可公开获得”并不意味着企业在消费者不知情的情况下收集的关于消费者的生物识别信息。

(二)人力资源管理场景下常见个人信息

考虑到人力资源场景下通常有专门的劳动法律规制,因此专门的个人信息保护法律通常会将此部分进行排除或仅简要提及,而不会专门设置专章进行规定。也正因为此,人力资源场景下的个人信息所适用的法律相对会更复杂,即不仅要满足个人信息保护相关法律的规定,还要满足劳动法律作为特别法的规定。

那么,我们先来看下中欧美对于人力资源场景下所涉及个人信息是如何规定的。

1. 中国:劳动法和个保法均有规定,但都不具体。

《个人信息保护法》第 13 条第 1 款第 2 项规定,符合“按照依法制定的劳动规章制度和依法签订的集体合同实施人力资源管理所必需”的情形,个人信息处理者方可处理个人信息。《中华人民共和国劳动合同法》(以下简称《劳动合同法》)第 8 条规定,“用人单位有权了解劳动者与劳动合同直接相关的基本情况,劳动者应当如实说明”。由此可知,目前法定允许企业在人力资源场景下处理的个人信息包括:(1)与劳动合同订立、履行、终止或解除直接相关的劳动者的个人信息;(2)为实施依法制定的劳动规章制度而必须处理的个人信息;(3)为实施依法签订的集体合同而必须处理的个人信息。但以上场景中具体包括哪些个人信息,法律中没有做相应的列举。

2. 欧盟:原则上适用《一般数据保护条例》,各成员国可拓展。

《一般数据保护条例》第 88 条规定:“多个成员国可以通过法律或通过协定制定特定规则,以保证在雇佣场景下处理雇员个人数据保证其权利与自由。这在如下情形中尤其适用:为了招聘、履行雇佣合同,包括在法律或集体合同中确定的无须签署合同的情况;对工作的管理、计划与组织;工作场所的合理性与多样性;工作中的健康与安全,对员工与顾客财产的保护;为了行使和享受与雇佣相关的权利与收益;为了终止雇佣关系。"2017 年,欧盟专门发布了《第 2/2017 号关于工作中数据处理的意见》,对企业处理员工个人信息提出了较为详细的指引。但以上均是对于处理行为的规制,而就人力资源管理场景下的个人信息的定义,没有作专门的规定,也没有进行列举。

3. 美国:《美国数据隐私和保护法案》草案中第 2 条(8)(B)将"雇员数据"排除在"适用数据"的范围外,但其仍对"雇员数据"进行了相应的定义。该草案第 2 条(8)(C)规定,"雇员数据"是指:

(1)作为求职者的潜在雇主,由适用主体在此类工作申请或招聘过程中收集的与求职者有关的信息,且仅可在雇员作为该雇主现任或前任求职者的身份时,才可以收集、处理或传输此类信息;

(2)雇主处理的以专业身份为雇主行事的雇员的相关信息,前提是此类信息的收集、处理或传输仅用于与该雇员代表雇主的专业活动相关的目的;

(3)雇员的业务联系信息,包括雇员的姓名、职位或头衔、公司电话号码、公司地址或由以专业身份行事的雇员提供给雇主的电子邮件地址,此类信息仅基于与该雇员代表雇主从事的专业活动相关的目的而收集、处理或传输;

(4)雇主收集的、与雇员有关的紧急联系信息,如果收集、处理或传输此类信息仅用于为雇员存档紧急联系人以及在紧急情况下处理或传输此类信息;

(5)与雇员(或该雇员的配偶、受抚养人、其他受保护家庭成员或受益人)有关的信息,这些信息对于雇主收集、处理或转移是必要的,仅用于管理该雇员(或配偶、受抚养人、其他受保护家庭成员或该雇员的受益人)根据雇员在该雇主的职位有权获得的福利。

从上文对于个人信息的分类与定义中我们不难看出,一旦个人信息对应人力资源这个特定的场景,无论中国、欧盟还是美国都是采取以细分场景的角度进行定义,且对于细分场景都有或不同或可重合的角度。

二、人力资源管理场景下处理个人信息的合法性要求

(一)中国

根据《中华人民共和国民法典》第 1035 条和《个人信息保护法》第 5 条的规定,处理个人信息应当遵循合法、正当、必要和诚信原则。

(二)欧盟

根据《第2/2017号关于工作中数据处理的意见》,企业处理雇员个人信息应遵循7项基本原则①,具体包括:

1. 确定性(finality)原则。信息收集应有特定、明确和合法的目的,处理信息不得超出目的。

2. 透明原则。雇员应该知晓信息处理的内容和目的。

3. 合法性原则。雇员个人信息处理应具有合法性(legitimate)。

4. 合乎比例原则。个人信息必须适当、相关并不得超出目的的限制。即使雇员已知情,信息处理也应具有合法性和合乎比例,信息处理对雇员而言仍须是公正的。

5. 准确和保留原则。

6. 安全原则。雇主应采取适当技术和组织措施确保信息安全保管。

7. 雇员意识原则。负责信息处理的雇员以及其他雇员应知晓数据保护知识,并接受适当培训。

(三)美国

从前文提到的《美国数据隐私和保护法案》草案第2条(8)(B)的定义中不难看出,与中国的《个人信息保护法》和欧盟的《一般数据保护条例》不同,美国更注重"目的限制"而非强调处理个人信息应具有"合法性基础";除个人敏感信息外,对于一般个人信息的处理,更强调个人信息所有者的"选择退出"而非"知情同意"等。《美国数据隐私和保护法案》草案第1章就明确规定了个人信息保护的一般原则——忠诚义务(duty of loyalty)。具体而言:

1. "数据最小化",即要求适用主体将其收集、处理和转让的数据内容限制在他们为提供或维持个人所要求的特定产品或服务而需要的"合理必要、相称和有限"的范围内,并规定联邦贸易委员会在该法出台一年内出台相关判断标准。

2. "具体的忠诚义务",即在所列明的特定情况下对个人数据处理活动加以

---

① 参见谢增毅:《职场个人信息处理的规制重点——基于劳动关系的不同阶段》,载《法学》2021年第10期。

限制,如对收集、处理和传输社会保险号码,收集、处理个人敏感信息或将个人敏感信息传输给第三人,以及向非附属的第三方传输个人在视频或流媒体服务场景下的请求或选择视频内容或服务的数据,规定仅能在有限的条件下才能处理这些数据。

3."隐私设计",即要求适用主体综合考虑17岁以下个人的隐私风险,与产品或服务相关的隐私风险,联邦、州或地方的法律、规则或条例等因素,采取"合理的政策、做法和程序"收集、处理和传输数据。同时,在建立政策、做法和程序时,也需要综合考虑适用主体的规模、性质、处理活动的复杂程度、处理的数据的敏感度和数量、涉及的数据主体的数量等因素。

4."防止价格歧视",即原则上禁止企业以拒绝提供服务、收取不同的价格,或以个人同意放弃隐私权为条件提供商品或服务,除非满足所处理的信息属于财务信息,或属于提供"忠诚计划"两种例外情况。

三、人力资源管理场景下个人信息的应用与保护

(一)场景一:招聘阶段

1.该场景下常见的个人信息

表3列举了该场景下常见的个人信息(个人敏感信息标注"敏"字)。

表3　招聘阶段常见的个人信息

分类	列举	常见载体
个人基本资料	个人姓名、生日、性别、民族、国籍、家庭关系、住址、个人电话号码、电子邮件地址等	个人简历、入职信息登记表、聘用函
个人身份信息(敏)	身份证	入职信息登记表、聘用函
个人健康生理信息(敏)	生育信息、以往病史、与个人健康状况有关的信息等	入职信息登记表、体检报告
个人教育工作信息	个人职业、职位、工作单位、学历、学位、教育经历、工作经历、培训记录等	个人简历、入职信息登记表
其他信息(敏)	未公开的违法犯罪记录	入职信息登记表、背调报告

2. 典型案例：王某某侵犯公民个人信息案[（2019）沪0104刑初116号]

基本案情：2017年4月至10月，被告人王某某担任北京网聘咨询有限公司北方营销中心销售人员期间，通过网络结识陈某后，为提高业绩收入，王某某从公司内部资料库中找到相关企业信息，制作虚假服务合同，违规向陈某个人出售招聘企业账号，供陈某用于下载求职者简历。经查，王某某违规出售的企业账号可下载求职者简历数量共计9800份，实际下载简历数量5009份。本案经一审，判决被告人王某某犯侵犯公民个人信息罪，判处拘役5个月，缓刑5个月，并处罚金人民币5000元。

典型意义：本案对于自建招聘渠道的企业具有一定借鉴价值，企业应注意对于简历信息的分类、内容及权限等安全评估和信息安全管理；对于委托第三方机构或平台进行招聘活动，也需要对招聘人员使用企业账号进行一定的管控，建立使用规范。

3. 合规建议

第一，在求职者参加应聘之前，企业应准确、清晰地告知求职者所有针对其个人信息的处理活动，涉及个人敏感信息的，应由求职者直接授权提供，如身份证信息，或在取得求职者同意后获取，如犯罪记录、个人体检报告。

第二，对于与求职者有关的个人信息收集应限于必要的个人资料，而且收集的资料应与申请的工作有关，并注意遵守反就业歧视的相关法律规定，如收集生育情况就违反了《中华人民共和国妇女权益保障法》的规定。

第三，对于明确不发送聘用函或对方拒绝接受聘用函，所收集的个人信息应删除或做匿名化处理。

（二）场景二：在职阶段

1. 该场景下常见的个人信息

表4列举了该场景下常见的个人信息（个人敏感信息标注“敏”字）。

表4　在职阶段常见的个人信息

分类	列举	常见用途
个人基本资料	个人姓名、生日、性别、民族、国籍、家庭关系、住址、个人电话号码、电子邮件地址等	（外籍）办理就业许可，享受法定福利，享受公司福利，意外情况的紧急联系

续表

分类	列举	常见用途
个人身份信息(敏)	身份证、军官证、护照、驾驶证、社保卡、居住证等	享受法定福利,享受公司福利,核实就业资格办理出差或外派
个人生物识别信息(敏)	个人基因、指纹、声纹、掌纹、耳廓、虹膜、面部识别特征等	考勤,工作监控
网络身份识别信息	个人信息主体账号、IP 地址、个人数字证书等	工作监控,考勤,考评
个人健康生理信息(敏)	个人因生病医治等产生的相关记录	考勤(通常为核实病假),评价任职资格
个人财产信息(敏)	银行账户、房产信息、信贷记录、征信记录等	发放工资,享受公司福利
个人通信信息	通信记录和内容、短信、彩信、电子邮件,以及描述个人通信的数据(通常称为元数据)等	工作监控
个人网上记录	指通过日志储存的个人信息主体操作记录,包括网站浏览记录、软件使用记录、点击记录、收藏列表等	考勤,工作监控,企业信息安全或知识产权保护
个人常用设备信息	指包括硬件序列号、设备 MAC 地址、软件列表、唯一设备识别码(如 IMEI/Android ID/IDFA/OpenUDID/GUID/SIM 卡 IMSI 信息等)在内的描述个人常用设备基本情况的信息	对工作场所内的设备或企业提供劳动工具进行的工作监控
个人位置信息(敏)	包括行踪轨迹、精准定位信息、住宿信息、经纬度等	考勤,打车、出差管理

2. 典型案例:公司使用手机开通 GPS 定位对员工进行考勤,并且将员工的个人定位信息在公司公布,涉嫌侵犯个人隐私案

根据中国裁判文书网的记录①,以“手机定位”为关键字,查询到的劳动争议

① 数据查询日期为 2023 年 6 月 24 日,因网页实时更新,以中国裁判文书网(www.wenshu.court.gov.cn)登载的数据为准。

案件有 293 件,以“人脸识别”为关键字,查询到的劳动争议案件有 1236 件,以“视频监控”为关键字,查询到的劳动争议案件有 1472 件。目前,随着技术的发展,基于考勤、绩效、工作场所安全等需要,企业和员工均较为认可通过一定的技术手段进行相关的工作管理,并大部分会以此作为涉及劳动争议案件的证据提交,很少有质疑其侵犯个人信息或隐私权的情况。但在个别案件中,仍不乏对此主张侵犯个人信息或隐私权的情况。

基本案情:苏某于 2007 年入职安徽青松食品有限公司(以下简称青松公司),2010 年 7 月 16 日,苏某和青松公司签订了一份手机使用协议,该协议有“使用者须保持 24 小时开机状态”“公司安排专人对手机使用者进行不定期通话测试”“办公手机已开通 GPS 定位管理系统,可随时对手机使用者进行定位”等内容。苏某称这份协议并没有经过职工代表大会表决,“谁不签字谁就要被迫离职”。因为自己的隐私权、个人信息保护受侵害,苏某向合肥市蜀山区人民法院提起诉讼,要求手机运营商和青松公司登报对他赔礼道歉、消除影响,并赔偿精神损失费 400 万元。2021 年 8 月 16 日,蜀山区人民法院综合各方证据及当庭陈述可知,因青松公司经营模式的特殊性,其采取手机定位方式管理员工考勤具有合理性,故不能仅凭其开通了工作手机定位就认定其侵犯员工隐私权。该公司在发放工作手机时已经对手机性质、安装的软件及使用要求均进行了告知,且在后期考勤时并未将考勤数据外泄,原告亦未提供证据证明公司对其下班生活进行了干涉,故其主张缺乏事实和法律依据,蜀山区人民法院不予支持。另外,从现有证据来看,青松公司虽未侵犯员工隐私权,但其在发放工作手机时并未明示员工定位可关闭,容易造成部分员工对此并不知情,进而认为自己必须接受公司 24 小时定位,以致发生矛盾,望该公司在此后的工作过程中予以改进,在利用现代科技提升管理效率的同时更注重对员工知情权、选择权的保护。

典型意义:本案是一起因手机定位进行考勤管理而引发的隐私权、个人信息侵权纠纷。从一审判决文书上看,法院从采取手机定位获取个人位置信息的必要性、合理性,企业对个人信息处理的告知义务,个人信息主体的退出机制,以及损害后果等 5 个方面进行了事实认定、综合考量并作出判决。另外,最高人民法院《关于民事诉讼证据的若干规定》第 93 条也规定了“在审理涉‘移动考勤’类劳动争议纠纷案件时,应依法对电子数据类证据进行审查并结合双方证据情况对案件事实予以认定”。因此,司法层面并非直接认定手机定位为非法证据而不予采信，其合法性，无论是作为证据的合法性还是作为侵权认定的事实部分，仍会由法院根据案件事实进行综合认定。

3. 合规建议

第一，企业可以通过劳动规章制度、集体合同的方式将企业用工期间涉及的个人信息、个人信息使用场景、个人信息的处理活动等内容予以明确规定。

第二，企业应准确、清晰地告知员工所有针对其个人信息的处理活动，涉及个人敏感信息的，应由员工直接授权后获取和使用，如手机定位、人脸识别信息、指纹。这里需要注意，上述操作笔者建议应为单独授权，不建议将此部分授权直接作为劳动合同的条款。因为劳动合同属于制式合同，如果作为劳动合同的一部分，会有被质疑强制授权的风险。另外，针对工作场所的视频监控，需要注意悬挂“进入监控区域”标识，此部分如果不涉及人脸信息采集的，则无须单独授权。

第三，对于收集员工的个人信息应满足与工作相关的必要性原则，不可过度收集。

（三）场景三：离职及离职后阶段

1. 可能涉及的个人信息

《劳动合同法》第 50 条第 3 款规定：“用人单位对已经解除或者终止的劳动合同的文本，至少保存二年备查。”在实践中，为了避免可能存在的争议，企业通常会保留离职员工的全部电子数据和纸质文件至少一年，以规避可能发生的劳动争议。① 因此，前面场景一、二中涉及的个人信息均还会在离职后被保存。

但离职及离职后仍对个人信息进行处理活动，通常是基于员工离职后仍遵守保密义务，竞业限制义务，企业高管、董事等的忠诚义务，非竞争义务等法定或合同约定义务而处理个人信息。其通常会涉及的个人信息有个人基本资料、个人身份信息（敏）、个人位置信息、个人财产信息（敏）、个人工作信息等。

2. 典型案例：胡某与前公司劳动争议案［（2022）京 0108 民初 14581 号］

本案为本文引言所援引的案件，其中对于案件中所援引的 7 段视频，胡某认

---

① 《中华人民共和国劳动争议调解仲裁法》第 27 条第 1 款规定：“劳动争议申请仲裁的时效期间为一年。仲裁时效期间从当事人知道或者应当知道其权利被侵害之日起计算。”该条第 4 款规定：“劳动关系存续期间因拖欠劳动报酬发生争议的，劳动者申请仲裁不受本条第一款规定的仲裁时效期间的限制；但是，劳动关系终止的，应当自劳动关系终止之日起一年内提出。”

为属于非法取得的证据，但一审法院认为，“离职后入职竞争对手的违约行为，通常具有隐蔽性，有关证据不易取得。前公司已多次催告胡某依约主动报告就业单位，在其拒不回应之后才拍摄上述视频，可以理解为守约方出于救济自身权益之目的与动机而进行取证。故秉承利益衡量理念予以考量，上述七段视频不应被排除，可以作为认定案件事实的根据”。

3. 合规建议

第一，离职员工个人信息的存留期限，应按照相关法律规定执行，如劳动合同应保留至少 2 年。另外，如果企业对于员工的数据有分析的需求，也可在做匿名化处理后对于属于商业信息的部分，如在企业的工作记录等进行保存和使用。

第二，对于离职员工违约行为的调查，虽然无法取得离职员工的同意，但应遵守必要原则，即开展调查是取证的唯一手段，调查方法选择对个人隐私“零”伤害或采取必要措施避免产生损害。政府机构应建立和完善相应的诚信体系，减少因私力救济而对个人信息权益的损害。

第三，根据《中华人民共和国档案法》的规定，企业人事档案亦可以与当地人社部门电子档案库对接，将电子化档案数据存档在政府机构，以实现长期保存。但请注意此类对接机制尚不成熟，且后续如何调取，调取的条件和要求亦尚无明确的规定，也是未来政府和企业值得探讨的个人信息保护路径。

四、人力资源管理场景下以数据为基础的前沿技术应用

大数据与人工智能时代，利用人工智能（Artificial Intelligence, AI）算法帮助人类在各种场景中更客观、公平、高效地作出决策似乎成为一种趋势。虽然算法合规领域针对 AI 技术不成熟、算法偏见等的质疑之声一直不绝于耳，但我们不能忽视的是，不远的未来，利用算法技术辅助人类进行决策，甚至在部分领域代替人类进行决策是大势所趋。作为一项新技术，完全没有必要对它进行妖魔化，但通过质疑使其更接近人类最初使用它的目的，即高效地输出客观、公平的结果，更为重要。

除了算法合规领域，数据合规亦非常关注自动化决策对于个人信息方面的影响。我国《个人信息保护法》第 24 条专门规定了对自动化决策的具体内容，即“个人信息处理者利用个人信息进行自动化决策，应当保证决策的透明度和结果

公平、公正,不得对个人在交易价格等交易条件上实行不合理的差别待遇。通过自动化决策方式向个人进行信息推送、商业营销,应当同时提供不针对其个人特征的选项,或者向个人提供便捷的拒绝方式。通过自动化决策方式作出对个人权益有重大影响的决定,个人有权要求个人信息处理者予以说明,并有权拒绝个人信息处理者仅通过自动化决策的方式作出决定”。

2023 年最为火爆的话题当属 Chat GPT 的问世,目前在企业内部使用生成式 AI 技术已提上企业管理的议程。在不同国家,AI 技术在人力资源管理领域的应用和规范也存在一定的差异。

在美国,人力资源管理领域对 AI 技术的采用非常普遍,尤其是在聘用和招聘方面。然而,美国没有统一的 AI 法律法规,只有一些部门和行业制定了相应的标准和指南。例如,美国联邦劳工标准局(U. S. Department of Labor)制定了《人力资源技术面试建议》,其规定了使用 AI 技术进行人才选拔的最佳实践。此外,美国还有《歧视法》《平等机会法》等法律来保护求职者的权益。因此,美国企业在使用 AI 技术时,不仅需要关注 AI 算法的合理性,还要注意避免歧视行为。

在欧洲,对于 AI 技术在人力资源管理中的应用比美国更为谨慎,出台了更加严格的法律和标准。例如,欧盟《一般数据保护条例》中详细规定了使用 AI 技术处理个人数据的限制和要求。在聘用和招聘过程中,欧洲雇主需要遵守欧盟《一般数据保护条例》规定的透明度、公平、合理和保护个人数据的准则。此外,欧洲还建立了专门的机构,如欧洲数据保护监管机构(European Data Protection Supervisor),对数据隐私和 AI 安全进行监管。

在中国,政府鼓励 AI 技术的应用,同时也制定了相关的法律和标准。例如,2017 年 12 月,工业和信息化部发布了《促进新一代人工智能产业发展的三年行动计划(2018—2020 年)》。在人力资源管理领域,中国很多企业正在积极尝试使用 AI 技术,如人才选拔、员工考核和离职预测等。然而,在使用 AI 技术时,也需要遵守《个人信息保护法》等相关法律和规定,保证员工个人数据的隐私和安全。

笔者一直保持着对自动化决策工具的信心,也相信未来更好的产品会被应用到人力资源管理的场景中。目前,我国还没有专门的法律法规规制人力资源场景下自动化决策。但随着自动化决策工具的引入和广泛应用,相信不远的将来,会有针对此的规定出台,或许可以期待一下未来《劳动合同法》修订中的相关内容。

大数据时代下网络爬虫技术的应用规制

杨一琦　祁丽娜　张彩虹

一、爬虫技术的应用现状

自 1993 年 12 月首个基于爬虫的网络搜索引擎——JumpStation 诞生，网络爬虫(web crawlers)已存在近 30 年。网络爬虫技术是一种基于浏览器和服务器架构的数据采集技术，能够按照一定的规则自动发现、抓取和存储万维网信息的程序或脚本。① 在当前研究中，网络爬虫通常也被称为网络机器人、网络蜘蛛等，与其相对应的行为常用"爬取"(crawling)或"抓取"(scraping)等词语表达。②

随着人工智能、云计算、物联网等技术的广泛应用，网络爬虫技术本身在客观上能打破"数据孤岛"，解决海量数据的收集和整理，节省人力、物力、资金等成本，因此常见于搜索引擎、专业数据库、行业比价、建立数字图书馆、舆情监测、违法行为监测、暗网探知、学术研究、实证研究等领域。

但近年来，涉及网络爬虫的法律纠纷呈增多趋势，基本覆盖民事、行政及刑事各领域。从相关实践案例来看，违法爬虫的目标主要是互联网公司和政府相关部门的数据，绝大多数网站会考虑到既有商业利益以及自身网站运营安全而采取"反爬"措施，"爬"与"反爬"、"反爬"与"反反爬"的复杂对抗一直在拉锯中不断迭代更新，造成一定的社会资源浪费。此外，违法爬虫的危害行为还表现为：持续无节制地实施 DDOS(Distributed Denial of Service，分布式拒绝服务)恶意攻击导致数据平台计算机系统不能正常运作，非法刷评论等流量欺诈严重破

---

① 参见肖睿、陈磊主编：《Python 网络爬虫》，人民邮电出版社 2020 年版，第 2 页。

② 参见苏青：《网络爬虫的演变及其合法性限定》，载《比较法研究》2021 年第 3 期。

坏网络诚信体系，造成大量的IP访问网站侵占网站带宽增加网站运维成本，或者以爬虫为中心形成一系列网络灰黑产业链等。

由此可见，基于维护法律秩序与互联网产业健康发展的需要，对使用爬虫技术的行为合法性进行定性并建立完善的法律规制体系极为必要。

二、爬虫技术的法律问题

实践中已有不少案例表明，爬虫技术运用不当则可能为企业带来法律风险。关于爬虫技术运用的法律风险可以从技术行为本身出发进行探讨。爬虫技术抓取数据的行为首先是一个技术使用问题，同时运用技术行为的最终目的是抓取目标数据。[①] 对此，本文分别从运用爬虫技术抓取数据的行为本身和抓取数据后对数据如何使用两个方面分析爬虫技术运用所存在的风险。

（一）使用爬虫技术抓取数据行为的法律风险

1. 与计算机信息系统有关的刑事法律风险

（1）非法获取计算机信息系统数据罪

谈及爬虫技术的运用行为，人们可能普遍会认为该行为不当，也只是违反Robots协议，然而实际上亦存在涉刑的法律风险。除威胁数据安全以外，可能会带来的法律风险主要表现为：影响计算机系统的安全、干扰计算机信息系统的正常运行，而这些风险在当前我国法律体系下是受到刑法规制的。

因使用爬虫技术而入罪始于2017年上海晟品网络科技有限公司非法获取计算机信息系统数据罪一案，自此，探讨爬虫的涉刑边界引发了学术领域的研究浪潮。被告上海晟品网络科技有限公司在2016年至2017年采用爬虫技术非法抓取北京字节跳动网络技术有限公司服务器中存储的视频数据，进而实施复制北京字节跳动网络技术有限公司的视频资源的行为。该案中，法官将反爬虫机制认定为与用户身份信息认证机制同态的计算机信息系统安全措施，并将常见的对抗反爬虫措施的技术行为认定为侵入计算机信息系统行为，最终认定被告

---

① 参见李慧敏、孙佳亮：《论爬虫抓取数据行为的法律边界》，载《电子知识产权》2018年第12期。

构成非法获取计算机信息系统数据罪。[①] 该案判决特别指出:“在信息时代,‘爬虫’技术是一种常见的数据抓取技术,最常用的领域是搜索引擎,该技术的有效使用有利于数据的共享和分析、造就了互联网生态的繁荣,但并不意味该技术的使用没有边界。法官在此提醒互联网行业的从业人员,必须在法律的框架之内合理使用该技术,违反法律规定利用该技术非法获取数据可能构成犯罪。”[②]从这个案件可以看出,司法对于爬虫行为的规制趋向严厉化,这无疑给爬虫技术使用者敲响“警钟”,使用爬虫技术即使爬取的是公开数据,也并非“万无一失”。如果利用爬虫技术,绕开被访问网站设置的身份验证、访问频率限制等安全措施,侵入被爬取网站系统获取其存储的数据,亦有可能构成非法获取计算机信息系统数据罪。在林某某等非法获取计算机信息系统数据案中,被告人林某某等使用网络爬虫技术爬取北京某公司经营的某网站房产数据,在该公司增加反爬取措施后,仍使用破解验证码、绕开挑战登录等方式破解了该公司的反爬取措施,非法获取该公司网站的房源数据,并将非法获取的房产数据存放在自己的服务器中供其自己经营的“推房神器”App 调用,并向该 App 用户收取会员费盈利,其行为最终被法院认定构成非法获取计算机信息系统数据罪。[③] 对于提供数据产品的企业来说,爬虫技术使用合规必须予以重视。

(2)提供侵入、非法控制计算机信息系统程序、工具罪

《中华人民共和国刑法》(以下简称《刑法》)第 285 条规定,提供专门用于侵入、非法控制计算机信息系统的程序、工具,或者明知他人实施侵入、非法控制计算机信息系统的违法犯罪行为而为其提供程序、工具,情节严重的,构成提供侵入、非法控制计算机信息系统程序、工具罪。以陈某提供侵入、非法控制计算机信息系统程序、工具案为例,被告人陈某编写的爬虫软件具有以非常规的方式构造和发送网络请求,模拟用户在大麦网平台手动下单和购买商品的功能,且具备以非常规手段模拟用户识别和输入图形验证码的功能,该功能可绕过大麦网平台的人机识别验证机制,以非常规方式访问大麦网平台的资源。被告人陈某将上述爬虫软件用于在大麦网平台上抢票,并向他人出售该软件,该行为最终被法

① 参见北京市海淀区人民法院刑事判决书,(2017)京 0108 刑初 2384 号。

② 刘艳红:《网络爬虫行为的刑事规制研究——以侵犯公民个人信息犯罪为视角》,载《政治与法律》2019 年第 11 期。

③ 参见北京市朝阳区人民法院刑事判决书,(2020)京 0105 刑初 2594 号。

院认定构成提供侵入、非法控制计算机信息系统程序、工具罪。① 需要关注的是，即使爬虫行为并非己方实施，但是为他人提供爬虫技术用于非法侵入、控制计算机系统亦可能构罪。

（3）非法侵入计算机信息系统罪

在某些情形下，并非需要使用爬虫技术侵入网站爬取数据的动作，使用爬虫技术侵入系统的行为本身也具有构成犯罪的可能性。在李某某、王某、卢某某等非法侵入计算机信息系统案中，被告人李某某使用“爬虫”软件，大量爬取全国各地及凉山州公安局交警支队车管所公告的车牌放号信息，之后使用软件采用多线程提交、批量刷单、验证码自动识别等方式，突破系统安全保护措施，将爬取的车牌号提交至“交通安全服务管理平台”车辆报废查询系统，进行对比，并根据反馈情况自动记录未注册车牌号，建立全国未注册车牌号数据库。之后其又编写客户端查询软件，通过QQ、淘宝、微信等方式，分省市贩卖数据库查阅权限。法院判决认为被告李某某等人其行为违反国家规定，侵入国家事务领域的计算机信息系统，构成非法侵入计算机信息系统罪。② 根据现行《刑法》第285条的规定，如果使用爬虫技术，侵入的是国家事务、国防建设、尖端科学技术领域的计算机信息系统，则只要实施了侵入行为即构成非法侵入计算机信息系统罪。

（4）破坏计算机信息系统罪

爬虫技术的滥用对于计算机系统本身及其承载数据的安全存在威胁。在王博某某、黄某某破坏计算机信息系统案中，被告使用电脑通过Python软件编写“爬虫”程序，以该“爬虫”程序植入第十三届全运会接待服务系统的方式对该系统进行攻击，删除了该系统内大量参赛运动员及技术官员的抵离信息、酒店住宿信息、人员简要身份信息，致使当日天津市全运会组委会接待服务部39台计算机无法正常运行接待服务系统，给全运会接待服务工作造成严重影响，法院认定其行为依法构成破坏计算机信息系统罪。③ 爬虫技术的使用可能干扰网站系统的正常运营，过度频繁的访问请求会导致服务器崩溃；更有恶意者，通过编写爬虫程序，植入计算机系统，对系统功能进行删除、修改、增加、干扰，造成计算机信

① 参见广东省广州市南沙区人民法院刑事判决书，(2021)粤0115刑初5号。

② 参见四川省德昌县人民法院刑事判决书，(2018)川3424刑初169号。

③ 参见天津市南开区人民法院刑事判决书，(2017)津0104刑初740号；天津市第一中级人民法院刑事裁定书，(2018)津01刑终300号。

息系统不能正常运行，或者对计算机信息系统中存储、处理或者传输的数据和应用程序进行删除、修改、增加，甚至故意制作、传播计算机病毒等破坏性程序，这些行为如果造成法定严重后果，就构成破坏计算机信息系统罪。

2. 与个人信息有关的刑事法律风险

在当前信息化时代，网络上的公开信息可能还包含了公民的个人信息，特别是在利用互联网技术对信息进行汇聚融合的过程中，将会加剧公民个人信息被获取及不当利用的风险，进而侵犯公民对其个人信息所享有的主体权益。① 因此，企业使用爬虫技术获取的数据信息如果包含公民个人信息，需要引起关注，稍有不慎，则可能"触刑"。《中华人民共和国个人信息保护法》（以下简称《个人信息保护法》）对于"个人信息"的定义是"以电子或者其他方式记录的与已识别或者可识别的自然人有关的各种信息，不包括匿名化处理后的信息"。根据《最高人民法院、最高人民检察院关于办理侵犯公民个人信息刑事案件适用法律若干问题的解释》的规定，"公民个人信息"是指以电子或者其他方式记录的能够单独或者与其他信息结合识别特定自然人身份或者反映特定自然人活动情况的各种信息，包括姓名、身份证件号码、通信联系方式、住址、账号密码、财产状况、行踪轨迹等。

爬虫技术使用方未经个人授权，收集能够识别公民个人身份或者涉及公民个人隐私的个人信息的，可能被认定为现行《刑法》第 253 条之一规定的"窃取或者以其他方法非法获取公民个人信息"，构成侵犯公民个人信息罪。司法实务也有这样的实例。在彭某某、吕某、周某侵犯公民个人信息罪案件中，被告人运用爬虫技术爬取电商平台、微博等数据，其爬取的数据包含了姓氏、电话号码等公民个人信息。案件审理时被告人提出涉案信息来源是在网上抓取，并非非法获取的；法院认为，任何个人和组织不得窃取或者以其他非法方式获取个人信息，不得非法出售或者非法向他人提供个人信息，被告人无论是从公司窃取还是自己加工获取，未征得他人同意收集信息，均系非法手段，不影响本罪的构成。② 由此可以看出，如果爬虫技术使用方在未经他人同意或者超出权限许可范围的情

---

① 参见徐宗新、陈沛文：《数据红利与信息危机——兼论网络爬虫的罪与罚》，载《上海法学研究》2021 年第 7 卷。

② 参见四川省成都高新技术产业开发区人民法院刑事判决书，(2018)川 0191 刑初 94 号；四川省成都市中级人民法院刑事判决书，(2018)川 01 刑终 454 号。

况下大量抓取公民个人信息，其手段即具有非法性，可能构成刑事犯罪。爬虫技术的快捷高效、精准等特征，倘若被不当使用于爬取个人信息方面，将严重威胁个人信息安全。

3. 民事侵权、行政处罚法律风险

上述主要从涉刑角度分析爬虫技术行为的法律风险，在实践中，爬虫技术的滥用同样也会存在民事侵权、行政处罚的风险。例如，爬虫技术使用方不遵守网站 Robots 协议，未经网站授权，其收集数据行为可能构成侵权或不正当竞争；即使是在没有 Robots 协议的情况下，网站作为权利人，同样可以主张爬虫技术使用方侵犯著作权或构成不正当竞争。

此外，《中华人民共和国网络安全法》（以下简称《网络安全法》）第 27 条规定："任何个人和组织不得从事非法侵入他人网络、干扰他人网络正常功能、窃取网络数据等危害网络安全的活动；不得提供专门用于从事侵入网络、干扰网络正常功能及防护措施、窃取网络数据等危害网络安全活动的程序、工具；明知他人从事危害网络安全的活动的，不得为其提供技术支持、广告推广、支付结算等帮助。"《网络安全法》第 63 条规定："违反本法第二十七条规定，从事危害网络安全的活动，或者提供专门用于从事危害网络安全活动的程序、工具，或者为他人从事危害网络安全的活动提供技术支持、广告推广、支付结算等帮助，尚不构成犯罪的，由公安机关没收违法所得，处五日以下拘留，可以并处五万元以上五十万元以下罚款；情节较重的，处五日以上十五日以下拘留，可以并处十万元以上一百万元以下罚款。单位有前款行为的，由公安机关没收违法所得，处十万元以上一百万元以下罚款，并对直接负责的主管人员和其他直接责任人员依照前款规定处罚。违反本法第二十七条规定，受到治安管理处罚的人员，五年内不得从事网络安全管理和网络运营关键岗位的工作；受到刑事处罚的人员，终身不得从事网络安全管理和网络运营关键岗位的工作。"对于爬虫技术使用方未经个人授权收集个人信息的，或超范围过度收集个人信息，违反了《网络安全法》《个人信息保护法》等相关法律的，也将面临行政处罚的问题。

（二）通过爬虫技术抓取后的数据使用行为的法律风险

前文提到，使用爬虫技术的目的是获取目标数据。因此，爬虫技术涉及的法律风险包含两方面：一是就技术使用行为本身而言；二是对所获取数据的提供、传播等后续的数据使用行为。除了上述分析的爬虫技术应用行为本身会给技术使用者带来的法律风险,根据爬取内容的性质、领域的不同,爬虫技术使用方还可能由于抓取到个人隐私或商业秘密范围的数据等受法律保护的信息,而构成违法、违规,甚至触犯刑事犯罪的风险。

1. 侵犯著作权的法律风险

从现有检索到的与爬虫技术有关的民事案件来看,其中知识产权与竞争纠纷案件占比近 80%,可以看出知识产权与不正当竞争侵权纠纷是爬虫技术数据使用方面最常见的法律风险。通过爬虫技术抓取的数据形式多样,可能包括文字、图片、音频、视频等,对于某些本身具备独创性的数据(如图片、文章),可能被纳入著作权保护的范围之内。若采用网络爬虫技术获取上述数据,进行存储使用,或通过网络二次传播或以其他方式对外传播,则可能构成著作权侵权(如侵犯权利人复制权、信息网络传播权)。严重者甚至构成侵犯著作权罪。例如,在北京鼎阅文学信息技术有限公司等侵犯著作权罪案件中,被告北京鼎阅文学信息技术有限公司自 2018 年开始,在未经权利人许可的情况下,利用网络爬虫技术,爬取正版电子图书后,在其推广运营的“鸿雁传书”“TXT 全本免费小说”等 10 余个 App 中展示,供他人访问并下载阅读,通过广告收入、付费阅读等方式进行牟利,涉案侵权作品 4603 部,情节特别严重,法院判决认定覃某某等人均构成侵犯著作权罪。①

此外,如果访问对象设置了保证只有获得授权的用户才可访问的技术措施,而使用爬虫技术时为获得数据(作品)突破了此技术措施,此行为可能被认定为著作权法规定的破坏技术措施行为,将面临承担民事责任、行政处罚的后果。

2. 侵犯商业秘密的法律风险

使用爬虫技术抓取数据也存在侵犯商业秘密的风险。根据《中华人民共和国反不正当竞争法》(以下简称《反不正当竞争法》)第 9 条的规定,商业秘密是指不为公众所知悉、具有商业价值并经权利人采取相应保密措施的技术信息、经营信息等商业信息。对于网络上的某些信息通过技术手段使得仅有特定的用户方可接触,该等信息可能具备商业秘密要求的保密性等特征,构成商业秘密;而如果爬虫控制者在抓取信息的过程中有意地规避了网站经营者设置的保护措

① 参见北京市海淀区人民法院刑事判决书,(2020)京 0108 刑初 237 号。

施,接触、保存甚至披露了一般用户原本无法访问的信息,而该等信息又构成商业秘密,则爬虫控制者的该等行为存在侵犯他人商业秘密的可能,进而可能违反《反不正当竞争法》第9条。[①] 如果情节严重达到了刑事立案的标准,则可能构成侵犯商业秘密罪。[②]

3.不正当竞争法律风险

爬虫技术抓取数据也会带来不正当竞争的问题。数据爬取一般都带有目的性,对于使用爬虫技术获取的他人商业信息,可能将直接用于某些场景形成己方的竞争优势,如获取一些网站平台长期积累的数据或内容做相似的业态竞争等,导致不正当竞争。

综上分析,使用爬虫技术抓取数据的合规边界既涉及爬虫技术行为本身的使用合规边界,又涉及对获取后的数据的使用行为的合规边界。法律并不禁止技术创新与成果分享,但是绝不允许对法益的侵犯。因此,如何在保护自身合法权益不被"恶"爬虫侵害的同时,确保合法合规运用爬虫这一技术值得企业思考。

三、如确需使用爬虫技术,给企业的几点建议

从企业合规管理的角度来讲,企业应建立健全完善的内控管理、流程机制,做好企业内部的事前评估及定期排查工作。

如前文所述,爬虫技术使用不当,容易引发一系列法律合规风险,如非必要,不倡导企业过度依赖爬虫技术。如企业确需使用爬虫技术,建议企业可结合其分别作为爬虫技术运用者、爬虫数据使用者、网站服务者等不同的角色,制定常态化的事前评估、定期排查机制,对于发现的问题及时处置。其中,事前评估机制主要是指在采用爬虫技术或者使用爬虫数据之前,及时预判风险并采取一定的解决方案。定期排查机制主要是指针对不断变化的内外部网络技术,做好定期自查或对重点事项的持续监测追踪机制。另外,企业也可以建立培训与承诺

① 参见孟洁、薛颖、朱玲凤:《爬虫玩得好,牢饭吃到饱?这3条底线千万不能碰!》,载微信公众号"大数据DT"2022年7月5日,https://mp.weixin.qq.com/s/POpU2NYwyNnJeaDOnRjSAw。

② 最高人民检察院、公安部《关于修改侵犯商业秘密刑事案件立案追诉标准的决定》规定:"侵犯商业秘密,涉嫌下列情形之一的,应予立案追诉:(一)给商业秘密权利人造成损失数额在三十万元以上的;(二)因侵犯商业秘密违法所得数额在三十万元以上的;(三)直接导致商业秘密的权利人因重大经营困难而破产、倒闭的;(四)其他给商业秘密权利人造成重大损失的情形。"

机制,使相关人员充分了解风险注意事项,并承担违反要求的后果。①

企业作为爬虫技术运用者,需关注三个角度:充分理解 Robots 协议、使用"善"的技术、关注爬取数据类型。企业如作为爬虫数据使用者,除关注上述三个角度外,还需要关注最后实际使用数据来源的合法性。当然,企业如作为网站所有者,也需要关注自身 Robots 协议是否被过度利用。(见图 1)

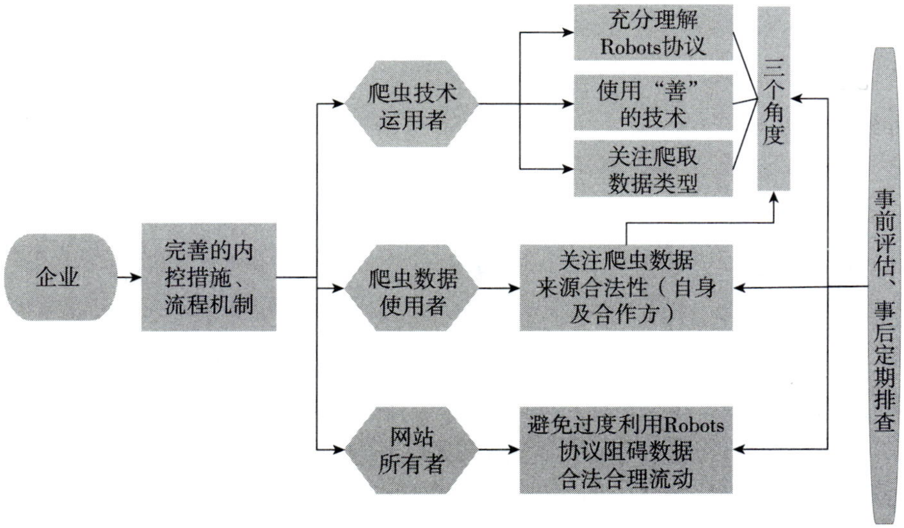

图 1

(一)企业应充分理解并遵守 Robots 协议的适用规则

根据定义②,Robots 协议的英文全称为"Robots Exclusion Protocol",直译为机器人排除协议,又可称为爬虫协议、机器人协议,是指网站所有者通过一个置于网站根目录下的文本文件,即 robots. txt,告知搜索引擎的网络机器人(或称网络爬虫、网络蜘蛛)哪些网页不应被抓取、哪些网页可以抓取,其本质是受访网站

① 上海市杨浦区人民检察院、上海市杨浦区工商业联合会、上海市信息服务业行业协会、上海数据合规与安全产业发展专家工作组联合制定的《企业数据合规指引》第 32 条规定:"数据合规管理部门应当建立培训机制,定期为管理层、员工培训数据合规,使其充分了解数据法规、数据合规计划、岗位角色与职责等。鼓励企业管理层和其他员工作出并履行明确、公开的数据合规承诺,内容主要是知悉、愿意遵守数据合规计划,愿意承担违反数据合规承诺的后果。"

② 参见北京市高级人民法院民事判决书,(2017)京民终 487 号。

与搜索引擎之间的一种交互方式。

12 家搜索引擎服务企业于 2012 年 11 月签署的《互联网搜索引擎服务自律公约》将遵守 Robots 协议纳入自律内容之一。截至目前，虽然 Robots 协议仍系网站服务商或所有者自行编写单方宣示文件，不属于法律意义上的协议，不具有强制性，但实践中，法院对于《互联网搜索引擎服务自律公约》中相关约定内容会有一定考量。无视 Robots 协议或过度利用 Robots 协议，都有可能承担法律责任。

企业如作为爬虫技术运用者，应知悉 Robots 协议中列示的内容，当认为部分 Robots 协议设置不合理时，可以采取恰当的沟通方式，探索解决问题的合理方式。比如，向网站服务商或所有者提出书面修改 Robots 协议的请求；若网站服务商或所有者不同意修改 Robots 协议，可尝试沟通其在合理的期限内，书面、明确地提出其拒绝修改的合理理由；当认为网站服务商或所有者提出的合理理由不成立时，还可以申请由相关行业协会调解和裁决。

企业如作为网站服务商或所有者，以 Robots 协议的方式限制爬虫抓取数据应具有合理、正当理由，不应过度利用 Robots 协议去设置阻碍数据合法有序流通的障碍。目前“合理、正当理由”尚无明确的界定，但如能有足够理由证明数据属于隐私信息、数据如被抓取会影响网站正常运行、基于保护社会公共利益禁止被抓取等，会被倾向于认定为属于合理、正当理由。

（二）建议使用“善”的技术

在爬取技术手段方面，企业需关注如下几点：

首先，企业应杜绝通过编写爬虫程序，植入计算机系统，对系统功能进行删除、修改、增加、干扰，造成计算机信息系统不能正常运行，或者对计算机信息系统中存储、处理或者传输的数据和应用程序进行删除、修改、增加，或故意制作、传播计算机病毒等破坏性程序等明显不合规行为。当然，需严格禁止任何侵入国家事务、国防建设、尖端科学技术领域的计算机信息系统的行为。

其次，企业应避免以非法技术手段侵入网站。根据《网络安全法》第 27 条①

---

① 《网络安全法》第 27 条规定，“任何个人和组织不得从事非法侵入他人网络、干扰他人网络正常功能、窃取网络数据等危害网络安全的活动；不得提供专门用于从事侵入网络、干扰网络正常功能及防护措施、窃取网络数据等危害网络安全活动的程序、工具”。

的规定，非法侵入网络属于危害网络安全的情形之一。本文第二部分提到的2017年上海晟品网络科技有限公司非法获取计算机信息系统数据罪一案即企业利用爬虫技术，绕开被访问网站设置的身份验证、访问频率限制等安全措施，侵入被爬取网站系统获取其存储的数据，构成非法获取计算机信息系统数据罪的典型案例。故而企业应充分了解网站设定的反爬措施，升级优化代码，避免出现非法侵入网络、干扰被访问网站的正常秩序等情形，杜绝以非法的技术手段，排除网站服务商或所有者对正常访问秩序的设定，对抗网站服务商或所有者的反爬措施而侵入网络。

最后，为避免对爬取的网站造成影响，干扰网站系统的正常运用，企业可采取控制爬取速率、在网站访问的非高峰期爬取数据等措施。当然，也可在编写网络爬虫时提供可识别的信息，以便网络运营者因数据爬取遭受影响时联系数据爬取方，及时沟通纠正爬取行为，以促进“善”的爬虫有序健康运行。

（三）企业需关注爬取数据类型的特殊性质

在爬取的数据类型方面，企业应首先关注爬取的内容是否包含公民个人信息，爬取数据类型涉及公民个人信息特别是个人敏感信息①的，需关注是否落实了个人信息保护的要求。当然，一般情况下，不建议爬取个人信息。如必须涉及个人信息，需要核实数据是否为公开信息，是否已经获取用户授权。如无法避免采集到非必要个人信息时，根据《网络数据安全管理条例（征求意见稿）》，因使用自动化采集技术等，无法避免采集到的非必要个人信息或者未经个人同意的个人信息，数据处理者应当在15个工作日内删除个人信息或者进行匿名化处理。可见，及时删除爬取的个人信息或者匿名化处理都是有效的补救措施。信息权利人已传达数据采集者停止采集个人信息要求的，采集者也应立即停止采集行为并删除已采集到的数据。

如本文第二部分所言，在使用网络爬虫爬取的已有版权等知识产权声明、经过他人及公司加工处理、添附的成果物且直接商用于现有产品的，触发著作权侵权法律风险的可能性较大；在满足爬取数据手段合理的情况下，为避免触发上述

---

① 《个人信息保护法》第28条第1款规定：“敏感个人信息是一旦泄露或者非法使用，容易导致自然人的人格尊严受到侵害或者人身、财产安全受到危害的个人信息，包括生物识别、宗教信仰、特定身份、医疗健康、金融账户、行踪轨迹等信息，以及不满十四周岁未成年人的个人信息。”

风险,建议对涉及著作权的数据仅用于内部模型训练、研究、内部咨询、决策参考,不对用户直接触达或者有其他商用行为。

(四)对合作方的数据来源做好审查工作

如企业是第三方爬虫抓取数据的最终使用者,为避免合作方的数据来源不合规导致风险蔓延至企业,企业在与合作方沟通合作事宜时,应对合作方的数据及服务来源的合法合规性做好充分的事前审查及定期审核机制。审核角度可以从爬取技术、数据类型等多维度着手,做好评估。在此基础上,在合作协议中,双方应明确约定数据合法合规性的要求及相应违约责任,避免出现因合作方爬取的数据不合规而导致企业承担额外的法律责任。

四、结　　语

在大数据时代下,数据是驱动企业创新和发展的重要资源。近年来我国先后通过并实施《中华人民共和国数据安全法》《个人信息保护法》等一系列法律法规,数据安全、个人信息保护已然成为企业运用各项技术的"紧箍咒"。对于企业而言,爬虫技术能够实现高效精准抓取数据、分析数据,充分挖掘数据最大价值,帮助企业实现营收;然而爬虫技术的使用不当则可能适得其反,甚至带来"牢狱之灾"。因此,爬虫技术使用规制值得我们重视。与此同时,我们也呼吁政府在保护数据安全和各项法益的前提下,能够出台与之相关的法律法规、政策,打破数据壁垒,鼓励数据资源开放共享,更好地发挥"数据"这一生产要素的最大价值。

数字营销场景下数据匿名化应用探索

李 然

一、去标识化与匿名化的界定

(一)去标识化

去标识化,是指个人信息经过处理,使其在不借助额外信息的情况下无法识别特定个人信息主体的过程。[①] 为达到这一目的,企业通常采用遮蔽、假名、加密、哈希函数等技术手段替代对个人信息的标识,保留了颗粒度。例如,一个人的手机号、生日可以被"//""* * * *"等符号取代,图像采集场景中人脸用固定图形遮蔽。去标识化的最终目的是通过对直接标识符或间接标识符进行删除或变换,使得攻击者无法根据去标识化个人数据识别出特定主体。通过表 1 可了解去标识化涉及的一些主要技术和方法。去标识化的目的是降低个人信息泄露的风险,保护用户隐私,通过适当调整数据的精确度和标识度,提高数据使用安全性。在实践中,可以根据需求灵活选择相应的技术和措施组合。

---

① 参见《中华人民共和国个人信息保护法》第 73 条、《信息安全技术 个人信息安全规范》(GB/T 35273—2020)第 3.15 条和《信息安全技术 个人信息去标识化指南》(GB/T 37964—2019)第 3.3 条。

表 1 常见去标识化技术以及应用示例

技术	方法	示例
取整	数值或日期数据的取整	15:25:25 = >15:00:00
屏蔽	屏蔽部分数据,如电话号码、身份证号码等	187 * * * * 1234
截断	数据部分截断	0086 - 10 - 88888888 = >0086 - 10
替换	使用替换表对敏感数据进行替换	B = >1,H = >2,S = >3
哈希	将数据映射为固定长度的字符串	IBM = >a23d,HP = >1fc2
重排	将数据库的某一列值进行重排	81,87,85 = >87,85,81
保留格式加密(Format Preserving Encrypfion,FPE)	明文和密文格式不变	18712345678 = >18587654321

在不同的业务场景中,可以同时采用几种去标识化技术,以应对不同类型个人信息的保护需求。这样做可以加强去标识化的效果。表 2 概括了这些同时实施的去标识化方法。

表 2 字段类型的技术实现方法

类型	技术方法
姓名	全名替换、拼音转换、通用名称替换
地址	地理编码转换、通用地址替换、范围粒度化
电话号码	区号保留、数字替换、变更长度
身份证号	数字替换、局部隐藏、按地区编码合成
邮箱	域名保留、通用名称替换、局部隐藏
生日	日期粒度化、年份保留、周期替换
性别与年龄	二值化、范围分组、类别替换

注:全名替换:可以使用无关的通用名称替换原有姓名,避免暴露用户真实身份。
拼音转换:将中文姓名转换成拼音形式并进行模糊处理。
地理编码转换:将具体地址替换为相应的行政区编码或地理坐标,降低可识别性。
通用地址替换:用随机化不精确的街道地址等替换现有地址。
范围粒度化:将不同粒度的信息(如街道、小区、县市等)进行整合,扩大信息的范围。
区号保留:将电话号码替换为只保留区号,忽略具体号码。

数字替换：整体或局部替换身份证、电话号码中的数字。
按地区编码合成：将身份证信息合成为具有统一特征的编码形式，如统一地区前缀、生日期后缀。
局部隐藏：只显示部分邮箱地址，隐藏其他部分信息。
日期粒度化：将生日精确到月份或者年份而非具体日期。
二值化：将性别与年龄分为简单的类别，如35岁以上和35岁以下。
范围分组：对性别与年龄进行范围分组，如10年一个组，降低特异性。
类别替换：用类似的类别简化复杂的信息类型，只保留概括性描述。

（二）匿名化

匿名化，是指将个人信息经过处理，在一定外部资源条件下使其无法识别特定自然人且无法复原的过程。① 为达到这一目的，采用数据扰动、加噪声、删除等技术手段替代对个人信息的标识，保留数据的统计特征，具体内容将在后文阐述。无论使用何种技术，最终，匿名化的目的是通过处理个人信息，使攻击者无法从被匿名化的数据中识别出特定主体，同时确保数据的可用性和价值。表3展示了匿名化与去标识化的不同。

表3　匿名化与去标识化的不同

维度	匿名化	去标识化
定义	将个人数据处理至无法与特定个人产生关联	移除或修改识别个体身份的数据，降低数据泄露风险，但仍可能通过辅助信息重新识别
目标	完全剔除个人身份信息，保证数据绝对匿名	只去除直接关联个人身份的特征，降低侵犯隐私的风险
实现方法	完全删除个人识别信息、生成虚构数据、数据聚合、统计抽样等	部分数据模糊处理、范围粒度化、数据置换、数据编码等
数据可用性及风险	匿名化后数据完全无法识别，保护隐私的同时减弱数据分析价值	去标识化后数据仍有一定的可识别性，提供更多信息，但隐私风险依然存在

匿名化与去标识化是处理个人数据的两种重要方法，旨在保护个人隐私。

① 参见《信息安全技术　个人信息安全规范》（GB/T 35273—2020）第3.14条。

匿名化和去标识化有着明显的差异,从定义、法域、目标、实现方法以及数据可用性与风险等维度上可见一斑。匿名化的核心是彻底剔除个人身份信息,使数据成为绝对匿名,而去标识化则是在保留部分个人数据的基础上,通过一定方法降低数据泄露风险。匿名化操作可能导致数据分析价值降低,去标识化能提供更多信息价值,但仍存在一定隐私风险。根据实际情况和需求,组织可以选择适当的处理方式保护用户隐私,确保合规。

二、匿名化领域数据保护技术前瞻

在保护数据隐私方面,研究者们已经提出了一系列技术和方法。密码学领域,如多方安全计算(Secure Multi-party Computation, MPC)、秘密共享(secret sharing)、混淆电路(garbled circuit)和同态加密(homomorphic encryption,包括半同态、准同态和全同态加密)等,可以确保数据在计算过程中的安全和保密性。同时,匿名化技术,包括 K-匿名、L-多样、T-相似、差分隐私(differential privacy)和聚类(aggregation)等方法,致力于实现数据的脱敏和隐私保护。此外,可信硬件技术,如可信执行环境(Trusted Execution Environment, TEE)、可信区域(trust zone)、软件保护扩展(Software Guard Extensions, SGX)和可信平台模块(Trusted Platform Module, TPM)等,为用户提供了安全计算的硬件层保护。针对分布式学习场景,联邦学习(federated learning)等技术助力于在不泄露原始数据的情况下,完成跨设备或者跨组织的模型训练和共享。这些技术综合应用于实现数据的匿名化,有效保护用户隐私和数据安全。本部分主要选取一些常见的匿名化领域技术展开描述。此处重点介绍当前在数据安全保护领域应用较多或有较大应用潜力的几类技术,而在后文将介绍这些技术的组合应用。

(一)密码学

密码学的发展使得安全通信和数据保护变得更加可行。在密码学领域,一些主要的技术包括多方安全计算、秘密共享、混淆电路以及各种同态加密技术,如半同态加密、准同态加密和全同态加密。

多方安全计算:多方安全计算技术允许多个参与者在不泄露私有信息的情况下进行计算。它的核心在于协同工作,以确保整个计算过程的隐私保护。戈德里克(Goldreich)等人[①]对这项技术进行了详细论述。

秘密共享:其是一种用于分发敏感数据的方法,只有合作的参与者才能恢复原始数据。这种技术特别适用于需要分布式管理的场景。克莱默(Cramer)等人[②]详细描述了基于任意有限域的秘密共享技术。

混淆电路:这种密码技术通过对计算路径的混淆来确保数据传输的安全。一个混淆电路只能进行一次计算,从而有效防止攻击者通过分析电路探测关键信息,传统上它被视为实现安全函数评估或其他密码学目标的一种方法。贝尔拉(Bellare)等人[③]对混淆电路的理论基础进行了探讨,提到了电路混淆在两方安全功能评估(Secure Function Evaluation,SFE)和私人功能评估(Private Function Evaluation,PFE)方面的经典用途,以及最近用于安全加密依赖于密钥的消息。

同态加密:同态加密是用于对密文进行透明计算的技术。

半同态加密:它允许在密文上进行有限次数的特定操作,然后解密结果。这种方法在尼豪斯(Niehues)和特梅(Temme)[④]的文章中有详细讨论。

准同态加密:它将半同态加密扩展到支持更复杂的计算。例如,付先生等人[⑤]描述了一种利用工具重用技术来扩展有损陷门函数的方法。

全同态加密:它允许对密文执行任意计算,并在解密后得到正确的结果。这项技术在杜卡斯(Ducas)和米基安西奥(Micciancio)[⑥]的文献以及基落蒂(Chillotti)等人[⑦]的文章中获得了显著改进,大幅减少了全同态加密所需的加密

---

① See Goldreich, O., Lindell, Y. & Micali, S., *Multi-party Computation in the Plain Model*, SIAM Journal on Computing, 48(6), p.1915 - 1954(2019).

② See Cramer, R., Fehr, S. & Schoenmakers, B., *Asymptotically Efficient l-out-of-n Secret Sharing over Arbitrary Finite Fields*, Journal of Cryptology, 31(4), p.1385 - 1395(2018).

③ See Bellare, M., Hoang, V. & Rogaway, P., *Foundations of Garbled Circuits*, Proceedings of the 2012 ACM conference on Computer and communications security, p.784 - 796(2012).

④ See Niehues, D. & Temme, L., *Lattice - Based Partially Homomorphic Encryption for Practitioners*, IEEE Access, 6, p.43077 - 43085(2018).

⑤ See Fu, Y., Ma, M., Lee, Y. & Chen, H., *Gadget Reuse for Scaling Lossy Trapdoor Functions*, Proceedings of the 2020 ACM SIGSAC Conference on Computer and Communications Security, p.2149 - 2166(2020).

⑥ See Ducas, L. & Micciancio, D., *FHEW: Bootstrapping Homomorphic Encryption in Less than a Second*, Advances in Cryptology - EUROCRYPT 2015, p.617 - 640(2015).

⑦ See Chillotti, I., Gama, N., Georgieva, M. & Izabachène, M., *Faster Fully Homomorphic Encryption: Bootstrapping in Less than 0.1 Seconds*, Advances in Cryptology - ASIACRYPT 2016, p.3 - 33(2016).

时间。

表4概述了上述密码学技术的特点与差异。

表4 密码学技术的特点与差异

技术	特点	差异
多方安全计算	保护各方数据隐私的计算方式	侧重在多方环境中的安全计算和隐私保护
秘密共享	将敏感数据分割为多份,通过合作恢复原始信息	主要用于对敏感数据进行分布式管理和保密
混淆电路	对计算路径进行混淆,保护数据传输过程中的安全	关注点在于数据传输过程中的安全性
半同态加密	支持限定次数的特定计算,并能在解密后获得正确结果	限定了可执行操作的次数和类型
准同态加密	支持更复杂的计算,弥补了半同态加密的不足	在半同态加密的基础上进行扩展,支持更多加密计算类型
全同态加密	支持对密文执行任意计算,并在解密后获得正确结果	在计算能力和操作范围上优于半同态和准同态加密,实际应用中计算时间和资源消耗更大

以上这些技术共同保障了数据传输过程中的安全性和通信的保密性,并在实际应用场景中发挥着显著作用,维护了人们的信息安全与隐私。

(二)匿名化技术

匿名化技术在数据处理和信息共享的领域中发挥着至关重要的作用。为了保护个人隐私,这些技术努力在保护数据提供者的私人信息和多方面的数据共享之间取得平衡。近年来,许多匿名化技术得到广泛的研究和应用,包括K-匿名、L-多样、T-相似、差分隐私和聚类等。以下是对这些技术的详细阐述,并给出了参考文献和链接。

K－匿名：K－匿名是一种基于数据分组的匿名化方法。它的目标是对数据集进行放大处理，使得每个个体的数据与其他 K－1 个个体的数据相似，从而在保持信息可用性的基础上提高隐私保护。①

L－多样：L－多样是对 K－匿名技术的一种改进，它要求每个数据分组中的敏感属性具有 L 种不同的值。这样，攻击者即使知道某个个体所属的分组，也无法确定其具体的敏感属性值。②

T－相似：T－相似是另一种在 K－匿名和 L－多样基础上的改进方法。在 T－相似模型中，敏感属性被分为 T 个相似类别。因此，在满足 K－匿名性的同时，相似的敏感属性值会被分为不同的相似类别，从而增加了隐私保护的程度。③

差分隐私：差分隐私是一种基于数学的隐私保护方式，它通过添加随机噪声来保护数据，使攻击者在获取的统计信息中无法确定某个特定个体的数据。这种方法既能保护个人隐私，又能保证数据的统计效用。④

聚类：聚类是一种基于数据分类的技术，它通过对数据进行分类和归纳来达到隐藏个体详细信息的目的。这种方法可以对数据进行总结和分析，但也可能降低数据的原始属性和精确度。⑤

表 5 对比分析了这几种技术在各个方面的差异。

---

① See Sweeney, L., *K－anonymity: A model for Protecting Privacy*, International Journal of Uncertainty, Fuzziness and Knowledge－Based Systems, 10(05), p. 557－570(2002), https://doi.org/10.1142/S0218488502001648.

② See Machanavajjhala, A., Kifer, D., Gehrke, J. & Venkitasubramaniam, M., *L－diversity: Privacy Beyond K－anonymity*, ACM Transactions on Knowledge Discovery from Data (TKDD), 1(1), p. 3(2007), https://doi.org/10.1145/1217299.1217302.

③ See Li, N., Li, T. & Venkatasubramanian, S., *T－closeness: Privacy Beyond K－anonymity and I－diversity*, In 2007 IEEE 23rd International Conference on Data Engineering (p. 106－115). IEEE, https://doi.org/10.1109/ICDE.2007.367856.

④ See Dwork, C., *Differential Privacy: A survey of Results*, In International Conference on Theory and Applications of Models of Computation, p. 1－19(2008), Springer. https://doi.org/10.1007/978－3－540－79228－4_1.

⑤ See Jain, A. K., Murty, M. N. & Flynn, P. J., *Data Clustering: A Review*, ACM Computing Surveys (CSUR) 31(3), p. 264－323(1999), https://doi.org/10.1145/331499.331504.

表 5　匿名化技术的差异

技术	应用场景	效果	隐私保护等级	数据效用	计算复杂度
K－匿名	结构化数据保护	中等	中等	中等	较低
L－多样	结构化数据、敏感属性保护	较好	较高	较高	中等
T－相似	结构化数据、相似属性保护	较好	较高	较高	中等
差分隐私	数学与统计数据保护	优秀	高	可调整(噪声控制)	较高
聚类	数据分类与总结	中等	低	低(降低精确度)	较低

(三)可信硬件技术

可信硬件技术在保护个人隐私和确保数据安全方面发挥着重要作用。这些技术主要通过对硬件加密、数据隔离等方法来实现对数据和应用的保护。近年来,许多可信硬件技术得到了广泛的研究和实践,包括可信执行环境、可信区域、软件保护扩展和可信平台模块等。以下是对这些技术的详细阐述,并给出了参考文献和链接。

可信执行环境:可信执行环境是一种在通用处理器上构建安全运行环境的技术,它提供硬件隔离特性以防止恶意软件和外部攻击者的访问。可信执行环境利用硬件安全技术和加密来保护敏感代码和数据的私密性和完整性。①

可信区域:可信区域是 ARM(Advanced RISC Machines)处理器中的一套硬件安全技术,它通过将安全和普通世界分离,实现对敏感数据及应用的保护。可信区域可以在普通的操作系统和应用之外,为用户提供安全和隔离的执行

---

① See Santos, N., Ratnasamy, S. & Zeldovich, N., *Trusted Execution Environments: Strengthen or Replace?*, ACM SIGCOMM Computer Communication Review, 49(3), p. 46－57(2019), https://doi.org/10.1145/3341302.3342077.

环境。①

软件保护扩展：软件保护扩展是英特尔（Intel）提供的一种硬件安全技术，通过为应用创建私密、完整和隔离的执行环境（enclave），防止外部攻击和系统漏洞对数据和代码的访问。软件保护扩展可以增强安全机制，在云计算和分布式系统中保护用户数据和算法的私密性。②

可信平台模块：可信平台模块是一种为计算设备提供硬件安全支持的微处理器，用于存储和保护密钥、证书等敏感信息。可信平台模块支持远程认证和完整性度量，通过确保设备在可信状态下启动来维护安全的运行环境。③

表6概述了这几种技术在各个方面的特点。

表6　可信硬件技术的特点

技术	安全特性	数据保护	应用领域	兼容性	性能影响
可信执行环境	硬件隔离、数据加密	保护代码和数据的完整性和私密性	云计算、物联网、移动设备	广泛	低至中等
可信区域	安全和普通世界分离、硬件隔离	保护敏感数据和应用	移动设备、嵌入式系统	ARM架构	低
软件保护扩展	隔离的执行环境、防止外部访问	保护代码和数据的完整性和私密性	云计算、分布式系统	Intel x86架构	中等
可信平台模块	密钥存储、设备完整性度量、远程认证	存储和保护密钥、证书等敏感信息	个人电脑、服务器、嵌入式设备	广泛	较低

① See Alves, T. & Felton, D., *TrustZone: Integrated Hardware and Software Security*, ARM White Paper, 3(4), p. 18－24(2004), http://citeseerx. ist. psu. edu/viewdoc/download? doi = 10. 1. 1. 131. 9444&rep = rep1 &type = pdf.

② See Costan, V. & Devadas, S., *Intel SGX Explained*, IACR Cryptology ePrint Archive, 2016, 86, https://eprint. iacr. org/2016/086. pdf.

③ See Trusted Computing Group., TPM Main Specification Level 2 Version 1. 2. Trusted Computing Group(2014), https://trustedcomputinggroup. org/resource/tpm-main-specification/](https://trustedcomputinggroup. org/resource/tpM－main-specification.

三、数字营销场景下匿名化技术思路

一方面,利用端上深度学习建模技术,可以为反作弊等业务赋能,同时探索群体标识、端上广告推荐等端智能应用场景。在新的监管时代下,为保证合规和效果,个性化信息使用受到限制,因此需要实现用户群体匿名化保护和兴趣泛化建模。此外,由于用户标识受到限制,可以使用可替代 ID 来进行跨媒体用户识别。

另一方面,通过头部媒体合作,我们可以将跨场域的用户兴趣建模,释放多方数据的价值,影响覆盖近一半的站外流量,从而大幅提升流量获量、站外消耗和投入产出比。同时,利用差分隐私技术可以保障个体用户的隐私,防止信息被追踪逆推,赋能反作弊等业务,实现数据采集合规与业务效果提升的双赢局面。

四、端上计算谷歌隐私沙盒——Topic API 和 Attribution Reporting API

谷歌的隐私沙盒(Privacy Sandbox)是一个旨在保护用户隐私的技术方案,以创建一个支持个性化广告和用户隐私保护的网络生态。该方案包含两个关键组件,分别是 Topic API 和 Attribution Reporting API。谷歌 Topic API 和 Attribution Reporting API 是广告领域的两个关键技术。这些 API 旨在帮助广告商和开发者更好地了解客户兴趣、行为以及广告展示效果,同时确保用户隐私得到保护。以下是根据这些 API 的研究进展,对它们的技术实现方案、特点、缺点和未来发展方向的分析。

(一)Topic API①

Topic API 是一种用于兴趣分类的技术,此 API 允许开发者理解网页上的内

① See Introducing the Privacy Sandbox, https://blog. google/products/ads-commerce/2021/06/introducing-privacy-sandbox;Privacy Sandbox: A new way to deliver relevant ads while protecting user privacy, https://www. blog. google/products/chrome/building-a-more-private-web-path-towards-making-third-party-cookies-obsolete.

容主题及其相关性。它利用谷歌提供的预训练模型从网页内容中提取主题标签,帮助广告商为用户提供更个性化的广告体验。通过利用机器学习方法,Topic API 在保护用户隐私的同时提供准确的标签预测。

广告商在不侵犯用户隐私的情况下,为用户提供相关的广告内容。在数据收集阶段,浏览器会收集用户的浏览行为和兴趣数据,这包括访问过的网站和浏览过的内容等。为了保护用户的隐私,浏览器需要确保在收集数据时不泄露用户的身份信息,如 IP 地址和设备标识符等。在数据处理阶段,收集到的数据会被处理并分为不同的主题类别,这些类别足够宽泛,以确保用户的隐私得到保护。例如,用户可能被归类为对“运动”或“科技”感兴趣,而不是具体的品牌或产品。浏览器使用本地计算(on-device processing)来生成主题标签,以避免将个人数据发送到外部服务器。在广告请求与展示阶段,当广告请求到达浏览器时,浏览器会根据用户的主题类别选择合适的广告,并将其展示给用户。在这一过程中,广告商只能获取到用户的主题标签,而无法获取到具体的个人信息。

这种方法使用机器学习算法对用户的浏览行为进行分类,并利用浏览器本地存储的数据来训练机器学习模型,从而生成主题标签。为了保护用户隐私,需要设计一套隐私保护的协议来传递主题标签,确保在传输过程中不泄露用户的身份信息。同时,需要部署一套广泛适用的主题分类体系,以便广告商能够根据这些主题为用户提供相关内容。这套体系需要涵盖各种兴趣和行业领域,并保持足够的抽象程度,以确保用户隐私得到保护。

这种机制确保了用户数据在本地进行处理,而不会被发送到第三方服务器。通过这种方式,Topic API 既能为用户提供相关的广告内容,又能保护用户的隐私。该技术方案的实施需要一定的前置条件,为了确保 Topic API 在各种环境下正常运行,需要得到主流浏览器的支持。广告商和开发者需要合作,将广告内容与相应的主题标签关联起来,以便在用户请求广告时能够提供合适的内容。

尽管 Topic API 在保护用户隐私方面有优势,但它仍然面临一些挑战。但随着隐私保护技术的发展,这些问题将逐步得到解决。

1. 准确性和效果:由于 Topic API 侧重于保护用户隐私,广告定向的精确性可能受到限制。相较于传统的基于用户行为和兴趣的广告定向方法,Topic API 可能在广告效果和转化率方面存在一定的差距。未来需要在保护隐私的基础上提高广告投放的准确性和效果。

2. 宽泛类别的局限性：为了保护用户隐私，Topic API 使用宽泛的主题类别进行广告定向。然而，这种方法可能导致广告商难以实现精细化的市场细分和定位。未来需要在保护用户隐私的前提下，探索如何为广告商提供更细粒度的定向选项。

3. 抗欺诈能力：在 Topic API 技术方案中，广告请求和展示过程完全在用户的设备上进行，这可能使得广告欺诈行为更难以被检测和打击。未来需要研究如何在不侵犯用户隐私的前提下，提高广告欺诈检测和防范能力。

4. 跨设备追踪和测量：由于 Topic API 的实现主要依赖于单一设备上的本地计算，其在跨设备追踪和测量方面可能存在局限性。未来需要探索如何在保护用户隐私的基础上实现跨设备的广告效果追踪和测量。

5. 行业接受度和兼容性：Topic API 是一种相对较新的技术方案，可能需要一段时间才能被广告行业和各大网站广泛接受。此外，由于不同浏览器和设备的差异，实现 Topic API 的兼容性也是一个挑战。未来需要加强与各方合作，推动行业标准的统一和技术方案的普及。

6. 法规和政策符合性挑战：随着全球范围内对数据隐私保护意识的提高，各国和地区针对数据隐私的法规和政策不断更新。Topic API 技术方案在未来需要不断完善和调整，以确保符合各种法规和政策要求。

（二）Attribution Reporting API①

Attributing Reporting 是一种和 Topic API 配套的用于评估广告效果的技术方案，它可以帮助广告商了解广告投放的效果，同时在整个过程中保护用户的隐私。在评估广告效果时采用差分隐私、多方安全计算等隐私保护技术，确保在数据收集、处理和报告生成的过程中不会泄露用户的个人信息。此外，数据处理阶段还会进行去标识化处理，移除与个人身份相关的信息，保护用户隐私。通过使用先进的数据分析技术，Attributing Reporting 可以更准确地评估广告效果，为广告商提供更可靠的数据支持。此外，Attributing Reporting 还能够实时收集和分析数据，生成实时报告，使广告商能够快速了解广告投放效果并做出调整。自动化

① See Attribution Reporting API, https://developer. chrome. com/docs/privacy-sandbox/attribution-reporting; Privacy Preserving Ad Click Attribution, https://github. com/WICG/conversion-measurement-api/blob/main/README. md.

和智能化的收集、处理和分析数据的方式也提高了工作效率。相比之下,传统的广告效果评估方法可能会收集和存储大量用户个人信息,在隐私保护方面相对较弱,并且在报告中可能包含个人身份信息,对用户隐私造成潜在威胁。下面介绍一下谷歌 Attributing Reporting 的关键技术步骤。

1. 广告展示:当用户浏览网页时,广告系统会向用户展示广告。此时,广告系统会生成一个不可识别的标识符,这个标识符可以是一个随机数或其他形式的代码,用于记录用户浏览广告的次数和点击广告的行为,以便广告系统能够更好地为用户提供个性化的广告体验。因为不能记录特定用户的行为的特性,所以该标识符不太可能被用于其他目的。

2. 用户行为触发:当用户对展示的广告感兴趣并采取了某种行动,如点击广告或购买商品,这些行为会被记录下来并与之前生成的不可识别标识符关联起来。这样可以帮助广告主更好地了解用户的兴趣和行为,从而提高广告投放的效果。

3. 隐私保护的数据聚合:它是采用隐私保护技术进行数据聚合和处理的过程。这些技术包括差分隐私和多方安全计算,它们可以在不泄露个人隐私的情况下对数据进行统计分析。通过这种方式,广告系统可以得到有价值的数据分析结果,同时保护用户的隐私。

4. 数据收集与处理:广告系统会收集与广告相关的用户行为数据,如点击次数、转化次数等,这些数据会与不可识别标识符一起被发送到一个中心服务器。在服务器上,这些数据会被聚合和处理,以生成包含广告效果指标的报告。为了保护用户隐私,在处理过程中会对数据进行去标识化,确保报告中不包含任何可识别个人身份的信息。简单来说,广告系统会收集用户行为数据并生成报告,同时保护用户隐私。

5. 报告生成:服务器生成包含广告效果指标的报告,这些指标包括展示次数、点击次数、转化率等。这些报告将被提供给广告商,帮助他们了解广告投放的效果和优化广告策略。通过这些报告,广告商可以了解广告在不同平台上的表现情况,从而做出更好的决策。

此 API 可帮助广告商度量广告效果,并进行广告归因。通过上面的关键过程可以看出,这是一个基于广告点击和转化事件的 API,允许在分布式网络环境中执行安全的聚合计算。它利用特权上下文(Privileged Contexts)和聚合方法来降低用户数据泄露的风险。同时,谷歌的 Attributing Reporting API 的隐私保护措施面临一些挑战。首先,尽管采用了多种隐私保护技术,但在某些情况下,仍然可能存在潜在的隐私泄露风险。例如,攻击者可能通过差分隐私引入的噪声进行去噪,进一步获取用户隐私信息。其次,差分隐私需要在数据保护和报告精度之间进行权衡。为了提高隐私保护级别,可能需要引入更多的噪声,这可能导致报告的准确性降低。在实际应用中,找到恰当的平衡点是一项挑战。另外,尽管 Attributing Reporting 设计了许多隐私保护措施,但实际效果还取决于广告商、开发者和其他参与方的合规性。如果这些参与方未能遵循相关规定和技术实践,用户隐私仍然可能受到威胁。最后,随着技术的发展,可能出现新型的隐私攻击手段,谷歌需要不断更新和优化其隐私保护策略,以应对这些挑战。

综上所述,谷歌的 Attributing Reporting 采用了多种方法来保护用户隐私。它们遵循数据最小化原则,只收集实现广告效果评估目的所需的最少数据,以尽量减少收集和存储个人敏感信息的风险。在处理和分析用户数据时,谷歌会对数据进行去标识化处理,移除与个人身份相关的信息,从而保护用户的隐私。谷歌还采用了差分隐私技术,在数据发布时增加一定程度的随机性,防止敌手通过分析数据得到个人信息。此外,谷歌使用多方安全计算技术,允许多个参与方在不泄露各自数据的情况下共同完成数据计算任务,以确保在整个数据处理过程中,用户隐私得到有效保护。

五、多方数据跨场域安全建模(MPC + PSI/PIR)

对个人而言,数据有多个维度和标签,不同标签的数据往往在不同的数据拥有方的数据库中;在营销场景中,电商平台等业务方为了对用户做更精准的营销,希望得到用户更多维度和标签的数据,这些数据掌握在运营商等其他数据方手中;业务方需要从数据方数据库中查询相关用户的数据标签,同时,为了保护用户和自身隐私,业务方不想将用户信息如身份证号、设备号名称等查询条件暴露给数据方。

依据匿踪学习的隐私保护强度,数据安全的有效性可以分为信息论安全和计算安全两类。前者要求即使数据方有无限的计算能力,也无法得到业务方查询了哪些用户的信息,这类情况基本不出现在实际业务场景中:首先数据方的计算能力是有限的,其次满足要求的方案只能是业务方将数据方的数据库整体下载下来,此时从性能上说通信量非常大,从查询数据的成本上考虑,下载的数据库可能包含大量不需要的数据,造成浪费。因此,实际考虑的匿踪查询安全强度为计算安全。这通常基于密码学中的困难问题,使得数据方在一定的、普适的计算能力假设下,无法分析出业务方查询的用户信息与随机选取用户的区别,从而保护业务方的隐私。

从查询方式上,可以将匿踪查询进一步分类为基于关键词的匿踪查询和基于序号的匿踪查询。以表 7 为例,假设这是数据方的数据库,第一列是用户在数据库中的序号,第二列是用户的名字,这两列都是用来确定查询用户的查询条件的;第三列是用户的年龄。基于关键词的匿踪查询:比如,业务方想知道 Adam 的年龄,他无须知道 Adam 在数据方的数据库中排在第几行,在这种方式下,业务方得到了 Adam 的年龄 30,而数据方并不知道业务方查的是 Adam。基于序号的匿踪查询:业务方想知道 Adam 的年龄 30,同时不让数据方知道业务方查的是 Adam,但业务方无法在只拥有 Adam 这一人名关键词的情况下做到这一点,他需要首先根据 Adam 的人名关键词得到 Adam 在数据库的哪一行,如表 7 中 Adam 在第一行,业务方需要根据这个序号信息去得到 Adam 的年龄,同时不让数据方知道他查的是哪一行。从性能上来说,基于序号的匿踪查询优于基于关键词的匿踪查询。

表 7　匿踪查询按查询条件的分类

序号	人名	年龄/岁
1	Adam	30
2	Alex	10
3	Tony	5
4	Tom	35

目前基于序号的匿踪查询中,简单加密算术库私有信息检索(Simple Encrypted Arithmetic Library Private Information Retrieval,SealPIR)是性能较优和比较成熟的方案,得到了广泛应用。依赖于全同态加密中的布拉斯基—范—弗尔卡滕(Brakerski – Fan – Vercauteren,BFV)同态加密方案算法 SealPIR 提出了一种解决思路。它包含三个过程:业务方根据查询用户的序号生成密文请求,发送

给数据方;数据方收到请求后在密态下进行计算,生成密文回复,发送给业务方;业务方收到数据方返回的密文回复后,进行解密,得到查询用户的数据标签。一个完整的 SealPIR 查询流程如图 1 所示。

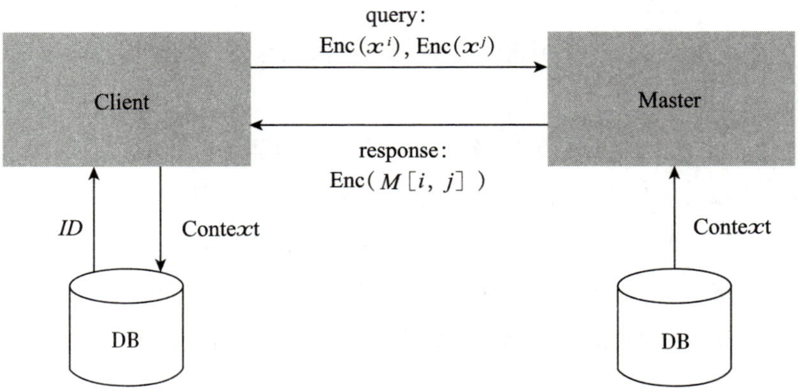

图 1 SealPIR 匿踪查询算法模型

第一阶段:业务方发送密文请求。

通过全同态加密(BFV 算法)来保护用户信息等数据的安全性,防止泄露数据隐私。用 Enc 来表示同态加密操作,BFV 加密能够基于密文进行加法、数乘、乘法和旋转等操作,如加法和数乘:Enc $(a+b)$ = Enc (a) + Enc (b);$k\times$ Enc (a) = Enc $(k\times a)$ 。首先业务方(Client)会将全同态 BFV 加密的 Galois 密钥(用于数据方旋转密文)发送给数据方(Master),后者将数据库编码成 BFV 算法明文的二维矩阵,查询元素作为明文多项式的系数,其信息包含在二维明文矩阵 M 的元素中;业务方也了解该编码方式,对于其查询的序号为 id 的数据标签,业务方计算它在明文矩阵 M 中的位置 (i,j) ,对应发送包含两条 BFV 密文的请求 query = {Enc (x^i), Enc (x^j) }给数据方。

第二阶段:数据方计算密文回复。

在第二阶段,数据方收到密文 query 后,对其包含的两个密文进行“茫然扩展”,再与明文矩阵进行明密文相乘后返回密文回复,response = {Enc(M[i, j])},这个表达式中包含 R 个密文,其中 R 为 BFV 算法的密文膨胀系数。

第三阶段:业务方得到查询 id 对应的数据标签。

在第三阶段,业务方收到 response 后,对其中包含的 R 条密文进行解密,得到明文 M (i,j) 后再解码,得到查询 id 对应的数据标签。

记已有数据为：数据方拥有用户的身份信息和对应标签信息 $(x_{1,}, y_1)$，(x_2,y_2)，…，(x_p,y_p)，每一对作为一行生成数据库；业务方知道 x_i 在数据方数据库的第 i 行，希望在不把 i 泄露给数据方的情况下，得到 x_i 的标签 y_i，对不同的序号重复该操作，可以完成对一组用户标签的匿踪查询。

数据方首先需要将自己的标签编码成 BFV 算法的明文，形成一个数据库以供业务方查询。在 BFV 算法中，明文空间是一个剩余类多项式环 $R_t = Z_t[x](x^n+1)$，它是一个 n 次多项式，系数是 0，1，2，…，$t-1$ 中取值的整数，二进制表示时对应 $logt$ 比特，一个明文可以储存 $nlogt$ 比特。对于数据库按序号排列的标签 $y_1,y_2,\cdots,y_p$，将它们长度对齐后，假设每个标签占用 S 比特，将所有标签共 $P \times S$ 个比特，按顺序每 $nlogt$ 比特放进一个明文多项式中，为方便表述，下面忽略取整等细节，假设运算都得到整数，一共得到 $N = P \times S/(nlogt)$ 个明文 P_1，P_2，…，P_N，将其按行的顺序排成一个二维方阵 M，其维数为 $T = \sqrt{N}$，这个方阵 M 就是编码后的明文数据库；业务方也明确此编码方式，对于已知的序号 id，通过上述规则可计算出标签 y_{id} 对应编码的明文在 M 中的位置，明文记为 $M[i,j]$。

SealPIR① 的匿踪查询分为以下几个具体步骤：

步骤 1：业务方生成同态加密的密钥对和 Galois 密钥，将后者发送给数据方。

步骤 2：对于查询用户的 id，计算其标签在数据方明文矩阵中的位置 (i,j)，用自身公钥进行 BFV 加密得到 Enc (x^i)，Enc (x^j) 两条密文，作为密文请求 query，序列化后发送给数据方。

步骤 3：数据方反序列化收到的数据，利用收到的 Galois 密钥，对收到的两条密文进行“茫然扩展”得到两条维数为 T 的列向量，形式如(Enc(0)，…，Enc(1)，…，Enc(0))，由 0 的密文和 1 的密文组成，其中 1 的密文仅出现一次：对于 Enc (x^i) 而言 1 的密文出现在第 i 个位置上，对于 Enc (x^j) 而言 1 的密文出现在第 j 个位置上，由于同态加密的语义安全性，对于数据方来说，无法判断 1 的密文位置，从而无法得知 i,j。

---

① See SealPIR, https://github.com/microsoft/SealPIR; Sebastian Angel, Hao Chen, Kim Laine & Srinath T. V. Setty, *PIR with Compressed Queries and Amortized Query Processing*, in 2018 IEEE Symposium on Security and Privacy, IEEE Computer Society, San rancisco, California, USA, 2018, p. 962 – 979.

步骤 4：数据方用自身矩阵 M 和以上两条向量进行矩阵 - 向量乘，即同态加密的明密文相乘操作，得到 R 条密文 $C_1, C_2, \cdots, C_R$，R 是密文膨胀系数，作为明文 M[i,j]的密文回复 response，序列化后发送给业务方。

步骤 5：业务方收到密文回复 response 之后反序列化，对其中 R 条密文进行组合并解密，得到明文 M[i,j]后进行解码，得到目标 id 的标签数据。

由此匿踪查询过程可知，在查询过程中，数据方无法获知业务方的 id 信息，保证了业务方的查询条件隐私。

通过隐私集合求交①，将交集结果（用户 ID 信息）和对应的行号（在数据方数据库中的行号 id）返回给业务方，这样业务方就可以使用性能较高的基于序号的匿踪查询；业务方可以利用 BFV 加密算法的特性，将多个 id 查询放在一次密文请求中，进而大大减少业务方和数据方之间密文信息的通信开销，同时也减少双方的计算量，尤其是数据方服务器的计算量。具体而言，在每次发送密文请求前，业务方确定 batchsize 个查询 id 进行批量查询，分别计算出它们所在的明文序号，及其在明文多项式中的起始位置，利用可快速计算键信息的 unordered_map 数据结构，前者作为键，后者作为值来存储，这样在对应同一明文的不同 id，只要发送一次请求；在数据方密文回复这些请求后，业务方对其解密，在解码过程中利用 unordered_map 保存的值信息，分别得到同一明文中不同 id 对应的标签数据，再遍历对应明文序号的键信息，完成这 batchsize 个查询 id 的匿踪查询，最终完成全量数据的匿踪查询。该方案可在不暴露业务方查询 id 的情况下，大大减少密文传递的通信开销和密态计算开销，从而在保证数据隐私性的前提下，提升通信效率和计算性能，为新的实际应用场景提供安全且高效的匿踪查询方案。

匿踪查询高效方案流程见图 2。

① See OPRF - PSI, https://github.com/peihanmiao/OPRF - PSI.

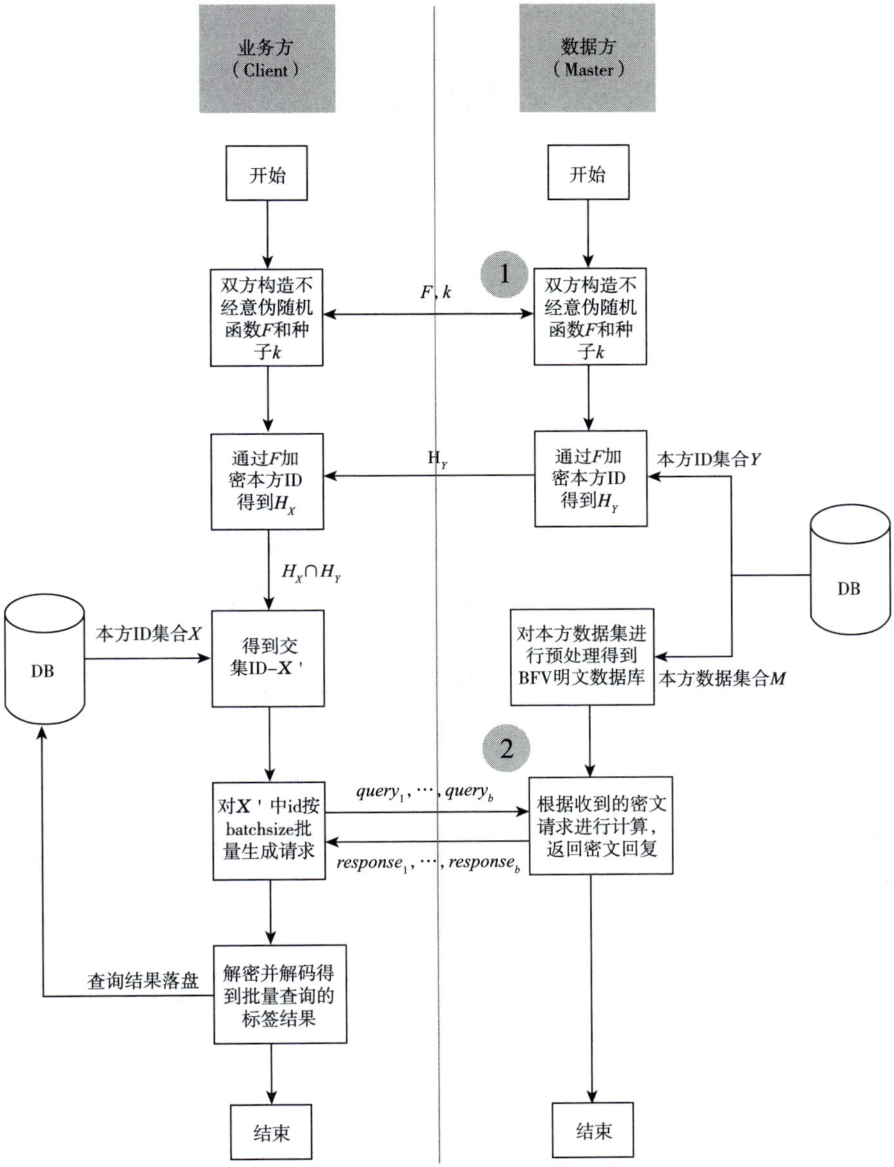

图 2　匿踪查询高效方案流程

“数据二十条”后数据交易合规路径探索

冯　洋

一、数据要素和数据交易

随着人类进入数字经济时代，数据与社会经济中的每一个角色（政府、企业、个人）息息相关，就如石油在工业时代的地位一样，数据在数字经济时代的地位更被形象地称为“新”的石油，被誉为数字经济时代的“新能源”。掌握了数据可以极大地促进生产经营效率，降低损失风险发生概率，提升企业和国家竞争力。

从2020年3月30日，中共中央、国务院发布《关于构建更加完善的要素市场化配置体制机制的意见》，提出加快培育数据要素市场，将数据与土地、劳动力、资本、技术并列为五大生产要素，到2022年12月，《中共中央　国务院关于构建数据基础制度更好发挥数据要素作用的意见》（以下简称“数据二十条”）公开发布，“数据要素”一词既是面向数字经济，在讨论生产力和生产关系的语境中对数据的指代①，其实也是数据的流通和交易语境中对数据的指代。可以看出，“数据二十条”充分肯定了保证顺畅高效市场化流通的数据交易，是充分发挥市场主体积极性、释放数据要素商业价值的作用的必经之路。

本文中的数据交易，正是数据提供方和需求方之间以数据商品作为交易对象，进行的以货币或货币等价物交换数据要素的行为。其包括数据集（或称为数据包）和采用数据API（应用程序接口）查验等直接提供数据内容等产品形态及

① 参见《数据要素白皮书（2022年）》，载中国信息通信研究院官网，http://www.caict.ac.cn/kxyj/qwfb/bps/202301/P020230107392254519512.pdf。

其他采用软硬件结合的 SaaS（软件即服务产品）等信息技术服务方式间接提供数据内容等产品形态。

数据交易具有以下难点：

1. 确权难

数据作为一项资源，其权属问题是经济学上交易的逻辑起点，谁对其享有经济上的利益，谁才可以对其进行交易。数据具有多种法律利益主体，如服务商因服务客户而收集到的客户数据、从政府部门获取的政务数据和在此基础上形成的服务商记录的生产数据，它们之间的界线并不是很清晰，通常是具有多权利主体的，很难分清究竟哪一方才应是真正的所有人，是否有提供和交易权利。

2. 合规责任重

数据交易标的可能涉及国家安全、商业秘密、个人隐私，还可能涉及不正当竞争、知识产权侵权等法益，责任重大，违法者轻则承担民事责任，重则承担行政处罚甚至刑事责任。

3. 交易结构复杂

与普通商品不同，数据具有无形性的特点，不能像普通商品一样进行交付和管理，供需双方需要考虑交付、存储的安全性要求；数据中的部分权利可以按知识产权保护和交易，如汇编数据库作品，但不是全部可以按知识产权保护，与知识产权的排他性不同，数据具有一定的非排他性，可以分享、共享使用。

由于数据权属的界定不清，加之严格责任的数据保护法律制度和不够精细、完善的数据交易制度，数据无法像土地、设备、资本一样进行市场化交易和流动，充分释放数据蕴含的巨大价值。

应运而生的“数据二十条”作为数据要素的顶层设计，从数据产权、数据要素流通和交易、数据要素收益分配、数据要素治理四个方面，以数据要素为新型生产资料的战略定位为起点，突出了鼓励数据要素生产、加工、流通、交易、应用以赋能实体经济的目标，不仅对前期立法进行了总结和提升，更对后续立法指引了明确的方向。

二、“数据二十条”前后的变与不变

（一）“数据二十条”前后的变

在“数据二十条”发布前后的这段时间里，各立法机关、行政机关和市场主体等社会各界都积极进行了很多有益的新的尝试。

1. 数据权益理论的突破

（1）三权分置

“数据二十条”第 3 条创新性地设置了权益分置的产权运行机制，将数据权益一分为三：数据资源持有权、数据加工使用权、数据产品经营权，鼓励非公共数据按市场化方式“共同使用、共享收益”的新模式，为激活数据要素价值创造和价值实现提供基础性制度保障，鼓励研究数据产权登记新方式，完善数据确权制度。在此基础上，截至 2023 年 6 月，已出台的地方性文件包括《深圳市数据产权登记管理暂行办法》（以下简称“深圳办法”）、《浙江省数据知识产权登记办法（试行）》（以下简称“浙江办法”）、《江苏省数据知识产权登记管理规则》（以下简称“江苏规则”）和《北京市数据知识产权登记管理办法（试行）》（以下简称“北京办法”）等。其中，北京市、浙江省、江苏省目前对数据产权登记与管理依据知识产权保护制度，深圳市率先对新型数据财产权保护模式予以探索，以发展和改革委员会为统筹主管部门，由数据产权登记服务机构承担登记工作，通过对数据分类确权，划分数据“三权分置”，建立数据要素流通各个环节分别登记的体系。①

（2）劳动和其他要素价值转化

“数据二十条”第 5 条从经济学角度论证了企业数据的权利来源，明确提出了保障市场主体投入的劳动和其他要素贡献获得合理回报的激励机制。在此基础上，2023 年 7 月 26 日，上海市第十六届人大常委会发布《上海市促进浦东新区数据流通交易若干规定（草案）》（征求意见稿），其中第 6 条认可了以“对数据进行实质性加工或者创新性劳动，形成数据产品并实现价值”为判断标准的确权

① 参见冯超、陆益凡等：《从数据权利性质理论看我国当前四地数据产权登记规则与发展》，微信公众号“知产前沿”2023 年 7 月 4 日，https://mp.weixin.qq.com/s/MBsGCWXssX9iRqI5C9Cwsw。

机制。

“数据二十条”对数据权益理论的贡献,为数据交易、融资抵押、数据资产入表、会计核算提供了制度基础。

2. 数据交易制度充实

(1)地方数据交易管理办法发布施行

2022 年 1 月,天津互联网信息办公室发布《天津市数据交易管理暂行办法》;2023 年 2 月,深圳市发展和改革委员会发布《深圳市数据交易管理暂行办法》。这些交易制度主要围绕数据交易定义、数据交易标的合规要求、数据交易合同内容等进行了规定。

(2)《中华人民共和国社会信用体系建设法(征求意见稿)》出台

2022 年 11 月 14 日,国家发展和改革委员会、人民银行共同起草《中华人民共和国社会信用体系建设法(征求意见稿)》,作为《征信业务管理办法》的上位法,对数据交易大类中的信用类数据交易小类进行了更为详细的规定,一方面,进一步重申了《征信业务管理办法》未经许可不得经营征信业务的原则;另一方面,同时明确了国家机关以及法律、法规授权的具有管理公共事务职能的组织依照法律、行政法规和国务院的规定,为履行职责进行公共信息处理、授权运营预留了空间。

(3)《企业数据资源相关会计处理暂行规定(征求意见稿)》

2022 年 12 月 9 日,财政部发布了《企业数据资源相关会计处理暂行规定(征求意见稿)》,在 2019 年 6 月国家市场监督管理总局和国家标准化管理委员会发布的国家标准《电子商务数据资产评价指标体系》和 2020 年 1 月中国资产评估协会发布的《资产评估专家指引第 9 号——数据资产评估》的数据资产评估制度基础上,进一步从会计准则角度为数据资源在财务会计报告中的确认提供了基础制度支撑。数据资产的入表,对于企业经营、融资估值、税务筹划等都很重要,还能给企业增加更多的融资方式,如数据资产的质押、担保、证券化等方式。①

3. 组织建设:国家数据局组建

十四届全国人大一次会议于 2023 年 3 月 10 日表决通过了《国务院机构改革

① 参见兰珊:《〈数据二十条〉为数字经济领域企业新添武器——数据资产入表》,微信公众号“泰和泰北京办公室”2022 年 12 月 30 日,https://mp.weixin.qq.com/s/898NfQuWtK10PqPBTBPExA。

方案》。根据该方案,我国将组建国家数据局。国家数据局的职责包括:一是协调推进数据基础制度建设;二是促进数据资源开发、共享和利用;三是绘制数字中国、数字经济、数字社会规划布局。2023 年 7 月 28 日,据人力资源和社会保障部公告,国家数据局首任局长完成任命。市场预测①,在国家数据局组建后,数据要素市场建设中的发展职能与安全职能将实现分离,其中发展职能会主要由国家数据局来承担,而安全合规、监管执法等职能会继续由网信部门、工信部门及公安部门等来承担。

(二)"数据二十条"前后的不变

一方面,从 2015 年 8 月国务院印发《促进大数据发展行动纲要》,提出"引导培育大数据交易市场,开展面向应用的数据交易市场试点"等举措,到 2021 年 9 月 1 日生效的《中华人民共和国数据安全法》(以下简称《数据安全法》)第 19 条首次在法律层面提出数据交易制度,规定"国家建立健全数据交易管理制度,规范数据交易行为,培育数据交易市场",各地方政府陆续出台数据条例,尝试探索数据交易的模式及规则。"数据二十条"前后,我国促进数据交易的工作方向没有动摇过。

另一方面,包括《中华人民共和国网络安全法》、《数据安全法》和《中华人民共和国个人信息保护法》(以下简称《个人信息保护法》)三位一体的数据保护立法在内的相关的法律制度和管理要求陆续出台。同时,数据交易的对象具有多种遍布于《中华人民共和国民法典》、知识产权法、《中华人民共和国反垄断法》、《中华人民共和国反不正当竞争法》的法律权利或利益的载体,所以在交易标的、交易结构、交易条款设计方面也应遵循相关法律法规。"数据二十条"虽然在促进交易方面做了很多变革性的创新,但在合规红线划定方面没有退步,反而更加清晰和明确,甚至还规定了个人信息"委托维权"②机制。

其实,数据交易促进相关政策与数据合规和保护相关政策是一个问题的两个面,只有获得足够的保护才能作为交易标的,才能在交易中得到合理的交易价

① 参见王艺等:《各地数据局有"家"了》,微信公众号"植德律师事务所"2023 年 3 月 9 日,https://mp.weixin.qq.com/s/uAnMdLOshSjy_qUqVv7Fag。

② "数据二十条"第 6 条规定:"……探索由受托者代表个人利益,监督市场主体对个人信息数据进行采集、加工、使用的机制……"

值,否则非法数据交易泛滥,会对合法合规的数据交易市场的良性运转造成障碍,使合规程度高的数据生产企业生存空间被压缩。但鉴于数据作为多重性质权利的载体,需要精细化界定不同的权利性质、保护制度、交易制度,方可在保护的同时,促进交易以发挥数据作为生产要素的价值。

三、“数据二十条”后关于数据交易合规路径的建议

(一)数据交易前置合规审查

数据交易前,数据供需双方应对对方基本情况和交易标的进行合规审查:数据需求方应说明拟交易数据的用途和使用、存储等处理数据的方式和安全措施,包括需求、用途确认表;数据提供方应说明数据产品数据的来源合法性和可溯性,包括合规尽调反馈表、接口文档、数据字段、入参出参内容、安全措施、其他需求方合作案例(合作协议、保留双章、协议时间、合作内容)等文件。

供需双方通过前置合规审查,可以在正式交易前评估数据交易标的的可交易性和合规风险,并在后续协议中设置对应条款尽可能弥补前期暴露出的法律风险。供需双方保存前置合规审查记录,作为证明己方履行合规审查义务的证据链,既是对本次数据采购交易合规性尽职审查的证据记录,更可以为未来数据进一步处理、加工后的再次交易的合规性溯源提供证据记录。

数据交易前置合规审查一般从以下几个方面进行:

1. 供需双方主体合规

(1)数据交易提供方有效资质:包括提供方采集/处理数据所需的对应资质和提供/销售数据对应的资质两大类。采集/处理数据的资质包括增值电信业务许可证、地理测绘资质、征信资质等;提供/销售数据的特殊监管行业数据的资质包括征信资质等。其中,征信资质既涉及数据采集和处理的资质,又涉及数据提供和销售的资质。

(2)数据交易需求方有效资质:使用拟交易数据所从事的业务是否需要特殊行业许可等资质。比如,金融信贷场景下方可使用征信数据。

(3)无负面清单:供需双方均无数据安全、个人信息保护相关的处罚或重大涉诉情况;供需双方及其实控人、实际受益人等均无其他重大违法违规行为。

2. 需求方对拟交易数据使用和处理合规

(1)需求方使用拟交易数据的场景以及具体处理拟交易数据的目的、方式、范围等是否合法合规。首先,涉及信息主体的信息的,如果涉及个人信息,需求方也应该取得信息主体同意的授权;如果涉及受保护的企业信息,需求方使用数据应不侵害信息主体企业利益,如果取得企业同意则更好。其次,《个人信息保护法》第6条关于最小必要的规定明确了需求方的个人信息处理和使用应遵循"合理目的""直接相关""影响最小""范围最小"的四个要点。在此基础上,《常见类型移动互联网应用程序必要个人信息范围规定》《信息安全技术　移动互联网应用程序(App)收集个人信息基本要求》等规范已就App收集个人信息及调用权限的必要范围进行细化规定。

(2)数据的存储,包括是否可以落库存储,是否可以存储原始图像、视频等。

(3)数据内部的流转、使用情况,包括可被哪些部门及人员访问和处理、用于哪些目的等。

(4)数据对外流转情况及其目的,如传输给关联公司、合作伙伴、其他服务的供应商等;向中国境外传输数据的情况及其目的,如向哪些国家传输。

3. 数据交易客体来源合规

一旦提供方所提供的数据中包含的个人信息系非法获取,根据《中华人民共和国刑法》(以下简称《刑法》)第253条及《最高人民法院、最高人民检察院关于办理侵犯公民个人信息刑事案件适用法律若干问题的解释》第6条的相关规定,企业及企业主管人员、直接责任人都存在面临侵犯公民个人信息罪的刑事责任风险。2018年,警方在一起因运营商内部人员倒卖数据而引发的特大侵犯公民个人信息案件侦查中发现,新三板上市公司数据堂购买了该批涉案数据,在侦查阶段由侦查机关依法追缴的数据堂违法所得人民币70万元,由追缴机关依法上缴国库。虽然数据堂未被作为单位起诉,但是本案6名涉案人员中有4人为数据堂的高管或者部门负责人,包括数据堂的CEO齐某某、联合创始人肖某某在内的多名高管也均曾接受过调查。[①] 数据来源的合规性对于数据交易合规性至关重要,数据需求方可以从以下数据来源的方式,分情况分析数据来源的合规性:

① 参见常跃全、肖荣等:《企业数据合规的刑事风险》,载天元律师事务所官网,https://www.tylaw.com.cn/Content/20230321152959 6529.html。

(1)提供方直接在业务场景中收集的

数据主体应对提供方有完整的有效授权,如提供方通过网站、App、小程序、SDK 等触达用户的,要看有关用户授权是否确实向用户提示(用户是否确实能够看到授权页面),并给予了用户选择权,授权内容是否满足数据提供方收集数据和对外提供数据所需的两项授权内容。并且,应结合所属具体行业的要求及不同数据类型所对应的监管要求确认数据提供方开展的数据收集、处理等活动是否合法合规:是否涉及个人信息授权、敏感个人信息单独同意、儿童个人信息家长同意、企业信息授权、重要数据、汽车行业重要数据、基础电信行业重要数据等,涉及国家安全、公共利益的,须有主管部门的批准。

(2)提供方从上游数据源处间接获取的"二手"数据

"二手"数据还需考虑提供方上游数据源是否合法合规,"二手"数据还需考虑提供方上游数据源是否合法合规,即需要往前追溯,直至确认上游数据源直至信息主体之间有完整有效授权,且提供方与上游数据源进行合法交易并取得经营权授权。如果提供方是从上游数据源处爬取数据,因通常不能具备信息主体授权,所以不应该爬取个人信息;如果爬取商业网站公开展示的数据,应该注明出处,并保证不对被爬取的商业网站构成不正当竞争,不构成商业上的实质性替代;如果是爬取政府依法公开的数据,需要保证不采取侵入信息系统的方式。

4. 数据交易客体分类合规评估

数据与实物、服务的其他交易对象不同,是多种复杂权利的载体。数据交易客体合规,包括提供方对数据的原始获取和交易都获得了权利人的充分授权。目前,法律未正面规定可进行交易的数据清单,但通常都采取了类似负面清单的方式对不符合法律法规的数据交易进行排除。① 下面从数据交易客体自身分类介绍合规评估的注意要点。

---

① "数据二十条"第 1 条规定,"以维护国家数据安全、保护个人信息和商业秘密为前提"。《上海市数据条例》第 55 条规定:"本市鼓励数据交易活动,有下列情形之一的,不得交易:(一)危害国家安全、公共利益,侵害个人隐私的;(二)未经合法权利人授权同意的;(三)法律、法规规定禁止交易的其他情形。"《深圳市数据交易管理暂行办法》第 12 条规定,"危害国家安全、公共利益,侵犯个人、组织合法权益,包括不借助其他数据的情况下可以识别特定自然人的数据,不得作为交易标的"。

（1）个人信息

个人信息或其衍生数据往往是数据交易市场中的重要组成部分，如金融、电信、人力资源等业务中个人信息验证，信贷保险业务中个人信用信息的流转等，个人信息的流转对于经济和社会有较大价值。然而，在司法实践中，个人信息的“购买”普遍被视为《刑法》第253条之一第3款规定的“其他方法”的一种。并且，该处的“购买”应作广义理解，即应理解为具备对价的数据提供、转让、共享，可能发生在数据采购、技术服务、其他商业合作及并购交易中。企业在进行涉个人信息交易的过程中一定要做好交易对手和交易所涉及数据的尽职调查，否则有可能被认定为非法数据交易的直接参与者，导致做出购买决定的一系列管理者以及直接责任人员都将面临极高的法律风险。

（2）企业商业秘密和不构成商业秘密但受保护的企业信息

2022年11月，国家市场监督管理总局发布《中华人民共和国反不正当竞争法（修订草案征求意见稿）》。该征求意见稿第18条确定了市场监管部门有权对企业披露、转让或者使用以不正当手段获取的其他经营者的商业数据，导致实质性替代相关产品和服务的行为采取行政处罚。如果是企业信息则要做到不含企业商业秘密或受保护的企业信息的程度。一般来说，企业自行公开或以其他合法方式公开的信息或企业明确书面同意使用用途的信息，在数据交易过程中侵权风险较低。

（3）重要数据

重要数据或核心数据的交易双方应当关注对国家安全和公共利益可能产生的风险。关于核心数据的定义，《数据安全法》规定，“关系国家安全、国民经济命脉、重要民生、重大公共利益等数据属于国家核心数据，实行更加严格的管理制度”。关于重要数据的定义，在目前尚无明确的一般性的分类标准的情况下，应当关注特殊行业的具体规定。例如，走在数据交易前列的金融行业，已经生效的行业标准《金融数据安全　数据安全分级指南》的附录C通过定义和列举泄露危害情形的方式明确了金融业的重要数据定义和范围，并将重要数据的安全等级定为最高等级5级；汽车行业已经通过的《汽车数据安全管理若干规定（试行）》第3条明确了汽车行业的重要数据的范围，包括车辆流量、物流等反映经济运行情况的数据，汽车充电网的运行数据等。

(4)公开数据

公开数据获取,根据数据来源情况不同可以分成两种:一种是获取开放数据,如政府依法公示、开放的公共数据;另一种是在互联网上任何人都有权利访问阅读的数据,但不等于任何人都有大量收集和无限使用权利。相反,在获取收集方式和使用方式方面应该受到相关法律规定的限制。

(5)公共数据

公共数据,一般是指各级行政机关以及履行公共管理和服务职能的事业单位在依法履职过程中,采集和产生的各类数据资源。比如,社会保险个人参保信息,公共服务运营单位掌握的水电燃气使用信息,金融监管部门掌握的个人征信报告,电商平台根据规定向市场监管部门提供的数据等都是公共数据。公共管理和服务机构的范围通常来讲包含以下内容:国家机关、事业单位、具有公共服务职能的组织,经依法授权管理公共事务的组织,电力、水务、通信、公共交通等公用事业运营单位以及城市基础设施服务的公共企业、事业单位和社会团体等。

《数据安全法》第 42 条规定:“国家制定政务数据开放目录,构建统一规范、互联互通、安全可控的政务数据开放平台,推动政务数据开放利用。”《上海市数据条例》第 41 条规定,上海市公共数据按照开放类型分为无条件开放、有条件开放和非开放三类:①涉及个人隐私、个人信息、商业秘密、保密商务信息,或者法律、法规规定不得开放的,列入非开放类;②对数据安全和处理能力要求较高、时效性较强或者需要持续获取的公共数据,列入有条件开放类;③其他公共数据列入无条件开放类。除此之外,广东、浙江、武汉等各地也纷纷对数据持有方的数据开放和公开进行了规定,这主要是为了避免因行政管理分工而导致的“数据孤岛”问题。

5. 数据产品形式合规

(1)个人信息匿名化

个人信息经过匿名化处理之后,不再属于个人信息。根据《个人信息保护法》第 4 条和第 73 条第 4 项的规定,匿名化是指个人信息经过处理无法识别特定自然人且不能复原的过程。但是实践中,匿名化是一个缺乏明确界定的问题,提供方需考虑到需求方可能因有其他数据情况,而得以使供应数据被反向识别、部分识别的可能。因为在金融数据、健康大数据分类分级机制中,“可能重新被识别”会导致数据分级不同。考虑到数据交易呈现链状结构,事实上存在风险共担问题,所以需考虑需求方对数据可能具有的重新识别能力,如果明知需求方可能对数据进行重新识别,则该处理可能就尚未达到匿名处理的程度,需要细化法律认可的匿名化的方法。

(2)非个人信息脱敏、加密后的数据衍生产品

不含个人信息的数据,也可以经过脱敏、加密等加工处理后,得到满足法律规定的条件下可进行交易的数据衍生产品。

(3)数据报告服务

由运营主体为客户提供数据统计、分析服务,其提供的成果是数据报告而不是原始数据。

(4)"数据沙箱"服务

提供方为需求方提供数据运行环境即虚拟的"数据沙箱"[①],需求方可将自己设计好的算法提供给提供方,提供方在其服务平台内运行相应算法后,将数据计算结果反馈给需求方。这类做法,是目前国家鼓励的"原始数据不出域、数据可用不可见"的交易方式。

(二)数据交易协议拟定

数据交易前的合规审查属于事前风险控制,数据交易协议既可以控制事中和事后风险,包括数据交易过程中的交付,数据交易完成后的存储、传输、加工、匿名化处理、删除等数据处理过程中的合规风险,也可以补正事前风险,合理分配责任,还可以确保交易过程合规安全、交易纠纷能够顺利解决,是数据交易中不可缺少的合规风险管控路径。因为数据交易是链式的交易,如果存在来源违法违规或者数据泄露等安全问题,供需双方和上下游一起都有可能存在数据断供,费用损失,承担其他民事、行政甚至刑事法律责任的风险,所以供需双方不应该一味转嫁和免除己方责任,而应该富有责任感地合理分担义务和责任,以确保交易合规进行。

---

① 参见张会平、顾勤、徐忠波:《政府数据授权运营的实现机制与内在机理研究——以成都市为例》,载《电子政务》2021年第5期。

1. 提供方承担义务

(1)数据范围

双方应明确约定数据交易标的内容边界,包括数据字段、规模、来源、格式、质量、交付方式(如是一次性提供、持续更新和更新频率等)、付费方式(如是一次性付费,还是实时调用按次付费等)。

(2)数据来源合法合规

提供方应承担保证数据来源合法合规的义务,包括在涉及个人信息时数据提供方应注意符合收集数据的最小必要原则,获得信息主体授权或符合法律规定无须取得授权的情形,对数据去标识化、脱敏;在交易涉及重要数据、核心数据时,提供方应履行向主管部门前置报批①等义务,且协议应充分考虑未能通过审批的风险。涉及境外数据的,提供方须承诺数据入境来源和方式合规。

(3)是否排他或独占

由于数据可以被无限复制和利用,一般而言数据提供方不会授予一项排他或独占的权利,如果双方协商同意,也可以要求提供方授予排他或独占的权利,但应注意为了促进数据要素流动和价值实现,避免构成垄断或不正当竞争行为。

(4)不侵权保证

数据接收方还可要求其进行不侵权保证,包括但不限于数据提供方对特定标的享有独立且完整的知识产权、已从数据主体处获得所有必要授权、基于原始数据进行处理开发或申请知识产权不会侵犯第三方合法权益等。

(5)数据质量保证

要求数据提供方尽最大努力确保数据准确、及时、无误;如发现任何错误,应当及时进行通知和修正。

2. 需求方义务

(1)数据使用

需求方须确保数据后续使用场景和用途合法合规,也即数据需求方应保证对数据的存储、开发、利用、共享、定期删除、销毁、冷藏处理等遵守所有适用的法

---

① 参见李旻、卓伟伟:《汉盛法评|数据交易合规系列研究之十四——禁止交易的重要数据探析》,载汉盛律师官网2022年6月21日,https://www.hanshenglaw.cn/CN/08/c0e3d48741aea8ac.aspx。

律、法规、规章、标准等文件和信息主体授权范围。

(2)数据安全

双方可在协议中明确需求方特定范围的授权用户或设备、企业内部管理制度、安全系统、安全控制措施等,保护数据不被盗窃、滥用、泄露、篡改或破坏。双方可以协商应急处理方案、发现安全隐患时的调查机制、发生安全事件时的相互通知、必要的协助机制,数据提供方可据此决定是否继续履行或提前终止合同。

(3)使用权能

双方应根据数据内容、所处行业、自身商业需求选择拟授权或限制的使用行为,具体的数据使用方式包括但不限于复制、修改、集成、公开、营销、显示、转让、出售、形成衍生数据等。

(4)地域和跨境

地域和跨境,即授权使用数据的地域范围,既需要考虑商业因素限制数据资产的使用地域,也需要考虑数据安全因素。尤其在前期尽职调查中确认需进行跨境传输或使用的情况下,应针对相应的合规要求约定出境申报义务和风险承担主体等。

(5)数据权属条款

数据权属条款应该对原始数据权属、衍生数据权属分别做出安排。针对提供方所提供的原始数据,双方应该明确约定提供方给予需求方是仅对原始数据的使用权,还是转让了原始数据的所有权。针对需求方使用提供方提供的原始数据所开发出来的衍生数据,双方应该明确衍生数据的所有权和收益权等权能内容,类似于知识产权协议中的分许可权,可以约定需求方是否能够将数据进一步提供给关联方或其他第三方;如果需求方投入人力、物力、财力后,形成衍生数据,需要明确衍生数据的所有权归属和衍生数据所包含的知识产权归属,有时候衍生数据所有权归属和知识产权归属是分离的。

(6)记录保存与审计

除遵守现行法律法规和其他文件对于记录留存的合规要求(如要求对个人信息处理过程、第三方接入有关合同和管理情况、网络运行状态和安全事件等进行记录和保存)以外,双方可根据商业需求,在协议中约定数据接收方在协议期间以及协议届满或提前终止后的一段时间内保存适当记录的义务。

第四编　数据合规前沿

中国数据跨境流动监管法律制度体系研究

何　波*

数据跨境流动是当前全球数字化转型加速推进背景下各国数据监管面临的最主要难题之一。一方面，数据作为新型生产要素，是数字化、网络化、智能化的基础，数据跨境流动对全球经济增长的贡献已经超过传统的跨国贸易和投资，不仅支撑了包括商品、服务、资本、人才等在内的几乎所有类型的全球化活动，而且是国际数字贸易得以发展的基本前提。另一方面，随着新一代信息通信技术的发展，跨境数据的内容和规模在不断变化，数据与国家经济运行和国家安全的紧密程度也在不断加深，如何确保数据跨境流动中的安全问题成为各国监管部门的核心关切。在中国数字经济发展过程中，国家高度重视数据跨境流动问题，从维护国家数据安全、促进数字经济发展角度出发，立法机关和有关部门先后出台多部法律法规、部门规章和管理规定，逐步建立了中国数据跨境流动监管法律制度体系。

一、中国数据跨境流动监管法律制度概况

（一）数据跨境流动相关概念阐释

从国际来看，数据跨境流动的概念最早出现在个人隐私和个人数据保护领域。1980 年，经济发展与合作组织（Organization for Economic Co-operation and Development，OECD）在其发布的《关于保护隐私和个人数据跨境流动的指导原

* 法学博士、高级工程师，中国信息通信研究院互联网法律研究中心副主任。

则》中明确指出,“个人数据的跨境数据流动是指个人数据跨越国界的流动”[1]。1995 年,欧盟发布的指令(Directive 95/46/EC)规定了欧盟成员国个人数据跨境立法的基本原则与主要内容,允许在满足一定条件的情形下向第三国跨境转移欧盟公民的个人数据;欧盟 2016 年通过的《一般数据保护条例》(General Data Protection Regulation,GDPR)进一步完善了个人数据向第三国或国际组织传输的规定。

在中国法律语境下,需要从两个概念维度来理解数据跨境流动的内涵。一是对“数据”概念和范围的准确理解。《中华人民共和国数据安全法》(以下简称《数据安全法》)首次从法律角度对“数据”的概念作出了明确界定,将其定义为“任何以电子或者其他方式对信息的记录”[2]。与此同时,实践监管中将个人信息作为特别重要的一种数据,认为数据安全涵盖个人信息安全。[3] 因此,在中国法律体系中,一般也将个人信息跨境流动纳入数据跨境流动监管的范畴。例如,在《数据出境安全评估办法》中,数据处理者向境外提供数据需要向国家网信部门申报数据出境安全评估的情形中包含了向境外提供个人信息的情形。[4] 二是对于“跨境”流动情形的理解。数据跨境流动包括“数据入境”和“数据出境”两个方面,而在通常情形下,监管的重点主要集中在数据出境环节,对于数据入境问题,一般不加以特别限制。因此,数据跨境流动监管在一定程度上可以看作对数据出境活动的监管。根据国家互联网信息办公室(以下简称国家网信办)的解释,中国法律体系下的数据出境活动包括以下三种情形:(1)数据处理者将在境内运营中收集和产生的数据传输、存储至境外;(2)数据处理者收集和产生的数据存储在境内,境外的机构、组织或者个人可以查询、调取、下载、导出;(3)国家网信办规定的其他数据出境行为。[5]

(二)数据跨境流动监管法律体系

近年来,中国持续推进数据领域立法工作,先后制定出台多部数据跨境流动

① 周汉华主编:《域外个人数据保护法汇编》,法律出版社 2006 年版,第 12 页。

② 参见《数据安全法》第 3 条第 1 款。

③ 参见本书编写组编:《国家数据安全知识百问》,人民出版社 2023 年版,第 9 页。

④ 参见《数据出境安全评估办法》第 4 条。

⑤ 参见《〈数据出境安全评估办法〉答记者问》以及《数据出境安全评估申报指南(第一版)》。载 http://www.cac.gov.cn/2022-07/07/c_1658811536800962.html。

相关法律法规，目前已经初步形成以《中华人民共和国网络安全法》（以下简称《网络安全法》）、《数据安全法》、《中华人民共和国个人信息保护法》（以下简称《个人信息保护法》）（统称“三法”）为核心，以《数据出境安全评估办法》等部门规章和管理规定为配套，以及以《汽车数据安全管理若干规定（试行）》等特定行业监管规则为补充的数据跨境流动监管法律法规体系。具体来看，包括以下三个层面：

首先，《网络安全法》《数据安全法》《个人信息保护法》确立了中国数据跨境流动监管的基本原则和数据出境主要路径。2016 年 11 月通过的《网络安全法》首次以国家法律形式明确了数据跨境流动的基本政策，即“关键信息基础设施的运营者在中华人民共和国境内运营中收集和产生的个人信息和重要数据应当在境内存储。因业务需要，确需向境外提供的，应当按照国家网信部门会同国务院有关部门制定的办法进行安全评估；法律、行政法规另有规定的，依照其规定”①。2021 年 6 月通过的《数据安全法》在《网络安全法》基础上，针对重要数据的跨境流动管理进行了补充和完善，进一步规定“其他数据处理者在中华人民共和国境内运营中收集和产生的重要数据的出境安全管理办法，由国家网信部门会同国务院有关部门制定”②。2021 年 8 月通过的《个人信息保护法》则专章规定了“个人信息跨境提供的规则”，针对个人信息跨境提供规定了 4 种可供选择的合法场景，以满足保障个人信息权益和适应国际经贸往来的现实需要。③

其次，《数据出境安全评估办法》《个人信息出境标准合同办法》《个人信息保护认证实施规则》等进一步明确了几种数据出境路径的具体监管要求。2022 年 7 月，《数据出境安全评估办法》出台，对数据出境监管中最为重要的“安全评估”手段予以明确，实现了“三法”相关制度设计的具体落地，为数据跨境流动提供了最为重要的合规指引。2022 年 11 月，《个人信息保护认证实施规则》通过，规定了对个人信息处理者开展个人信息收集、存储、使用、加工、传输、提供、公开、删除以及跨境提供等处理活动进行认证的基本原则和要求。《个人信息出境标准合同办法》也于 2023 年 2 月正式公布，该办法提供了向境外提供个人信息

① 参见《网络安全法》第 37 条。

② 参见《数据安全法》第 31 条。

③ 参见晓洋、何波：《我国〈个人信息保护法〉立法背景与制度详解》，载《大数据》2022 年第 2 期。

的标准合同文本，明确了个人信息处理者的备案义务等内容。

最后，金融、汽车、医疗健康等行业领域针对行业数据跨境流动规定了监管要求。例如，《征信业管理条例》规定，征信机构对在中国境内采集的信息的整理、保存和加工，应当在中国境内进行①；《汽车数据安全管理若干规定（试行）》要求重要数据应当依法在境内存储②；《中华人民共和国保守国家秘密法》确立了禁止国家秘密载体出境的规则，规定邮寄、托运国家秘密载体出境，或者未经有关部门批准，携带、传递国家秘密载体出境的，依法给予处分，构成犯罪的，依法追究刑事责任③；《地图管理条例》规定，互联网地图服务单位应当将存放地图数据的服务器设在中华人民共和国境内，并制定互联网地图数据安全管理制度和保障措施④。此外，相关主管部门对涉及人口健康信息数据⑤、网络出版数据⑥等的跨境流动都提出类似的要求。

（三）数据跨境流动监管制度体系与内在逻辑

整体来看，《数据安全法》《个人信息保护法》《数据出境安全评估办法》等法律法规初步构建了以"重要数据"和"个人信息"两大类数据出境为监管核心、以"三主三辅"六大数据出境路径为监管举措的数据跨境流动制度体系。其中，数据出境的"三项主要路径"相关监管制度，分别为数据出境安全评估制度、个人信息出境标准合同制度以及个人信息保护认证制度；数据出境的"三项辅助路径"相关监管制度，分别涉及国际条约与协定，外国司法或执法数据调取，以及法律、行政法规规定的其他情形（见图1）。

① 参见《征信业管理条例》第24条。
② 参见《汽车数据安全管理若干规定（试行）》第11条。
③ 参见《中华人民共和国保守国家秘密法》第48条。
④ 参见《地图管理条例》第34条。
⑤ 参见《人口健康信息管理办法（试行）》（国卫规划发〔2014〕24号）。
⑥ 参见《网络出版服务管理规定》第8条。

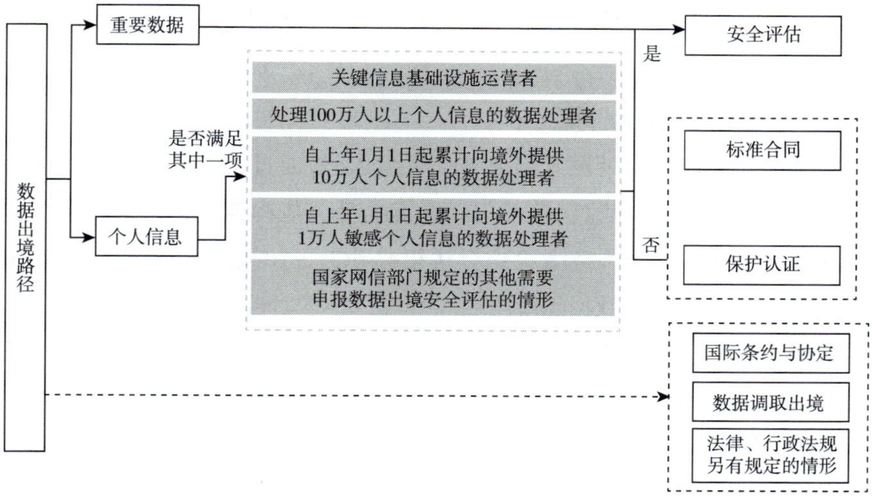

图1　中国数据出境路径

原则上来说,上述几种数据出境路径及相关监管制度之间的关系是平行存在的,例如,《个人信息保护法》明确规定,“个人信息处理者因业务等需要,确需向中华人民共和国境外提供个人信息的,应当具备下列条件之一……”①。但在具体监管实践中,其侧重点和适用范围有所不同。目前来看,随着《数据出境安全评估办法》的出台施行,安全评估已经成为最主要的数据出境合法渠道。按照《数据出境安全评估办法》的规定,数据处理者向境外提供重要数据以及满足一定条件的个人信息②,应当进行安全评估。而对于《数据出境安全评估办法》适用范围外的个人信息处理者的数据出境情形,可以通过个人信息保护认证或者签订国家网信部门制定的标准合同来满足个人信息跨境条件③;中国缔结或者参加的国际条约、协定对向境外提供个人信息的条件等有规定的,可以按照其规定执行。④

① 参见《个人信息保护法》第38条。

② 参见《数据出境安全评估办法》第4条。

③ 参见《〈数据出境安全评估办法〉答记者问》,载国家互联网信息办公室官网,http://www.cac.gov.cn/2022-07/07/c_1658811536800962.htm。

④ 参见《个人信息保护法》第38条。

二、中国数据跨境流动监管主要制度分析

（一）安全评估管理制度

安全评估是指数据处理者向境外提供数据时，通过所在地省级网信部门向国家网信部门申报，由国家网信部门组织有关部门机构就数据出境活动可能对国家安全、公共利益、个人或者组织合法权益等带来的风险进行评估，并作出是否允许跨境提供的一种数据出境路径。“三法”中均对数据出境安全评估的情形作了原则性规定，2022 年 7 月发布的《数据出境安全评估办法》对通过安全评估方式向境外提供数据的活动进行了统一规范，建立了系统的数据出境安全评估监管制度，明确了适用范围、评估流程、评估要求等具体要求，并发布了《数据出境安全评估申报指南》。

一是关于数据出境安全评估制度的适用场景。根据《数据出境安全评估办法》，对于以下几种数据出境的情形，必须通过安全评估的方式进行：(1)数据处理者向境外提供重要数据；(2)关键信息基础设施运营者和处理 100 万人以上个人信息的数据处理者向境外提供个人信息；(3)自上年 1 月 1 日起累计向境外提供 10 万人个人信息或者 1 万人敏感个人信息的数据处理者向境外提供个人信息；(4)国家网信部门规定的其他需要申报数据出境安全评估的情形①。从这里的规定可以看出，数据安全评估的主体不仅限于重要数据处理者，还包括关键信息基础设施运营者，以及达到一定数量的个人信息处理者。

二是关于数据出境安全评估的申报流程。按照《数据出境安全评估办法》的规定，数据处理者在向境外提供数据前应首先开展数据出境风险自评估②，然后再通过所在地省级网信办向国家网信办申报数据出境安全评估。自数据出境安

---

① 参见《数据出境安全评估办法》第 4 条。

② 关于自评估的内容，可参见《数据出境安全评估办法》第 5 条，需要重点评估的事项如下：(1)数据出境和境外接收方处理数据的目的、范围、方式等的合法性、正当性、必要性；(2)出境数据的规模、范围、种类、敏感程度，数据出境可能对国家安全、公共利益、个人或者组织合法权益带来的风险；(3)境外接收方承诺承担的责任义务，以及履行责任义务的管理和技术措施、能力等能否保障出境数据的安全；(4)数据出境中和出境后遭到篡改、破坏、泄露、丢失、转移或者被非法获取、非法利用等的风险，个人信息权益维护的渠道是否通畅等；(5)与境外接收方拟订立的数据出境相关合同或者其他具有法律效力的文件等是否充分约定了数据安全保护责任义务；(6)其他可能影响数据出境安全的事项。

全评估2022年9月1日施行以来，北京、上海、江苏等各地网信部门已经相继开通接受安全评估申报的窗口。数据处理者申报数据出境安全评估，应当提交申报书、数据出境风险自评估报告、数据处理者与境外接收方拟订立的法律文件以及安全评估工作需要的其他材料。省级网信部门应当自收到申报材料之日起5个工作日内完成完备性查验。申报材料齐全的，将申报材料报送国家网信部门；申报材料不齐全的，应当退回数据处理者并一次性告知需要补充的材料。国家网信办自收到省级网信办上报申报材料之日起7个工作日内，确定是否受理并书面通知数据处理者。数据处理者如被告知补充或者更正申报材料，应当及时按照要求补充或者更正材料。无正当理由不补充或者更正申报材料的，安全评估将会终止。情况复杂的，数据处理者将被告知评估预计延长的时间。评估完成后，数据处理者将收到评估结果通知书。对评估结果无异议的，数据处理者须按照数据出境安全管理相关法律法规和评估结果通知书的有关要求，规范相关数据出境活动；对评估结果有异议的，数据处理者可以在收到评估结果通知书15个工作日内向国家网信办申请复评，复评结果为最终结论。

三是关于数据出境安全评估重点评估的内容。安全评估的重点是数据出境活动可能对国家安全、公共利益、个人或者组织合法权益带来的风险，具体主要包括以下事项：(1)数据出境的目的、范围、方式等的合法性、正当性、必要性；(2)境外接收方所在国家或者地区的数据安全保护政策法规和网络安全环境对出境数据安全的影响；境外接收方的数据保护水平是否达到中华人民共和国法律、行政法规的规定和强制性国家标准的要求；(3)出境数据的规模、范围、种类、敏感程度，出境中和出境后遭到篡改、破坏、泄露、丢失、转移或者被非法获取、非法利用等的风险；(4)数据安全和个人信息权益是否能够得到充分有效保障；(5)数据处理者与境外接收方拟订立的法律文件中是否充分约定了数据安全保护责任义务；(6)遵守中国法律、行政法规、部门规章情况；(7)国家网信部门认为需要评估的其他事项。①

四是关于安全评估的结果和期限。企业等主体申报数据出境安全评估的结果有三种情形：一是申报不予受理，对于不属于安全评估范围的，数据处理者接到国家网信部门不予受理的书面通知后，可以通过法律规定的其他合法途径开

① 参见《数据出境安全评估办法》第8条。

展数据出境活动。二是通过安全评估,数据处理者可以在收到通过评估的书面通知后,严格按照申报事项开展数据出境活动。三是未通过安全评估,未通过数据出境安全评估的,数据处理者不得开展所申报的数据出境活动。通过数据出境安全评估的结果有效期为2年,自评估结果出具之日起计算。有效期届满,需要继续开展数据出境活动的,应当在有效期届满60个工作日前重新申报评估。

(二)标准合同管理制度

与数据出境安全评估等方式相比,与境外接收方签署监管部门公布的标准合同通常被认为是数据出境机制中最为便捷的选择。标准合同,是指由国家网信部门制定的,并由个人信息处理者与境外接收方订立的,约定双方的权利和义务的合同。《个人信息保护法》将标准合同规定为个人信息出境路径之一。2023年2月,国家网信办公布《个人信息出境标准合同办法》,对通过订立标准合同的方式开展个人信息出境的活动作出了具体制度安排。

一是关于标准合同的适用场景。《个人信息出境标准合同办法》明确,个人信息处理者同时符合下列情形的,可以通过签订标准合同的方式向境外提供个人信息:(1)非关键信息基础设施运营者;(2)处理个人信息不满100万人的;(3)自上年1月1日起累计向境外提供未达到10万人个人信息的;(4)自上年1月1日起累计向境外提供未达到1万人敏感个人信息的。[①] 同时,该办法明确规定,个人信息处理者不得采取数量拆分等手段,将依法应当通过出境安全评估的个人信息通过订立标准合同的方式向境外提供。整体来看,相较于数据出境安全评估,标准合同适用的个人信息出境活动规模较小、对国家与公共利益的影响较低,故在此类出境活动中,企业可以通过签署合同这一较为简便的方式来满足个人信息合法出境的条件。

二是关于标准合同签订的流程。《个人信息出境标准合同办法》规定下的标准合同机制包含事前评估、合同订立、事后备案等合规要求。首先,个人信息处理者向境外提供个人信息前,应当开展个人信息保护影响评估,其重点评估内容与《数据出境安全评估办法》中"数据出境风险自评估"的评估事项基本一致,增加了"境外接收方所在国家或者地区的个人信息保护政策和法规对标准合同履

① 参见《个人信息出境标准合同办法》第4条。

行的影响"①。其次,与境外接收方订立标准合同时,应当严格按照《个人信息出境标准合同办法》附件的《个人信息出境标准合同》来订立,个人信息处理者可以与境外接收方约定其他条款,但不得与标准合同相冲突。最后是标准合同备案管理要求,个人信息处理者应当在标准合同生效之日起10个工作日内向所在地省级网信部门备案。从性质上看,《个人信息出境标准合同办法》设立的备案制度为事后监管,并不会产生功能性的效果。从内容上看,须备案的材料包括:(1)合同双方根据附件标准合同范本订立的个人信息出境标准合同,与之相关的独立商业合同并不需要备案;(2)个人信息保护影响评估报告。个人信息处理者应当对所备案材料的真实性负责。

三是事后跟进的相关要求。根据《个人信息出境标准合同办法》的规定,当个人信息出境情况、境外接收方所在国家或者地区的个人信息保护政策和法规发生变化等情形发生时,个人信息处理者需补充或重新订立标准合同,并重新开展个人信息保护影响评估、备案等其他相关工作。同时,该办法与标准合同范本条款亦对网信部门后续监督、个人信息主体行使权利等事项进行了规定,当省级以上网信部门发现个人信息出境活动存在较大风险或者发生个人信息安全事件的,可以依法对个人信息处理者进行约谈。

(三)保护认证管理制度

个人信息保护认证,是指经批准的专业机构按照国家网信部门的规定对个人信息处理者开展个人信息处理活动进行综合评价,作出认证决定并向个人信息处理者颁发认证标志的个人信息保护管理措施。该项制度是以认证认可为手段证明个人信息保护能力的一种方式。《个人信息保护法》将保护认证规定为个人信息出境路径之一,2022年11月,国家网信办发布《个人信息保护认证实施规则》,明确了认证的依据、程序、证书和标志等内容。

一是关于保护认证的适用场景。除《数据出境安全评估办法》中必须进行安全评估的情形外,现行法律法规中并未明确规定保护认证的适用范围。根据《网络安全标准实践指南——个人信息跨境处理活动安全认证规范》(TC260 - PG - 20222A),保护认证可以适用于跨国公司或者同一经济、事业实体下属子公司或

---

① 参见《个人信息出境标准合同办法》第5条。

关联公司之间的个人信息跨境处理活动，以及《个人信息保护法》第3条第2款适用的个人信息处理活动①。上述适用场景也表明，保护认证制度一方面可以为常规的个人信息处理活动提供证明，另一方面可以为个人信息出境活动提供证明，因此也成为个人信息出境的合法途径之一。

二是关于保护认证的具体程序。根据《个人信息保护认证实施规则》，保护认证的具体程序主要包括认证委托、技术验证、现场审核以及作出认证等环节。首先是认证委托，认证委托人应当按认证机构要求提交认证委托资料，认证机构在对认证委托资料审查后及时反馈是否受理，如受理，认证机构应当确定认证方案并通知认证委托人。其次是技术验证，技术验证机构应当按照认证方案实施技术验证，并向认证机构和认证委托人出具技术验证报告。再次是现场审核，认证机构实施现场审核，并向认证委托人出具现场审核报告。最后是作出认证，认证机构根据认证委托资料、技术验证报告、现场审核报告和其他相关资料信息进行综合评价，作出认证决定。对符合认证要求的，颁发认证证书；对暂不符合认证要求的，可要求认证委托人限期整改，整改后仍不符合的，以书面形式通知认证委托人终止认证。

三是关于保护认证的结果。个人信息保护认证证书有效期为3年。认证机构应当在认证有效期内，对获得认证的个人信息处理者进行持续监督，若监督评价通过的，可继续保持认证证书；不通过的，认证机构应当根据相应情形作出暂停直至撤销认证证书的处理。

（四）“三项辅助路径”相关制度

从适用程度来看，前文论述的“三项主要路径”涉及的数据跨境流动情形广泛适用并存在于各行业各领域，而“三项辅助路径”则适用于特定情形或特定行业领域的数据跨境监管活动。

一是关于适用国际条约与协定。《个人信息保护法》明确了国际条约与协定这一个人信息出境方式，其第38条第2款规定，中华人民共和国缔结或者参加的

---

① 参见《网络安全标准实践指南——个人信息跨境处理活动安全认证规范》（TC260－PG－20222A）第1条。《个人信息保护法》第3条第2款规定，在中华人民共和国境外处理中华人民共和国境内自然人个人信息的活动，有下列情形之一的，也适用本法：(1)以向境内自然人提供产品或者服务为目的；(2)分析、评估境内自然人的行为；(3)法律、行政法规规定的其他情形。

国际条约、协定对向中华人民共和国境外提供个人信息的条件等有规定的,可以按照其规定执行。上述规定为我国根据实际需要与有关国家和地区达成协议、实现标准互认等提供了法律支撑,有利于丰富我国的数据跨境流动机制,满足我国参与国际交流和国际经贸往来的需要①。

二是关于适用执法或司法数据调取出境。《数据安全法》《个人信息保护法》都规定了这种数据出境的方式。以《数据安全法》为例,一方面,《数据安全法》明确了我国司法、执法国际合作的基本原则,即由中华人民共和国主管机关根据有关法律和中华人民共和国缔结或者参加的国际条约、协定,或者按照平等互惠原则,处理外国司法或者执法机构关于提供数据的请求;另一方面,《数据安全法》明确了处理域外数据调取的基本要求,即非经中华人民共和国主管机关批准,境内的组织、个人不得向外国司法或者执法机构提供存储于中华人民共和国境内的数据②。与此同时,《个人信息保护法》也对向境外执法或者司法机构获取存储于境内个人信息作了类似规定:"中华人民共和国主管机关根据有关法律和中华人民共和国缔结或者参加的国际条约、协定,或者按照平等互惠原则,处理外国司法或者执法机构关于提供存储于境内个人信息的请求。非经中华人民共和国主管机关批准,个人信息处理者不得向外国司法或者执法机构提供存储于中华人民共和国境内的个人信息。"③

三是适用法律、行政法规另有规定的情形。从行业来看,中国在金融、地图地理信息等领域对数据跨境流动提出了专门的要求,如《征信业管理条例规定》《地图管理条例》《保守国家秘密法》等对数据出境作出规定的,都属于"法律、行政法律规定的其他条件",数据处理者开展数据跨境活动应当依照执行。

(五)其他跨境相关管理制度

数据跨境流动是数据安全监管的核心内容,《数据安全法》《个人信息保护

---

① 参见杨合庆主编:《中华人民共和国个人信息保护法释义》,法律出版社2022年版,第102页。

② 参见《数据安全法》第36条:中华人民共和国主管机关根据有关法律和中华人民共和国缔结或者参加的国际条约、协定,或者按照平等互惠原则,处理外国司法或者执法机构关于提供数据的请求。非经中华人民共和国主管机关批准,境内的组织、个人不得向外国司法或者执法机构提供存储于中华人民共和国境内的数据。

③ 参见《个人信息保护法》第41条。

法》等法律法规也从数据安全角度作了相关制度要求，这些制度为国家应对数字时代的大国博弈提供了可供选择的工具箱。例如，数据出口管制与歧视性措施反制制度。《数据安全法》在《出口管制法》的基础上，对与维护国家安全和利益、履行国际义务相关的属于管制物项的数据依法实施出口管制，并规定任何国家或者地区在与数据和数据开发利用技术等有关的投资、贸易等方面对中华人民共和国采取歧视性的禁止、限制或者其他类似措施的，可以根据实际情况对该国家或者地区对等采取措施。《个人信息保护法》也规定，任何国家或者地区在个人信息保护方面对中国采取歧视性的禁止、限制或者其他类似措施的，中国可以根据实际情况对该国家或者地区对等采取措施。再如，跨境流动黑名单制度。《个人信息保护法》规定，境外的组织、个人从事侵害中国公民的个人信息权益，或者危害国家安全、公共利益的个人信息处理活动的，可以将其列入限制或者禁止个人信息提供清单。①

三、数据跨境流动监管制度短板与完善建议

数据监管与信息通信技术演进和产业发展密切相关，具有一定的动态变化性。随着中国进入新发展阶段，新的发展形势对数据跨境流动监管法律制度也提出了新的要求。相比之下，现有的监管规则还存在一些短板和不足，未来我国需要适应经济社会发展需求，立足问题导向，对监管规则作出进一步调整和完善。

（一）监管制度规则的短板与不足

一是在顶层设计层面，数据出境监管法律制度存在不协调一致的现象，系统性有待加强。跨境数据流动面临的问题，主要是数据流出国和数据流入国之间对于数据保护和数据跨境监管的法律冲突与调和，因此对国内法律体系性要求较高。② 从我国现有监管实践来看，数据跨境流动相关制度的规定较为分散，散见于不同法律法规、部门规章以及规范性文件中，缺乏系统性，尤其是数据出境

① 参见《个人信息保护法》第42条。

② 参见何波：《中国参与数据跨境流动国际规则的挑战与因应》，载《行政法学研究》2022年第4期。

的三种主要路径，分别由《数据出境安全评估管理办法》《个人信息出境标准合同办法》《个人信息保护认证实施规则》单独规定，可能导致各项制度之间的协调存在问题。有观点认为，我国数据出境制度体系化困局最直接的表现就是安全评估、标准合同、保护认证和其他制度之间的功能定位难以明确，适用范围、法律效果等条款内容缺乏相应的衔接性①，这是现有制度系统性不足的典型表现。与此同时，实践中还存在不同层级立法对数据跨境流动规定不一致的情形。在《数据安全法》和《个人信息保护法》出台前，有关行政法规和部门规章已经对部分行业或领域的数据出境作出了某些限制性要求。两部法律的出台施行进一步调整了数据跨境流动的基本原则和要求，但原有行业监管规定并未及时修订，客观上造成了法律要求与行政法规和部门规章不一致的情形。例如，根据法律的规定，重要数据和个人信息在满足安全评估、标准合同等条件下可以跨境提供②，并没有完全禁止某类数据出境，但部分行业的管理现状仍然是禁止某类数据出境。例如，《人口健康信息管理办法（试行）》规定"不得将人口健康信息在境外的服务器中存储，不得托管、租赁在境外的服务器③"，这一规定完全禁止跨境传输，也没有留下制度衔接的空间，造成与法律规定的不一致。

二是在监管实践操作层面，数据跨境流动制度配套规则有待完善，部分制度设计的合理性有待提升。一方面，目前以《网络安全法》《数据安全法》《个人信息保护法》为核心的数据跨境流动监管法律体系和以"三主三辅"六大出境路径为监管举措的数据跨境管理制度体系已经初步建立并逐步完善，但实践中仍存在一些操作难题。例如，数据出境安全评估对象的具体范围可能引发争议。我国数据跨境流动监管中最关键的一种数据类型为重要数据，但目前没有统一确定重要数据的范围是什么，这种情况可能会给企业实践操作带来一定程度的不确定性。再如，数据出境安全评估中如何认定境外接收方的问题，目前也没有具体参照。另一方面，部分制度设计的合理性有待提升，影响数据出境效率和企业合规成本。现有数据跨境流动监管制度尤其是安全评估制度是基于《网络安全法》第37条的规定，后续相关制度的设计也在很大程度上参考和延续了《网络安

① 参见赵精武：《论数据出境评估、合同与认证规则的体系化》，载《行政法学研究》2023年第1期。

② 参见《数据安全法》第31条、《个人信息保护法》第38条。

③ 参见《人口健康信息管理办法（试行）》第10条。

全法》的思路。然而,《网络安全法》自2016年出台至今已有7年,其间全球数据跨境流动监管形势和我国数字经济发展情况等都发生了较大变化,相应制度设计也需要考虑是否调整。就具体制度而言,数据出境的“三项主要路径”监管制度存在畸轻畸重的倾向,由于适用范围限制等原因,实践中企业为稳妥起见,绝大多数出境情形都选择采取安全评估的路径,个人信息保护认证和标准合同制度往往被束之高阁,而安全评估的流程和要求相对更高,不仅影响了数据出境效率,而且会增加企业合规成本。

三是在国际规则对接层面,国内数据跨境流动监管制度与国际规则标准还存在兼容性问题。2021年,我国正式申请加入《全面与进步跨太平洋伙伴关系协定》(Comprehensive and Progressive Agreement for Trans-Pacific Partnership, CPTPP)①和《数字经济伙伴关系协定》(Digital Economy Partnership Agreement, DEPA)②两个高水平数字贸易相关协定,数据跨境流动规则不仅是上述协定的核心议题,也是影响中国谈判进程的关键因素。虽然“三法”构建了国内数据跨境流动管理的顶层制度,但是其与CPTPP、DEPA等高水平数字贸易协定的要求相比,仍存在一些兼容性问题。

一方面,我国对数据跨境流动采取限制措施的目的恐难以满足CPTPP中“合法公共政策目标”的必要性要求。根据CPTPP的规定,如果缔约方要对数据跨境流动采取限制性措施,必须是为了实现合法的公共政策目标。虽然CPTPP并未对何为“合法公共政策目标”作出界定,但参照WTO的一般例外条款③来看,其主要包括为维护公共道德或公共秩序所必需的措施、为保障人类和动植物的生命或健康所必需的措施等④。目前,中国对于重要数据和满足一定数量的个人信息出境提出了安全评估的限制条件,如果上述对数据跨境流动的限制措施要援引“合法公共政策目标”这一例外,未来在谈判中需要充分证明其正当性和

① 在美国宣布退出TPP协议后,2018年3月8日,在日本的主导推动下,11个发起TPP的亚太国家正式签署了CPTPP,CPTPP全面继承了TPP协议文本的主要内容。

② 由智利、新西兰、新加坡三国于2020年6月签署,这也是全球首个通过网络签署的贸易协定。

③ 国内学者认为,能够使东道国为实现正当的公共政策目标而豁免其实体性条约义务的条款均为一般例外条款。参见曾建知:《国际投资条约一般例外条款研究——兼论我国的选择》,载《武大国际法评论》2015年第1期。

④ 参见《服务贸易总协定》第14条。

必要性，具有一定的难度。此外，CPTPP 等协定中的"合法公共政策目标"是一个例外条款，仅在极少数特定情况下才能援引，而我国《数据出境安全评估办法》要求数据出境进行安全评估的限制情况实际上涵盖了实践中很多场景，有将"例外条款"变成"一般规定"的嫌疑①。

另一方面，我国对跨境数据流动的部分限制措施可能会对国际贸易造成不必要的负担。按照 CPTPP 关于合理性的要求，缔约方在对数据跨境流动采取限制措施时，该限制措施对国际贸易造成的负担应当维持在最低水平。从 CPTPP 成员的做法来看，日本、新加坡等国家针对个人信息的跨境传输设置了"同等保护"的标准，对于个人信息向已经通过"同等保护"认定的国家传输，则不需要针对每次跨境活动再进行审查②。但是，我国《数据出境安全评估办法》要求数据处理者在向境外提供数据前，应事先开展数据出境风险自评估，数据出境评估结果有效期仅为 2 年，且在有效期内出现接收方所在地法律环境等发生变化的，数据处理者还应当重新申报评估③。相比之下，中国现有规定更加严格，对国际数字贸易造成的影响和负担可能更大。

（二）法律制度完善的思路与建议

一是及时开展立法修法工作，持续健全数据跨境流动监管法律制度体系。一方面，可考虑研究制定一部综合性的数据跨境流动管理规定，全面系统规定数据出境的合法路径以及彼此间的适用关系，做好安全评估、标准合同、保护认证等数据出境管理制度之间的衔接，通过统一立法的方式强化具体法律制度的协调性，解决现有立法体系性不足的问题。另一方面，按照"三法"构建的数据跨境流动监管制度要求，适时对此前出台施行的《地图管理条例》《人口健康信息管理办法（试行）》等行政法规和部门规章中对行业领域数据跨境流动规定不一致的

---

① 参见何波：《中国参与数据跨境流动国际规则的挑战与因应》，载《行政法学研究》2022 年第 4 期。

② 参见王念：《新加坡数据跨境流动管理的经验与启示》，载《财经智库》2020 年第 4 期。

③ 《数据出境安全评估办法》第 14 条规定，数据出境在有效期内出现以下情形之一的，数据处理者应当重新申报评估：(1) 向境外提供数据的目的、方式、范围、种类和境外接收方处理数据的用途、方式发生变化影响出境数据安全的，或者延长个人信息和重要数据境外保存期限的；(2) 境外接收方所在国家或者地区数据安全保护政策法规和网络安全环境发生变化以及发生其他不可抗力情形、数据处理者或者境外接收方实际控制权发生变化、数据处理者与境外接收方法律文件变更等影响出境数据安全的；(3) 出现影响出境数据安全的其他情形。

条款进行修订。例如，应使这些规定与《个人信息保护法》等上位法保持一致，增加关于安全评估、安全认证等数据合法出境的路径；也可以在立法技术上作衔接性的规定，在现有条款基础上增加“法律、行政法规对数据跨境提供另有规定，从其规定”等例外规定，从而确保国内不同法律法规间对数据跨境流动监管要求的一致性。①

二是强化统筹协调布局，提升数据跨境流动监管制度规则的可预期性和便利性。一方面，持续推动完善数据跨境流动配套规则，在数据分类分级管理的基础上采取更加精细化的数据出境管理政策。按照《数据安全法》的相关要求，尽快制定出台国家层面的数据分类分级指南或标准，合理划分“重要数据”的范围，明确其内涵和外延，避免“重要数据”范围扩大化，以便未来在谈判中可以根据每类数据的重要程度证明中国对其进行跨境流动限制的必要性和合理性。另一方面，研究提升具体数据出境管理制度的便利性，合理设计安全评估等监管措施的具体适用，最大限度减少对数字经济和国际贸易的限制性影响。例如，可以考虑调整必须进行出境安全评估的范围，尤其是在个人信息的出境方面，可以将目前的“处理100万人以上个人信息”“自上年1月1日起累计向境外提供10万人个人信息或者1万人敏感个人信息”的数量，分别提高到1000万人、100万人或10万人，从而减轻中小企业的负担，体现《个人信息保护法》关于“小型个人信息处理者”的立法旨意。又如，可以考虑放宽安全评估的有效期限，将目前《数据出境安全评估办法》中规定的2年有效期适当延长到3～5年。再如，还可以优化对数据出境安全评估的程序要求，缩短进行安全评估的审核期限，提升评估效率。

三是开展制度创新探索，积极推进数据跨境流动国际合作。2022年12月，《中共中央、国务院关于构建数据基础制度更好发挥数据要素作用的意见》发布，该意见提出要积极参与数据跨境流动国际规则制定，推动数据跨境流动双边多边协商，鼓励探索数据跨境流动与合作的新途径新模式。随着我国正式申请加入CPTPP和DEPA两个贸易协定，未来对于数据跨境流动的国际合作标准要求会越来越高。一方面，建议充分利用自贸港和自贸区等特殊区位优势先行先试，研究完善中国数据出境的最优方案。例如，《海南自由贸易港法》规定，海南自由

---

① 参见何波：《中国参与数据跨境流动国际规则的挑战与因应》，载《行政法学研究》2022年第4期。

贸易港依法建立安全有序自由便利的数据流动管理制度，国家支持海南自贸港探索实施区域性国际数据跨境流动制度安排。2023 年，全国人民代表大会修订《立法法》，增加“海南省人民代表大会及其常务委员会根据法律规定，制定海南自由贸易港法规，在海南自由贸易港范围内实施”的规定，赋予海南地方性立法更大的自主权。海南是国内国际双循环的重要交汇点，可充分利用海南自贸港的区位优势和政策优势，探索推动数据跨境流动国际合作试点。另一方面，在技术能力允许的条件下，探索丰富多元的数据跨境流动途径。随着网络和数据安全技术、产业能力的持续提升，在现有安全评估、个人信息保护认证、标准合同管理措施的基础上，可以考虑将“同等保护”作为一项独立的数据出境合法性事由。对于个人信息保护水平较高的国家和地区，尤其是部分重要的数字贸易伙伴，结合对等原则，经过评估后可将其纳入数据跨境流动的“白名单”，减轻向这些国家和地区跨境传输数据的不必要负担。

App 个人信息安全治理的规则、案例与思考

何延哲[*]　刘昊鑫[**]　刘丹丹[***]

一、App 个人信息安全治理基本情况

据统计,截至 2023 年 6 月,我国网民规模达 10.79 亿人①,网民中使用手机上网的比例高达 99.6%,我国市场上监测到在架移动互联网应用程序(App)数量高达 260 多万款,第三方应用商店分发 App 累计数量超过 2 万亿次。移动互联网便捷、普惠的特点最大程度地在 App 上呈现,微信、淘宝、百度地图、支付宝等 App 早已成为广大网民生活中的"必需品",极大地便利和丰富了人们的生活。然而,伴随着 App 的繁荣发展,个人信息泄露、滥用、非法交易等问题开始凸显,App 强制授权、过度索权、超范围收集个人信息的现象大量存在,广大网民对此反应强烈。遏制乱象、促进移动互联网健康发展,成为迫切的任务。

我国已经在发展互联网经济、推动数字社会建设方面取得不俗的成绩,互联网、移动互联网的普及在改善广大群众生活等方面效果显著。然而,在互联网早期的发展过程中,法律法规等尚未健全,很多企业对个人信息展现出"贪婪"的一面,个人信息的肆意获取、保护乏力、使用不当等问题普遍存在。时至今日,很多企业对个人信息的"依赖"不减,侵害用户利益的事件时有发生。无论国内国外,

---

* 中国电子技术标准化研究院网安中心测评实验室副主任,中央电视台 3·15 晚会信息安全实验室专家。

** 中国电子技术标准化研究院工程师。

*** 中国电子技术标准化研究院工程师。

① 参见《第 52 次〈中国互联网络发展状况统计报告〉发布:我国网民规模达 10.79 亿人》,载人民网,http://finance.people.com.cn/n1/2023/0828/c1004-40065362.html。

个人信息保护问题都已成为社会治理关注的焦点,各国陆续推出个人信息保护相关法律法规,执法行动不断。

近年来,我国高度关注个人信息保护问题。2017 年 6 月 1 日实施的《中华人民共和国网络安全法》(以下简称《网络安全法》)对个人信息保护提出专门要求。2018 年 5 月 1 日,国家标准《信息安全技术　个人信息安全规范》(GB/T 35273—2017,已废止)实施,为组织提升个人信息保护水平提供指导。《中华人民共和国个人信息保护法》(以下简称《个人信息保护法》)已由中华人民共和国第十三届全国人民代表大会常务委员会第三十次会议于 2021 年 8 月 20 日通过,2021 年 11 月 1 日起正式施行,标志着我国在个人信息保护层面进入有法可依、依法治理的新阶段。中央网络安全和信息化委员会办公室、工业和信息化部、公安部、国家市场监督管理总局等多部门频繁开展个人信息保护相关的约谈、曝光、处罚、打击等监管活动,消费者权益保护等组织也密切关注个人信息保护问题,频繁发声。

2019 年 1 月 23 日,中央网络安全和信息化委员会办公室、工业和信息化部、公安部、国家市场监督管理总局四部门联合发布《关于开展 App 违法违规收集使用个人信息专项治理的公告》。该公告指出,App 运营者收集使用个人信息时要严格履行《网络安全法》规定的责任义务,对获取的个人信息安全负责,采取有效措施加强个人信息保护。App 运营者应遵循合法、正当、必要的原则,不收集与所提供服务无关的个人信息;收集个人信息时要以通俗易懂、简单明了的方式展示个人信息收集使用规则,并经个人信息主体自主选择同意;不以默认、捆绑、停止安装使用等手段变相强迫用户授权,不得违反法律法规和与用户的约定收集使用个人信息。倡导 App 运营者在定向推送新闻、时政、广告时,为用户提供拒绝接收定向推送的选项。

专项治理重点开展的工作包括:一是组织相关专业机构,对用户数量大、与民众生活密切相关的 App 隐私政策和个人信息收集使用情况进行评估。二是加强对违法违规收集使用个人信息行为的监管和处罚,包括责令有关 App 运营者限期整改;逾期不改的,公开曝光;情节严重的,依法暂停相关业务、停业整顿、吊销相关业务许可证或者吊销营业执照。三是公安机关开展打击整治网络侵犯公民个人信息违法犯罪专项工作,依法严厉打击针对和利用个人信息的违法犯罪行为。四是开展自愿性 App 个人信息安全认证,鼓励搜索引擎、应用商店等明确标识并优先推荐通过认证的 App。

治理“顽疾”,统筹一致是前提。个人信息保护问题之所以治理难,原因有多个方面,其中很重要的一点就是认识不统一、行动不一致,这就容易引起工作重叠、企业负担加重等情形,治理的效率和效果将大打折扣。《关于开展App违法违规收集使用个人信息专项治理的公告》发布后,四部门指导有关协会组织,迅速成立App专项治理工作组,建立了工作机制,并向全社会发布App违法违规收集使用个人信息举报渠道,保障了App专项治理工作高效开展。

治理“顽疾”,多管齐下方见效。2019年3月,App专项治理工作发布了App自评估指南,指导各相关组织自查改进。在央视“3·15”晚会上,App专项治理工作组专家曝光评估工作中发现的违法违规收集个人信息典型问题,震慑了违法违规行为。同时,市场监管总局、中央网信办发布了关于开展App安全认证的公告,鼓励App运营者申请对App进行认证,作为解决App违法违规收集个人信息问题的长效机制。

App专项治理工作在2019年和2020年对于556款用户量大、问题严重的App,向其运营者发送了整改通知。App专项治理工作从指导改进、曝光问题、鼓励认证、责令整改等多角度出发,立足于现实问题,有的放矢,治理工作取得实效。同时,App专项治理工作通过不断深入开展,逐步建立了对App监督管理的长效机制。

二、App个人信息安全治理相关法规标准

(一)《App违法违规收集使用个人信息行为认定方法》

2019年11月28日,国家互联网信息办公室、工业和信息化部、公安部、国家市场监督管理总局联合发布《App违法违规收集使用个人信息行为认定方法》(国信办秘字〔2019〕191号,以下简称《认定方法》),自发布之日起实施。《认定方法》的出台,为监督管理部门认定App违法违规收集使用个人信息行为提供参考,为App运营者自查自纠和网民社会监督提供指引,同时也是实施《网络安全法》等法律法规的重要方式。

App专项治理工作对照《认定方法》,结合近千款App评估中发现的典型问题,进行具体分析解读。

1.以下行为可被认定为“未公开收集使用规则”

(1)在App中没有隐私政策,或者隐私政策中没有收集使用个人信息规则;

(2)在 App 首次运行时未通过弹窗等明显方式提示用户阅读隐私政策等收集使用规则；

(3)隐私政策等收集使用规则难以访问，如进入 App 主界面后，须多于 4 次点击等操作才能访问到；

(4)隐私政策等收集使用规则难以阅读，如文字过小过密、颜色过淡、模糊不清，或未提供简体中文版等。

典型行为：

①仅在官网、应用商店中展示隐私政策而在 App 内无法找到隐私政策，或隐私政策链接无效、文本不能正常显示，或隐私政策中没有包含该 App 收集使用个人信息规则。

②App 首次运行，未通过明显方式提示用户阅读个人信息收集使用规则；只在注册/登录界面展示隐私政策链接，进入 App 主界面后，无法找到隐私政策；刻意使用灰色字体、缩小字号、遮挡、置于边缘与背景颜色相近等方式未突出显示隐私政策链接(见图 1)；用户注册时，注册/登录界面无隐私政策链接(见图 2)。

图 1

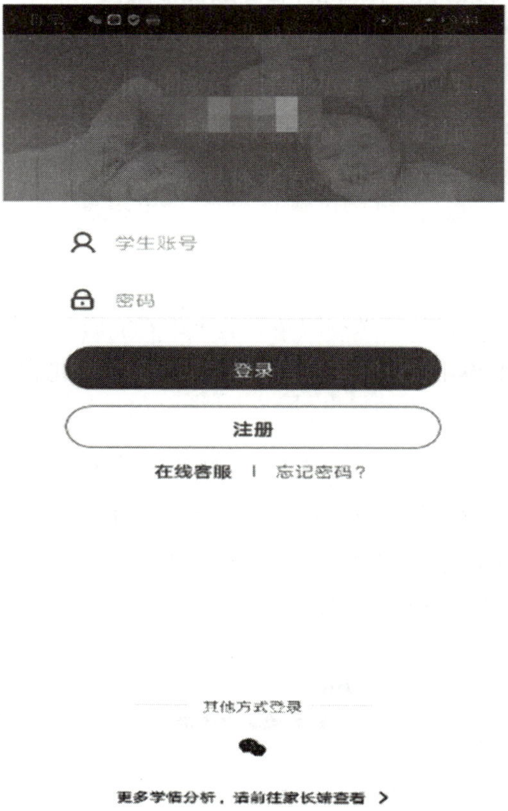

图 2

③隐私政策访问路径设置过深，多于 4 次点击操作访问到，或路径设置过偏，要通过搜索、咨询客服等方式才能访问到。

④隐私政策文本字号、颜色、行间距、列宽、清晰度等设置造成用户阅读困难，如隐私政策文本字号过小（见图 3），隐私政策文本列宽设置大于屏幕（见图 4），隐私政策无法完整显示。

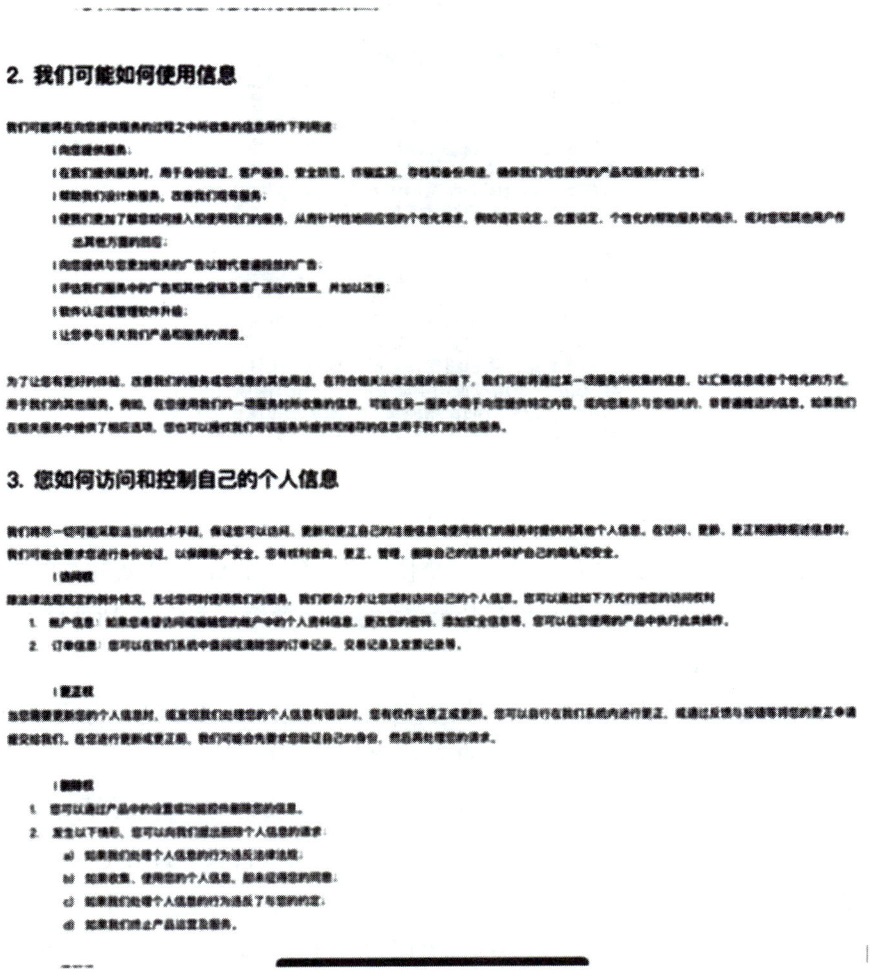

2. 我们可能如何使用信息

3. 您如何访问和控制自己的个人信息

图 3

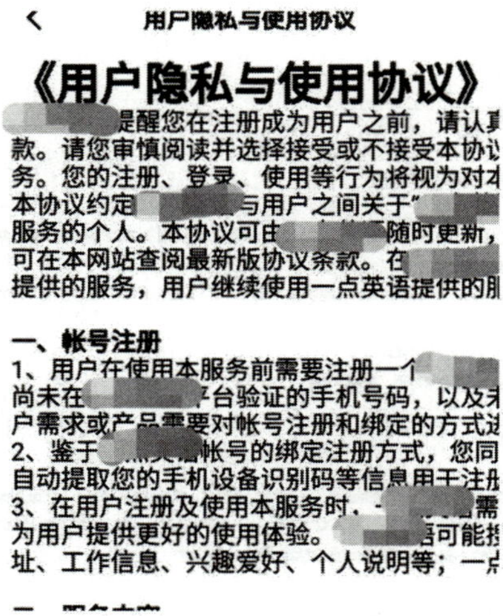
用户隐私与使用协议

《用户隐私与使用协议》

[redacted]提醒您在注册成为用户之前，请认
款。请您审慎阅读并选择接受或不接受本协
务。您的注册、登录、使用等行为将视为对本
本协议约定[redacted]与用户之间关于“[redacted]
服务的个人。本协议可由[redacted]随时更新，
可在本网站查阅最新版协议条款。在[redacted]
提供的服务，用户继续使用一点英语提供的服

一、帐号注册

1、用户在使用本服务前需要注册一个[redacted]
尚未在[redacted]平台验证的手机号码，以及未
户需求或产品需要对帐号注册和绑定的方式进
2、鉴于[redacted]帐号的绑定注册方式，您同
自动提取您的手机设备识别码等信息用于注册
3、在用户注册及使用本服务时，[redacted]需
为用户提供更好的使用体验。[redacted]可能
址、工作信息、兴趣爱好、个人说明等；一点

图 4

2. 以下行为可被认定为“未明示收集使用个人信息的目的、方式和范围”

(1)未逐一列出 App(包括委托的第三方或嵌入的第三方代码、插件)收集使用个人信息的目的、方式、范围等；

(2)收集使用个人信息的目的、方式、范围发生变化时，未以适当方式通知用户，适当方式包括更新隐私政策等收集使用规则并提醒用户阅读等；

(3)在申请打开可收集个人信息的权限，或申请收集用户身份证号、银行账号、行踪轨迹等个人敏感信息时，未同步告知用户其目的，或者目的不明确、难以理解；

(4)有关收集使用规则的内容晦涩难懂、冗长烦琐，用户难以理解，如使用大量专业术语等。

典型行为：

①App 嵌入第三方 SDK 存在收集个人信息的情况，但未在隐私政策里说明其收集使用个人信息的目的、方式、范围；

②App 隐私政策中未完整列举逐项说明 App 实际业务功能收集使用个人信息类型、目的、方式；

③仅依赖系统弹窗但未在向用户申请收集个人信息的权限时告知申请的目的(见图 5)或未同步告知用户收集使用个人敏感信息的目的(见图 6)；

④App 主动进行权限申请的二次弹窗，但仅重复申请权限而未告知目的(见

图 7)，或目的描述不明确，用户无法得知 App 收集该类个人信息真实目的(见图 8)；

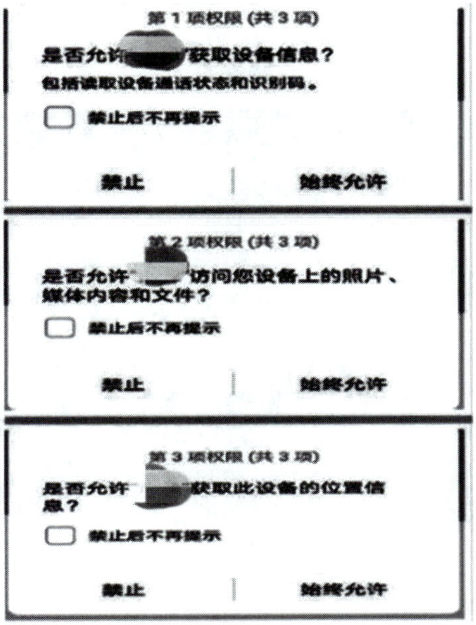

图 5

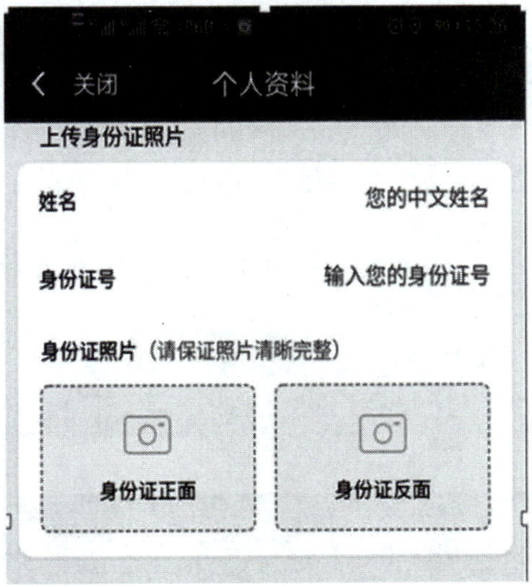

图 6

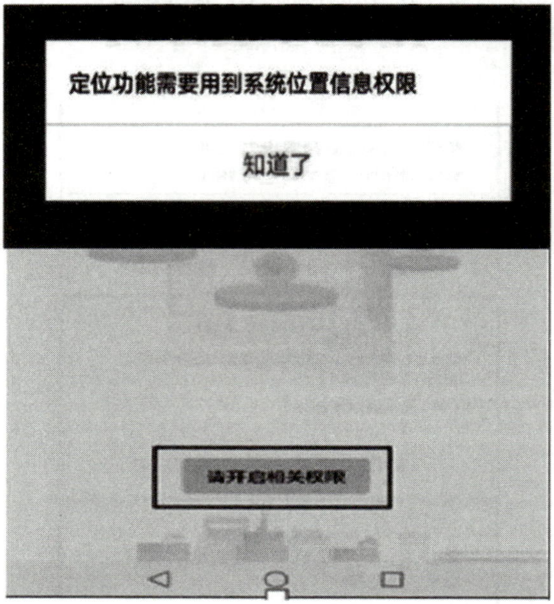

图 7

图 8

⑤隐私政策内容晦涩难懂、逻辑结构混乱、用语不符合通用习惯(见图 9、图 10)。

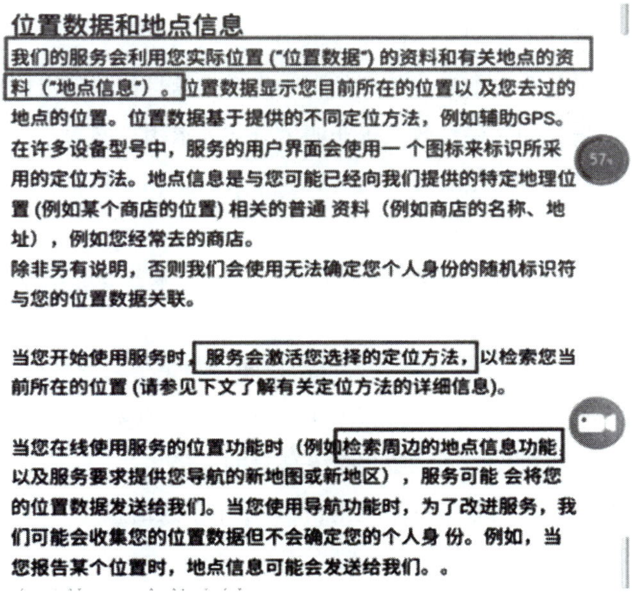

位置数据和地点信息

我们的服务会利用您实际位置 ("位置数据") 的资料和有关地点的资料 ("地点信息") 。位置数据显示您目前所在的位置以 及您去过的地点的位置。位置数据基于提供的不同定位方法，例如辅助GPS。在许多设备型号中，服务的用户界面会使用一 个图标来标识所采用的定位方法。地点信息是与您可能已经向我们提供的特定地理位置 (例如某个商店的位置) 相关的普通 资料 (例如商店的名称、地址) ，例如您经常去的商店。

除非另有说明，否则我们会使用无法确定您个人身份的随机标识符与您的位置数据关联。

当您开始使用服务时，服务会激活您选择的定位方法，以检索您当前所在的位置 (请参见下文了解有关定位方法的详细信息)。

当您在线使用服务的位置功能时 (例如检索周边的地点信息功能以及服务要求提供您导航的新地图或新地区) ，服务可能 会将您的位置数据发送给我们。当您使用导航功能时，为了改进服务，我们可能会收集您的位置数据但不会确定您的个人身 份。例如，当您报告某个位置时，地点信息可能会发送给我们。。

图 9

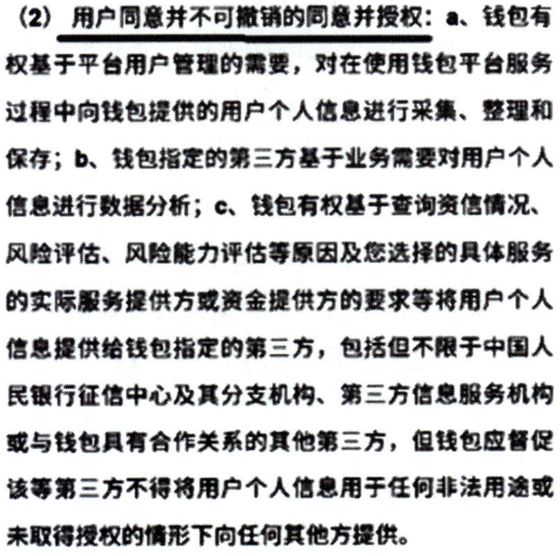

(2) 用户同意并不可撤销的同意并授权：a、钱包有权基于平台用户管理的需要，对在使用钱包平台服务过程中向钱包提供的用户个人信息进行采集、整理和保存；b、钱包指定的第三方基于业务需要对用户个人信息进行数据分析；c、钱包有权基于查询资信情况、风险评估、风险能力评估等原因及您选择的具体服务的实际服务提供方或资金提供方的要求等将用户个人信息提供给钱包指定的第三方，包括但不限于中国人民银行征信中心及其分支机构、第三方信息服务机构或与钱包具有合作关系的其他第三方，但钱包应督促该等第三方不得将用户个人信息用于任何非法用途或未取得授权的情形下向任何其他方提供。

图 10

3. 以下行为可被认定为“未经用户同意收集使用个人信息”

(1)征得用户同意前就开始收集个人信息或打开可收集个人信息的权限；

(2)用户明确表示不同意后，仍收集个人信息或打开可收集个人信息的权限，或频繁征求用户同意、干扰用户正常使用；

(3)实际收集的个人信息或打开的可收集个人信息权限超出用户授权范围；

(4)以默认选择同意隐私政策等非明示方式征求用户同意；

(5)未经用户同意更改其设置的可收集个人信息权限状态，如 App 更新时自动将用户设置的权限恢复到默认状态；

(6)利用用户个人信息和算法定向推送信息，未提供非定向推送信息的选项；

(7)以欺诈、诱骗等不正当方式误导用户同意收集个人信息或打开可收集个人信息的权限，如故意欺瞒、掩饰收集使用个人信息的真实目的；

(8)未向用户提供撤回同意收集个人信息的途径、方式；

(9)违反其所声明的收集使用规则，收集使用个人信息。

典型行为：

①App 安装后，未经用户同意就收集设备 MAC 地址、应用程序列表等个人信息；用户明确表示不同意提供位置信息后，仍通过收集设备 IP 地址、通讯基站、Wi-Fi 信息等计算出用户地理位置等个人信息。

②用户不同意收集非必要的个人信息或打开非必要权限，App 每次启动仍索要用户已明确拒绝提供的系统权限或个人信息；用户使用与已拒绝的系统权限或个人信息无关的功能时频繁提示用户授权同意。

③在申请可收集个人信息权限时，声明只使用其中与业务相关信息，实际上却收集并上传了该权限可允许的所有信息；实际收集的个人信息特别是个人敏感信息超出隐私政策等相关规则的范围；未真实披露收集使用个人信息的目的，欺骗用户打开可收集个人信息的权限(见图 11、图 12)。

图 11

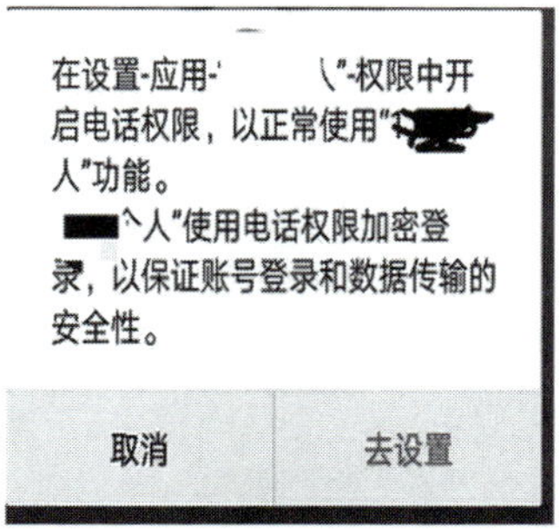

图 12

④采用默认勾选同意隐私政策（见图 13）等非明示方式使用户略过隐私政策；注册或登录的选项与同意隐私政策的因果逻辑关系不清楚（见图 14），使用户易略过隐私政策。

首次登录请输入用户名
使用邀请码，您可获得300元
确定

图 13

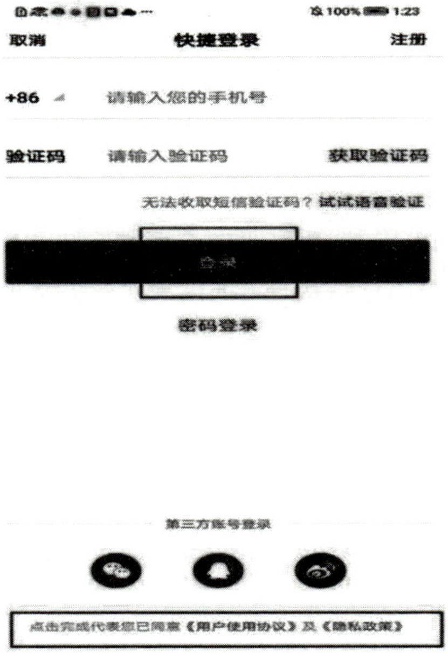
取消
快捷登录
注册
+86
请输入您的手机号
验证码
请输入验证码
获取验证码
无法收取短信验证码？试试语音验证
密码登录
第三方账号登录
点击完成代表您已同意《用户使用协议》及《隐私政策》

图 14

4. 以下行为可被认定为“违反必要原则，收集与其提供的服务无关的个人信息”

(1)收集的个人信息类型或打开的可收集个人信息权限与现有业务功能无关；

(2)因用户不同意收集非必要个人信息或打开非必要权限，拒绝提供业务功能；

(3)App 新增业务功能申请收集的个人信息超出用户原有同意范围，若用户不同意，则拒绝提供原有业务功能，新增业务功能取代原有业务功能的除外；

(4)收集个人信息的频度等超出业务功能实际需要；

(5)仅以改善服务质量、提升用户体验、定向推送信息、研发新产品等为由，强制要求用户同意收集个人信息；

(6)要求用户一次性同意打开多个可收集个人信息的权限，用户不同意则无法使用。

典型行为：

①App 收集的个人信息类型或打开可收集个人信息的权限，超出其业务功能所需，如计算器工具类 App 申请打开位置权限、输入法类 App 申请打开通讯录权限等(见图 15、图 16)；

图 15

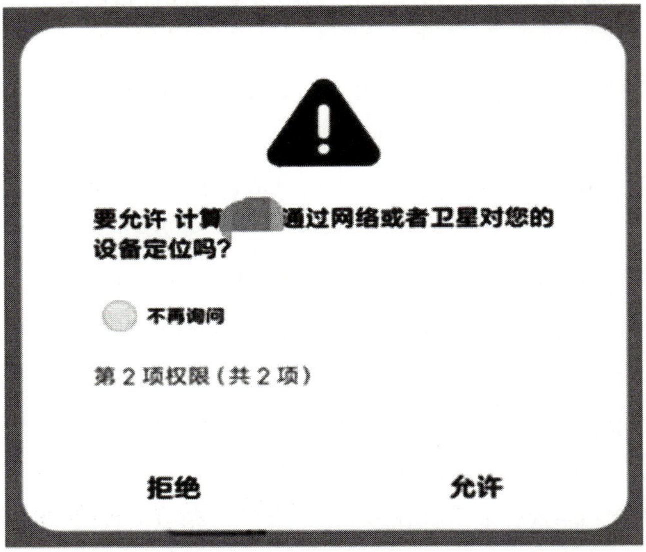

图 16

②强制索要的系统权限或个人信息非 App 运行所需的必要条件，如金融类 App 若不同意打开通讯录和位置权限、地图类 App 不同意打开短信权限，则拒绝提供所有业务功能，中介类 App 若拒绝提供银行卡号、持卡人身份证号、银行预留手机号等信息进行银行卡认证，则不允许发布任何信息等；

③App 后台自动收集用户设备 IMEI 号、IMSI 号、地理位置等信息过于频繁，超出业务功能实际需要，如某 App 平均每秒获取 10 次 IMEI 号，非地图导航类 App 平均每秒上传 6 次 GPS 定位信息；

④安卓版 App 将软件安装包中的 targetSDKversion 属性值设置为低于 23，安装时，要求用户一次性打开多个可收集个人信息的权限（见图 17、图 18）。

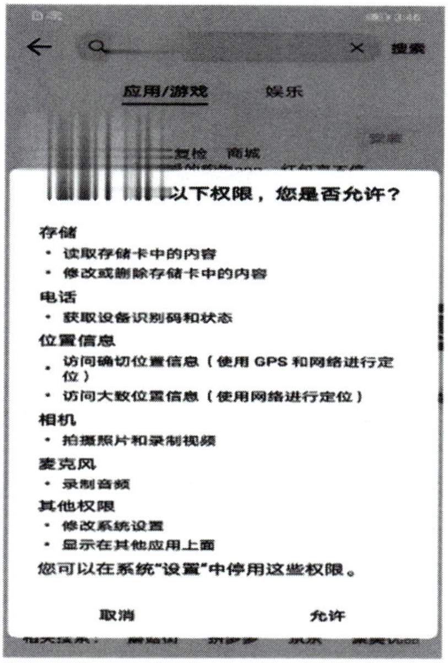
搜索
应用/游戏
娱乐
以下权限，您是否允许？
存储
• 读取存储卡中的内容
• 修改或删除存储卡中的内容
电话
• 获取设备识别码和状态
位置信息
• 访问确切位置信息（使用 GPS 和网络进行定位）
• 访问大致位置信息（使用网络进行定位）
相机
• 拍摄照片和录制视频
麦克风
• 录制音频
其他权限
• 修改系统设置
• 显示在其他应用上面
您可以在系统“设置”中停用这些权限。
取消
允许

图 17

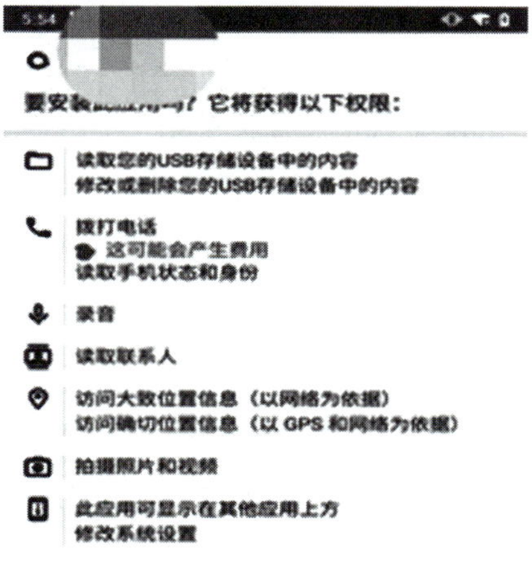
它将获得以下权限:
读取您的USB存储设备中的内容
修改或删除您的USB存储设备中的内容
拨打电话
这可能会产生费用
读取手机状态和身份
录音
读取联系人
访问大致位置信息（以网络为依据）
访问确切位置信息（以 GPS 和网络为依据）
拍摄照片和视频
此应用可显示在其他应用上方
修改系统设置
取消
安装

图 18

5. 以下行为可被认定为“未经同意向他人提供个人信息”

(1)既未经用户同意,也未做匿名化处理,App 客户端直接向第三方提供个人信息,包括通过客户端嵌入的第三方代码、插件等方式向第三方提供个人信息;

(2)既未经用户同意,也未做匿名化处理,数据传输至 App 后台服务器后,向第三方提供其收集的个人信息;

(3)App 接入第三方应用,未经用户同意,向第三方应用提供个人信息。

典型行为:

①未告知用户对外提供、转让个人信息的目的、类型及接收方身份,且数据未经处理即通过客户端或嵌入的 SDK 等代码、插件提供给了第三方;

②未告知用户个人信息出境情形,将数据传输至境外;

③未告知也未经用户同意,将个人信息直接提供给接入的小程序、公众号、服务应用等第三方主体。

6. 以下行为可被认定为“未按法律规定提供删除或更正个人信息功能”或“未公布投诉、举报方式等信息”

(1)未提供有效的更正、删除个人信息及注销用户账号功能;

(2)为更正、删除个人信息或注销用户账号设置不必要或不合理条件;

(3)虽提供了更正、删除个人信息及注销用户账号功能,但未及时响应用户相应操作,需人工处理的,未在承诺时限内(承诺时限不得超过 15 个工作日,无承诺时限的,以 15 个工作日为限)完成核查和处理;

(4)更正、删除个人信息或注销用户账号等用户操作已执行完毕,但 App 后台并未完成的;

(5)未建立并公布个人信息安全投诉、举报渠道,或未在承诺时限内(承诺时限不得超过 15 个工作日,无承诺时限的,以 15 个工作日为限)受理并处理的。

典型行为:

①App 中提供的更正、删除个人信息及注销用户账号渠道无法完成相应的操作;未在承诺时间内完成相应操作;客户端提示用户注销成功后,原账号相关信息仍保留在 App 后台服务器上。

②注销时,要求用户提供手持身份证正反面照片,更正个人信息时要求提供人脸认证信息等个人敏感信息。

③未建立并公布个人信息安全投诉、举报渠道；未按照法律法规要求或 App 承诺时限受理并处理用户个人信息投诉、举报。

（二）《常见类型移动互联网应用程序必要个人信息范围规定》

2021 年 5 月 1 日，国家四部委联合制定的《常见类型移动互联网应用程序必要个人信息范围规定》（以下简称《必要个人信息范围规定》）正式实施。

《必要个人信息范围规定》明确移动互联网应用程序（App）运营者不得因用户不同意收集非必要个人信息，而拒绝用户使用 App 基本功能服务。《必要个人信息范围规定》要求各地各相关单位督促 App 运营者抓紧落实，并加强监督检查，及时调查、处理违法违规收集使用个人信息行为，切实维护公民在网络空间的合法权益，《必要个人信息范围规定》的主要特点包括：

第一，《必要个人信息范围规定》第 2 条规定“App 包括移动智能终端预置、下载安装的应用软件，基于应用软件开放平台接口开发的、用户无须安装即可使用的小程序”，首次将小程序明确纳入 App 收集个人信息的监管范围。《必要个人信息范围规定》中所说的“小程序”不仅仅指代微信小程序，还包括所有无须下载和安装的轻应用、H5 页面等收集个人信息的软件形态。这类小程序在提供服务时与 App 一样收集了用户个人信息，因此将其纳入规范范围。

第二，《必要个人信息范围规定》按照基本功能服务分类以列举的方式列明 39 类 App 的必要信息，更加简明、清楚直观。采用描述性的语言概括基本功能服务，而非采用简单的应用市场归类形式，更便于 App 定位自身的功能服务。同时通过 App 基本功能服务的确认，为解决 App 功能捆绑的问题提供了思路。《必要个人信息范围规定》中没有对 App 申请的权限进行规制，一方面，由于同一权限可能对应多类个人信息，一旦用户授权，无法对细粒度的个人信息进行控制；另一方面，使用信息清单的形式，可以使普通用户清楚了解 App 收集了何种个人信息，对照《必要个人信息范围规定》判断是否存在违规情况，进而提高举报准确率。

第三，《必要个人信息范围规定》第 3 条明确必要个人信息范围，即“具体是指消费侧用户个人信息，不包括服务供给侧用户个人信息。”此处首次根据 App 服务对象，将个人信息分为消费侧个人信息和服务侧个人信息。以网络约车类 App 为例，按照此处说明，《必要个人信息范围规定》只涵盖了打车用户使用的

App,而驾车司机使用的 App 则不受《必要个人信息范围规定》的约束。

第四,《必要个人信息范围规定》明确 13 类 App 无须个人信息,即可使用基本功能服务。一方面,此类 App 在使用基本功能服务时,无须区分用户的身份,所以无须收集个人信息;另一方面,因“不打开与个人信息相关权限”是确保“不收集个人信息”的前提,且移动智能终端系统允许 App 申请的系统资源足够大,故 App 无须因运行需要再申请额外公用系统资源,即不存在不打开相关权限就无法运行的说法。由此可见,无须个人信息,相关 App 也是可运行的。

(三)《信息安全技术 移动互联网应用程序(App)收集个人信息基本要求》

根据 2022 年 4 月 15 日国家市场监督管理总局、国家标准化管理委员会发布的中华人民共和国国家标准公告(2022 年第 6 号),全国信息安全标准化技术委员会归口的 10 项国家标准正式发布。其中包括一项个人信息保护方面的重点标准:《信息安全技术 移动互联网应用程序(App)收集个人信息基本要求》(GB/T 41391—2022,以下简称《App 收集个人信息基本要求》),这是移动互联网应用程序(App)个人信息保护方面的首个国家标准,引起了高度关注。

1. 编制背景

近年来,移动互联网应用程序得到广泛应用,App 超范围收集、捆绑授权、强制索权、私自调用权限上传个人信息等现象普遍存在,违法违规收集使用个人信息的问题突出。为此,中国电子技术标准化研究院联合北京理工大学、中国网络安全审查技术与认证中心等 34 家单位,研究制定了《App 收集个人信息基本要求》。

《App 收集个人信息基本要求》根据《网络安全法》《个人信息保护法》《必要个人信息范围规定》《App 违法违规收集使用个人信息行为认定方法》等有关要求,重点围绕个人信息处理的最小必要原则,针对 App 违法违规收集使用个人信息的突出问题,结合当前移动互联网技术及应用现状,在《信息安全技术 个人信息安全规范》(GB/T 35273—2020)的基础上,给出了 App 收集个人信息应满足的基本要求,以及常见服务类型 App 必要个人信息的使用要求,旨在规范 App 个人信息收集行为,最大限度地保障个人信息权益。

2. 适用范围与核心概念

《App 收集个人信息基本要求》适用于 App 运营者规范其个人信息收集活动，也适用于监管部门、第三方评估机构等对 App 个人信息收集活动进行监督、管理和评估。其中，App 包括移动智能终端预置、下载安装的应用程序和小程序。此外，《App 收集个人信息基本要求》提出了以下核心概念：

服务类型：包括 App 类型、其他服务类型。其中，App 类型为实现用户最主要使用目的的一种服务类型。

业务功能：包括基本业务功能、扩展业务功能。其中，基本业务功能是 App 实现用户主要使用目的的业务功能，基本业务功能之外的其他业务功能属于扩展业务功能。

必要个人信息：特指保障 App 基本业务功能正常运行所必需的个人信息，即如没有该等个人信息的参与，该 App 的基本业务功能无法实现或无法正常运行。

3.《App 收集个人信息基本要求》主要内容

《App 收集个人信息基本要求》给出了 39 种常见类型 App 必要个人信息范围和使用要求，提出了 12 种特定类型个人信息的收集要求，并将 App 收集个人信息的要求细化为以下 7 个主要方面：

App 功能划分：包括明确 App 类型、划分 App 的基本业务功能和扩展业务功能等。

最小必要收集：包括明确 App 必要个人信息范围，以及目的明确、最小范围、最小影响、直接相关、时机恰当的最小必要原则。其中，“范围”包括类型、频率、数量、精度等。

告知同意：包括 App 基本业务功能与必要个人信息的告知同意，敏感个人信息告知同意，多种服务类型告知同意，以及用户拒绝或撤回同意 4 个方面。

系统权限：包括权限申请要求、权限使用要求。《App 收集个人信息基本要求》同时在附录中给出了可收集个人信息权限范围，以及与常见服务类型相关程度较低的安卓系统权限。

特定类型个人信息收集要求：包括日历信息、应用程序列表、设备信息、短信信息、通话记录信息、通讯录信息、位置信息、生物识别信息、录音及拍摄录像信息、传感器信息、相册信息、存储文件信息等的收集要求。

第三方收集管理：包括 App 对接入的第三方应用、嵌入的第三方 SDK 的安全管理要求。

常见类型App必要个人信息的使用要求:《App收集个人信息基本要求》在《必要个人信息范围规定》的基础上,给出了地图导航、网络约车、即时通信、网络支付等39种常见类型App必要个人信息的使用要求。

4. 常见问题答疑

问题1:如果App提供了多种类型服务,那么App类型、App基本业务功能以及App必要个人信息范围是否可以叠加?

答:不能叠加。App可能提供多种类型服务,实现用户最主要使用目的的一种服务类型,称为App类型。App基本业务功能是App类型下实现用户主要使用目的的业务功能。必要个人信息特指保障App基本业务功能正常运行所必需的个人信息。

问题2:如何理解必要、非必要但有关联、无关的含义?

答:"必要"与"非必要但有关联",统称为"相关";"非必要但有关联"与"无关",统称为"非必要"。所对应的要求可总结为:无关的不收集、非必要的不强制。

问题3:除了必要个人信息,其他个人信息是否都不允许收集?

答:不是。必要个人信息特指保障App基本业务功能正常运行所必需的个人信息;非必要但有关联个人信息是与App所提供服务直接相关但可选收集的个人信息。即非必要但有关联个人信息也可收集,但应做到用户可选择、可拒绝("非必要的不强制")。

问题4:如果用户同意或主动提供,是否可以收集与所提供的服务无关的个人信息?

答:不能收集。与所提供的服务无关的个人信息不应收集或以任何方式向用户征求同意,即使用户可能同意或可能提供("无关的不收集")。

5. 实施建议

《App收集个人信息基本要求》的实施与应用有助于指导App运营者落实个人信息保护法规政策的有关要求,进一步规范App个人信息收集活动,建立App个人信息安全合规体系,着力防范App违法违规收集使用个人信息风险。

同时,《App收集个人信息基本要求》的实施推广,可指导第三方机构进行App个人信息安全测评和认证,支撑主管监管部门开展App个人信息安全治理,破解超范围收集、捆绑授权、强制索权等个人信息突出问题,为个人信息保护管理工作提供标准化支撑。

对于 App 合规管理人员,一是建议全面梳理 App 所收集的个人信息、申请的系统权限,各项个人信息类型、系统权限所用于的业务功能或使用目的,以及该个人信息/权限是否为实现相关功能或目的所必需;二是全面梳理 App 接入的第三方应用与嵌入的第三方 SDK 的运营者主体名称、所收集的个人信息、申请的系统权限,各项个人信息类型、系统权限所用于的业务功能或使用目的,以及该个人信息/权限是否为实现相关功能或目的所必需;三是按照标准设计告知同意、系统权限、第三方收集、特定类型个人信息等保护措施。

对于 App 开发人员,一是建议在权限申请方面,减少权限申请数量,避免申请低相关度权限;二是建议在权限使用方面,设置合理的申请时机,以及通过权限收集个人信息的频率与时机;三是在隐私设计方面,为用户提供业务功能的多种实现方式,并默认采用对个人权益影响最小的实现方式,如无须系统权限、本地方式、申请较低精度权限、单次授权等方式;四是在最新隐私机制方面,跟进适配移动智能终端操作系统的最新隐私机制与功能,如分区存储。

三、App 个人信息安全检测

(一)App 个人信息安全检测技术

对 App 开展安全检测是开展 App 合规自查的重要技术手段,在通常情况下,安全检测包括使用商用 App 安全检查工具、使用开源的第三方工具检测套件以及人工检测等方式。从技术原理上来说,分为代码检测与行为检测,其中代码检测属于静态检测,行为检测属于动态检测,两者均有各自的优点与缺点,以下分别作简要介绍。

代码检测的过程是通过逆向 apk 安装包,反编译出 apk 代码文件,再通过关键词(API)检索源代码的方式进行合规性判定。开发者可以基于安全隐私规范,利用 Android 系统中典型的敏感 API(见图 19),制定相应的安全检测项,利用脚本检测存在的安全隐私问题。其优点是检测速度快、通用性强且技术简单;缺点是无法确定是否合规,加固后无法检测。

```
android.telephony.TelephonyManager.getNetworkOperator()    # 获取运营商信息
android.telephony.TelephonyManager.getDeviceId()    # 获取设备信息
android.telephony.TelephonyManager.getPhoneType()    # 获取手机信息
android.telephony.TelephonyManager.getSubscriberId()    # 获取设备信息
android.telephony.TelephonyManager.getLine1Number()    # 获取手机号
android.telephony.TelephonyManager.getCellLocation()    # 获取位置信息
android.telephony.TelephonyManager.listen()    # 电话监听
android.telephony.TelephonyManager.getSimOperator()    # 获取SIM卡信息
android.app.ActivityManager.getRunningAppProcesses()    # 获取正在运行APP
android.app.ActivityManager.getRunningTasks()    # 获取正运行的任务
android.content.pm.PackageManager.getInstalledPackages()    # 获取手机已安装APP
```

图 19　典型敏感 API

行为检测利用 hook 沙箱或操作系统沙箱技术，在 App 运行的过程中，在特定的 API 进行埋点，查看 App 执行了此 API，是否存在图传数据，从而判断是否合规。如通过抓包的方式，在同意隐私政策之前查看流量中是否出现敏感数据；通过 hook 技术，对敏感函数进行埋点，在同意隐私政策之前查看埋点的函数是否执行等。其优点是能准确判断是否合规；缺点是技术较为复杂、通用性差。

（二）《信息安全技术　移动互联网应用程序（App）个人信息安全测评规范》

《信息安全技术　移动互联网应用程序（App）个人信息安全测评规范》（以下简称《测评规范》），是全国信息安全标准化技术委员会 2020 年 8 月立项的信息安全国家标准制定项目。该标准于 2021 年 4 月 19 日发布征求意见稿，2023 年 5 月 23 日，国家市场监督管理总局、国家标准化管理委员会发布中华人民共和国国家标准公告（2023 年第 2 号），正式发布《测评规范》，其于 2023 年 12 月 1 日实施。

《测评规范》为支撑《信息安全技术　个人信息安全规范》（GB/T 35273—2020）在移动互联网应用程序（App）方面的实施，针对 App 个人信息安全测评标准和尺度不一致等问题，综合考虑《信息安全技术　个人信息安全规范》（GB/T 35273—2020）和相关要求，结合 App 实现自身业务功能的过程中涉及的个人信息收集、传输、存储、处理、交换、销毁等环节，规定了依据《信息安全技术　个人信息安全规范》（GB/T 35273—2020）开展 App 个人信息安全测评的实施过程以及对各项具体安全要求进行测评的方法，为第三方测评机构在对 App 的个人信息安全进行测评时提供指导，也可供 App 提供者开展 App 个人信息安全自评时参考。

《测评规范》规定了 App 个人信息收集行为检测流程，App 个人信息安全测评主要针对 App 运营者、App 服务端、App 和相关文档资料开展，测评过程包含测评准备阶段、测评实施阶段、测评结果判定阶段和测评报告编写阶段（见图 20）。其中，测评单元是对测评过程进行划分的最小独立单元，每个测评单元包括指标要求、测评对象、测评方式、测评步骤、单元判定 5 项内容，主要适用于测评实施阶段，可独立验证符合性。

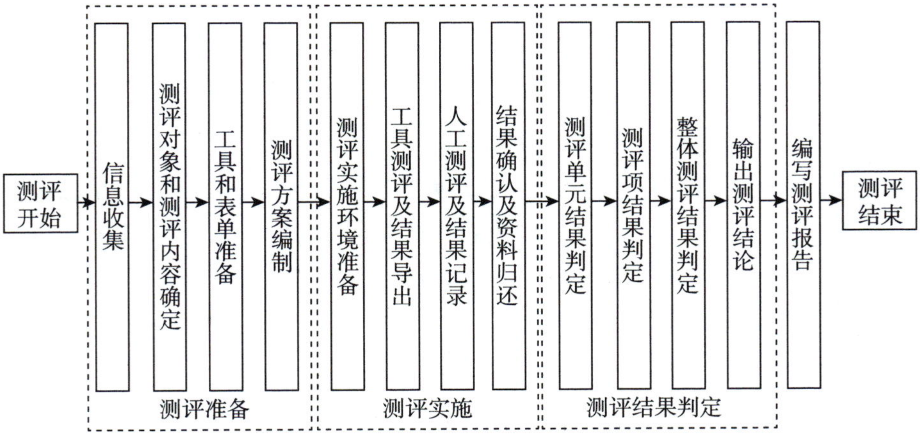

图 20　App 个人信息安全测评流程

《测评规范》是基于 App 处理个人信息的实操性测评，测评者应根据《信息安全技术　个人信息安全规范》（GB/T 35273—2020）的每一条要求，结合 App 特性形成测评单元并开展测评。App 个人信息安全测评符合要求的前提是所有测评单元均符合要求，因此，App 个人信息安全测评也可以称之为"一个也不能少"的测评。细致、严谨的测评方法，为 App 提供者开展个人信息安全自评提供有力参考。

四、App 个人信息安全治理的思路扩展

据估算，现在有 200 多万个 App 在应用市场上架，还有大量的 App 为了规避

管理，不在应用市场上架。有的通过第三方广告进行分发，有的通过扫描二维码或发送短信链接直接安装进用户手机。要进一步提升治理的成效，可以从以下三种思路开展治理，进一步提升治理的范围和效果。

（一）基于大型互联网平台履责的治理思路

大型互联网平台企业作为网络服务提供者，掌握着用户接入互联网处理个人信息的重要渠道，同时为用户提供必要的技术支持。大型互联网平台身为秩序的构建者、治理的参与者，应主动履行个人信息保护的义务，通过头部牵引的作用，势必影响生态链条中的各方角色，从而达到有效保护个人信息的目的。《个人信息保护法》第58条对大型互联网平台个人信息处理者提出了相应的义务，主要包括如下内容。

1. 健全个人信息保护合规制度体系，建立外部独立监督机构

为保障平台内部运营管理的合规性，《个人信息保护法》规定平台应成立主要由外部成员组成的独立监督机构，以避免平台内部自我保护，使个人信息保护制度体系流于形式。立法确立的国家和社会双重监管监督，最大限度上保障了大型网络平台内部信息保护体系制度合规运行。该项规定务实有效，可操作性强，一方面为平台运营提供了规范指引；另一方面为个人信息保护提供了合理预期。

2. 制定公开、公平、公正的平台规则

平台需要基于公平、公开、公正的原则，制定相关规则，不得利用规则对平台内信息处理者予以不正当的竞争规制，更不得制定隐秘或含糊不清的规则以逃避义务，致使平台内个人信息处理杂乱无章、个人信息保护得不到有效落实。该规则不仅包括平台内信息处理者处理信息的规范，还包括其保护个人信息的义务，对平台内服务者予以约束，以期从源头上杜绝个人信息被违法处理或使用，从而确保个人信息不在平台上各产品或服务中被侵犯。

3. 对严重违法违规的平台内产品或服务停止提供服务

大型互联网平台自身即是生态圈，其中的产品和服务不仅由平台运营者自身提供，还可能由进驻的第三方商家以及用户提供。对于大型平台而言，第三方商家及用户提供的产品和服务可能良莠不齐，若管理不善可能导致对个人信息的普遍侵权行为。由此，国家在赋予大型网络平台监督和规制其平台内产品或

服务的权利的同时,也赋予其义务,其可以对内部产品或服务提供者暂停服务。平台据此监管或处罚其内部产品或服务于法有据。相关产品或服务提供者也因此不得基于此请求平台承担责任,避免了因平台规制而引发内部纠纷。

4. 个人信息保护社会责任报告

发布企业社会责任(Corporate Social Responsibility, CSR)报告是平台自律的重要表现形式之一,传统的企业社会责任主要包括经济责任、文化责任、教育责任、环境责任等,而信息技术和互联网的发展为企业社会责任议程增加了新的课题,如网络安全、数据管理、个人信息保护和网络平台责任等。互联网具有"技术工具"和"信息平台"的双重属性,在其边界不断扩大的同时,大规模的市场将影响成千上万的个人信息主体,有必要将个人信息纳入企业社会责任的考量范围。因此,许多企业都逐渐开始在其企业社会责任报告中披露个人信息保护的具体情况。

综上所述,《个人信息保护法》第 58 条对大型互联网平台企业提出特殊的、更高的个人信息保护要求,是维护国家经济安全和公共利益、在数字经济发展的新格局下保障个人信息权益的必然要求。

(二)基于移动操作系统的治理思路

App 需要在智能终端设备中运行,操作系统便成为制约移动 App 的底层技术环境。目前,移动智能终端搭载的操作系统以安卓(Android)和 iOS 为典型,通过增强 App 行为透明度、增强用户控制权一系列措施,切实为隐私保护创造了更加有利的软硬件基础环境,下文以安卓操作系统为例进行介绍。

1. 增强 App 行为透明度

安卓系统可以实现对 App 所使用的系统权限的控制,在默认情况下刚安装的 App 在安卓系统中不拥有任何系统权限,无法执行任何对其他应用、操作系统或用户有不利影响的操作,包括读取或修改用户的私有数据、读取或写入其他应用程序的文件等,由此实现敏感权限使用显著提示功能,安卓系统在 App 申请敏感权限时,会通过弹窗等形式提示用户,由用户自主决定是否授予权限。

App 的开发者出于一些功能运行或是利益原因,会对应用的后台进程进行保护,利用请求打开系统相关权限从而提高应用状态分级等手段,防止被清理掉,此行为称为"应用保活"。其增加存活率的手段有请求"允许应用在后台运行"权限、请求建立透明悬浮窗、自启动与关联启动等。安卓系统对此提供了后台行为感知与提示功能,当未退出 App 直接回到桌面时,通知栏会显示 App 当前状态,表示其正在后台运行。前文提到的 App 用于保活的手段,用户大多在系统内可以选择关闭。

此外,安卓系统还有记录 App 运行期间行为的功能,可以记录应用软件在后台的操作,如获取当前位置、打开相册、打开相机等等,在系统设置中找到权限管理,找到应用行为记录或者隐私权限使用记录就可以查看应用所做的操作和时间。App 调用权限的记录可以一定程度直观反映 App 收集个人信息的频度,根据上述技术规范,收集个人信息的频度如果超过业务功能实际需要,可被认定为"违反必要原则,收集与其提供的服务无关的个人信息",App 运营者对于需要高频次收集个人信息的行为,有必要进行充分告知。

2. 增强用户控制权

在增强用户控制权方面,可采取的方法包括:细粒度数据访问:相册细粒度访问控制、通讯录细粒度访问控制、位置细粒度访问控制;权限重置保护:3 个月重置为禁止状态、默认开启重置功能;自启动行为:默认关闭自启动、关联启动、明示提示授权;细粒度授权:单次授权方式、"仅在使用期间(前台)允许"授权方式、"返回空信息"授权方式、限制开放"始终(后台)允许"授权方式;标识符控制:不可变标识收集限制、手动重置或自动重置、第三方共享授权;敏感数据访问:应用程序类别、剪切板或屏幕截图、照片附加信息。

近年来,用户越来越重视个人信息的保护,侵犯用户隐私等问题逐渐进入公众视野,由于市场对此缺乏规制,用户深受其苦、难以维权。有关监督管理工作积极响应社会需求,增强监管,对市场进行了有力的整治。以安卓和 iOS 两大阵营为代表的手机操作系统,在更新系统版本时,以保护隐私为中心的设计理念越来越突出。两种操作系统不断相互学习借鉴,力求自己的系统在隐私保护方面能具有更强的竞争力,以获得用户的青睐。这种良性竞争机制一方面有效扫除了 App 过度、强制收集个人信息的灰色空间,另一方面促使隐私保护技术不断创新发展。为了满足用户需要,规范自身体系建设,促进市场环境的良性发展和数据的流通使用,App 依法依规收集用户个人信息变得必要且普遍。

(三)基于应用商店的治理思路

应用商店作为用户获取 App 的重要渠道,也是 App 走向市场与用户的第一道关卡，相关运营者应对 App 上架做好审核管理工作，履行平台监管职责。

1. 上架审核与抽查管理相结合

针对新申请上架的 App、存量 App 以及发生版本更新的 App，应用商店运营者须对 App 个人信息处理活动进行审核，并在 App 通过审核后将其上架。应用商店需验证 App 的完整性、一致性、有效性、合规性，完整性方面主要查看 App 基本信息、收集使用规则、相关证据文件；一致性方面主要查看服务类型、收集个人信息类型、申请的系统权限、嵌入的 SDK；有效性方面主要查看隐私政策链接、责任人联系方式、注销账号机制；合规性方面主要查看 TargetSDKversion 值、未经同意收集行为、强制索要和频繁打扰行为。

应用商店运营者在 App 上架之后仍需持续监督，根据下载量、举报记录、更新时间、历史违规记录等要素确定抽样审核的优先级，定期选取一定比例的 App 进行日常抽查。

2. 简练展示 App 重点内容

应用商店在 App 下载页面展示 App 基本信息、App 运营者信息、隐私政策链接时，宜采用菜单折叠、表格、链接等方式显著展示以下内容（见图 21），方便用户下载 App 时查阅参考。

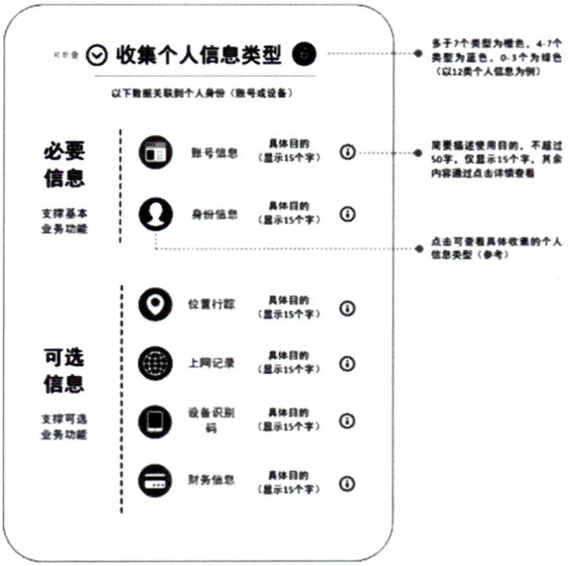

图 21　App 收集个人信息情况展示样例

3. 履行审核管理义务

应用商店运营者可通过指导督促 App 开发者提升个人信息保护的意识和能力,制定并公开发布 App 开发者管理制度,并对 App 个人信息处理活动进行日常监管,确保审核工作公平公正。包括对 App 开发者进行个人信息保护方面的知识和技能培训,督促 App 开发者加强安全和责任意识;确保 App 审核流程、审核标准、展示样式等的一致性,不得根据开发者身份、影响力等因素区别对待;建立 App 开发者档案,对其产品频繁出现个人信息收集使用问题的开发者,及时进行警告;对产品被有关主管部门通报 5 次以上或者下架 3 次以上的开发者,采取平台禁入措施。

应用商店运营者还可通过主动受理用户关于 App 违法违规收集使用个人信息行为的举报,同时积极配合有关主管、监管部门针对 App 进行管理和监督,包括对用户反映的本平台 App 个人信息收集使用问题,在限定期限(最多 7 日)内向用户回复处置情况;经核验用户反映问题属实的,督促 App 开发者限定期限内进行整改,不能有效整改的将其退出平台;定期对 App 审核情况、问题 App 处置情况进行汇总分析,形成报告提供主管部门;对有关主管部门通报的存在违法违规收集使用个人信息问题的 App,配合采取督促整改、下架等措施。

五、总结与思考

近年来,虽然有关监管部门对 App 收集、处理个人信息活动进行了持续监督、持续治理,并取得了一些成效,但由于 App 数量巨大、更新快、App 行为更为隐蔽,监管的技术能力和资源跟不上其发展变化,形势依然严峻。

同时,在 App 治理工作持续加强的背景下,App 不得不适应更为严格的管理要求,以前 App 是根据功能和业务更换版本,现在是根据合规的要求更换版本。App 会更加追求易用、智能、安全、优质,落后于时代的 App 必将被淘汰,可见未来 App 的几大特点:App 能收集的信息越来越少且必要、用户选择权全面开放、App 变得更简单易用。从用户侧来看,在合规要求越来越细致的情况之下,用户选择权将得到充分保障。但是也为用户自身个人信息保护知识、技能提出了要求,选择权交由用户侧也意味着用户需要具备判断的能力,否则面临海量的选择,也可能做出对自身权益保障产生不利影响的判断。

以发展的眼光来看，用户个人信息数据想要发挥价值，离不开应用和流通。App 必须不断尝试去平衡功能创新发展与安全隐私保护，才能以更为优质的产品吸引更多用户使用，通过个人信息的合法合规利用为个人创造更大的价值，为数字经济发展提供源源不断的动力。

用户标签的法律性质与治理逻辑*

赵精武**

一、问题的提出

用户标签,是指信息处理者为了方便发现和识别自然人的基本特征而对自然人个体的特定属性(如消费偏好、行为轨迹、生活习惯等)高度提炼而形成的特征标识。用户标签数量越多,信息处理者对特定用户的基本情况就了解得越充分。用户标签是进行用户分组的前置业务环节,根据相同的用户标签,信息处理者可以将众多用户划分为“首次注册用户”“老用户”“消费能力上涨的客户”等群组,方便之后的精准营销和定向分送。此外,用户标签还通常被视为用户画像的基础数据来源,用户画像技术以用户标签所反映的特征属性为基础,尽可能形成一个能够明显区别于其他用户的特定用户信息全貌,简言之,用户画像是由多个用户标签构成的①。因此,法学领域的研究成果大多倾向于将用户标签与用户画像、个性化推荐视为同一法律议题予以讨论,原因在于用户标签不过是用户画像和个性化推荐服务中的“客观技术过程”,其治理框架仍然需要回归算法治理框架。然而,前述观点仅关注到了用户标签在形成用户画像过程中的辅助作用,

---

* 本文为国家重点研发计划“智慧司法科学理论与司法改革科技支撑技术研究”基金项目(2020YFC0832400)阶段性成果。

** 北京航空航天大学法学院副教授,法学博士。工业和信息部工业和信息化法治战略与管理重点实验室研究员,北京科技创新中心研究基地研究员。

① 在商业实践中,用户兴趣的转变可以通过用户信息行为的转变来体现,即通过分析用户表征的信息(如用户自定义标签、用户搜索历史等)来识别用户兴趣偏好。用户标签通常可以视为用户兴趣偏好的体现,是用户在网络上所产生的属于个体表征的信息资源。参见周朴雄、官楚凡:《基于用户动态兴趣标签的推荐模型研究》,载《新世纪图书馆》2021 年第 9 期。

忽视了对用户标签自身经济价值来源的考察。从商业实践来看，用户标签的应用方式还表现为平台用户之间的相互识别、建立用户关系群等与客户关系管理（Customer Relationship Management，CRM）①相关的业务活动（见图1）。因此，对用户标签应用相关的制度探讨显然不能仅限于算法安全治理层面，还应当从数据治理层面来解释用户标签所包含的“双重法益”，即用户标签既包含了对个体用户行为特征的细致描述，还包括对用户群体性特征的描述，而这种群体性特征恰恰是用户标签自身经济价值所在。诚然，算法治理体系确实能够解决用户标签技术滥用的问题，但这种治理的立足点是保障用户个体权益，无法回应用户标签内被忽视的“群体性权益”，故而有必要从数据安全治理层面重新审视用户标签治理领域是否存在遗漏保护的“权益”。

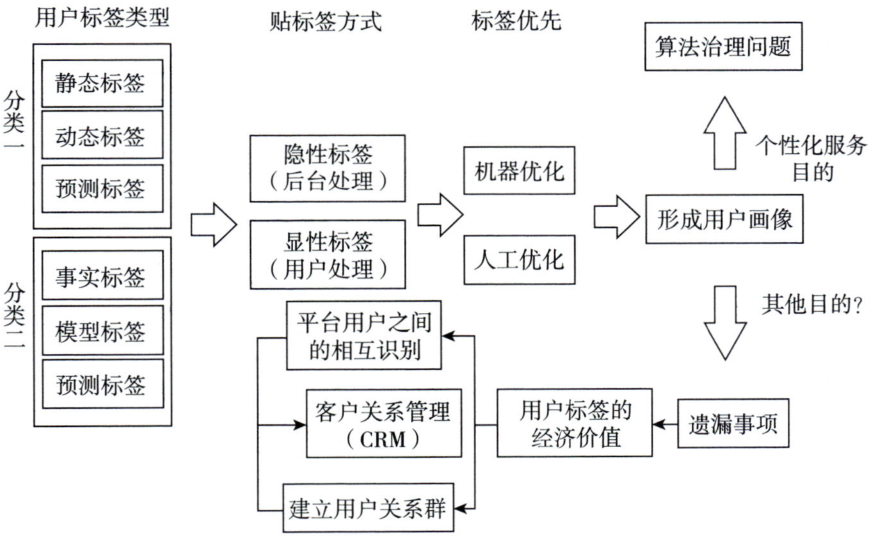

图1

从现阶段的业务模式来看，用户标签技术应用的目的，首先是建构用户群体的共同特征，其次是将不同用户群体特征层层叠加，最后才是建构同时满足数个用户群体特征的用户画像。更为重要的是，数据处理者利用数据资源获取经济

---

① 在数字经济时代，客户关系管理通常是指“以最有利于公司利益的方式服务客户，并塑造公司与这些客户之间互动关系的战略过程，最终的目标是为公司优化当下和未来客户的价值”。See V. Kumar, Wener Reinartz, *Customer Relationship Management* 5（3rd, 2006）, Springer Berlin, Heidelberg.

利益的主要方式除了识别特定自然人基本情况之外,还包括对用户群体的精细化分类,以便及时发现市场需求走向和风险水平。因此,在回答如何规制用户标签技术应用之前,有必要厘清用户标签法律性质的三个理论问题:第一,用户标签的法律性质是什么?尽管通过用户标签之间的相互组合能够间接识别特定自然人,但这种"可识别"与《中华人民共和国个人信息保护法》(以下简称《个人信息保护法》)第4条规定的"可识别"之间的落差又应当如何解释?第二,用户标签背后的群体性特征的利益归属如何在现有的权利体系中予以定位和解释?来自用户的用户标签为数据处理者创造了经济利益,最终的信息服务却存在侵害用户个体权益的可能性,这明显存在数据处理者与自然人之间的权利义务关系失衡之问题。第三,用户标签技术滥用问题归根结底表现为数据使用方式不恰当,但这种数据处理行为又无法机械地套用既有权利内容,那么,应当设置何种规则内容并将其安置于数据安全体系中?总结而言,用户标签在精准营销、用户群体分类、市场需求分析等领域的应用使标签技术的法律意义远超纯粹中立的技术方案和企业经营自主权的概念范畴,因此,需要在理论层面重新解释和建构用户标签承载的多元法益结构。

二、用户标签与个人信息的概念关系

(一)用户标签的基本概念和技术特征

学界对于用户标签法律性质的忽视,本质上是对用户标签技术特征的忽视,并不是所有的用户行为模式特征都可以成为"用户标签"。用户标签的数量和内容设置往往需要以一定的商业目的或分析内容为依据,确保每一个用户标签彼此之间能够相互区分。通常而言,用户标签大致可分为"统计类标签""规则类标签"和"机器学习挖掘类标签"三大类。统计类标签最为常见,主要是对用户基本情况进行基本统计,如性别、年龄、近7日内活跃天数、星座等;规则类标签则是为了发现用户行为的基本模式或总体趋势,如按照营销业务基本规律,设置"交易次数""购买商品类型""同一类型商品重复购买的周期"等;机器学习挖掘类标签则是根据算法所形成的用户标签,大多用于预测用户的未来行为模式,但该类标签因形成周期较长而较为少见[①]。进一步而言,通常被认为是商业经营模式或技术方案的用户标签实际上也是解决数据财产权益归属的重要现实依据,所谓的数据资产并不纯粹是个人信息处理者所持有或控制的数据集合,而是一整套围绕数据资源开发的技术、设备和信息资源体系。数据资产经济价值的形成有一部分来自用户标签以及标签类目体系,因为这些标签能够将数据资产真正转化为常见的各类信息服务,以标签形式形成的数据资源或数据集合也被视为"数据资产的最佳表现形式"[②]。因此,用户标签并不纯粹属于用户画像的技术环节,其自身的经济价值也毋庸置疑。

用户标签的应用场景主要是以形成精准的用户画像为直接目的,但这并未排除用户标签的其他应用方式。为了尽可能最大化用户标签这一数据资产的经济价值,企业同样还需选择在标签维度进行用户群体识别和平台之间的用户互认等业务活动。概括而言,用户标签是包括个性化推荐、广告推送、智能运营系统等诸多数据产品的基础类数据。设置合理且维度多元化的用户标签体系甚至能够帮助企业直观地分析用户群体的消费行为特征,明确目前与未来的市场需求发展趋势。仅针对个人偏好设置标签并提供类似的服务,实质上仍属于传统商业活动中的"同类产品推荐",并不属于现阶段的"标签算法"。从目前的技术应用情况来看,用户标签的技术主要表现为:第一,用户标签通常不具有唯一识别性。用户标签形成的用户画像并不当然等同于可识别的个人信息,倘若用户标签数量不足、内容不具代表性,最终形成的用户画像并不能实现精准营销的功能,反而有可能成为"用户分群"的依据。第二,用户标签的设置规则具有唯一性和简洁性的要求。为了充分了解个体用户的行为特征或个人偏好,个人信息处理者所设置的用户标签内容虽然简洁但极具特征概括性,如"爱吃甜玉米""爱吃糯玉米"等,其目的是细分营销市场、判断用户群体的消费特征,增加不同用户群体的可辨识度。第三,用户标签的设置具有明显的业务导向性。如二手车交易平台不会选择将"偏好管弦乐"作为自身标签类目体系的内容之一,因为这不符合其促成二手车交易之目的。此外,在个人信息标签类目体系下,用户标签还会被划分为若干层次的子标签,以便精准划分用户特征。

---

① 参见赵宏田:《用户画像:方法论与工程化解决方案》,机械工业出版社2020年版,第15页。

② 任寅姿、季乐乐:《标签类目体系:面向业务的数据资产设计方法论》,机械工业出版社2021年版,第59~60页。

设置用户标签的直接目的可以归结为整合用户行为数据，理解和分析用户实际需求和行为特征，因此，用户标签的内容大多是按照广义上的用户行为数据（包括用户个体属性数据、交易数据等）的“5W2H”模型①需求进行设置。简单而言，每一个用户标签描述的仅仅是与自然人相关的一个特征，但是针对同一自然人的不同用户标签彼此之间内容并不重叠，传达的信息内容也各不相同。因此，随着用户标签类型和数量的增加，有关自然人的信息将会越来越详细，乃至能够精准定位到特定自然人。从大数定律②的角度理解，网络平台为了预测用户的消费需求和消费习惯，倾向于收集有关用户各个方面的行为数据，故而用户标签的整合、聚合很大程度上能够传达有关用户职业类型、收入水平、消费偏好等详细的信息内容，这也是数据资产经济价值创造的关键所在。正如德国宪法法院在“人口普查案”中提及的“现代社会不存在与个人完全不相关的信息”，虽然单一的用户标签明显并不属于个人信息，但数量庞大且聚合的用户标签完全有可能属于个人信息，甚至能够达到敏感个人信息的程度。

（二）用户标签并不当然是个人信息

相对于其他类型的个人信息而言，用户标签间接识别特定自然人的可能性与唯一设备识别码具有相似性：一是均有特定自然人指向性；二是与其他数据（标签）关联能够精准到识别特定自然人；三是自身无法直接识别到特定自然人。唯一设备识别码是否属于个人信息仍有较大争议，现行的技术标准多是将“唯一设备识别码”③视为个人信息，《信息安全技术　个人信息安全规范》（GB/T 35273—2020）附录A中的“个人信息”范畴包括硬件序列号、设备MAC地址、唯一设备识别码等。但是，在余某诉查博士案中，案涉争议焦点是二手车车况信息

---

① “5W2H”是指“为什么”（why）、“谁”（who）、“何时”（when）、“何地”（where）、“做什么”（what）、“怎么做”（how）、“做多少”（how much）。参见张溪梦、邢昊等：《用户行为分析：如何用数据驱动增长》，机械工业出版社2021年版，第12～15页。

② 大数定律是概率论中的重要概念，但不是定理，在很多情况下，当样本量越来越大时，统计量的不确定性会越来越小，取值会越来越稳定并趋向一个特定的极限值。参见王汉生：《数据资产论》，中国人民大学出版社2019年版，第140页。

③ 例如，硬件标识符（Medium Access Control，MAC）、国际移动设备识别码（International Mobile Equipment Identity，IMEI）、广告标识符（Identifier for Advertising，IDFA）、设备的唯一设备标识符（Open Unique Device Indentifier，Open UDID）、全局唯一识别标识符（Globally Unique Indentifier，GUID）、国际移动用户标识码（International Mobile Subscriber Identity，IMSI）等。

是否属于个人信息，且车况信息还包括了与唯一设备识别码相同性质的 VIN 码。法院并没有当然认定二手车车况信息属于个人信息，而是根据信息重新结合识别特定自然人的技术门槛、成本以及时间等外部因素，认为一般公众难以直接将车况信息与第三方信息结合识别特定自然人，故而作出“案涉车况信息不属于个人信息”之结论。由此可见，车况信息、唯一设备识别码、用户标签虽然均具有结合其他信息重新识别特定自然人的可能性，但并不意味着只要具备间接识别可能性的信息就是个人信息，关键在于具体结合“可识别”的实现难易程度综合判断。换言之，在判断用户标签是否属于个人信息时，依然绕不开技术应用场景的预设，倘若属于大量用户标签的聚合，该类信息组合因为降低了识别特定自然人的难度，所以构成“个人信息”并无争议，但用户标签之间不具有数据聚合效果且间接识别特定自然人难度较大时，此时“用户标签属于个人信息”之结论有待商榷。

用户标签是否属于个人信息需要判断用户标签的间接识别可能性是否与《个人信息保护法》第 4 条中的“可识别”具有一致性。用户标签实现间接识别特定自然人存在诸多限制，前提是需要满足“有充足数量的其他用户标签进行结合分析”和“采用相同的标签类目体系和标签设置标准”以及“有企业内部特定的算法”三个条件。尽管用户标签和用户画像早已成为普及性的商业模式，但是零星或数量有限的用户标签类目具有鲜明的企业经营战略导向，不同企业设置的用户标签无法与其他企业的用户标签相互结合来确定特定用户身份信息。企业内部标签类目体系设置不合理，则会影响到用户标签定位用户特征的准确性。更为重要的是，用户标签具有机器可读性，而非人的可读性，因而，如果不将其放置在特定数据分析算法中，无从谈及用户标签的间接识别能力。而《个人信息保护法》第 4 条中的“可识别”标准显然不是“关联个人的信息即是个人信息”，囿于商业实践的复杂性和技术更新周期短等现实原因，立法者并没有选择详细具体的概念界定模式，而是将“可识别”标准的解释方式交由法官结合个案予以判断。与一般数据处理活动相比，用户标签结合识别特定用户明显具有“异常”的技术难度和前期成本要求，并不属于《个人信息保护法》第 4 条意欲防范的“可识别”风险。

更准确地说，在形成精准用户画像之前，与其说用户标签具有识别特定自然人的可能性，倒不如说用户标签具有“推测”“预测”自然人群体特征和行为趋势的可能性。恰如部分国外学者提出"过度推测"风险的治理论断,企业在从事大规模数据分析之前,应当证明数据源和预期推理的合理性,针对诸如"从非歧视数据推断敏感信息内容""用于推测行为的数据源是否具有隐私侵犯性"等事项进行评估①。事实上,用户标签的使用并非数字经济的全新产物。在过去,企业会建构客户关系管理系统实现用户的存量管理,基于"老顾客""新顾客"等简单标签体系进行商业营销;而现在,企业收集用户个人信息的目的与过去并无显著差异,重要区别之一,则是后者是从个性化定制和群体性定制两个层面达到业务营销的目的。

三、用户标签承载法益的结构关系

(一)用户标签承载的多元法益

既然用户标签并不当然等同于个人信息,那么有必要重新审视用户标签的法律性质,因为法律性质解释方案的不同决定了立法是否需要规制用户标签以及以何种方式规制用户标签。技术中立并不是个人信息处理者可以任意使用用户标签技术的正当性事由,标签技术应用的最终目的是精准识别特定自然人的特定需求,若放任该项技术滥用,不可避免地会发生"技术规训人类"的危险。《互联网信息服务算法推荐管理规定》第10条就已经规定了算法推荐服务提供者的用户标签管理义务,要求其不得将违法、不良关键词纳入用户标签。该条虽未明确解释用户的具体权利,但是从条款内容来看,用户标签技术应用关系到个人信息权益的行使,因为在信用评定、电子支付等领域,用户标签内容设置的准确性和完整性直接关系到用户申请贷款等实体性权利;在常见的视频推送、广告推送等信息服务模式中,用户标签内容设置的适当性同样影响到用户服务体验。由此观之,用户标签作为信息服务内容的组成部分,其合理设置、精准设置亦是信息服务合同权利的应有之义。除此之外,用户标签同时还具有社会公共利益的属性,标签内容设置不合理有可能导致网络违法信息的泛滥,如未能对用户标签增加"未成年人"相关标签,未成年人则有可能频繁接收到不良信息的推送②。

---

① See Sandra Wachter, Brent Mittelstadt, *A Right to Reasonable Inferences: Re - Thinking Data Protection Law in the Age of Big Data and AI*, 2019 Colum. Bus. L. Rev. 494, 620(2019).

② 如2021年12月,小红书推送暴露未成年人隐私的图文和视频,后被网信部门约谈。

所以,用户标签所承载的权益具有多元化特征,虽然无法以相当明确的标准将这些复合型权益泾渭分明地彼此区隔,但是并不妨碍从个体性权益和群体性权益两个层面解构用户标签的法益特征。

在个体性权益层面,用户标签越多,个人识别性越强,用户标签存在转化成为“个人信息”的趋势。《个人信息保护法》所规定的个人信息是以信息要素组合为基础,如单独的姓名、身份证号、年龄等信息根本称不上是“个人信息”,但“姓名 + 身份证号”“姓名 + 年龄 + 电话”等信息要素组合则构成了“个人信息”。但是,对于不包含特定信息要素的用户标签,继续沿用全部的个人信息保护规则会出现保护客体的不匹配。本文所强调的“用户标签”主要是以单一的用户标签或者信息要素组合不具有识别效果的用户标签为论证对象,用户标签所承载的“个体性权益”是以单一用户标签之间的关联性为基础。用户标签的技术功能与个人行为特征识别密切相关,并且用户标签的提取与设置也是基于业已收集的个人信息,故而用户标签所承载的个体性权益与个人信息权益存在体系上的部分关联性,而关联的核心则是基于个人信息而设置的用户标签可能对其他个人权益产生负面影响,而预防或消除这些负面影响的制度仅与《个人信息保护法》存在部分内容的交叉。第一,在知情权和决定权层面,自然人有权限制或拒绝个人信息的处理方式,当然也有权限制或拒绝不合理的用户标签行为,只不过这种限制或拒绝的前提条件仅限于“不合理”或“不适当”。第二,在更改和补充权层面,个人信息权益的法理基础是保障个人信息的完整性和准确性,目的则是预防个人信息处理活动对个人其他权益造成不当影响。相对地,用户标签作为个人信息处理活动的重要环节,内容的筛选和设置同样会对个人其他权益造成实质性影响,故而用户有权要求更改不合理、不适当的用户标签。第三,在解释说明权层面,用户标签设置显然属于《个人信息保护法》第 48 条规定的“个人信息处理规则”,因而用户有权要求个人信息处理者对标签内容设置规则进行解释说明。第四,在未成年人保护层面,用户标签与未成年人所能触及的网络信息范围和信息服务类型相关,个人信息处理者有义务根据《个人信息保护法》第 31 条制定包括用户标签管理规则在内的专门的未成年人个人信息处理规则。第五,由于查阅复制权、删除权等其他个人信息权益涉及对个人信息“原件”的直接处理,故而其行使规则和法理基础无法延伸至用户标签。

在群体性权益层面,用户标签的技术应用应当是以促成数据资源再生产和避免数据社会性损害为合法性边界，其承载的群体性权益是合理公正处理数据行为的基础。这并非臆想，已有学者提出“群体信息可能带来所谓的群体个人信息保护或群体隐私问题”，并且这些问题的解决是否应完全按照个人信息保护方式予以保护存有争议①。尽管从信息服务合同的角度观之，用户标签技术应用的影响方式主要是以合同权利义务为限，但是，用户标签类目体系的设置却是数据使用价值的实现方式。数据商业化使用的基本逻辑是企业通过对业已收集的个人信息进行加工处理，并按照企业经营理念和营销策略设置标签管理体系，最终获得企业希望发现的信息内容。因此，个人信息处理者的用户标签管理规则和设置体系背后的群体性权益应当以有利于社会群体相同利益的形式存在：一是个人信息处理者所获得的数据经济价值应当源于公正合理的数据处理活动；二是个人信息处理者所挖掘的数据关系不应当侵扰社会公共利益和个体的私密生活空间。在商业实践中，这种对群体性利益的侵犯最直观的表现形式是基于用户标签所确定的营销策略侵害消费者群体利益，尤其是在自动化推送服务模式下，部分用户标签重合的用户群体往往只能接收到有限类型的信息内容。诚然，用户标签体系的设置属于平台经营自主权的范畴，但倘若设置方式可能对个体权益和群体性利益造成损害，显然平台正在试图获取超出正常营销范围的用户群体信息，如用户群体之间的社交关系、用户群体的歧视性再分类等。

(二)用户标签群体权益的理论基础

前述用户标签多元法益并存状态早已被学者们所关注，在论及数据权属问题时，学者们试图将同一数据集合上的个人信息权益、企业数据财产权益乃至潜在社会公共利益按照法律主体身份予以区分。但实际结果显而易见，在理论层面上，这些权益彼此之间的区隔方式虽然能自圆其说，但在实践层面却无法解释数据集合内部不同类型数据权益的具体边界，也无法解释企业利用数据集合获得经济利益，且当这些数据集合是以不同方式组合个人信息而形成时，自然人是否有权获得其中的部分经济利益也成为一个问题。这种理论困境的形成根源在于学者们普遍忽视了数据关系对于多元法益并存状态的影响方式。用户标签的

① 参见丁晓东：《论个人信息概念的不确定性及其法律应对》，载《比较法研究》2022年第5期。

间接识别特征不仅表现为能够间接识别到与标签相关的特定自然人,还包括能够间接识别到与特定自然人具有社会关系的其他自然人。简单点说,用户的消费行为被贴上标签后,学界主流观点大多倾向于分析这种标签行为是否会有可能重新识别到这个用户,但用户标签内容描述的不仅是该用户的个人属性,同时还是一定范围的群体性特征。这种个体性特征与群体性特征之间的映射关系并不能依循法律主体的不同而划分出相对应的权利体系架构,进一步而言,这种技术层面的映射关系本质上是社会关系的数据化描述,即既表现为"具有 A 类特征的用户群体可能同样具有 B 类特征",也表现为"A 类用户与 B 类用户因为工作内容、消费行为等社会交往活动而构成了'A + B'类特征"。

用户标签内容所包含的社会关系是用户标签兼具个体性权益和群体性权益的根本原因,美国学者萨洛梅(Salome)也基于数据关系的社会性特征提出数据治理的关系理论,用以解释数据关系如何产生超越个人的权益[①]。萨洛梅并没有选择从信息自决权等主流视角探讨数据保护的必要性,而是将数据权益置于政治经济领域剖析数据的社会属性和关系属性。因为互联网巨头收集数据的经济动机并不纯粹是尽可能全面地描述个体用户的用户画像,同时也包括尽可能发现"数据主体与他人关系的所有信息",常见的向好友推送信息可得优惠、拉入新用户即赠福利等营销活动亦是出于此种目的。在萨洛梅看来,"数据主体—数据处理者"和"数据主体—数据主体"之间的关系均是数据处理活动需要考量的实践基础,前者反映的是信息服务提供者与信息服务接受者之间的权利义务关系,后者反映的则是数据经济价值创造来源,如对群体行为特征的总结与预测[②]。由于数据经济价值常被理解为企业通过技术、人力、资金等前期投入而获得,"数据主体—数据主体"所反映的社会关系也被默认为企业的"数字劳动"所得。然而,数字时代下的社会关系并非纯粹客观的社会现象,以往隐藏于实践活动中的社会关系被平台挖掘和发现,或是可能涉及用户的现实好友关系等私密信息,又或是可能因技术缺陷导致挖掘的社会关系被异化。"数据主体—数据主体"所反映的社会关系承载的是消极性权益,

---

① 参见[美]萨洛梅·维尔约恩:《数据治理的关系理论》,赵精武等译,载《湖湘法学评论》2022年第1期。

② See Salome Viljoen, *A Relational Theory of Data Governance*, 131 Yale L. J. 573,603 – 613 (2021).

即特定社会关系不得被擅自披露或恶意加工。《中华人民共和国民法典》选择将个人信息纳入人格尊严的保护范畴,原因是个人信息乃是法律主体身份的数字化;而用户标签作为群体行为模式特征的总结,本质上是法律主体身份数字化的社会交往活动的延伸,因而其多元法益并存的解释方向显然需要以数据所反映的社会关系为核心。

萨洛梅在理论层面最大的贡献,在于发现数据生产业务中最核心环节是数据关系的识别,这是解释用户标签群体权益存在的理论基础。现有的个人信息保护研究成果普遍以个性化服务所面向的特定自然人为核心,却忽视了商业逻辑层面数据真正的经济价值来源是社会关系和共同特征。过去,企业也会收集和处理消费者的个人信息,其目的是维护客户存量和发现市场需求;当下,消费者个人消费情况固然重要,但这种重要性却被集体的共同特征所涵盖。换言之,企业完全可以根据特定自然人是否属于某几类群体范畴来评估该自然人可能的消费偏好和行为轨迹,这也被萨洛梅归结为企业能够从"行为定位、预测任务、规模风险评估和可调节反馈系统"中获利的根源所在。所以,用户标签的群体权益来源并不完全是学者们所设想的算法透明义务等建构性理论,还包括数据经济价值的形成机理。对数据关系的忽视将会导致"风险—收益"的失衡:一是个人授权收集个人信息所承担的信息安全风险与所享受的信息服务比例失衡;二是个人信息处理者通过收集个人信息获得集体的共同特征与其承担的经营风险比例失衡,如用户提交自己的消费记录、薪资水平等信息,却被用户标签定位为"缺乏足够消费能力",用户实际能够获得的信息服务内容和类型受到限制,这明显属于萨洛梅所提及的"不公平的数据处理活动"。

(三)用户标签群体权益的基本内容

用户标签的群体权益与传统意义上的社会公共利益存在一定的差异性,相较于后者,群体权益在权益内容和正当性基础层面更为具体。用户标签群体权益的正当性基础是数据之间的关系或者结构化数据所能映射的社会关系以及经济价值。回顾国内学者有关数据财产权益归属问题的探讨,有一个问题未能得到圆满的解释,即个人信息处理者处理个人信息的集合并获得经济利益,自然人作为原始数据的提供者,是否应当获得相应的经济利益[1]?从经济利益的实际来源来看,如果自然人拒绝提供个人信息,个人信息处理者确实未必能够得到足以盈利的信息内容和数据资产。但是,一旦承认自然人享有部分的数据收益权,无疑会使所有的数据处理活动产生庞大的额外成本。从经济利益的实际创造者来看,个体层面的个人信息并不足以形成具有商业价值的数据资产[2],经济利益的真正来源是企业自身运用信息技术、原始数据收集劳动等活动所产出的数据资产。类似的问题是,一旦承认企业数据财产权的正当性基础是企业的技术处理活动,又会陷入企业以加工后的数据不属于个人信息为由规避义务履行的困境。这一权益归属难题置于数据治理关系理论框架下,则被转化为如何解释个体性的经济利益与个人信息权益之间的内容衔接的问题。

可以确定的是,针对由个人信息衍生而来的数据资产,自然人享有部分权益。不过,这种权益并非通常意义上归属于特定个人的具体权利,而是被融入于群体权益之中。客观上,单一个体乃至小范围群体的个人信息本身并无多大商业经济价值,在无法收集自然人全部的个人信息的预设前提下,个人信息处理者完全可以选择用其他自然人个人信息集合予以替代,获得经营活动所需的群体共同特征。因此,在立法层面建构归属特定个人的数据收益权缺乏足够的正当性基础,现行立法也未曾规定基于"可能促成收益"事由的具体权利。换言之,归属型数据权利的内在逻辑是个人信息处理者利用个人信息获得经济利益,但实践中经济利益的获得方式并不是完全利用个人信息所得,有关自然人数据收益权的讨论一开始就存在方向性偏差,误将客观的社会身份关系当作个体数据的经济价值来源,以至于徘徊在"数据资产经济价值主要来自企业内部加工,还是自然人提供原始数据"的逻辑误区中找不到出路。在法理层面,承认自然人对数据流动中形成的数据资产享有部分权益并无问题,但关键是这种权益的存在形式并不归属于个人,而是以群体权益的方式为群体乃至社会公众所共同享有,其行使方式是一种强制性义务规范,即要求个人信息处理者不得将集体共同特征

---

① 有观点认为个人信息权益是天然内置财产属性的人格权益,财产权益的实现前提是受"动态—有限"可让与性规则限制。参见向秦、高富平:《论个人信息权益的财产属性》,载《南京社会科学》2022年第2期。

② 个人信息的经济价值无法套用财产权固有的财产权劳动理论、排他性和可转让性特征。参见李延舜:《个人信息财产权理论及其检讨》,载《学习与探索》2017年第10期;孙莹:《大规模侵害个人信息高额罚款研究》,载《中国法学》2020年第5期。

以不恰当的方式标签化，并限制集体范围内个体权利的行使。

细言之，用户标签可以视为社会关系的数字化，而这种社会关系足以让网络平台或信息服务提供者发现潜在的市场需求或评估风险水平①。所以，用户标签承载的群体权益可以理解为社会关系权益，即用户标签应当遵循有益于社会关系发展或数据资产再生产的方式予以设置和使用，但由于社会关系权益并不专属于特定自然人，因此该权益的存在形式主要是以强制性义务规范为限。具体而言，社会关系权益包括三个层面的内容：第一，并不是所有的社会关系都适合设置为用户标签的具体内容。在商业实践中，个人信息处理者所关注的“社会关系”无外乎与精准营销、拓展客户范围和规避经营风险相关，涉及国家安全、个人私密生活状态的社会关系则不适宜作为用户标签。例如，频繁购买皮肤药品的人群可以设置“购买皮肤病药品”的用户标签，但不宜设置“购买 A 类皮肤病药品”的用户标签，因为后一类用户标签可能揭示“患有特定皮肤病的患者”这一私密群体的隐私，明显超出了精准营销或扩大客户范围的合理性。第二，用户标签不得用于进行歧视性的群组划分。数据经济价值的创造基础是客观性的社会关系，而不是具有歧视性或偏见性的社会关系。常见的大数据歧视等问题在一定程度上可以理解为网络平台未能正确使用用户标签划分恰当的群组类别，简单地按照过往消费记录划分“高端消费、中端消费、低端消费”群组类别只会误导数据资产再生产方向，使原本发现市场需求的用户标签异化为精细评估消费者能够接受的最高价格水平的歧视性标签。第三，用户标签的使用目的应当与用户标签所反映的社会关系具有关联性。因为个人提供个人信息的目的是享受更优质的信息服务，如果根据用户使用行为信息形成的用户标签被用于分析其他群体共同特征，显然已经超出了用户标签设置的必要限度。例如，用户标签反映的是 A 类用户群体的消费需求，用户标签形成的用户画像也是为了满足 A 类用户群体的消费需求，但如果用户标签被用于挖掘和分析 A 类用户群体的生活状况，则属于社会关系权益所排斥的非合理数据处理活动。

---

① 从现有的用户画像相关研究成果来看，用户标签多是纳入用户画像概念中一并讨论，按照微观、中观和宏观的应用价值分类，用户标签和用户画像的功能分别表现为价值发现、运营优化和战略制定。参见宋美琦、陈烨、张瑞：《用户画像研究述评》，载《情报科学》2019 年第 4 期。

四、多元法益结构下用户标签技术滥用的治理模式

(一)用户标签技术滥用的外观特征

目前,商业实践中用户标签技术滥用现状主要表现为标签内容设置不合理、标签使用目的不合理、标签设置不透明三个特征。“标签内容设置不合理”是指标签内容具有明显歧视性、偏见性的主观判读。用户标签的技术逻辑仅是为了说明用户某一个属性,而这个属性虽然预先经过商业营销策略的筛选和评估,但终究是对用户属性的客观性描述。标签内容设置不合理不仅包括标签内容未能选择中立性属性特征进行描述,还包括标签内容未能涵盖用户相关的重要属性,如未能增加“未成年人”这一用户标签,可能导致向未成年人推送不良网络信息。“标签使用目的不合理”是指标签设置目的超出经营活动之必要限度,过度侵蚀用户的隐私空间或其正当性权益。网络平台通过用户标签挖掘用户的兴趣爱好和消费偏好本属于合理的经营行为,可如果网络平台将用户标签用于识别用户的个人健康状况、资产水平、日常出行路线等目的,即便这些目的在一定程度上与精准营销、挖掘客户相关,也侵犯了用户的隐私权。“标签设置不透明”是指用户并不知晓用户标签设置和管理的基本规则。用户标签固然不是个人信息,但是其设置逻辑是以用户的操作行为为基础,本质上属于个人信息处理者对自然人具体行为的记录,并且这种记录结果最终可能影响自然人能够获得的信息产品和服务。对于这些能够实质性影响自身权益的技术应用,用户理所当然地有权知晓用户标签的设置和管理规则。当然,从知情目的来考虑,并不是所有的用户都能够理解复杂的用户标签技术方案,且用户标签的具体设置方式也属于商业秘密的范畴,故而这里的“知情”也仅限于“用户标签的设置对用户权益产生何种影响”“用户标签的内容在何时收集”等基本事实。

有必要说明的是,萨洛梅的关系理论以个人数据关系所传达的社会意义为基础,而用户标签并不当然属于个人信息,用户标签关系所传达的社会意义与前者所传达的社会意义存在些许差异:第一,用户标签描述的是个体化的用户属性,其内含的社会关系指向的是不同群体之间的共同特征关联性。网络平台之所以在经营活动层面侧重挖掘用户标签背后的标签关系模型,是因为不同群体之间的共同特征一旦存在某种关联性,网络平台便可发现潜在的市场需求和未

来的消费趋向。第二,用户标签所反映的社会关系还表现为社会群体行为模式变动对经济社会的影响方式,这里的社会关系主要还是以群体行为模式特征对属于该群体的潜在用户消费需求进行评估和预测。进一步而言,前者的重心在于发现和评估市场营销活动中可能存在的风险,后者则是为了将属于特定群体的其他自然人纳入网络平台的用户群体中,拓展用户存量。第三,用户标签所反映的社会关系还表现为不同社会群体之间的差异性特征。对于网络平台而言,共同特征是为了吸引同类消费者和预测市场需求总量,差异性特征则是为了说明不同群体在容忍个性化推送、主要营销信息接收渠道、消费习惯等层面的关键性差异,以便针对不同社会群体提供符合其消费特征的精细化营销活动和信息服务。

用户标签的核心价值是辅助数据分析、精细划分用户群体类型以及作为信息产品的组成部分,而用户标签技术滥用则是将这些技术目标简化为全方位分析用户个人身份信息以及相关的社会交往活动。这种社会关系异化的后果是网络平台与用户之间的权利义务关系失衡,以定制化服务、个性化推送服务优化为目标的用户标签沦为网络平台巩固自身数据资源竞争优势的技术工具。在商业实践中,优质数据越多,经济价值越大。基于这种数据规模化效应,网络平台逐利的本质会促使其尽可能收集更多的个人信息和业务数据,但这些业已收集的数据还需要进行数据分析和挖掘才可能成为企业市场竞争优势并实现经济价值。与此同时,用户标签的精细化程度日趋加深,以便之后数据经济价值的挖掘,网络平台利用用户标签所获得经济价值和详细的用户群体偏好与其提供的个性化服务明显不成比例,而自然人的个体性权益仅限于人格尊严保护,社会关系权益则难寻救济的法律依据。

(二)用户标签技术滥用的治理逻辑

在明确了用户标签技术滥用是社会关系异化之后,其治理逻辑显然应当以矫正这种技术功能异化为核心,在实现引导用户标签的设置和管理符合用户标签承载的个体性权益诉求的同时,也能够保障用户标签所承载的社会关系权益。有意思的是,国内学者论及用户标签的治理模式或规制方案时,倾向于将用户标签、用户画像以及个性化推送视为一个整体性论证对象,进而分化出两种治理体系:一种是基于算法公正的算法推送服务监管体系,要求用户标签的设置与管理不得侵害用户个人权益;另一种则是基于个人信息权益体系框架下的数据安全规制体系,重点规制个人信息处理者在设置用户标签之前应当遵守的个人信息保护规则。在算法治理逻辑下,与其说其是对用户标签设置或管理行为的治理,倒不如说用户标签与用户画像在法益层面并没有显著区别,不过是算法技术应用的组成环节。算法技术已经成为平台运行的核心①,但算法治理逻辑并不关注具体技术方案是如何实现的,仅仅关注用户直接受到影响的服务内容或能够直接接触到的业务环节,这也是将用户标签妥善管理义务安排在《互联网信息服务算法推荐管理规定》第 17 条的理论根源。

此外,前述两种治理逻辑之所以否认独立规制用户标签技术应用的必要性,是因为这两类治理逻辑将用户标签视为正常经营策略或纯粹中立的技术方案,并且用户标签技术对用户权益的负面影响完全可以在具体业务层面予以控制。在算法治理逻辑下,算法问责机制涵盖了从用户标签的内容设置到标签算法模型的建构,因为这些事项本身是判断算法服务提供者是否存在主观过错、算法推送服务是否正当合理的客观依据。对这些事项的事后问责可以促使算法服务提供者在事前阶段即对用户标签技术应用模式进行调整,并且用户标签作为算法推送服务的一部分,也属于《互联网信息服务算法推荐管理规定》第 16 条要求告知或公示的算法推荐服务的“基本原理”或“主要运行机制”,故而也就没有必要专门建构一整套用户标签规制体系。而在个人信息保护治理逻辑下,内容设置不合理、重要标签遗漏等网络标签技术滥用问题则可通过事前阶段的个人信息收集、处理的告知义务,事中的个人信息保护影响评估以及事后的侵权责任解决。用户标签与个性化服务在业务逻辑上均是以数据收集活动为起点,按照“个人信息—用户标签—数据分析—用户画像—个性化推送”②的业务流程实现数据经济价值的创造,规制用户标签和个性化推送在保护对象和保护方式上并没有明显区别,两者之间紧密的业务关联性无法在制度层面予以分隔。

总结而言,前述两种治理逻辑均是以个体权益的保障为制度目标,规制用户

① 参见张凌寒:《平台“穿透式监管”的理据及限度》,载《法律科学(西北政法大学学报)》2022 年第 1 期。

② 也有学者根据原始数据的不同,将个性化信息推送业务路径划分为“设备数据—数据分析技术—间接用户画像—个性化推送”和“个人信息—直接用户画像—信息推送”两类。参见李一帆:《个性化推送中的个人信息保护问题研究》,载《中国应用法学》2021 年第 1 期。

标签技术应用方式的直接依据是用户与网络平台之间信息服务合同中的权利义务内容。归根结底,这两种治理逻辑在个体层面所要保障的个体性权益是自然人在网络空间的行为自主权,分别对应的是算法推荐服务使用自主权和个人信息自决权。但这种行为自主权并不能解释用户标签承载的社会关系权益保护问题,这也是现行立法在社会公共利益保障层面所遗漏的重要内容。无论是算法治理框架对算法应用模式的限制,还是部分学者主张的“在信息整合和用户画像阶段,个人信息处理者需要履行数据安全保障义务”①,普遍缺乏对用户标签群体权益的回应。若继续在此层面探讨用户标签的治理问题,客观上不可能满足现行立法所要求的“权利内容具体且明确”之要求,这也是为何需要从数据安全治理层面保护用户标签群体权益的根本原因。

在立法层面专门规制用户标签的必要性表现为由数据关系延伸而来的群体性数据关系需要专门保护,后种数据关系所传达的社会关系权益不归属于某一个特定自然人所有,而是由用户群体所有。因为群体性数据关系本身兼具个体化经济价值和集体性经济价值,个体化经济价值是指群体性数据关系能够帮助网络平台准确定位市场需求和及时规避经营风险,集体性经济价值则是指群体性数据关系反映的是社会群体之间的社会关系以及群体所组成的社会结构运行状态。在数据治理关系理论中,群体性数据关系的社会意义在于,不同群体的分组可能导致群体之间的差别化待遇。因而,群体性数据关系所传达的社会意义实际是指不同用户群体背后的用户标签是否能够以客观中立的内容予以表述,用户标签技术滥用的治理逻辑除了需要为个体性权益提供法律救济之外,还需要在社会层面明确用户标签技术应用的合理性边界。在现代社会的风险分配逻辑中,风险的承担应当与可能获得的经济利益保持一致性,网络平台在享受群体性数据关系的经济价值的同时也应当承担相适应的法定义务,即保障用户标签技术应用的公平性和公正性。

(三)个体与集体层面的强制性义务规范

有关用户标签的法律性质,可以从其规制方式的角度予以理解,由于用户标签技术滥用的治理逻辑是以预防社会关系异化使用为基本目标,保障的是群体

---

① 丁晓东:《用户画像、个性化推荐与个人信息保护》,载《环球法律评论》2019年第5期。

权益,那么具体规制方式显然不能从用户权利增设和补强的角度进行制度建构,而是需要从强制性义务规范的角度明确用户标签承载的社会关系权益保护路径。

诚然,用户标签与个人信息确属两个不同概念,承载了不同的权益类型,从一般的制度保护逻辑来看,似乎需要选择"另起炉灶"的方式解决滥用用户标签技术的现实问题。但正如前文所讨论,用户标签承载了个体与集体层面两种法益,个体层面的法益保护无可避免地需要延续个人信息保护的基本逻辑。但是,集体层面的法益保护强调了数据处理者以"社会可信任方式"处理用户标签,所以,"强制性义务规范"的内容应当与现有的数据安全保护规范进行衔接,置于广义层面的"数据安全"目标予以解释。《中华人民共和国网络安全法》、《中华人民共和国数据安全法》和《个人信息保护法》所规定的"数据安全保障义务"既包括个人信息处理者为保障数据安全持续状态应当采取的措施,还包括需要确保数据处于合法利用状态。这种"合法利用"状态包括两层含义:一是与个人信息权益或其他数据权益相对应的确保数据按照权利人之请求进行收集和处理;二是与社会公共利益相对应的法定数据保护义务,确保数据的利用方式符合法律法规和公序良俗①。基于此种考量,在立法层面显然没有必要专门增设用户标签技术应用的规则体系,真正需要的是补强对数据安全保障义务的内容解释,说明社会关系权益所对应的数据安全保障义务应当以何种方式履行。因此,用户标签相关的强制性义务规范应当从以下三个层面予以建构:

第一,禁止设置歧视性用户标签或将用户标签用于价格歧视、区域歧视等不公平的消费实践活动。诚然,《个人信息保护法》第 24 条规定了个人信息处理者不得利用自动化决策实行不合理的差别待遇,《互联网信息服务算法推荐管理规定》第 10 条规定了算法推荐服务提供者应当加强用户标签管理,但这些义务性规定并没有直接规定对用户标签内容设置的具体要求,仅将设置违法信息关键词和不良信息关键词作为禁止性事项。此种立法逻辑忽视了歧视性决策结果的形成原因并不仅仅是因为用户标签本身的不合理性,还包括数个用户标签组合后所反映的歧视性社会要素。例如,"购买商品价位在第一档(便宜)"和"当月

---

① 已经有学者注意到数据安全保障义务保护的法益远超"安全",还包括歧视性定价、搜索排名和隐私侵害等数据录用活动中的道德和伦理风险。参见张凌寒:《数据生产论下的平台数据安全保障义务》,载《法学论坛》2021 年第 2 期。

投诉5次”两个标签本身并没有歧视属性,但这两个标签组合可能让企业得出“符合这两类特征的用户比较难缠”的歧视性结论。因此,“禁止设置歧视性用户标签”既指向个体的用户标签内容应当符合社会公序良俗和强制性规范要求,也指向数据处理者应当预防数个用户标签组合可能产生的歧视性自动化决策结果。

第二,保障用户标签体系的完整性,禁止信息处理者故意遗漏或删减涉及用户个体权益的标签内容。用户标签体系的商业价值在于较为全面和客观地分析用户的消费偏好以及群体消费趋势,所以单纯遵循“限制用户标签设置数量和内容可以保障个人信息安全”的规制逻辑过于粗糙。类似个人信息权利体系中的更正权之逻辑,强调用户标签体系的完整性则是为了保障用户的其他合法权益。在社会信用体系建设过程中,有关社会信用的用户标签直接关系到用户是否能够享受现实生活中的社会公共服务,用户标签体系部分内容的缺失或失实均会间接导致用户遭受不公平对待。

第三,禁止信息处理者根据用户标签分析和挖掘特定用户的社交关系网络,不得滥用用户标签中具有社交属性的信息内容。《个人信息保护法》将“个人信息”范畴限定在已识别或可识别特定自然人,其默认的立法逻辑是“相关信息的内容是与特定自然人相关的”,忽视了在识别特定自然人的过程中对其他具有社交关系的自然人“牵连性”的识别风险。正如前述所提及的数据关系理论,A类信息既能够识别到特定自然人A,但是也有可能识别到具有社交关系的特定自然人B。这种社交关系所具有的“间接识别”可能性显然也属于个人信息保护的基本范畴,故而有必要在立法层面限制数据处理者借助用户标签数量叠加的识别范围。换言之,法律所允许的数据关系经济价值挖掘仅限于与服务目的或产品功能密切相关为限,数据处理者不得主动分析和挖掘特定自然人的现实社交网络。

前述制度建构方向主要是以数据处理者的法定义务为起点,但同样不能忽视用户标签所承载的数据关系经济价值,这种财产性权益是在数据安全立法中建构“数据公平处理原则”的现实基础。用户标签承载的社会关系权益不能直接为“社会公共利益”的抽象法益所涵盖,因为此种立法安排只会弱化社会关系权益的实际保护程度,成为口号性或鼓励性的基本原则。从权益平衡的角度考量,数据处理者在通过用户标签所反映的数据关系或社会关系获取市场竞争优势或经济利润时,应当确保其数据处理行为符合"数据公平处理原则",即数据处理活动应当符合特定用户群体的集体性利益,数据处理者应当采取的数据保护技术措施应当与其数据关系经济价值保持同等水平。在体系定位层面,不同于个体权益所采用的具体义务规则,针对用户标签承载的社会关系权益保障方式实际上更倾向于以兜底性条款的形式确认数据处理者是否合理履行数据安全保障义务,补充解释个体性义务规范所无法回应的标签技术更新、应用方式创新可能产生的未知风险。

五、结 语

数据分析技术的更新迭代加速了网络社会互联互通的转型进程,个人信息乃至个体数据的经济价值从传统层面的个体基本情况分析延伸至个体与个体之间的社会关系情况分析,而用户标签作为自然人基本情况和使用行为的属性描述,其经济价值更是延伸至社会群体之间的共同特征、差异特征以及社会关系情况的分析。尽管从业务逻辑或技术方案的角度来看,用户标签确属个人信息处理者自行选择数据处理方式的"意思自治"范畴,但同样需要注意的是,用户标签在创造数据经济价值的同时存在技术滥用风险,内容设置不合理、超目的识别社会关系以及关键缺漏等问题直接影响了用户群体的群体权益。我国数据治理体系的建构过程,除了需要关注个体层面的个人信息保护以及数据财产权,也不能忽视用户标签背后的社会关系权益保障方式。从逻辑上看,自然人个体权益的实现除了需要个人信息处理者在数据全生命周期各个环节采取法定措施予以保障,还需要在群体权益层面规定个人信息处理者设置和使用用户标签等数据处理活动应当遵循的基本原则,因为数据的"合法利用状态"意味着合理恰当的数据处理活动需要兼顾用户标签背后的个体性权益和群体性权益,而不是仅限于特定的人格权或狭隘的数据财产权概念。

数据的知识产权保护与合规

于　岩

数据,作为数字经济迅猛发展的主要驱动因素,已经成为创造新经济价值的国家基础性战略资源。企业在生产经营和商业活动的过程之中,会不可避免地面对数据的产生、收集、存储、传输、加工、分析、服务等问题,但如何对数据进行有效的司法保护,目前还处于探索阶段。习近平总书记在中央政治局第二十五次集体学习时强调,要健全大数据、人工智能、基因技术等新领域新业态知识产权保护制度。① 这给通过知识产权对数据进行保护,进而为数字经济发展和技术创新明晰规则,引导新技术、新业态、新模式在法治轨道上健康有序发展提供了思路。但如何通过知识产权对各种类型的数据进行有效、合法、全面的保护是目前所有知识产权从业者都需要面对和解决的问题。

一、通过知识产权对数据进行保护的可行性

我国现行的多部法律法规分别从不同的角度提及了对数据的司法保护,如《中华人民共和国民法典》第127条规定:"法律对数据、网络虚拟财产的保护有规定的,依照其规定"。《中华人民共和国个人信息保护法》(以下简称《个人信息保护法》)、《中华人民共和国数据安全法》、《中华人民共和国网络安全法》(以下简称《网络安全法》)等也分别对个人信息、数据安全、网络数据的保护角度进行了规定。虽然上述法律法规条款或多或少涉及对数据进行保护的相关规定,

---

① 参见习近平:《全面加强知识产权保护工作　激发创新活力推动构建新发展格局》,载《人民日报》2020年12月2日,第1版。

但目前我国还没有构建起一套对于数据产权制度的完善的保护体系,因此,业界对于数据保护的规则和途径并不清晰,也存在很多疑惑。

知识产权具有独占性和可交易性,而与知识产权的权利属性相似,业界普遍认为数据作为一种权利客体,也应当具有财产性权益。二者在权利属性方面较为接近,通过知识产权对数据进行保护具有合理性和可行性。

(一)通过知识产权对数据进行保护的现状

1. 政策依据

早在2015年12月,《国务院关于新形势下加快知识产权强国建设的若干意见》中就提出"加强新业态新领域创新成果的知识产权保护",并且重点"加强互联网、电子商务、大数据等领域的知识产权保护规则研究,推动完善相关法律法规"。2021年10月国务院印发的《"十四五"国家知识产权保护和运用规划》进一步明确提出"研究构建数据知识产权保护规则",同时将"数据知识产权保护工程"作为"专栏2",要求"深入研究数据的产权属性,探索开展数据知识产权保护相关立法研究,推动完善涉及数据知识产权保护的法律法规。完善数据知识产权保护政策,探索建立分级分类的数据知识产权保护模式。推动建立数据知识产权保护行业规范,加强数据生产、流通、利用、共享过程中的知识产权保护","在保护个人信息安全和国家数据安全的基础上,促进数据要素合理流动、有效保护、充分利用"。

2. 法理依据

对于大数据及数据本身是否能够通过知识产权法进行保护,虽然近年来学术界出现了一些争议,但大部分学者还是认为其可以通过知识产权进行保护。原因在于:

首先,在民事法律类型化的体系下,财产权法由物权法、债权法和知识产权法三部分构成,相应的财产权也是由物权、债权和知识产权组成的①。而大数据是基于计算机技术、通信技术、电子信息技术而发展起来的信息记录的表现形式,其通过特定的算法将海量的原始数据按照一定的规则进行编排或集合,就此

---

① 参见刘春田:《知识产权作为第一财产权利是民法学上的一个发现》,载《知识产权》2015年第10期。

过程及结果可知，其并不是一种客观存在的实体，其同样具有无形性的特征。上述三种财产权利客体中，知识产权保护客体与大数据的属性最为接近，因此，大数据理应受知识产权所保护。

其次，计算机技术对数据的处理活动，是人类社会发展至现代才出现的复杂的智力活动，即便是将传统媒介中的数据录入计算机、转化为电子数据保存并上传至网络空间这类最基础的大数据收集活动，也蕴含着人类的智力活动，进而大数据最终表现为一种基于数据的智力洞察和决策判断①，其与知识产权法保护智力劳动的创新成果的目标是一致的。

最后，现行的知识产权法已经形成完整的责任承担体系，包括民事责任、行政责任、刑事责任，并且有各类制度配套措施，因此可以高效地对数据进行保护。以知识产权的民事责任承担方式为例，侵害财产权的主要承担方式有停止侵害、赔偿损失；侵害人身权的主要承担方式有消除影响、赔礼道歉等。此外，知识产权保护也已经建立了行政查处机制及流程，做到民事、行政、刑事审判"三合一"；建立了专门的知识产权法院及专业的审判人才队伍；设置了惩罚性赔偿制度、诉前行为保全制度、举证妨碍制度等一系列配套制度。相较于物权和债权，现行知识产权法律保护制度都可以高效用于数据保护的制度建设中。

因此，通过知识产权对数据进行保护具有法理上的依据。

（二）具体保护方式及面临的问题

我国知识产权的主要部门法包括《中华人民共和国专利法》（以下简称《专利法》）、《中华人民共和国著作权法》（以下简称《著作权法》）以及《中华人民共和国商标法》。数据的保护方式可以分别依据与数据较为相关的《专利法》和《著作权法》进行探索和实践。

1. 通过专利进行保护

由于我国《专利法》保护的客体是技术方案或新设计，单纯的数据算法创造或将数据应用于商业活动无法满足《专利法》所要求的保护客体，容易被认定为智力活动的规则和方法或单纯的商业方法而无法得到专利保护。因此，若想通

---

① 参见李谦：《法律如何处理数据财产——从数据库到大数据》，载《法律和社会科学》2016 年第 1 期。

过《专利法》对数据进行保护,则需要结合数据的产生、收集、存储、使用、加工、传输、提供、公开等一系列环节,通过找到上述某个或某些环节的技术实现手段所对应解决的技术问题,将对数据的直接保护转化为对以数据为媒介,实现对数据处理的技术、算法、计算机程序或方法的保护,以此解决《专利法》无法对单纯的算法或商业方法的主题进行专利保护的问题。因此,通过《专利法》对数据进行保护具有一定的局限性,其要求数据及其相关方案具有明显的技术属性,并且能够解决一定技术问题形成技术方案。

但也有很多学者认为,通过专利的方式对数据进行保护并不是特别有效的方式,其原因是数据及大数据类型的专利所涉及的方案大多是计算机的后台相关技术,运用专利权对其进行保护时,最直接的问题在于侵权证据的获取难度比较大。并且,所涉及数据的产生、收集、存储、使用、加工、传输、提供、公开等相关技术相比于现有技术较难有实质性的创新或创造,导致在进行专利审查时,技术新颖性和创造性不容易被认可,较难拿到授权①。

2. 通过著作权进行保护

《与贸易有关的知识产权协议》第 10 条专门就计算机程序和数据汇编进行了规定,其中第 2 款明确规定了数据汇编:“数据汇编或其他资料,无论机器可读还是其他形式,只要由于对其内容的选取或编排而构成智力创作,即应作为智力创作加以保护。该保护不得延伸至数据或资料本身,并不得损害存在于数据或资料本身的任何版权”。即通过“选取”“编排”等智力创作将以计算机储存形式固定的数据汇总形成的数据库作为汇编作品保护。对于汇编作品,我国《著作权法》第 15 条规定:“汇编若干作品、作品的片段或者不构成作品的数据或者其他材料,对其内容的选择或者编排体现独创性的作品,为汇编作品,其著作权由汇编人享有,但行使著作权时,不得侵犯原作品的著作权”。需要明确的是,在汇编作品对数据进行保护的过程中,有两个问题需要注意:第一,汇编作品保护的不是数据本身,而是汇总而成的数据库,且不保护不存在智力创作的、没有独创性的、仅由数据堆积出的数据库,只保护经过作者主观选择及编排、体现作者独创性的数据库。第二,数据的类型是多样化的,单个数据就可能涉及著作权法规定

---

① 参见俞风雷、张阁:《大数据知识产权法保护路径研究——以商业秘密为视角》,载《广西社会科学》2020 年第 1 期。

的各类作品。如果数据本身构成美术作品、文字作品、摄影作品等，数据库作为汇编作品保护也不得损害此类数据的著作权；如果数据是电话号码、姓名、历法等不具有独创性或不作为作品保护的客体，就要判断数据库是否构成汇编作品，但对数据库的保护并不延伸到此类个体数据本身。

企业在生产经营活动中，对数据信息的处理流程主要包括数据的收集、存储、使用、加工、传输、提供和公开等。实操中对于数据的处理往往进一步细分为对数据的清洗、分类、去噪、脱敏、标引、加工等智力创作。首先，对于数据的选择和编排，如清洗、分类、去噪等，可认为形成了汇编作品，其具体的表现形式包括但不限于数据集、数据库、包含有数据信息的地图等，可以作为汇编作品给予著作权的保护。其次，对于数据的具有独创性的二次加工，如标引等其他加工方式，也有可能形成新的改编作品，除作为数据库受到保护外，数据本身可能依旧受到著作权法的保护。最后，在大数据的处理过程中，可能形成新的作品，如对未来趋势的研判报告、消费者画像报告等，新形成的作品可以作为原始取得的新作品受到著作权法的保护。

然而，通过著作权对数据进行保护也具有局限性。首先，关于汇编作品，《北京市高级人民法院关于审理知识产权纠纷案件若干问题的解答》第 5 条明确规定，“在判断被控侵权物是否侵犯了汇编作品的著作权时，应看被控侵权物是否使用了汇编作品的选择或者编排。被控侵权物使用了汇编作品的大部分内容或者汇编作品的实质部分的，亦可以认定构成对汇编作品的选择或者编排的使用”。也就是说，如果将数据库等作为汇编作品进行保护，保护仅及于数据库的选择和安排，或将数据库作为整体进行保护，而不及于个体数据本身。数据的易获取性使抄袭者或非法使用者可以轻而易举地盗取数据资源，且不需要复制数据库内数据的具体选择或者编排处理结果。这就导致在实践中对上述侵权行为的性质难以确定，较难给出公平、合理的决断①。其次，数据本身如果构成作品，就需要作者或利害关系人进行维权，但实操中，数据处理者多数又不是作者，在维权方面缺少权利基础。最后，如上所述，有些数据本身并不构成作品，此类个体数据无法获得著作权法的保护。

① 参见田小楚、高山行：《论大数据在著作权法保护中的冲突与协调》，载《重庆大学学报(社会科学版)》2021 年第 1 期。

3. 小结

通过以上对知识产权对数据的保护方式和问题的探讨可以发现，相较于物权和债权，知识产权更适用于对于数据的保护。

数据本身包含各种类型的信息，且基于数字技术的发展，由数据汇聚而成的数据库以及针对数据的大数据分析技术，又进一步扩展了数据保护的外延。知识产权是由多种专有的权利组成的，不同的权利类型均可以对数据进行保护，但无法对数据进行全面的保护。至此企业对于数据进行知识产权保护的基本体系和思路初步形成：(1)将大数据生产、加工、分析、存储、处理技术及其算法通过专利法进行保护。(2)将本身构成作品的数据，及对数据的选择与编排体现独创性的数据库作为汇编作品，通过著作权法进行保护。(3)对于满足商业秘密要求的数据，如企业内部的敏感数据信息等，通过反不正当竞争法进行保护。以此将数据相关权利拆分为各类知识产权，从而通过知识产权对数据进行全方位的保护。

二、通过专利对数据进行知识产权保护的合规性思考

由于数据涉及的类型多种多样，数据本身所代表的信息和体现出的价值也各不相同，因而，数据的产生、收集、存储、使用、加工、传输、提供、公开以及保护过程，均需要满足合规性的要求。以下笔者将结合企业专利工作的实际场景，探讨在通过专利对数据相关的技术方案进行知识产权保护时，应该注意的合规性问题。

（一）包含数据要素的技术方案主题的合规性问题

近年来，随着人工智能、大数据技术的发展，数据相关的技术创新方案成为各企业专利申请的热门方向。但鉴于专利制度“公开换保护”的法律特点，在对某些数据类的专利技术方案申请保护时，如果数据类型本身或数据所涉及的技术主体本身存在可能的合规性问题，则对对应专利的保护价值和保护必要性均需要进行慎重考虑，以免专利方案公开后对企业业务造成不良影响，甚至给企业带来重大的风险隐患。

企业专利顾问在对业务线进行专利支持工作的过程中，直接面对的大多是某些技术领域的技术专家或具体专利的发明人，与其讨论和交流的往往是具体的技术解决方案和技术实现手段，而经常会忽略技术方案主题以及技术方案所

对应的实际业务的合规性问题。

例如,在个性化推荐技术刚刚兴起时,通过获取和分析用户的各种类型的数据和网络操作行为,对用户进行个性化推荐是当时大部分互联网公司重点研究的技术,其间也有不少相关的专利技术被授予专利。现举例说明。

案例 1:一种信息推荐系统,该信息推荐系统可以用于推荐线上商品信息,也可以用于推荐线下的商品信息。信息推荐系统可以布局在公交站、地铁站等非购物场所的公共场所,也可以布局在购物场所的入口、出口或者选购区的货架上或货架旁等。顾客在靠近该设备时,深度摄像头可以采集到包含顾客的图像,处理模块依据从图像中提取的顾客的外貌特征判断顾客的至少一种人物属性,根据与人物属性对应的商品信息预测顾客感兴趣的商品信息。人物属性可以包括特有属性,也可以包括公共属性。人物属性可以包括性别、年龄、肤质、肤色、唇色、表情等中的一种或多种人脸属性。

案例解析:2021 年生效的《个人信息保护法》第 26 条明确规定:"在公共场所安装图像采集、个人身份识别设备,应当为维护公共安全所必需,遵守国家有关规定,并设置显著的提示标识。所收集的个人图像、身份识别信息只能用于维护公共安全的目的,不得用于其他目的;取得个人单独同意的除外";同时,《最高人民法院关于审理使用人脸识别技术处理个人信息相关民事案件适用法律若干问题的规定》第 2 条也明确规定,信息处理者在公共场所违反法律法规处理人脸信息的,应认定为损害自然人人格权益的行为。本案例的专利申请公开文件中明确记载了在公共场所搜集用户的人脸数据信息用于商业推广,明显不符合《个人信息保护法》等上述法律法规的规定。其技术方案本身所对应的业务模式即不符合合规性的要求。《个人信息保护法》生效后,此类技术方案作为专利技术进行申请并公开,不但无法获得相应的保护,也会对企业的业务和声誉造成不良影响。因而在专利工作中,尤其是涉及数据类相关技术方案的申请时,首先要注意审核专利方案所对应的业务是否合规。

案例 2:该专利方案涉及一种员工工作状态的预测方法。其通过获取员工的所属组织信息、职位级别信息和通信信息等数据,对员工的工作状态进行预测。

案例解析:该专利方案所采取的技术手段涉及对个人信息,尤其是通信信息这类可能涉及敏感个人信息的获取和分析,其保护的主题明显不符合《中华人民共和国民法典》和《个人信息保护法》的相关规定。类似主题的专利方案应避免申请专利。

案例3:该方案涉及人工智能的计算机视觉和深度学习领域。随着人脸识别技术的应用越来越广,人脸识别系统的安全性也越来越被重视。很多不法分子使用申请网络对抗攻击技术冒充和伪造用户真实的人脸图像对人脸识别系统进行欺骗,以达到不法目的。本方案就是通过技术手段去获取这些可能被不法分子得到或伪造的虚拟人脸图像并以其为样本训练人脸识别模型,从而让模型识别出可能的伪造图片,提高人脸识别系统的安全性。由于本方案中具有独创性的技术手段还包括如何去获取可能被不法分子得到或伪造的虚拟人脸图像,因而在申请文件中,多处出现了"经过训练好的生成器输出的对抗攻击样本不仅与真实人脸区域相貌相似,也可以用于冒充目标人物,即可以实现在真实场景下完成高难度的冒充任务,如冒充目标人物实现门禁解锁"等类似描述。

案例解析:在专利申请文件中,技术方案本身所对应的使用场景和业务场景主要体现在专利的名称、权利要求的主题名称、说明书对背景技术的介绍和具体实施例中对技术方案的描述等。在对上述部分进行审核时,需注意对该技术方案所保护的主题的描述是否恰当,避免出现合规方面的风险。

虽然该案例中的技术方案的本意是通过获取这些可能被伪造的对抗攻击样本去训练人脸识别模型从而提升人脸识别系统的安全性,但上述描述语句很容易让审查官或公众误认为该技术方案的目的是获得伪造的对抗攻击图片样本去攻击门禁系统,从而违反《网络安全法》第27条关于"任何个人和组织不得从事非法侵入他人网络、干扰他人网络正常功能、窃取网络数据等危害网络安全的活动;不得提供专门用于从事侵入网络、干扰网络正常功能及防护措施、窃取网络数据等危害网络安全活动的程序、工具"的相关规定,导致该技术方案被认定为不合法、不合规。如果将上述表述修改为"将获取到的对抗攻击样本作为用以训练人脸识别模型的现有人脸数据的补充,帮助识别模型和防御模型的测试和训练",既能明确该技术方案的真实目的,也能有效避免上述可能的误解或不合规的风险。

(二)对包括数据要素的技术方案进行扩展或上位概括后可能产生的合规问题

对于发明人提交的技术交底书,专利代理机构会进行专利文件的撰写加工,形成专利申请文件。在专利申请文件的撰写过程中,撰写人往往会对专利文件的技术方案进行扩展和延伸,以寻求更大的权利保护范围。但在扩展的过程中,如果代理人对专利文件的合规性缺乏敏感性,专利申请文件容易在某些方面不合规。

案例4:该案例涉及智能客服领域。用户在通过文字聊天向智能客服机器人进行商品购买咨询的时候,智能客服机器人会根据用户发送的问题中的关键词推测用户的意图,智能生成相应的答案推送给用户。代理人在进行专利案例权利要求的撰写时,将用户与智能客服机器人的文字聊天信息扩展为"会话信息",并将方案概括成"获取会话信息……根据会话信息提取关键词信息进行推荐",并且在说明书中进行实例撰写时,将"会话信息"具体描述为"文字信息或语音信息"。

案例解析:由于权利要求方案的概括较上位,结合说明书中的描述,该方案很容易让公众忽视用户是主动通过文字聊天向智能客服机器人进行商品购买咨询,而理解为客户端或机器人通过主动搜集用户的语音或对话信息来进行商品推荐,从而被怀疑有过度搜集用户信息的不合规行为。因而,在进行专利方案的扩展或上位概括以寻求更大的保护范围时,也要注意由此产生的不合规问题,避免上述类似情况的发生。

(三)技术方案中包含有敏感数据信息等不适合公开的内容

技术信息、经营信息等商业秘密信息往往通过数据的形式进行呈现,因此在含有特定数据类型的专利技术方案中,尤其要关注上述问题。如果专利方案中包含的上述信息数据需要通过商业秘密的形式进行保护,则不适合在专利文件中进行记载并公开。

案例5:该方案涉及一种基于双塔网络模型的商品供需预测方法。该方案通过对模型中使用到的商品下单、搜索、点击等各项参数标签数据进行模型训练,进而对商品的供需数量进行预测。但该专利申请文件的实施例中以汽车用品为例,对该汽车用品的上述数据进行了详细描述,具体描述如表1所示(具体数值用×代替)。

表 1　汽车用品销售数据

一级品类名称	二级品类名称	搜索 uv	下单 uv（出库口径）	转化率(下单 uv/搜索 uv）	下单 pv（出库口径）	曝光人均订单数(下单 pv/搜索 uv）	订单 GMV（出库口径）	客单价（订单 GMV/下单 uv）
汽车用品	－×	xxxxx	xxxxxx	×．xx %	xxxxxx	×．xx %	xxxxxxxx．xx	xxx．xx
汽车用品	汽车装饰	xxxxx	xxxxxxx	×．xx %	xxxxxx	×．xx %	xxxxxxxx．xx	xxx．xx
汽车用品	维修保养	xxxxx	xxxxxx	×．xx %	xxxxxx	×．xx %	xxxxxxxx．xx	xxx．xx
汽车用品	车载电器	xxxxx	xxxxx	×．xx %	xxxxxx	×．xx %	xxxxxxxx．xx	xxx．xx
汽车用品	安全自驾	xxxxxxxx	xxxxxx	×．xx %	xxxxxx	×．xx %	xxxxxxxx．xx	xxx．xx
汽车用品	美容清洗	xxxxxxx	xxxxxx	×．xx %	xxxxxx	×．xx %	xxxxxxxx．xx	xxx．xx
汽车用品	汽车服务	xxxxxx	xxxx	×．xx %	xxxxxx	×．xx %	xxxxxxxx．xx	xxx．xx
汽车用品	赛事改装	xxxxxxxx	xx	xx %	xxx	×．xx %	xxxxxxxx．xx	xxx．xx
整体	整体	xxxxxxxxx	xxxxxxxx	xx %	xxxxxx	×．xx %	xxxxxxxx．xx	xxx．xx

案例解析：显而易见的是，表1中特定商品的搜索uv、转化率、订单GMV、客单价GMV等明显属于企业需要通过商业秘密进行保护的经营信息，不宜在专利文件中进行描述和公开。

（四）专利申请文件中数据合规性声明的必要性

涉及数据的专利技术方案，往往会包含数据的获取、分析和使用等步骤。在专利申请文件中，需要加入对于数据，特别是涉及对用户相关数据进行获取的合规性描述，以满足相关数据法律法规对于数据获取的合规性要求。数据获取合规性声明可参考以下描述："需要说明的是，本申请技术方案中所涉及的个人信息数据均已通过用户自愿授权，个人信息的获取、存储、处理和传输等均符合相关法律法规的要求。"

（五）对可能涉及数据合规问题的已申请专利的处理方式

在《个人信息保护法》《中华人民共和国数据安全法》以及其他数据相关的法律法规正式实施之前提交专利局申请的专利，为确保专利文件的合规性，根据专利技术方案的类型，可以考虑表2的处理方式。

表2　典型问题处理方式

不合规类型	技术方案类型	法律依据	应对措施
专利技术主题不合规	对个人数据进行过度获取和分析	《网络安全法》 《个人信息保护法》	重写、撤回、放弃
	公共场合获取人脸图像	《个人信息保护法》 《最高人民法院关于审理使用人脸识别技术处理个人信息相关民事案件适用法律若干问题的规定》	撤回、放弃

续表

不合规类型	技术方案类型	法律依据	应对措施
法律法规对技术的实施有严格约束和规定	违反法律，损害自然人人格权益	《个人信息保护法》	修改加入合规声明、放弃、不申请
	通过数据实施差别待遇，排除、限制市场竞争	《国务院反垄断委员会关于平台经济领域的反垄断指南》	撤回、放弃、不申请
	通过数据算法进行垄断或不正当竞争	《互联网信息服务算法推荐管理规定》	撤回、放弃、不申请
涉嫌商业秘密	涉及敏感数据	《反不正当竞争法》	公开前撤回

我国《个人信息保护法》的告知同意规则

黄原娇　严少敏

“告知同意”，是个人信息处理者处理个人信息最基本的法律规则，也是衡量个人信息处理活动是否合法的根本标准。除法律另有规定外，个人信息处理者未遵循告知同意规则处理个人信息的，属于违法活动。[①] 实践中，大部分个人信息处理者均以“告知同意”作为其处理个人信息的合法性基础。本文拟通过梳理告知同意规则的国内外发展演进、《中华人民共和国个人信息保护法》（以下简称《个人信息保护法》）中关于告知同意的规定以说明告知同意规则的具体规范要求，并结合实践中的落地方案、所遭遇的困境提出法务视角下平衡数据要素发展与个人信息保护的可探索路径，以便读者较为全面地了解告知同意规则的法律规定及实践情况。

一、国内外告知同意规范

告知同意规则由来已久，且在国内外多个国家和地区的立法中得到确立。

（一）国外告知同意规范

1970 年，德国黑森州颁布《数据保护法》确认告知同意规则。[②]

1980 年，经合组织发布《隐私保护和个人数据跨境流通指南》，其第 7 条规定

---

① 参见程啸：《论个人信息处理中的个人同意》，载《环球法律评论》2021 年第 6 期。

② 同上。

"在合适情形时,个人数据的收集应经数据主体知悉或同意"。[①]

1995 年,欧共体委员会发布《关于涉及个人数据处理的个人保护以及此类数据自由流通的指令》,明确数据控制者在获取数据主体明确同意后方可处理个人数据。[②]

2018 年,欧盟《一般数据保护条例》生效,其第 6 条延续了同意作为信息处理行为合法性要件。[③]

可见,告知同意规则在上述国家和地区很早就得以确立并在后续新法拟定过程中得以保留。

(二)国内告知同意规范

《个人信息保护法》出台前,我国相关法律规范中也体现了告知同意规则。

2012 年,《全国人民代表大会常务委员会关于加强网络信息保护的决定》第 2 条明确了网络服务提供者和其他企业事业单位在业务活动中处理个人信息的,需明示个人信息处理的目的、方式和范围并征得被收集者同意。[④]

2013 年,《电信和互联网用户个人信息保护规定》第 9 条规定,电信业务经营者、互联网信息服务提供者处理个人信息,须明确告知用户收集、使用信息的目的、方式和范围并获得用户同意。[⑤]

2016 年,《中华人民共和国网络安全法》第 41 条进一步明确了网络运营者处

---

① 丁晓东:《个人信息保护:原理与实践》,法律出版社 2021 年版,第 39 页。

② 参见张新宝:《个人信息收集:告知同意原则适用的限制》,载《比较法研究》2019 年第 6 期。

③ 参见京东法律研究院:《欧盟数据宪章:〈一般数据保护条例〉GDPR 评述及实务指引》,法律出版社 2018 年版,第 230 页。

④ 《全国人民代表大会常务委员会关于加强网络信息保护的决定》第 2 条规定:网络服务提供者和其他企业事业单位在业务活动中收集、使用公民个人电子信息,应当遵循合法、正当、必要的原则,明示收集、使用信息的目的、方式和范围,并经被收集者同意,不得违反法律、法规的规定和双方的约定收集、使用信息。网络服务提供者和其他企业事业单位收集、使用公民个人电子信息,应当公开其收集、使用规则。

⑤ 《电信和互联网用户个人信息保护规定》第 9 条第 1 款、第 2 款规定:未经用户同意,电信业务经营者、互联网信息服务提供者不得收集、使用用户个人信息。电信业务经营者、互联网信息服务提供者收集、使用用户个人信息的,应当明确告知用户收集、使用信息的目的、方式和范围,查询、更正信息的渠道以及拒绝提供信息的后果等事项。

理个人信息前,需明示收集、使用信息的目的、方式和范围,并经被收集者同意。①

2020 年,在《中华人民共和国民法典》第 1035 条中,明示告知并征得个人同意作为个人信息处理的普适性要求被提出。②

2021 年 8 月 20 日,我国第一部保护个人信息方面的专门法律即《个人信息保护法》公布,该法将告知同意规则作为个人信息处理的核心规则,第 13 条明确数据主体同意可作为个人信息处理的合法性基础③,第 17 条规定个人信息处理前告知义务的具体要求④。上述内容不仅明确了告知同意规则可作为个人信息处理的法律依据,也细化规定了个人信息处理者在告知同意方面需要履行的具体义务。另外,实践层面,国家标准化管理委员会和国家市场监督管理总局于 2023 年 5 月 23 日联合发布了《信息安全技术　个人信息处理中告知和同意的实施指南》(GB/T 42574—2023),该指南从产品设计和场景案例等方面为《个人信息保护法》中的告知同意规则落地提供了具体的细则指引。

---

① 《中华人民共和国网络安全法》第 41 条规定:网络运营者收集、使用个人信息,应当遵循合法、正当、必要的原则,公开收集、使用规则,明示收集、使用信息的目的、方式和范围,并经被收集者同意。网络运营者不得收集与其提供的服务无关的个人信息,不得违反法律、行政法规的规定和双方的约定收集、使用个人信息,并应当依照法律、行政法规的规定和与用户的约定,处理其保存的个人信息。

② 《中华人民共和国民法典》第 1035 条规定:处理个人信息的,应当遵循合法、正当、必要原则,不得过度处理,并符合下列条件:(1)征得该自然人或者其监护人同意,但是法律、行政法规另有规定的除外;(2)公开处理信息的规则;(3)明示处理信息的目的、方式和范围;(4)不违反法律、行政法规的规定和双方的约定。

③ 《个人信息保护法》第 13 条规定:符合下列情形之一的,个人信息处理者方可处理个人信息:(1)取得个人的同意;(2)为订立、履行个人作为一方当事人的合同所必需,或者按照依法制定的劳动规章制度和依法签订的集体合同实施人力资源管理所必需;(3)为履行法定职责或者法定义务所必需;(4)为应对突发公共卫生事件,或者紧急情况下为保护自然人的生命健康和财产安全所必需;(5)为公共利益实施新闻报道、舆论监督等行为,在合理的范围内处理个人信息;(6)依照本法规定在合理的范围内处理个人自行公开或者其他已经合法公开的个人信息;(7)法律、行政法规规定的其他情形。依照该法其他有关规定,处理个人信息应当取得个人同意,但是有前款第 2 项至第 7 项规定情形的,不需取得个人同意。

④ 《个人信息保护法》第 17 条规定:个人信息处理者在处理个人信息前,应当以显著方式、清晰易懂的语言真实、准确、完整地向个人告知下列事项:(1)个人信息处理者的名称或者姓名和联系方式;(2)个人信息的处理目的、处理方式,处理的个人信息种类、保存期限;(3)个人行使本法规定权利的方式和程序;(4)法律、行政法规规定应当告知的其他事项。前款规定事项发生变更的,应当将变更部分告知个人。个人信息处理者通过制定个人信息处理规则的方式告知第 1 款规定事项的,处理规则应当公开,并且便于查阅和保存。

二、告知规则的适用要求

(一)告知规则的整体要求

首先,告知是合法处理个人信息的前提。除《个人信息保护法》第 18 条规定的个别例外场景外,个人信息处理者在处理个人信息前,均需向个人进行真实、准确、完整的告知。个人信息处理者基于《个人信息保护法》第 13 条任一合法性基础处理个人信息均需履行告知义务。这是贯彻落实公开透明原则,保护个人对个人信息处理的知情权的基本要求。

其次,告知内容需涵盖个人信息处理全生命周期。《个人信息保护法》第 17 条规定,个人信息处理者在"处理"个人信息前需履行告知义务,而个人信息的处理包括个人信息的收集、存储、使用、加工、传输、提供、公开、删除等。因实践中个人信息处理者通常在个人信息收集前向个人信息主体进行告知,且后续对个人信息的存储、使用不会再单独告知,故个人信息处理者在告知时需明确个人信息处理所有环节的处理方式及目的等。

最后,告知形式要求"以显著方式""清晰易懂",告知内容要求"真实、准确、完整"。对个人信息处理者而言,前述标准不甚明确,需结合具体处理场景评估确定,如未满足上述要求,所告知的内容可能会被认定为无效告知。当前,国内个人信息处理者履行告知义务的主要载体为隐私政策,如隐私政策内容晦涩冗长或含糊不清,可能被认定为违反了告知义务的法定要求。

(二)应当告知的一般事项

《个人信息保护法》第 17 条第 1 款规定了个人信息处理者在处理个人信息前应当向个人告知的一般事项,包括:(1)个人信息处理者的名称或者姓名和联系方式;(2)个人信息的处理目的、处理方式,处理的个人信息种类、保存期限;(3)个人行使本法规定权利的方式和程序;(4)法律、行政法规规定应当告知的其他事项。这些规定事项发生变更的,应当将变更部分告知个人。

上述要求看似适用于所有类型的个人信息,但实践中处理的目的不同,告知的程度亦不同。例如,基于向用户提供个性化推荐处理个人信息的场景,个人信息处理者不仅需要明示进行个性化推荐所需的全部个人信息类型,若为实现推荐目的使用算法处理个人信息的，还需明确算法的主要运行机制。而相比之下，基于反诈骗、防控“黑灰产”目的处理个人信息的，为避免不法分子破解防控策略，告知的内容将有所减少。

另外，该条规定虽未明确个人信息处理者是从个人信息类型维度进行告知还是从个人信息处理者维度进行告知，从个人信息主体视角来看，从个人信息类型维度进行告知时，个人信息处理者的名称或者姓名和联系方式以及个人行使权利的方式和程序将会不断重复出现，增加个人信息主体行使知情权的负担。结合国内各企业提供的隐私政策来看，目前实践中主要以服务场景为主线，在该服务场景下统一说明个人信息处理者的名称或者姓名和联系方式以及个人行使权利的方式和程序，同时将个人信息类型按照具体服务内容进行归类说明。

（三）特殊告知事项

除一般告知事项外，《个人信息保护法》对各类特殊个人信息处理场景需履行的特殊告知事项进行了明确。

1. 信息处理者合并、分立、解散、破产时的告知

《个人信息保护法》第22条明确规定，个人信息处理者因合并、分立、解散、被宣告破产等原因需要转移个人信息的，应当向个人告知接收方的名称或者姓名和联系方式。接收方应当继续履行个人信息处理者的义务。接收方变更原先的处理目的、处理方式的，应当依照本法规定重新取得个人同意。这一规定的目的是确保个人能够向接收方主张个人信息处理中的权利。

2. 对外提供时的告知

《个人信息保护法》第23条规定，个人信息处理者向其他个人信息处理者提供其处理的个人信息的，应当向个人告知接收方的名称或者姓名、联系方式、处理目的、处理方式和个人信息的种类，并取得个人的单独同意。接收方应当在上述处理目的、处理方式和个人信息的种类等范围内处理个人信息。接收方变更原先的处理目的、处理方式的，应当依照本法规定重新取得个人同意。

3. 自动化决策时的告知

《个人信息保护法》第24条规定，通过自动化决策方式作出对个人权益有重大影响的决定，个人有权要求个人信息处理者予以说明，并有权拒绝个人信息处理者仅通过自动化决策的方式作出决定。即个人有权要求个人信息处理者告知

对其个人权益有重大影响的自动化决策实现的逻辑。

4. 敏感个人信息处理的告知

《个人信息保护法》第 30 条规定，个人信息处理者处理敏感个人信息的，除本法第 17 条第 1 款规定的事项外，还应当向个人告知处理敏感个人信息的必要性以及对个人权益的影响。敏感个人信息属于一旦泄露或非法使用，可能导致个人受到歧视，或人身、财产安全受到严重危害的信息，故《个人信息保护法》给予更强的保护。《个人信息保护法》还针对人脸识别信息作出了特别规定，其第 26 条规定，在公共场所安装图像采集、个人身份识别设备，应当为维护公共安全所必需，遵守国家有关规定，并设置显著的提示标识。

5. 跨境提供时告知

《个人信息保护法》第 39 条规定，个人信息处理者向中华人民共和国境外提供个人信息的，应当向个人告知境外接收方的名称或者姓名、联系方式、处理目的、处理方式、个人信息的种类以及个人向境外接收方行使本法规定权利的方式和程序等事项，并取得个人的单独同意。

6. 安全事件处理的通知

为了让个人及时采取相应措施，避免损失进一步扩大，并及时采取相应救济措施，《个人信息保护法》第 57 条规定，发生或者可能发生个人信息泄露、篡改、丢失的，个人信息处理者应当立即采取补救措施，并通知履行个人信息保护职责的部门和个人。通知应当包括下列事项：(1)发生或者可能发生个人信息泄露、篡改、丢失的信息种类、原因和可能造成的危害；(2)个人信息处理者采取的补救措施和个人可以采取的减轻危害的措施；(3)个人信息处理者的联系方式。

7. 达到一定数量的个人信息处理者的公开性“告知”

《个人信息保护法》第 52 条规定，处理个人信息达到国家网信部门规定数量的个人信息处理者应当指定个人信息保护负责人，负责对个人信息处理活动以及采取的保护措施等进行监督。个人信息处理者应当公开个人信息保护负责人的联系方式，并将个人信息保护负责人的姓名、联系方式等报送履行个人信息保护职责的部门。

8. 重要互联网平台的“告知”

《个人信息保护法》第 58 条规定提供重要互联网平台服务、用户数量巨大、业务类型复杂的个人信息处理者，应当定期发布个人信息保护社会责任报告，接受社会监督。这一规定要求相关个人信息处理者告知社会公众其履行个人信息保护义务的情况。

（四）免于告知的情形

《个人信息保护法》第18条第1款告知义务豁免的前提是法律、行政法规层面的有关规定。具体的情形包括两类：一类是法律、行政法规要求保密的；另一类是法律、行政法规规定不需要告知的。

1. 法律、行政法规要求保密

法律、行政法规要求保密，主要是指基于维护社会公共利益或国家利益，如侦查犯罪、反恐怖主义等处理个人信息的，由法律、行政法规规定处理者应遵守保密义务。无论个人信息处理者是否属于国家机关，都依法负有保密义务，一旦告知个人将违反法定的保密义务并应承担相应的法律责任。例如，公安机关、国家安全机关或国家情报工作机构依据《中华人民共和国反恐怖主义法》第45条、《中华人民共和国反间谍法》第12条、《中华人民共和国国家情报法》第15条、《中华人民共和国刑事诉讼法》第150条等的规定，经过严格的批准手续，采取技术侦查措施处理个人信息的，基于保密义务的规定，无须履行告知个人义务。

2. 法律、行政法规免除告知义务

当前，法律法规在免除告知义务方面，并没有明确的规定。《个人信息保护法》第27条规定，个人信息处理者可以在合理的范围内处理个人自行公开或者其他已经合法公开的个人信息，个人明确拒绝的除外；个人信息处理者处理已公开的个人信息，对个人权益有重大影响的，应当依照本法规定取得个人同意。笔者认为，在合理的范围内处理已公开的个人信息，且不对个人权益有重大影响时，一方面因不存在告知的合适载体，另一方面个人信息的处理对个人没有重大影响，可不履行告知义务。

三、同意规则的适用要求

同意是个人信息处理者处理个人信息的合法性依据之一，个人信息处理者依据《个人信息保护法》第13条第1款第2至7项合法性依据处理个人信息的，则不适用同意规则。

(一)同意规则的整体要求

首先,同意应当由个人在充分知情的前提下自愿、明确作出。个人信息处理者一方面需保障用户充分知晓个人信息处理的信息类型、处理目的、处理方式等,也就是应在用户作出决定前充分告知,另一方面需保障用户是自愿、明确地同意,不得通过误导、欺诈、胁迫等方式处理个人信息,如不得通过营销活动的形式诱导用户提供个人信息。

其次,个人信息的处理目的、处理方式和处理的个人信息种类发生变更的,应当重新取得个人同意。如个人信息处理者对已获取用户同意的个人信息的处理目的、方式等发生变更的,变更后的内容不在此前用户已授权范围内,此时视为变更内容未获得用户同意,因此需重新获得用户同意。另外,个人信息处理者因合并、分立、解散、被宣告破产等原因需要转移个人信息的,接收方变更原先的处理目的、处理方式的,也应当依照《个人信息保护法》规定重新取得个人同意。

再次,个人信息处理者需提供撤回同意的方式。用户针对个人信息处理者告知的信息类型、处理目的、处理方式等作出“同意”后,有权对“同意”决定进行撤回,而撤回的权利将给个人信息处理者的处理活动带来一定不确定性。《个人信息保护法》第15条明确规定,个人撤回同意,不影响撤回前基于个人同意已进行的个人信息处理活动的效力。这意味着个人信息处理者不仅需要提供前端产品交互页面来获取用户的同意以及撤回同意的决定,同时后台系统也需将用户的决定加入个人信息处理活动过程中,保障用户撤回授权后不再处理这部分用户个人信息,且对这部分个人信息进行主动删除,个人信息处理者未删除的,个人有权请求删除。

最后,个人信息处理者不得以用户不同意提供非必要个人信息为由而拒绝提供服务。《常见类型移动互联网应用程序必要个人信息范围规定》明确规定,必要个人信息是指保障App基本功能服务正常运行所必需的个人信息,缺少该信息App即无法实现基本功能服务。同时,该规定提供了39类常见App的必要个人信息范围,为实践提供了指引。

(二)单独同意规则

除了一般同意的情形外,《个人信息保护法》中还明确了单独同意规则,单独同意规则适用于以同意作为合法性基础的信息处理活动，如并非以同意作为合法性基础，则无须适用单独同意规则。

《个人信息保护法》中明确以下情形需获取用户单独同意：

1. 向其他个人信息处理者提供个人信息：需就接收方的名称或者姓名、联系方式、处理目的、处理方式和个人信息的种类取得个人的单独同意；

2. 公开处理的个人信息：个人信息处理者原则上不得公开其处理的个人信息，除非取得个人单独同意；

3. 在公共场所收集的个人图像、身份识别信息用于维护公共安全以外的目的：上述信息收集原则上只能用于维护公共安全的目的，不得用于其他目的，除非取得个人单独同意；

4. 处理敏感个人信息：敏感个人信息是一旦泄露或者非法使用，容易导致自然人的人格尊严受到侵害或者人身、财产安全受到危害的个人信息，在处理前须获取用户的单独同意；

5. 向境外提供个人信息：需就境外接收方的名称或者姓名、联系方式、处理目的、处理方式、个人信息的种类以及个人向境外接收方行使《个人信息保护法》规定权利的方式和程序等事项取得个人的单独同意。

《个人信息保护法》中并未对单独同意的方式作出明确的规定。需单独同意的场景相比于一般场景来说，信息类型如个人图像、身份识别信息、敏感个人信息更加敏感，处理方式如对外提供、公开、跨境提供对个人影响可能更大，故笔者认为，单独同意在形式上应比一般同意感知更为明显，且应避免“一揽子授权”或“捆绑授权”，目前实践中通常以弹窗、浮层、单独页面等有强感知的形式体现。

获取用户单独同意旨在通过更显著的方式提示用户对于其个人信息处理进行谨慎决定，但实践中，用户与个人信息处理者之间信息不对称，用户能看到的仅是个人信息处理者告知的内容，个人信息处理者的处理过程对于用户来说是不可见的。所以，笔者认为如需切实防范上述单独同意场景中个人信息处理带来的风险，比较彻底的方式是个人信息处理者贯彻最小必要原则，以应对当前个人信息处理者随意收集个人信息的情形。

四、告知同意规则的落地实践

个人信息处理者按照告知同意规则履行相应的义务需借助其与用户交互的载体来开展,随着线上线下各类场景的不断丰富与融合,告知同意的形式也逐渐增多。

(一)线上场景

线上场景主要指个人信息处理者通过App、小程序、H5页面等形式收集处理用户个人信息,且处理目的主要用于线上为用户提供服务。此类场景下,个人信息处理者通常以隐私政策的形式履行告知同意义务,以用户的授权同意作为个人信息处理的合法性依据。

在履行告知义务方面,线上场景隐私政策通常较长,且涉及较多专业术语,用户理解难度较大,容易产生"告知不清晰"的问题。2021年11月1日,为推动信息通信行业进一步改善服务质量,提升服务水平,工业和信息化部发布《关于开展信息通信服务感知提升行动的通知》,其中与个人信息处理告知义务相关的措施有3项:(1)优化隐私政策,要求互联网企业应以简洁、清晰、易懂的方式,向用户提供App产品隐私政策摘要;(2)权限调用展示方式,互联网企业涉及调用用户终端中相册、通讯录、位置等敏感权限的,还应当以适当方式告知用户调用该权限的目的,充分保障用户知情权;(3)建立个人信息保护"双清单",互联网企业应建立已收集个人信息清单和与第三方共享个人信息清单,并在App二级菜单中展示,方便用户查询。目前,除《隐私政策》外,头部互联网企业基本均设置了类似的简要版隐私政策、应用权限调用情况说明、个人信息收集清单与个人信息共享清单(见图1)。从形式上看,其展示的方式不再仅是文字,而是图文相结合,个人信息字段颗粒度上也实现了千人千面,用户能够很清楚地了解与掌握企业在提供服务时所需收集的信息与调用的权限。

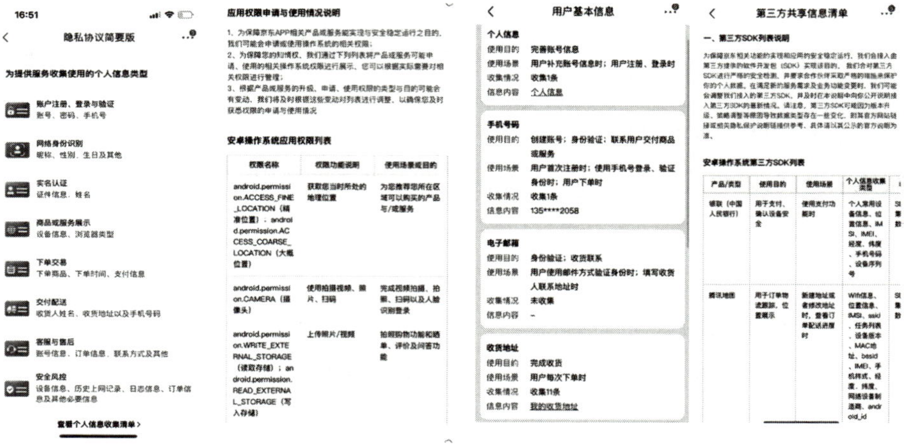

（a）　　（b）　　（c）　　（d）

图 1　京东 App 对个人信息处理告知义务的履行情况

资料来源：京东 App，访问路径：我的—设置—隐私政策简要版/应用权限说明/个人信息收集清单/第三方共享个人信息清单。

在履行获取同意义务方面，因综合性 App 一般提供的功能及服务较多，将所涉及的个人信息处理类型及方式均放入隐私政策，可能造成用户未实际使用功能但对个人信息处理进行了授权，不符合《个人信息保护法》明确的最小必要原则，故建议 App 区分各个功能及服务的个人信息处理规则。例如，按照《信息安全技术　移动互联网应用程序（App）收集个人信息基本要求》（GB/T 41391—2022）的要求，首先应明确用户使用 App 的主要业务功能，并根据《常见类型移动互联网应用程序必要个人信息范围规定》划分 App 的基本业务功能和扩展业务功能，仅为研发新产品等目的的业务功能应划分为扩展业务功能。对于扩展功能，用户应有权自主选择开启，如用户拒绝使用、关闭或退出扩展业务功能，不应影响用户使用基本业务功能，以此来调整、改善 App 现有的“一揽子授权”“捆绑授权”的问题，为“用户同意”减轻负担。非 App 基本功能场景如需基于“用户同意”处理个人信息的，需另行告知并获取相应的同意。

（二）线下场景

《个人信息保护法》第 26 条规定：“在公共场所安装图像采集、个人身份识别设备，应当为维护公共安全所必需，遵守国家有关规定，并设置显著的提示标识。

所收集的个人图像、身份识别信息只能用于维护公共安全的目的,不得用于其他目的;取得个人单独同意的除外。"根据上述规定,在公共场所收集信息的,需设置显著的提示标识,笔者认为,"提示标识"的内容需符合告知同意规则中的告知要求,但考虑到公共场所告知载体有限,实践中一般会采取在信息收集设备所在位置设置告示内容,如"您已进入监控区,收集的信息仅用于维护安全目的"。

在公共场所收集的个人图像、身份识别信息如需用于维护公共利益以外的目的,除告知以外,仍需个人信息主体同意。超市等部分线下场景通常会在门店入口设置黄色区域,并在入口处提示"您已进入监控区,收集的信息用于统计目的",如用户仍进入门店的,视为用户以实际行动表示同意。因"提示牌""告示牌"能告知的内容有限,建议考虑就线下场景的个人信息处理活动制定统一的规则,一方面指导内部个人信息处理方式及目的,另一方面向用户进行公示告知,如以二维码的形式向用户展示,如用户想了解更多信息,可通过扫码了解并获得撤回同意、拒绝授权的路径等信息。

(三)线上线下融合场景

目前,线上及线下之间的界限越来越模糊,部分购物场景中,用户可通过线上下单线下消费,也可通过线下选购商品或服务线上付款。对于线上线下融合场景,因用户会通过线上载体(如 App、小程序、H5 页面等)进行操作,故笔者认为,个人信息处理者仍可参考线上模式,就所提供的服务涉及的个人信息处理规则通过线上载体向用户履行告知同意义务。

五、实践中的困境与展望

告知同意规则是个人信息处理者进行个人信息处理活动最主要的依据,但同时也存在适用困境。

(一)为提升服务质量而处理个人信息难以履行告知同意义务

尽管《个人信息保护法》规定的告知同意义务内容比较具体,但是仍需从实践层面进行拆解,如个人信息处理目的和处理方式的颗粒度,如果告知同意内容呈现的颗粒度较粗,则损害用户的知情权,如果告知同意内容过于细致,个人信息处理者的告知义务较重，且包含很多法律或者技术方面专业术语的告知同意是否有助于用户行使知情权仍需进一步探讨。

为提升服务质量而处理个人信息是否需履行告知同意义务便是实践中遭遇的难题之一。《个人信息保护法》要求个人信息处理者处理的目的及方式等限于告知的内容，所以提升服务质量这一处理目的也应征求用户同意，但提升服务质量本身是一类处理的概括，再往下拆解会有更多细分处理目的，对个人信息处理者以及用户而言无疑均是负担。

笔者认为，提升服务质量并不会对数据主体产生不利影响，个人信息处理者应有权利使用这部分信息用于提升服务质量，但前提是采用技术方式对这部分个人信息进行脱敏处理，保障所使用的处理方式从个人信息处理者维度出发，而不能识别到具体个人，以此来平衡告知同意义务与个人信息处理者的利益。

（二）弱识别性的个人信息履行告知同意义务合规成本较高

不同类型的个人信息对数据主体的识别性不同，如“电脑爱好者”“手机设备型号”“手机系统版本”是数据主体的特征，但是同时具备这一特征的数据主体众多，无法通过这条信息直接识别出唯一的数据主体，本文暂且将这部分信息简称为“弱识别性个人信息”。

《个人信息保护法》中个人信息的告知同意规则未区分个人信息的类型，也就是说针对所有个人信息统一适用，这带来的问题是不区分个人信息的可识别性程度而统一适用告知同意规则，增加企业成本的同时也不利于信息的合法流通。例如，手机厂商需要销售渠道回传销售数据如手机设备型号及相应数量，这类场景下，销售方是否需就其将用户的手机设备型号及相应数量提供给手机厂商而获取用户的单独同意。上述场景中对数据的使用基本不涉及数据主体个人信息权益，告知同意规则的严格适用将会给交易带来更高的合规成本，笔者认为，相应的成本与数据主体个人信息权益保护带来的收益是不符合比例原则的，所以建议对弱识别性的个人信息适用不同程度的保护规则或者区分不同的场景适用不同的规则，具体规则层面可进一步探讨业务场景中对弱个人信息进行统计、分析获得的数据是否应免除告知同意规则的适用。而对于弱识别性个人信息，因仍有可能结合其他信息重新识别，需限制数据接收方从事再识别行为。数据接收方的行为可通过协议约定的方式实现，但为切实保护数据主体的权益，可考虑引入相应的规范或者监管政策进一步要求数据接收方不得从事再识别行为。

(三)告知同意规则在数据流通场景下实操难度高

大数据时代,数据流转能促进数据进一步发挥价值。《个人信息保护法》第23条规定,个人信息处理者向其他个人信息处理者提供其处理的个人信息的,应当向个人告知接收方的名称或者姓名、联系方式、处理目的、处理方式和个人信息的种类,并取得个人的单独同意。即根据《个人信息保护法》,对外提供个人信息需获取用户的单独同意,而单独同意在实践中操作难度较大。相比之下,另外一种路径则是对个人信息进行匿名化处理,匿名化之后的个人信息不再受《个人信息保护法》约束。

关于匿名化的含义,《个人信息保护法》进行了明确:匿名化,是指个人信息经过处理无法识别特定自然人且不能复原的过程。但该法未明确“无法识别”是绝对标准还是相对标准。随着技术的发展,当前再完美的技术也会被取代,绝对意义的匿名化基本不存在,也不再具有经济价值。因此,笔者认为,在告知同意规则门槛较高,而绝对意义的匿名化数据不再具有经济价值的情况下,引入“相对匿名化”的处理方式有助于数据的流动与价值发掘。

相对匿名化与去标识化有相似之处,但笔者拟通过“相对匿名化”表达对个人信息的比较高程度的脱敏。尽管“相对匿名化”无法解决合规层面授权的问题,但是比较高程度的脱敏,一方面,可以加强个人信息处理的安全性,极大降低个人信息泄露、被第三方滥用的问题;另一方面,在“合理努力”下,数据主体被重新识别的可能性比较低,那么在个人信息字段敏感程度不高、对数据主体权益无影响的前提下,“相对匿名化”的处理有助于个人信息保护与数据流通带来的商业价值之间的平衡。

综合来看,《个人信息保护法》中的告知同意规则明确了个人信息处理的核心制度,但同时在实践操作层面仍存在不确定性和难点,本文提到的困境及可能的解决方案仍需依赖行业标准进一步明确,从行业角度整体把控个人信息风险,进一步平衡个人信息保护与发挥数据要素价值之间的关系。

个人信息主体权利之知情权与决定权

李晓旭

近年来，全球各主要国家和地区对于个人信息保护的重视程度不断加强，持续通过立法、政策指令等方式对个人信息处理的权利和义务予以规制。我国始终重视个人信息的保护，通过不同层级、不同类型的法律法规对个人信息予以保护。2021 年 8 月 20 日，第十三届全国人大常委会第三十次会议审议通过《中华人民共和国个人信息保护法》（以下简称《个人信息保护法》），该法于 2021 年 11 月 1 日起生效实施。

《个人信息保护法》作为我国第一部保护个人信息的专门法律，与其他相关国家和地区颁布的个人信息保护法规或指令相同，明确了个人对其个人信息的各项权利和保障措施。本文将通过简要介绍美国、欧盟以及我国《个人信息保护法》对个人信息处理权利的规定，进一步分析与厘清个人信息主体权利之知情权与决定权的内涵。

一、美欧关于个人信息知情权、决定权的规定

（一）美国

美国对于个人信息的保护主要体现在联邦和州层面。目前，美国在联邦层面没有专门对个人信息进行保护的法规，相关规定分散于各类法案中。比如，美国《1974 年隐私权法》（Privacy Act 1974）规定，“个人有权查询和请求修改关于

自己的个人信息记录"①。在州层面,部分州出台了个人信息保护规定,其中《2018年加利福尼亚州消费者隐私法》(California Consumer Privacy Act of 2018, CCPA)及其修正案《2020年加利福尼亚州隐私权法》(California Privacy Rights Act of 2020, CPRA)作为全面保护消费者隐私的专项法律,较具有代表性。CCPA和CPRA规定的个人信息主体的权利,包括了知情权、更正权、限制权、删除权、拒绝权、数据可携权等权利,并对每种权利都进行了细致规定。较有特色的是,CPRA规定了消费者选择拒绝及行使其他权利后不受企业报复的权利。②

值得关注的是,2022年6月3日,美国《数据隐私和保护法(草案)》(American Data Privacy and Protection Act, ADPPA)发布③。根据美国众议院能源和商业委员会官网的介绍,该草案由美国众议院议员弗兰克·帕隆(Frank Pallone),众议院能源和商业委员会主席兼高级成员凯西·麦克莫里斯·罗杰斯(Cathy McMorris Rodgers),美国参议院商业、科学和运输委员会高级成员罗杰·威克(Roger Wicker)共同发布,是第一个获得美国两党两院支持的全面隐私提案。帕隆、罗杰斯和威克表示:"该法案在国会推动全面数据隐私立法的关键问题上达成了有意义的平衡,包括制定统一的国家数据隐私框架、建立一套健全的消费者数据隐私权和适当的执法机制。我们坚信,该法案代表着数十年来通过联邦数据隐私法的最佳机会,我们期待着继续共同努力,使这一法案尽快定稿并签署成为法律。"④

ADPPA包括四部分内容,主要规定了忠诚义务、消费者数据权、企业责任、执行及适用性等。其中包括多项消费者对其个人数据的权利,包括访问、更正、删除和可移植性等权利。该法案修正版⑤经美国众议院能源和商业委员会通过,并于

---

① Privacy Act 1974 (5 U. S. C. 552a), https://www. govinfo. gov/content/pkg/USCODE-2010-title5/html/USCODE-2010-title5-partI-chap5-subchapII-sec552a. htm.

② 参见李瑞、贾申等:《观千剑而后识器——中美欧个人信息保护制度比较》,载微信公众号"中伦视界"2021年8月8日,https://mp. weixin. qq. com/s/0VMeHWvV4xUQCL0Izy2FTw。

③ 美国《数据隐私和保护法(草案)》(ADPPA), https://d1dth6e84htgma. cloudfront. net/legacy/uploads/2022/06/Bipartisan_Privacy_Discussion_Draft_Bill_Text54. pdf。

④ 《参众两院领导人公布全面数据隐私法案两党讨论草案》,载美国众议院能源和商业委员会网,https://energycommerce. house. gov/posts/house-and-senate-leaders-release-bipartisan-discussion-draft-of-comprehensive-data-privacy-bill,最后访问日期:2022年6月26日。

⑤ 参见《美国数据隐私和保护法》,载美国国会官网,https://www. congress. gov/117/crpt/hrpt669/CRPT-117hrpt669. pdf,最后访问日期:2023年1月6日。

2022年12月列入美国众议院的日程清单①,目前尚是草案,并未完成正式立法。

(二)欧盟

欧盟《通用数据保护条例》(General Data Protection Regulation,GDPR),于2018年5月25日正式实施。该条例开篇即明确:“在处理个人数据方面保护自然人是一项基本权利……人人有权保护与其有关的个人数据。”该条例赋予了数据主体对其数据广泛的控制权,包括访问、纠正、撤回、删除、传输转移、限制处理其个人数据的权利,以及行使反对权。

比如,数据主体有权从控制者处获得有关他或她的个人数据是否正在处理的确认,并且在这种情况下,有权访问个人数据和以下信息:(1)处理的目的;(2)有关个人资料的类别;(3)已经或将要向其披露个人数据的接收者或接收者类别,特别是第三国或国际组织的接收者;(4)在可能的情况下,存储个人数据的预期期限,或者,如不可能,用于确定该期限的标准;(5)有权要求控制者纠正或删除个人数据或限制处理与数据主体有关的个人数据或反对此类处理。又如,如果个人数据对于收集或以其他方式处理的目的而言不再需要,或数据主体已撤回其同意或反对处理与他或她有关的个人数据,则数据主体应有权删除其个人数据并不应再处理他或她的个人数据。而为了加强在在线环境中被遗忘的权利,删除权也应以这样的方式扩展,即公开个人数据的控制者应有义务通知正在处理此类个人数据的控制者删除这些个人数据的任何链接或副本。在此过程中,控制者应采取合理措施,考虑可用的技术和手段,包括技术措施,以通知正在处理个人数据的控制者数据主体的请求。②

不过,获取数据主体同意也有一些例外或者豁免情形,如在必要的情况下,为了行使言论和信息自由权,或为了遵守法律义务,或为了公共利益而执行任务,或为了行使赋予控制者的官方权力,或为了公共卫生领域的公共利益,或出于公共利益、科学或历史研究目的或统计目的的存档目的,或用于建立、行使或

① 《美国数据隐私和保护法》(American Data Privacy and Protection Act),载美国国会网站,https://www.congress.gov/bill/117th-congress/house-bill/8152/all-actions,最后访问日期:2023年1月6日。

② 欧盟《通用数据保护条例》(General Data Protection Regulation),https://eur-lex.europa.eu/legal-content/EN/TXT/PDF/?uri=CELEX:32016R0679,最后访问日期:2022年6月26日。

辩护法律主张，进一步保留个人数据应该是合法的。

二、我国《个人信息保护法》关于个人信息知情权、决定权的规定

个人在个人信息处理活动中的权利，是个人信息保护制度的核心内容，《中华人民共和国民法典》（以下简称《民法典》）对于个人信息处理权利作出了原则性规定，明确个人对其个人信息处理依法有权进行查阅、复制，有权就错误个人信息提出异议并请求更正，有权依法删除个人信息。《个人信息保护法》在《民法典》基础之上，以专章规定的方式对个人信息处理权利进一步作了明确、细化和扩展，以授权性规则的方式明确了个人对其个人信息具有知情权、决定权，明确并细化了查阅复制权、更正补充权、删除权，扩展增加了可携带权、要求解释权，以及对于死者的个人信息处理，其近亲属所享有的权利。此外，该法明确要求个人信息处理者提供便于个人行使权利的申请受理和处理机制。

《个人信息保护法》对于个人信息处理权利的规定，虽然与《民法典》相比，对个人信息处理权利的规定已有很大程度的细化和扩展，但从各项权利的具体适用规范角度来看，其对权利的内涵及外延并没有作出完全明确清晰的界定，或者通过行为列举方式予以明确。《个人信息保护法》对权利的具体界定更多是通过对应的个人信息处理者的处理义务予以补充和明确，即通过“授权性规则”对个人信息处理权利予以明确，通过“义务性规则”对个人信息处理者的义务予以规制，以更有效地全面保障个人信息权益。

（一）知情权

《个人信息保护法》第44条明确规定，个人对其个人信息的处理享有知情权。

个人对其个人信息的处理享有知情权，是一切个人信息处理权利界定和行使的前提，也是个人信息处理者履行告知义务的原因。若没有此项权利的规定，信息主体后续的访问权、可携带权、删除权等所有其他权能将失去依托，经由主体同意通过契约实现信息商业化利用更是无从谈起，个人信息权制度体系无从建立。[①]

① 参见叶名怡：《论个人信息权的基本范畴》，载《清华法学》2018年第5期。

我国《个人信息保护法》主要通过详细规定个人信息处理者的告知义务、告知时间、知情权限制情形，对知情权予以规定和保护。比如，该法规定个人信息处理者应当明确告知处理者的名称或者姓名和联系方式、处理目的、处理方式，处理的个人信息种类、保存期限等，并通过把个人信息区分为个人信息、敏感个人信息的方式，对敏感个人信息负更高的告知义务，更加全面深入地保障个人知情权。

需要注意的是，虽然知情权是个人信息保护的最基本权利，但是该权利并非绝对的权利，我国《个人信息保护法》也并未赋予个人对其个人信息处理的完全的知情权。当个人信息处理者处理个人信息属于法定保密或不需要告知的情形，或者属于告知将妨碍国家机关履行法定职责的情形时，个人信息处理者有权不予告知。

（二）决定权

根据我国《民法典》第1035条第1款第1项的规定，除了法律、行政法规另有规定的例外情形，处理个人信息的，应当“征得该自然人或者其监护人同意”。这为个人信息处理者设定了应当作为的义务。但是，该规范并未明示个人信息主体对同意与否的“决定权”或类似的权利，而是从行为相对人的义务方面进行规定。[①] 而《个人信息保护法》第44条则直接明确规定了个人对其个人信息的处理享有决定权。

如果知情权是个人信息处理的前提，那么决定权就是个人信息处理的基础。《个人信息保护法》对个人及个人信息处理者的权利与义务的规定，基本上也是围绕“告知—同意”的个人信息处理方式和程序展开规制，可以说，个人对其个人信息处理的决定权与知情权，也是个人信息保护的基本权利之一。

我国《个人信息保护法》对于个人决定权的规定，体现在同意处理、限制处理、拒绝处理、撤回同意等几个方面。其中尤其值得注意的是，《个人信息保护法》明确了5种需要个人“单独同意”方可进行个人信息处理的情形，即个人信息处理者向其他个人信息处理者提供其处理的个人信息的；公开其处理的个人信

---

① 参见吕炳斌：《论〈民法典〉个人信息保护规则蕴含的权利——以分析法学的权利理论为视角》，载《比较法研究》2021年第3期。

息;在公共场所安装图像采集、个人身份识别设备,所收集的个人图像、身份识别信息用于维护公共安全之外的目的的;处理敏感个人信息的;向中华人民共和国境外提供个人信息的。上述 5 种需要个人“单独同意”的情形,是对于个人信息“告知—同意”形式的特别规定,明确了个人信息处理者对个人信息的处理可能对个人产生重大影响时,需要承担的特殊义务。

同时,由于个人享有的个人信息处理决定权在某些情况下,与国家或社会利益、突发应急事项等会产生矛盾或者冲突,所以我国《个人信息保护法》对个人享有的决定权作出一定的限制,以更好地平衡各方权益。

三、相关互联网企业对个人信息知情权、决定权的保护路径

由于互联网服务有购物、社交、信息浏览、生活服务、安全管理等多种场景,相应的互联网企业也较多,本文主要通过查阅测试国内消费者使用较多的购物、社交、生活服务等相关互联网企业的个人信息保护功能,简要说明各类服务企业保障个人信息知情权及决定权的路径和现状。

通过浏览查看相关互联网平台(以下简称测试企业或测试平台)的网站和 App,笔者发现,绝大多数互联网平台都是通过“隐私政策 + 单独提示说明”的方式保障个人信息的知情权,通过“单独授权 + 系统权限设置 + 客服人工服务”的方式保障个人信息的决定权。各互联网平台保障方式上基本相同,细节处略有差异。

(一)知情权保障

对于个人信息知情权的保障及程度,笔者认为,关键在于是否告知、如何告知、告知是否充分、告知是否有效这四个方面。

首先,是否告知的问题。各测试企业均就收集、使用个人信息的内容向用户进行了展示说明,仅就基本展示形式而言,不存在个人使用其产品而未告知需要收集个人信息的情况。不过需要注意的是,由于信息的收集、使用绝大多数在个人使用产品时无法直观感受到,因此,“是否告知”的问题也成为行政机关日常检查的重点关注问题,也是司法机关在认定企业是否负有责任时的核实关键点及重要判定依据。关于“是否告知”的问题,笔者会在第四部分结合已有行政、司法

案例予以说明。

其次,如何告知的问题。形式上,当用户注册测试企业网站或者 App 时,各测试平台均会以超链接形式展示隐私政策,且需要用户自行点击选择同意,才能进入下一步的注册步骤。用户点击超链接时,页面会跳转至“隐私政策”展示页。此时,绝大多数企业会以“弹窗 + 加粗加黑字体”的显著形式告知用户隐私政策的主要内容及同意的后果,用户点击确认后可查看隐私政策内容。而个别企业没有弹窗,页面直接展示隐私政策内容。

再次,告知是否充分的问题。该问题主要取决于个人信息处理者是否完整、准确、清晰地向个人说明个人信息处理的目的、方式和范围,以及个人授权如何撤回、个人信息如何查阅、更正、删除等。对于前者,绝大多数的测试企业是按照“为了何种必要 + 收集使用哪些信息 + 信息用于什么场景/范围 + 如何使用”的方式进行说明,个别企业对于“如何使用”没有详细说明,而是以“用户不能提供某种信息,将无法使用某种功能”的方式代替或解释了使用方式。对于后者,所有测试企业均在隐私政策中及单独收集使用相关敏感信息时采取了“明示各类信息处理途径”的方式进行了告知。

最后,告知是否有效的问题。该问题主要取决于个人信息处理者是否以通俗易懂、简洁明了的方式进行了告知,即通过告知的“透明度”“清晰度”来衡量。通常情况下,告知透明、清晰与否是指一般理性个人对于个人信息处理者处理其个人信息的目的、方式、场景是否清楚,能否在清楚理解的基础之上作出自主授权的意思表示。由于绝大多数个人不具备直接理解技术语言的专业知识,若个人信息处理者所告知的内容使用过多技术专业用语、晦涩难懂或者冗长烦琐,都极易导致用户在看不懂、不明白的情况下点击同意对其个人信息的处理授权。所以,这种情况下的告知,也易导致此类告知在行政监管或司法诉讼环节被质疑方式不正确、有恶意,甚至被认定为无效。

整体而言,各测试企业均采取了显著、清晰、明确的方式展示了隐私政策,在政策中告知个人信息的收集、使用、存储,个人信息的共享、管理、保护,个人信息处理者的联系方式等各内容,如涉及未成年人,针对未成年人个人信息的处理应进行单独约定等。

(二)决定权保障

对于个人信息决定权的保障,即如何让个人能够行使决定权,笔者认为关键在于决定是否自主自愿、决定权行使的方式、可决定的范围以及救济机制的有效性。

首先,决定是否自主自愿。个人对其个人信息的决定是否自主自愿,很大程度上与个人信息处理者是否充分、清晰、完整地告知个人信息的收集范围、使用方式、目的等相关,个人信息处理者告知的形式越显著、告知的内容越清晰完整,越容易认定个人在此种情况下作出的信息授权是自主自愿的。各测试企业均基于业态和服务的重点,通过隐私政策、单独提示等方式,展示和说明了个人信息的收集原则。

其次,决定权行使的方式。各测试企业绝大多数都会以在线点选的方式,告知个人信息收集使用的规则、目的等,请用户自行点击同意或者取消同意。告知方式和路径的形式均较为简单、便捷。个别测试企业存在需要用户联系客服方可修改授权同意或同意范围的情况。

再次,可决定的范围。形式上,各测试企业都向用户提供了不再授权同意的处理功能,以及删除、查阅、补充、更正个人信息等功能,并将处理功能的进入路径、操作方式等进行了说明介绍。同时,多数测试企业也会在前述各个操作页面简洁明了地提示各功能用途及使用后会对个人享受产品服务所带来的影响。用户可以便捷地对其个人信息作出相应处理。

最后,救济机制的有效性。根据我国《个人信息保护法》第 44 条的规定,个人有权限制或者拒绝他人对其个人信息进行处理。因此,当个人发现个人信息处理者不当收集处理其个人信息时,能否有效发起救济、获得救济,也会影响个人信息决定权能否有效彻底地行使。《个人信息保护法》第 50、66 条为决定权等各项个人信息权利的行使提供了救济渠道,要求个人信息处理者建立便捷的个人行使权利的申请受理和处理机制,如果拒绝个人行使权利,将可能面临承担行政处罚责任的后果,而个人也有权向法院提起诉讼。

四、涉个人信息知情权、决定权的行政或司法案例分析

自 2021 年 11 月 1 日《个人信息保护法》实施之后,已陆续出现依据该法进行行政调查、处罚,以及司法判决的案件。目前,通过公开渠道可以查询到的案例虽然还比较少,但通过汇总分析,仍能总结出我国行政机关、司法机关对个人

信息违规问题的认定倾向,以及个人信息处理者的集中高发违规问题。

(一)行政案例

工业和信息化部(以下简称工信部)作为电信与互联网的主管行政机关,近年来持续开展移动互联网应用程序等产品的个人信息合规专项检查和治理工作。2021 年 11 月 3 日,工信部即针对 App 超范围、高频次索取权限,非服务场景所必需而收集用户个人信息,欺骗误导用户下载等违规行为进行了专项检查,各通信管理局按照工信部的统筹部署,积极开展 App 技术检测。至 2021 年 12 月 9 日,工信部对于未按时完成整改的 106 款 App 进行了公开通报并要求应用商店下架前述 App。①

2022 年以来,工信部也已经开展了共计 5 批次的产品合规检查,对于检查后未按要求时限完成整改的 302 款移动互联网应用程序(App)、第三方软件开发工具包(SDK)进行了公开通报,通报所涉问题共计 453 个。经统计,产品集中频发的问题主要是违规收集个人信息,App 强制、频繁、过度索取权限等。检查通报的产品类型以 App 为主,占通报总量的 92%,但 SDK 已有 2 批次检查通报,而在最近一次即第 5 批的检查中,出现了对小程序的个人信息合规检查通报,且在 2022 年第 5 批检查中,首次出现对"应用分发平台管理责任落实不到位,收集个人信息明示、告知不到位,违规使用第三方服务"等问题的通报。可以说,检查的范围不断扩展,检查的深度和要求也更加细致。

2022 年,工信部总计 5 批次产品合规检查的具体问题情况见表 1。

表 1 产品合规检查具体问题

问题类型	数量/个
违规收集个人信息	146(其中 13 个为 SDK)
App 强制、频繁、过度索取权限	131
强制用户使用定向推送功能	57
超范围收集个人信息	38

① 参见《关于 APP 超范围索取权限、过度收集用户个人信息等问题"回头看"的通报(2021 年第 11 批,总第 20 批)》,载工业和信息化部官网 2021 年 11 月 3 日,https://www.miit.gov.cn/jgsj/xgj/fwjd/art/2021/art_9cbf0a53728e4d0ea9cab853162e4e67.html。

续表

问题类型	数量/个
违规使用个人信息	29
欺骗误导强迫用户(含欺骗误导用户下载 App)	25
应用分发平台上的 App 信息明示不到位	12
弹窗信息骚扰用户	9
收集个人信息明示、告知不到位(均为 SDK)	3
违规使用第三方服务	2
应用分发平台管理责任落实不到位	1

综上,可以看出我国监管部门对于用户权益的关注和保护是持续且不断加强的,对 App 等产品侵害用户权益的整治力度也不断加大,在开展个人信息合规监管检查中,监管部门运用了技术检查手段,通过第三方专业检测机构查验核实个人信息处理者是否存在违规问题,监管的方式和手段更加多样和深入。

(二)司法案例

通过公开渠道进行检索可以发现,自《个人信息保护法》生效实施以来,依据《个人信息保护法》审理判决的民事纠纷类案件目前还比较少。2022 年 8 月,杭州互联网法院聚焦个人信息保护领域的突出问题和人民群众的重大关切,发布了"个人信息保护十大典型案例"①,其中部分案例直接涉及知情权、决定权相关问题。通过这些案例,可以一窥法院对于个人信息知情权、决定权保护的司法认定思路及标准。

1. 知情权与决定权属于人格权益。以"吴某某诉上海某信息服务有限公司等违规提供用户个人信息保护纠纷案"为例,某电商购物平台将其收集的个人信息提供给其内嵌的某付费通公司,当吴某某进入"某钱包"添加银行卡界面选择免输卡号进行银行卡绑定操作时,某付费通公司将其姓名、公民身份号码信息提供给选定绑卡的银行,银行获取前述信息后根据提供的信息验证该信息主体是否为该银行的持卡人,若为该行持卡人则留存该信息并进入后一步绑卡操作流

① 《杭州互联网法院发布个人信息保护十大典型案例》,载微信公众号"浙江法治"2022 年 8 月 20 日,https://mp.weixin.qq.com/s/JtKgxM2ktO3ybBLuGDJlXQ。

程;若非该行持卡人亦留存该信息并向某付费通公司反馈结果。法院经审理认为,吴某某系在未充分知情的情况下实施对其个人信息披露的同意,且其在未被充分告知的情况下披露了个人敏感信息,其因个人敏感信息被违法处理产生对个人信息风险的担忧,对个人生命健康、人格尊严或经济利益可能遭受严重损害或极易遭受损害产生恐惧、焦虑等情绪,可以认定为遭受精神利益的伤害。该案中某电商购物平台经营者、某付费通公司对于违法处理个人信息的设置应予以及时发现、改进,并对相关的个人信息处理活动采取更加审慎、周密的方式,但显然两公司未尽到前述注意义务,存在明显的过错。考虑到某电商购物平台经营者、某付费通公司对吴某某个人信息的处理行为存在意思联络,最终法院判令两被告向吴某某进行书面道歉并赔偿相应合理维权支出。

在该案中,法院认为个人信息权益属于人格权益,只是一种民事权益,不具有绝对权的保护强度,侵害个人信息权益并不必然导致人格尊严受损等精神损害后果,特别是在尚未发生实质性损害的情况下更是如此。故在尚未发生实质性损害的情况下,违法处理信息主体的个人信息是否造成人格尊严等精神损害,应充分考虑处理行为的特点、量级、违法性和个人信息类型等因素,判断信息主体是否因违法处理行为陷入可能预见的风险和焦虑中,若答案为肯定,则应认定构成对人格尊严、人格自由的精神损害。该案对前述相关问题进行了有益的探索。

2. 个人信息权利请求权诉权行使的前置条件,是个人信息处理者拒绝个人行使权利的请求。以“杜某诉某网络公司个人信息保护纠纷案”为例,原告杜某系某电商平台(由被告某网络公司运营)用户,某日,杜某在购物过程中,被平台发布的“好友圈好友等你开拼手气红包”字样吸引,遂点击该字样,随后页面跳出“进圈并邀请好友”的跳转链接,杜某受吸引点击进入“好友圈”。随后,杜某发现其在该平台的购物记录被自动公开并被分享到“好友圈”为其自动设定的第三人视线之下。社会交往中,朋友通过此功能看到了其购物记录的部分信息,杜某认为隐私受到了侵犯。杜某认为某网络公司的行为构成对其个人信息处理知情权、决定权的侵害。某网络公司提交了关于行使个人信息权利的申请受理和处理机制路径的相关材料,并指出,杜某在用户注册时,已通过协议约定明确告知用户收集及使用用户个人信息的方式、范围及目的,并获得用户同意,且未收到杜某对其个人信息处理活动的查询申请或投诉信息,不存在侵犯个人信息权益的行为。

法院认为,当个人信息主体以《个人信息保护法》第四章所规定的个人信息权利受到侵害或妨碍,但没有产生损害时所产生的一种"个人信息权利请求权"行使诉权,应以"个人信息处理者拒绝个人行使权利的请求"为受理前提。因个人信息流动大、使用频率高、范围广,如果直接向法院起诉,不但会造成不必要的诉累,增加个人信息处理的成本,而且可能导致诉讼频发、浪费司法资源,甚至成为恶意诉讼人滥用诉权的工具。实践中,个人信息主体根据现有法律规定,向个人信息处理者积极主张权利,应是最快捷、最便利、最有效的维权方式。所以,个人信息权利行使的落实有赖于处理者的尊重和依法履行保护义务,故《个人信息保护法》全面规定了个人在信息处理中的权利,并明确规定个人信息处理者应当建立便捷的个人行使权利的申请受理和处理机制,强化个人信息处理者的权利保障义务。只有在申请受理和处理机制未建立、有限时间内未答复、无正当理由拒绝或机制失效等情况下,方可向法院行使诉权。

五、结　　语

《个人信息保护法》作为我国第一部专门对个人信息进行保护的法律,具有个人信息保护领域"基本法"的地位。《个人信息保护法》结合我国个人信息处理的权益、争议问题等实际情况,参考国际多个国家和地区对个人信息保护的立法规定,以列举的方式明确个人对其个人信息处理所享有的权利,极大地保障了个人对其个人信息处理的自主权,为后续全面、系统、深入地搭建完善个人信息保护法律体系确定了基本原则和框架,也为我国开展国际经贸活动、个人信息保护的国际合作及标准建立等提供了法律依据和支撑。

自《个人信息保护法》施行以来,行政机关、司法机关在《个人信息保护法》基础之上不断出台完善各领域有关个人信息保护的相关规定,比如,2021 年 12 月 24 日,国家发展和改革委员会等部门联合发布《关于推动平台经济规范健康持续发展的若干意见》(发改高技〔2021〕1872 号),明确要求完善《个人信息保护法》配套规则,细化平台企业数据处理规则。

由于知情权是个人信息处理的前提,决定权是个人信息处理的基础,个人对其个人信息的知情权与决定权的行使,与个人信息处理者对个人信息知情权、决定权的充分保障密切相关。结合本文上述对相关企业产品的测试情况以及当前行政与司法案件的分析,我国行政机关的合规监管力度持续加强,检查覆盖范围和关注视角不断扩展,司法机关也通过发布典型案例的方式阐释个人信息处理违规的情形及司法认定思路。建议企业在收集处理个人信息过程中,除了形式上符合法律法规及标准规定之外,还需要持续加强对于个人信息应用场景的梳理,对于新的应用场景以及处理情形变更等,依法及时通过公开显著的方式通知到个人用户,方便用户了解和授权,也有利于企业更合规健康地开展经营,提升企业的国际合规竞争力。

《个人信息保护法》的出台是个人信息权利保护的新起点,该法的施行使我国对个人信息权利的法律保护从分散规定到专门法律规定,从原则规定到具体规定,从部分法规保护到以《个人信息保护法》为基础的全方位保护。笔者相信,随着《个人信息保护法》相关配套法规规章、办法规定、解释意见等的出台,我国对个人信息的法律保护将更加完善、深入。

通过商业秘密对企业数据权益进行保护的优势与挑战

李欣博

一、问题的提出

企业数据受多元权利的保护,商业秘密是其中重要的一种。商业秘密客体类型丰富,保护期限较长,责任承担方式多样,可为企业数据保护提供有力的支持。但同时,过分强调商业秘密保护对数据本身的流通提出挑战。目前对于企业数据与商业秘密之间的关系研究并不多,但在企业数据管理实操过程中,企业数据管理和企业商业秘密管理存在一定重叠,而不当的“多头管理”必然影响企业数据工作正常开展。因此,企业应当将数据与商业秘密的“多头管理”变为“协同管理”,建立良好的并行管理机制。

(一)企业数据受商业秘密保护相关案例

在北京知识产权法院2023年4月发布的涉数据反不正当竞争十大典型案例中,一起侵犯数据商业秘密案件①引人关注。该案被告赵某系公司员工,公司与赵某签署的劳动合同和保密协议中明确约定,赵某对于工作中掌握的市场数据、销售渠道、客户名单等数据或资料应当保密,且公司建立了专门的“融360数据安全及保密制度”,对于公司数据严格规定了接触的人员范围和使用、传输要求。但赵某将公司数据《市场花费台账模板2018-7月》的excel文件等商业秘密违

---

① 参见北京知识产权法院民事判决书,(2020)京73民终2581号。

法披露给公司竞争对手。法院认为,涉案客户数据或营销渠道等经营信息符合秘密性、价值性、保密性的条件,构成法律保护的商业秘密,赵某及竞争对手在明知或应知该商业秘密属于员工或前员工违法披露的情况下,仍恶意获取、使用的行为,应认定为侵犯商业秘密的行为。

同样,在杭州互联网法院发布的数据和算法十大典型案例①中,一起直播数据构成商业秘密的案件也值得关注,其也是杭州互联网法院首例将数据作为商业秘密保护的案件——杭州某科技公司与汪某商业秘密纠纷案②。被告在职期间及离职后,通过自己账号及在职其他员工账号,登录查看、分析后台数据,掌握中奖率高的时间点,通过关联多账号进行刷奖,获得平台高额奖金,获利200余万元。法院认定,涉案直播打赏的实时数据构成商业秘密。被告在职期间的"使用"行为,违反《中华人民共和国反不正当竞争法》(以下简称《反不正当竞争法》)第9条第1款第3项的规定;离职后的"获取"行为,违反该法第9条第1款第1项的规定;离职后的"使用"行为,违反该法第9条第1款第2项的规定。被告在自身获利的同时,使互动打赏环节失去吸引力,平台注册用户的充值和打赏大幅减少,干扰打赏环节正常的运行机制,损害了平台经营秩序和竞争优势,构成侵犯原告商业秘密。

两个案例明确体现了通过商业秘密对部分类型企业数据进行保护的可行性。

(二)相关法律法规梳理

在杭州互联网法院发布的数据和算法十大典型案例中,杭州某科技公司与汪某商业秘密纠纷案的入选理由中特别提到"最高人民法院《关于审理侵犯商业秘密民事案件适用法律若干问题的规定》第1条特别新增列举'数据'作为经营信息的一种,给直播行业和运营主体提供从商业秘密的角度保护数据的新思路"③,该案体现出通过商业秘密相关法律法规对数据进行规定从而给予保护的

---

① 参见杭州互联网法院:《数据和算法十大典型案例|杭州互联网法院5周年》,载微信公众号"杭州中院"2022年8月24日,https://mp.weixin.qq.com/s/w06mB72p9V_asia3Vijt5A。

② 参见杭州市中级人民法院民事判决书,(2021)浙01民终11274号。

③ 杭州互联网法院:《数据和算法十大典型案例|杭州互联网法院5周年》,载微信公众号"杭州中院"2022年8月24日,https://mp.weixin.qq.com/s/w06mB72p9V_asia3Vijt5A。

新思路。基于此，笔者梳理出数据和商业秘密法律法规中对于商业秘密和数据的规定。

1. 数据相关法律法规中对于商业秘密的规定(按时间排序)

数据相关法律法规中，商业秘密常与个人隐私、个人信息、保密商务信息并列，并且，这些法律法规会从公共数据处理、禁止数据开放的情形和例外情形、商业秘密的严格保护等多方面作出专门性的规定，现行法律法规梳理结果如表1所示。

表1 数据相关法律法规中对于商业秘密的规定汇总

发布时间	发布机构	法律法规名称	重点内容
2023年5月30日	北京市知识产权局、北京市经济和信息化局、北京市商务局、北京市人民检察院	《北京市数据知识产权登记管理办法(试行)》	数据知识产权登记应当遵循数据发展规律，把握数据要素基本属性，按照依法合规、自愿登记、安全高效、促进流通、公开透明、诚实信用的原则，确保国家安全、商业秘密和个人隐私不受侵犯
2023年3月15日	上海市经济和信息化委员会	《上海市数据交易场所管理实施暂行办法》	数据交易服务机构应当建立规范透明、安全可控、可追溯的数据交易服务环境，制定交易服务流程、内部管理制度，并采取有效措施保护数据安全，保护个人隐私、个人信息、商业秘密、保密商务信息
2022年12月8日	工业和信息化部	《工业和信息化领域数据安全管理办法(试行)》	行业监管部门及其委托的数据安全评估机构工作人员对在履行职责中知悉的个人信息和商业秘密等，应当严格保密，不得泄露或者非法向他人提供
2022年12月2日	中共中央、国务院	《中共中央、国务院关于构建数据基础制度更好发挥数据要素作用的意见》	数据基础制度建设以维护国家数据安全、保护个人信息和商业秘密为前提

续表

发布时间	发布机构	法律法规名称	重点内容
2022年1月27日	上海市杨浦区人民检察院、上海市杨浦区工商业联合会、上海市信息服务业行业协会、上海数据合规与安全产业发展专家工作组	《企业数据合规指引》	数据处理者违反《刑法》规定,可能被追究以下刑事责任:侵犯公民个人信息罪,破坏计算机信息系统罪,非法侵入计算机信息系统罪,非法获取计算机信息系统数据、非法控制计算机信息系统罪,提供侵入、非法控制计算机信息系统程序、工具罪,拒不履行信息网络安全管理义务罪,非法利用信息网络罪,帮助信息网络犯罪活动罪,侵犯商业秘密罪等
2022年1月21日	浙江省人民代表大会(含常委会)	《浙江省公共数据条例》	为了应对突发事件,公共管理和服务机构按照应对突发事件有关法律、法规规定,可以要求自然人、法人或者非法人组织提供应对突发事件所必需的数据,并根据实际需要,依法、及时共享和开放相关公共数据,为应对突发事件提供支持;收集的数据不得用于与应对突发事件无关的事项;对在履行职责中知悉的个人信息、商业秘密、保密商务信息等应当依法予以保密。 突发事件应急处置工作结束后,公共管理和服务机构应当对获得的突发事件相关公共数据进行分类评估,将涉及个人信息、商业秘密、保密商务信息的公共数据采取封存等安全处理措施,并关停相关数据应用。 公共数据有下列情形之一的,禁止开放:……(三)涉及个人信息、商业秘密或者保密商务信息的…… 涉及个人信息、商业秘密或者保密商务信息的公共数据有下列情形之一的,可以列入受限开放或者无条件开放数据:……(二)涉及商业秘密、保密商务信息的公共数据经脱敏、脱密处理的;(三)涉及个人信息、商业秘密、保密商务信息的公共数据指向的特定自然人、法人或者非法人组织依法授权同意开放的

续表

发布时间	发布机构	法律法规名称	重点内容
2021年11月25日	上海市人民代表大会(含常委会)	《上海市数据条例》	对在履行职责中知悉的个人隐私、个人信息、商业秘密、保密商务信息等应当依法予以保密,不得泄露或者非法向他人提供。 公共数据按照开放类型分为无条件开放、有条件开放和非开放三类。涉及个人隐私、个人信息、商业秘密、保密商务信息,或者法律、法规规定不得开放的,列入非开放类; 授权运营的数据涉及个人隐私、个人信息、商业秘密、保密商务信息的,处理该数据应当符合相关法律、法规的规定。 数据交易服务机构应当建立规范透明、安全可控、可追溯的数据交易服务环境,制定交易服务流程、内部管理制度,并采取有效措施保护数据安全,保护个人隐私、个人信息、商业秘密、保密商务信息
2021年6月10日	全国人民代表大会常务委员会	《中华人民共和国数据安全法》	国家机关为履行法定职责的需要收集、使用数据,应当在其履行法定职责的范围内依照法律、行政法规规定的条件和程序进行;对在履行职责中知悉的个人隐私、个人信息、商业秘密、保密商务信息等数据应当依法予以保密,不得泄露或者非法向他人提供
2020年3月6日	国家市场监督管理总局、国家标准化管理委员会	《信息安全技术 个人信息安全规范》(GB/T 35273—2020)	以下情形可不响应个人信息主体基于8.1~8.6提出的请求,包括:……8)涉及商业秘密的

续表

发布时间	发布机构	法律法规名称	重点内容
2018年 8月31日	全国人民代表大会常务委员会	《中华人民共和国电子商务法》	有关主管部门依照法律、行政法规的规定要求电子商务经营者提供有关电子商务数据信息的，电子商务经营者应当提供。有关主管部门应当采取必要措施保护电子商务经营者提供的数据信息的安全，并对其中的个人信息、隐私和商业秘密严格保密，不得泄露、出售或者非法向他人提供。 依法负有电子商务监督管理职责的部门的工作人员，玩忽职守、滥用职权、徇私舞弊，或者泄露、出售或者非法向他人提供在履行职责中所知悉的个人信息、隐私和商业秘密的，依法追究法律责任

2. 商业秘密相关法律法规中对于数据的规定(按时间排序)

商业秘密相关法律法规中，多次提到数据概念，其作为技术秘密、经营秘密定义以及证据等形式出现在商业秘密相关规定中，现行法律法规梳理结果见表2。

表2 商业秘密相关法律法规中对于数据的规定

发布时间	发布机构	法律法规名称	重点内容
2022年 4月25日	深圳市市场监督管理局	《企业商业秘密管理规范》(DB4403/T 235—2022)	涉密载体，是指以文字、数据、符号、图形、图像、视频和音频等方式记录商业秘密信息的介质。 企业应要求离职的涉密人员主动向指定人员移交所有的原始涉密载体且不应删除或篡改，删除其复制的电子数据并签收交接清单。 涉密人员离职前应做如下检查：a)工作电脑数据是否完整，是否有删除、复制痕迹…… 涉密区域可包括核心产品或服务的研发、生产，存储商业秘密信息的数据中心、档案中心等。

续表

发布时间	发布机构	法律法规名称	重点内容
			存放商业秘密信息的数据中心、文档中心应设置在隐蔽的位置，远离非涉密区域且不宜张贴明确标识以防侵入。 涉密计算机宜使用云桌面系统办公以将工作数据存储在内部云服务器上，不宜存储在涉密计算机的本地存储中。 应关闭或禁用涉密计算机的移动存储、光驱、蓝牙、无线网卡等数据传输功能模块。 涉密计算机应安装专门的行为管控软件，可记录商业秘密信息数据的复制、流转、删除等操作并保存备份。 电子数据类证据可向公证处等机构申请公证或证据固化。 研发信息中的测试记录及数据，生产信息中的电子数据，软件信息中的数据算法，都属于商业秘密的技术信息保护范围
2021年10月29日	北京知识产权法院	《北京知识产权法院侵犯商业秘密民事案件诉讼举证参考》	技术信息主要包括与技术有关的……数据、计算机程序及其有关文档等信息。 经营信息主要包括与经营活动有关的……数据等信息。 被告主张被诉侵权信息系通过反向工程获取的，可以提供以下证据：……通过拆卸、测绘、分析等相关技术手段从公开渠道取得的产品中获得有关技术信息的工作记录、视频、文档数据。 为制止侵犯商业秘密行为，申请人能够在提出保全申请后、保全裁定作出前明确商业秘密的具体内容，同时提供……数据库文件等证据的，可以申请诉前或诉中证据保全或行为保全

续表

发布时间	发布机构	法律法规名称	重点内容
2020 年 12 月 29 日	江苏省高级人民法院	《江苏省高级人民法院侵犯商业秘密民事纠纷案件审理指南》(2021 年修订)	技术信息主要包括与技术有关的……数据、计算机程序及其有关文档等信息。 经营信息主要包括与经营活动有关的……数据等信息。 侵权人在……设备系统存储的交易数据、公司网站、产品宣传册或其他媒体上公开的经营信息,以及第三方平台统计的商品流通数据,……除明显不合常理或者侵权人提供足以推翻的相反证据外,可以作为证据,用以证明当事人主张的赔偿数额
2020 年 9 月 10 日	最高人民法院	《最高人民法院关于审理侵犯商业秘密民事案件适用法律若干问题的规定》	与技术有关的……数据、计算机程序及其有关文档等信息,人民法院可以认定构成《反不正当竞争法》第 9 条第 4 款所称的技术信息。 与经营活动有关的……数据等信息,人民法院可以认定构成《反不正当竞争法》第 9 条第 4 款所称的经营信息

二、通过商业秘密对企业数据进行保护的优势

商业秘密目前已经有较为完善的法律规定。其责任承担方式包括民事责任、行政责任、刑事责任。如果涉案企业数据能够被认定为商业秘密,必将有利于企业数据安全和追责,因此,通过商业秘密保护企业数据是具有可行性和优势的。

(一)针对企业数据多元保护的可行性分析

《中华人民共和国数据安全法》(以下简称《数据安全法》)第 3 条第 1 款规定:"本法所称数据,是指任何以电子或者其他方式对信息的记录"。《反不正当竞争法》第 9 条第 4 款规定:"本法所称的商业秘密,是指不为公众所知悉、具有商业价值并经权利人采取相应保密措施的技术信息、经营信息等商业信息"。

从法律法规对数据和商业秘密的定义中可以看出,数据和商业秘密的定义中都提到了"信息"。其中值得注意的是,《数据安全法》规定对信息的记录方式

包括“以电子或者其他方式”，也就是说，除电子外，以其他方式对信息的记录也属于《数据安全法》保护的客体，这也使得它们的界限更为模糊。例如，以手写等非电子方式记录的保密配方属于商业秘密，根据现行《数据安全法》的定义，也在该法保护范围之内。

也正因如此，如上文所梳理，数据和商业秘密各自的规定中均对另一方作出规定。结合二者的定义，实操中“数据”的保护对象包含一部分商业秘密，而“商业秘密”的保护对象包含一部分数据。

关于数据和商业秘密的保护对象的重叠问题，从数据角度来说，如果满足商业秘密所要求的不为公众所知悉、具有商业价值、经权利人采取相应保密措施的前提，就可以适用商业秘密法律法规和相关保护制度。从商业秘密角度来说，如果是以电子或者其他方式对涉密信息的记录，也可以适用数据安全法律法规和保护制度。

二者存在重叠，自然也就存在区别。从数据角度来说，如果数据不符合商业秘密的“三性”要求，如数据已被公开失去非公知性，就仅落入数据安全法的保护范围。从商业秘密角度来说，如果商业秘密信息没有被记录，如仅口传心授的秘密配方等仅有口头载体的商业秘密，就仅落入商业秘密的保护范围。

（二）商业秘密的多种责任承担方式对企业数据保护的优势

《最高人民法院关于审理侵犯商业秘密民事案件适用法律若干问题的规定》第 1 条规定，“与技术有关的……数据、计算机程序及其有关文档等信息，人民法院可以认定构成反不正当竞争法第九条第四款所称的技术信息。与经营活动有关的……数据等信息，人民法院可以认定构成反不正当竞争法第九条第四款所称的经营信息”。可以看出，司法解释中明确规定，满足商业秘密不为公众所知悉、具有商业价值并经权利人采取相应保密措施要求的数据，可以作为商业秘密保护。

而受到商业秘密保护的企业数据优势在于，目前商业秘密保护从立法、司法、执法，以及起诉案由、责任承担、典型案例等方面已经形成完善的保护体系，可以有效地维护此类构成商业秘密的企业数据权益，有效打击侵权行为，使企业获得相应赔偿乃至成倍的惩罚性赔偿。

就民事责任而言，《反不正当竞争法》第 17 条规定，因不正当竞争行为受到损害的经营者的赔偿数额，可以按照受到的实际损失或者侵权人侵权获利确定，赔偿数额还要包括经营者为制止侵权行为所支付的合理开支。此外，侵权人恶意实施商业秘密侵权行为且情节严重的，被侵权人还可以获得1～5倍的惩罚性赔偿。实际损失、侵权获利难以确定的，该法还规定了最高500万元人民币的法定赔偿。

就行政责任而言，《反不正当竞争法》第21条规定，监督检查部门可以责令侵权人停止违法行为，没收违法所得，处10万元以上100万元以下的罚款；情节严重的，处50万元以上500万元以下的罚款。

就刑事责任而言，根据《中华人民共和国刑法修正案（十一）》的规定，构成侵犯商业秘密罪，情节严重的处3年以下有期徒刑，并处或者单处罚金；情节特别严重的，处3年以上10年以下有期徒刑，并处罚金；此外，为境外的机构、组织、人员窃取、刺探、收买、非法提供商业秘密的，处5年以下有期徒刑，并处或者单处罚金；情节严重的，处5年以上有期徒刑，并处罚金。

综上所述，如果采用商业秘密的方式保护企业数据，有多种维权途径选择，赔偿额度高，震慑力度大，且已经有成功维权的案例，有一定的优势。

三、通过商业秘密对企业数据进行保护的挑战

尽管通过商业秘密保护企业数据具有可行性且保护力度大，但是商业秘密的保护也给企业数据权益带来挑战。

（一）数据淡化权属与商业秘密重视权属的问题

尽管企业数据可以作为商业秘密保护，但二者关注的重点仍有所区别。《中共中央、国务院关于构建数据基础制度更好发挥数据要素作用的意见》规定，“建立数据资源持有权、数据加工使用权、数据产品经营权等分置的产权运行机制”。这样规定有益于淡化数据所有权，强调数据使用权导向，构建新型数据产权保护制度，从而激活数据要素潜能，做强做优做大数字经济，增强经济发展新动能。①

① 参见李婕：《“数据二十条”对外发布，构建数据基础制度体系——做强做优做大数字经济》，载中央人民政府网，https://www.gov.cn/xinwen/2022-12/21/content_5732906.htm?eqid=ba76df7e00105d660000000364623d6f。

但是,如前文所述,如果企业数据被作为商业秘密保护,产生的新挑战就在于商业秘密是专有权利。也就是说,如果源头的企业数据涉及商业秘密且没有厘清商业秘密权属问题,后续企业数据衍生出的数据资源持有权、数据加工使用权、数据产品经营权也会受到影响。特别是在实操场景中,数据可能来源于第三方,无法确认是否包含商业秘密。此种情形下,涉及的问题也将更为复杂。

因此,数据资源持有权、数据加工使用权、数据产品经营权正常行使的重要前提之一,就是确保数据来源不侵犯任何人的商业秘密,或者经过脱密处理,避免对衍生的各项权利权益及下游的使用方产生威胁。

(二)公开数据与商业秘密的转换问题

数据作为新型生产要素,其分配、流通等环节是非常重要的。特别是在目前大模型如火如荼的研发过程中,合法合理地开放数据,用以培训大模型产品,有非常重要的技术意义。《中共中央、国务院关于构建数据基础制度更好发挥数据要素作用的意见》中,就多次提及各类数据开放问题。但是,从商业秘密保护的角度来看,使用被公开的数据是不是就意味着数据失去非公知性,从而免除所有的商业秘密问题?答案是不尽然,商业秘密会微妙地影响各类开放数据。

首先,商业秘密保护会影响数据开放的范围,因为各类数据中包含商业秘密的信息是禁止开放的。如《上海市公共数据开放实施细则》第 14 条就明确规定,对涉及商业秘密、个人隐私,或者法律法规规定不得开放的公共数据,列入非开放类。《浙江省公共数据条例》第 30 条也明确规定:公共数据“涉及个人信息、商业秘密或者保密商务信息的”,禁止开放。

其次,并不是所有受商业秘密保护的各类数据一定不能开放,经过脱密处理或者经权利人同意是可以公开的。如《上海市公共数据开放实施细则》第 14 条就作出禁止开放商业秘密的例外性规定,“对涉及个人隐私、个人信息、商业秘密和保密商务信息,或者法律法规规定不得开放的公共数据,列入非开放类。非开放类公共数据依法进行脱密、脱敏处理,或者相关权利人同意开放的,可以列入无条件开放类或者有条件开放类。”《浙江省公共数据条例》第 30 条也规定,公共数据涉及商业秘密、保密商务信息的公共数据经脱敏、脱密处理的,涉及商业秘密、保密商务信息的公共数据指向的特定自然人、法人或者非法人组织依法授权同意开放的,可以列入受限开放或者无条件开放数据。

最后,开放的数据也可能会产生新的商业秘密。《最高人民法院关于审理侵犯商业秘密民事案件适用法律若干问题的规定》第 4 条第 2 款规定:“将为公众所知悉的信息进行整理、改进、加工后形成的新信息,符合本规定第三条规定的,应当认定该新信息不为公众所知悉。”也就是说,如果利用公开的数据整理、改进、加工后形成的新信息符合商业秘密要求的,可以作为商业秘密进行保护;而基于开放的数据形成的新的商业秘密,将不能再被随意开放。例如,企业基于网上开放的数据,对数据进行清洗、分类、去噪、脱敏、标引、加工等形成新的数据库后,供人工智能训练使用,那么经过分类、标引等动作汇总后的新数据库,符合商业秘密定义,受到商业秘密保护,成为非开放数据。如果第三方未经许可获取、使用、披露该数据库,并不能仅因为数据库是基于开放的数据产生而主张其不受商业秘密保护。

因此,公开数据与商业秘密存在动态的转换关系,数据公开前要识别出涉及商业秘密的数据并经过脱密处理或经过商业秘密权利人同意;数据公开后可能又衍生出新的商业秘密,需要重新走商业秘密脱密或同意后公开的流程。

(三)个人信息与自然人客户信息类商业秘密保护对象交叉问题

笔者还想进一步就更小范围的“个人信息”和“作为经营秘密保护的客户信息”之间的关系进行讨论。

商业秘密分为技术秘密、经营秘密、其他商业信息三类,其中,经营秘密的重点保护类型之一就是客户信息。一般而言,商业秘密中经营秘密项下的客户信息与《个人信息保护法》规定的个人信息不会被一起考虑。但是,在客户是自然人的前提下,自然人客户的信息就会受到个人信息以及作为经营秘密的客户信息,乃至数据安全的多元保护。

从法律规定的保护范围来分析,个人信息与自然人客户信息规定的保护范围是有重叠的。《最高人民法院关于审理侵犯商业秘密民事案件适用法律若干问题的规定》第 1 条第 3 款规定“客户信息,包括客户的名称、地址、联系方式以及交易习惯、意向、内容等信息”。而《互联网个人信息安全保护指南》的术语和定义中明确个人信息包括自然人的姓名、出生日期、身份证件号码、个人生物识别信息、住址、电话号码、通信联系方式、通信记录和内容、账号密码、财产信息、征信信息、行踪轨迹、住宿信息、健康生理信息、交易信息等。当客户是自然人时，二者是存在对应关系的（见表3）。

表3　自然人信息与个人信息对比

自然人客户信息	个人信息
名称	自然人的姓名
地址	住址
联系方式	电话号码、通信联系方式
交易习惯、意向、内容	通信记录和内容、账号密码、财产信息、交易信息等

基于法律的规定，自然人客户信息可以获得个人信息、商业秘密、数据安全的多元保护。《数据经济和商业秘密》①一文中给出自然人客户信息与个人信息关联的例子，即如果智能家居App向个人用户收集一组数据来改进其产品，则该数据可能构成商业秘密。现在越来越多的类似App以提高产品质量为目的要求用户同意其有权使用该用户在使用App期间捕获的匿名数据，在这种情况下，存储在用户智能手机历史记录中的一条信息可能不再受商业秘密保护，但来自不同用户的汇总信息可以在商业秘密制度下受到保护。虽然该文举例的细节还有待完善，但也显示出个人信息与商标秘密保护的客户信息二者之间千变万化又千丝万缕的联系。

继续向前一步思考，针对自然人客户信息的三种保护模式，即作为企业的商业秘密、自然人客户的个人信息以及企业的数据权益，这三种权益之间的关系如何？维权时谁应当作为权利人主张权利？应主张什么类型的权利？权利之间是否会有冲突和优先级？这可能是期待未来研究回答的问题。

四、企业数据保护与商业秘密保护协同管理建议

数据和商业秘密有着非常密切的关系，从前文的法规梳理中可以看出规定间存在交集之处非常多，而实操中存在交集之处更多，因此处理数据或商业秘密时要有协同处理的观念，两手都要抓，从而更好地发挥数据作为新型生产要素的作用。

---

① Krzysztof Wojdyto, Monika A. Górska, *The Data Economy and Trade Secrets*, newtech. law (Feb. 11,2021), https://newtech. law/en/the – data – economy – and – trade – secrets.

（一）企业管理方面的建议

1. 重视数据收集、产生等信息输入环节的商业秘密安全

在信息进入企业数据库的节点，应注重核查数据情况，除一般的合法合规且不侵犯第三方在先权利的审查外，还要就数据是否涉及侵犯第三方的商业秘密问题进行核查，防范数据来源问题给后续数据衍生工作造成阻碍。

2. 数据传输、提供、公开等信息输出环节的同步保密/解密工作

数据如果要提供给特定的第三方，应当注意采取保密措施，与第三方签署保密协议，并要求第三方采取保密措施不得对外提供。如果确认数据要公开的，要同步考虑数据中是否涉及商业秘密，以及该部分信息是否可以对外披露等问题，分别从数据和商业秘密两方面进行考虑和设置审批环节，以保障数据传输、对外提供阶段的合法性，促进数据合规流通。

3. 保密协议与数据相关协议的协同工作

在企业制订保密协议或数据相关协议时，应当从另一种权利角度思考，在有条件的前提下，协议拟定时应在考虑保密要求的同时兼顾商业秘密的法规要求，由数据及商业秘密各领域的专业人员共同进行协议审核。

（二）协议中的协同工作建议

1. 保密协议兼顾数据保护

《浙江省市场监督管理局关于印发〈商业秘密保护工作指引〉的通知》中给出了员工保密合同的参考文本，其中对商业秘密的保护就体现对于数据的保护，对于商业秘密的范围、保密义务、保密材料交还等方面，该参考文本还对数据进行了特别规定。笔者现将相关内容摘录出来，供企业在制订保密协议时参考。

> 商业秘密范围：
>
> 甲方的商业秘密范围是指甲方不为公众所知悉、具有商业价值并经权利人采取相应保密措施的技术信息、经营秘密等商业信息。
>
> 甲方的商业秘密包括且不限于《商业秘密保护范围》（甲方发文公布实施）列出的商业秘密保护范围，包括且不限于特定的、完整的、部分的、个别的不为公众所知悉的商业信息，或未披露的信息，包括且不限

于涉及商业秘密的草稿、拟稿、草案、样品、图形、三维、模型、文档、文件、数据、资料等商业信息。

乙方对商业秘密保护的义务：

乙方已充分认识到保守甲方商业秘密是关系到公司生存和发展的重要问题，因此，乙方应严守甲方的商业秘密，并自愿承担保密义务，除因工作需要而经甲方商业秘密保护部门批准，向应该知道前条所列之商业秘密内容的甲方客户或第三人进行必要的保密性交流外：

1、严格遵守甲方制定的涉及商业秘密保护的制度（参见合同附件）；

2、不得在与甲方有竞争关系的企业兼职；

3、不得直接或间接向甲方内部无关人员泄露；

4、不得直接或间接向甲方外部的单位或人员泄露；

5、不得为自己利益使用或计划使用；

6、不得擅自复制或披露包含甲方商业秘密的文件或文件副本；

7、不得擅自拷贝甲方计算机软件的任何数据、文件资料，或信息；

8、不得向第三人提供涉及甲方商业秘密的资料、信息；

9、对因工作所保管、接触的甲方客户提交的文件应当妥善保管和管理，未经商业秘密保护部门批准，不得超出工作范围使用；

10、发现第三人以盗窃、贿赂、欺诈、胁迫、电子侵入或其他不正当手段谋取或计划谋取甲方商业秘密时，即向商业秘密保护部门报告，并积极采取保护的必要措施；

11、其它应当承担的保密义务。

……

乙方承诺：

乙方承诺在甲方工作期间，不得采取下列方式之一披露、擅自使用或许可第三人使用甲方的商业秘密：

1、将自己使用的电脑用户名、密码告诉第三人；对电脑页面或内容进行拍摄、摄像；非法获取电子数据商业秘密；以电子侵入或非法侵入方式使用电脑、获取存储的商业秘密或信息；

2、与甲方有交易关系或竞争关系、行业相同或相似的国内外任何企业进行交易，或由亲戚朋友名义进行交易或变相交易；

3、组建、参与组建或投资、变相投资与本合同第二条甲方经营相关、相同或相似的企业；

4、直接或间接或帮助第三人劝诱甲方掌握商业秘密的人员或职员离开甲方；

5、直接、间接、试图影响或者侵犯甲方拥有的客户名单及其客户关系的商业秘密，包括客户名称、联系人、联系人习惯、联系方式、聊天工具、电子邮箱、交易习惯、合同关系、合同内容、佣金或折扣、交提货方式、款项结算等等；

6、利用非工作时间为与甲方同行业的企业工作、提供咨询服务等；

7、采取其他不正当手段。

保密材料的交还：

乙方无论何种原因离开甲方，均应当自觉办理离职手续、接受甲方组织的离职前保密谈话，并交还甲方《商业秘密保护范围规定》所列之属于甲方商业秘密的所有文档、数据、三维、文件、资料（包括电脑、硬盘、U盘、光盘、软盘等存储载体中的信息）、物品等。

乙方个人工作日记中含有甲方商业秘密的，应当同时交还或由商业秘密保护部门监督销毁。

甲方应当列出乙方掌握甲方商业秘密的清单，双方确认、签字，并办理交还的交接手续。经过三次以上书面通知（包括不限于法务函、短信、律师函等），仍然不移交商业秘密的，进行失信公示。

若乙方擅自带走或不予交还的，视为盗窃商业秘密的行为。

2. 数据相关协议兼顾商业秘密保护

国家互联网信息办公室2023年2月22日发布的《个人信息出境标准合同办法》对于处理者、接收方处理个人信息时涉及商业秘密的处理作出实操性规定，双方可以在不影响使用目的的前提下通过遮挡等方式减少商业秘密泄露风险。现笔者将相关内容摘录出来，供企业在制定数据传输协议时参考：

第二条　个人信息处理者的义务

个人信息处理者应当履行下列义务：

……

（九）根据个人信息主体的要求向个人信息主体提供本合同的副本。如涉及商业秘密或者保密商务信息，在不影响个人信息主体理解的前提下，可对本合同副本相关内容进行适当处理。

……

第三条　境外接收方的义务

境外接收方应当履行下列义务：

……

（三）根据个人信息主体的要求向个人信息主体提供本合同的副本。如涉及商业秘密或者保密商务信息，在不影响个人信息主体理解的前提下，可对本合同副本相关内容进行适当处理。

……

（八）同时符合下列条件的，方可向中华人民共和国境外的第三方提供个人信息：

1. 确有业务需要。

2. 已告知个人信息主体该第三方的名称或者姓名、联系方式、处理目的、处理方式、个人信息种类、保存期限以及行使个人信息主体权利的方式和程序等事项。向第三方提供敏感个人信息的，还应当向个人信息主体告知提供敏感个人信息的必要性以及对个人权益的影响。但是法律、行政法规规定不需要告知的除外。

3. 基于个人同意处理个人信息的，应当取得个人信息主体的单独同意。涉及不满十四周岁未成年人个人信息的，应当取得未成年人的父母或者其他监护人的单独同意。法律、行政法规规定应当取得书面同意的，应当取得书面同意。

4. 与第三方达成书面协议，确保第三方的个人信息处理活动达到中华人民共和国相关法律法规规定的个人信息保护标准，并承担因向中华人民共和国境外的第三方提供个人信息而侵害个人信息主体享有权利的法律责任。

5. 根据个人信息主体的要求向个人信息主体提供该书面协议的副本。如涉及商业秘密或者保密商务信息，在不影响个人信息主体理解的前提下,可对该书面协议相关内容进行适当处理。

……

五、结　语

数据作为新型生产要素,对经济发展起着重大的作用,也是企业的重要资产;同时,商业秘密作为企业的重要资产和核心竞争力,也有着重大的意义。商业秘密是企业数据保护的有利武器,但也给企业数据保护提出诸多挑战。因此,企业在数据及商业秘密各自的管理中,要关注到这些内容,有意识建立协同管理机制,使企业数据和商业秘密都能发挥最大的价值,促进数据生产要素流通的同时,保护企业的商业秘密安全,维护企业利益,促进国家的经济发展。

个人信息司法救济实践疑难问题研究

刘雅璠

2021年11月,《中华人民共和国个人信息保护法》(以下简称《个人信息保护法》)开始实施,正式拉开了针对个人信息的司法保护序幕,既形成了行政监管、刑事、民事的全方位个人信息的保护体系,也扭转了此前民事司法实践中“套用”隐私权、一般人格权、网络侵权等保护个人信息的路径,为个人信息民事司法救济提供支撑,也与《中华人民共和国民法典》(以下简称《民法典》)、《中华人民共和国电子商务法》、《中华人民共和国消费者权益保护法》等法律法规共同构建了个人信息“保护网”。

《个人信息保护法》已实施两年有余,虽然适用《个人信息保护法》的案件还不太多,但现有的裁判思路和具体认定标准也暴露了一些《个人信息保护法》的适用难题,这些问题无论在理论界还是实务界均存在较大的争议。本文立足实务,聚焦个人信息司法救济过程中呈现的重要争议及疑难进行探讨,以期为未来实践中的司法适用提供参考和思路。

一、救济路径选择

(一)个人信息与相关概念的区分及司法适用的影响

如上所言,在《个人信息保护法》实施之前,个人信息主体一般通过隐私权纠纷、一般人格权纠纷、网络侵权责任纠纷等案由来实现个人信息权益的救济。《民法典》颁布后,最高人民法院对《民事案件案由规定》进行了修正,新增了个人信息保护纠纷案由,作为人格权纠纷项下的第4级案由专门进行规定。但实践中，涉及个人信息的民事诉讼仍然散见于各类案由中，一是因为现实情况的复杂程度远不像法律拟制出的各类权益保障那么清晰，二是因为个人信息相关的基础概念及保护范围的交叉及模糊。

1. 隐私、私密信息、敏感信息概念及保护范围的区分

现阶段，根据《民法典》及《个人信息保护法》的规定，我国实行的是隐私与个人信息的二元化保护格局，也就是说，在隐私权和个人信息权益两个概念既存在高度相似又存在区分的前提下，将二者共同作为《民法典》规制下人格权编的民事权益进行保护，但实践中的保护路径及裁判方法又存在较大差异。《民法典》与《个人信息保护法》对于个人信息又有不同的分类方法，这些概念上的区分及保护范围的不同决定了实践中的运用差异，更深刻影响着司法裁判路径，故厘清隐私、私密信息、敏感信息这几个相近概念是研究个人信息司法保护体系的前提和基础。

(1)隐私与私密信息

《民法典》对隐私和私密信息作出了概括性规定。《民法典》第 1032 条第 2 款明确规定，隐私是自然人的私人生活安宁和不愿为他人知晓的私密空间、私密活动、私密信息；该法第 1034 条第 3 款规定，个人信息中的私密信息，适用有关隐私权的规定；没有规定的，适用有关个人信息保护的规定。

首先，根据《民法典》的规定，私密信息既属于个人信息，亦属于隐私，适用隐私权的保护机制。申言之，隐私比私密信息的保护范围更广，隐私中包含私密信息，但不完全等同于私密信息。比如，一个人的卧室布局，如果他不想让他人知道，那就属于隐私，但这不是个人信息，而是隐私中的私密空间。其次，私密信息与非私密信息区分的侧重点在于民事权益的类型与保护方法的差异，即私密信息是适用隐私权保护机制的，非私密信息适用《个人信息保护法》保护机制，这就涉及隐私权与个人信息权益保护路径上的区别，笔者将会在后文详述。

(2)私密信息与敏感信息

对于敏感信息，《个人信息保护法》第 28 条以列举的形式进行了规定[①]，着重强调该类个人信息被泄露或不当使用后易造成的严重后果。实践中，私密信息

---

① 《个人信息保护法》第 28 条规定，敏感个人信息是一旦泄露或者非法使用，容易导致自然人的人格尊严受到侵害或者人身、财产安全受到危害的个人信息，包括生物识别、宗教信仰、特定身份、医疗健康、金融账户、行踪轨迹等信息，以及不满 14 周岁未成年人的个人信息。

与敏感信息的确容易混淆,也一定程度上易引发司法适用的混乱。私密信息与敏感信息的区别在于,私密信息注重的是私密性和隐私性(privacy),而敏感信息注重的是敏感性(sensitivity)。私密信息有着根植于隐私的本质,因此,私密信息的核心判断要件为:不愿为他人知晓(更加主观);敏感信息的核心判断要件是:泄露或不当使用后的严重后果(更加客观)。

敏感信息与私密信息之间存在交叉关系。有些个人信息既是私密信息也是敏感个人信息,如医疗健康、性取向;有些个人信息虽然是私密信息,却并不是敏感个人信息,如个人的嗜好;有些信息是敏感个人信息却未必是私密信息,如种族或民族、宗教信仰、政治主张、面貌特征等。就私密信息而言,需要结合具体情况从该信息与自然人的人格尊严、人格自由关联紧密与否,该信息被侵害是否影响私人生活的安宁等角度来加以认定,其更多是动态的且具有主观性,有的信息对甲来说是隐私,对乙来说就不一定是隐私。但是,个人信息的敏感与否,主要是从该信息被非法处理可能产生的危害后果这一客观角度来认定,应遵循更客观、明确的标准,否则,信息处理者将无所适从。申言之,无论自然人是否愿意为他人知晓,都不影响某一信息客观上是否属于敏感个人信息。也因此,为确保信息处理规则的稳定性与可预期性,法律法规和标准应当明确列明各种敏感个人信息且进行司法认定时弹性不宜过大。《个人信息保护法》第28条将敏感信息列举出来,信息处理者才能有明确的行为规范预期,是符合敏感信息的自身特性及规范目的的。

2. 区分上述概念对司法适用的影响

区分这些概念的根本意义在于厘清司法保护的路径和逻辑。首先,应当明确的是,自然人因个人或者家庭事务处理个人信息的,只能适用隐私权或更高位阶的权利如一般人格权进行保护,不在《个人信息保护法》的保护范围内。其次,个人信息中属于私密信息的,应适用隐私权进行保护,这在《民法典》中属于一般侵权,适用过错原则。不属于私密信息的其他个人信息(包括敏感信息)适用《个人信息保护法》的相关规定,属于特殊侵权,适用过错推定原则。从信息处理者角度来说,以网络平台为例,《民法典》及《个人信息保护法》实施之后,适用隐私权保护的诉讼案件会越来越少,因为该信息处理的场景中极少出现仅为私密信息而非敏感信息的信息,当涉案信息既私密又敏感时,信息主体会选择适用《个人信息保护法》来寻求救济,因为《个人信息保护法》适用过错推定的归责原则,原告无须证明信息处理者存在过错,这意味着原告的举证责任义务大幅降低。

(二)个人信息自身范围的不确定性

1. 个人信息可识别性的场景化依赖

个人信息的可识别性高度依赖场景,这是信息化时代个人信息自带的天然属性,亦是理论和实务界的共识,即使是在个人信息概念已经明确的前提下,诉讼案件中依然反映出个人信息保护范围之争,"涉案信息是否属于个人信息"是大部分案件中双方争议的焦点问题,也是法院判断是否构成侵权的前置性问题。事实上,在信息爆炸的今天,任何数据碎片及代码都可能成为广义概念上的个人信息,但并非所有的信息都属于法律所保护的个人信息范畴。根据《个人信息保护法》第 4 条的规定,个人信息是以电子或者其他方式记录的与已识别或者可识别的自然人有关的各种信息,不包括匿名化处理后的信息。个人信息显然是以可识别性为核心要件的,因个人信息识别目标、识别主体、识别概率、识别风险的不同而不同,在技术与产品飞速发展的今天,更难找到确定不变的个人信息界定规则。[①]

实践中,对于如何理解"可识别性",除了上述识别要素之外,主要依赖具体的信息处理场景,事实上司法裁判已经通过鲜活的案例印证了个人信息保护范围的天然不确定性,并且结合不同场景进行解读和认定。如微信读书案[②]中,腾讯公司获取的信息包括用户的昵称、头像、OPEN_ID(身份验证系统)。这些信息虽然不包括微信账号、手机号等可单独识别特定个人的信息,但是 OPEN_ID 本身就是微信生成的识别用户的识别码,且昵称、头像、OPEN_ID 以及多个 OPEN_ID 之间的好友关系链等信息的组合并未达到匿名化和去标识化的程度,特别是 OPEN_ID 与用户主体身份具有强对应关系,在特定场景下结合其他数据仍可还原相对应用户的具体主体身份信息,达到了识别性标准。因此,微信读书获取的好友列表应认定为用户的个人信息。在微视 App 案[③]中,原告所主张的性别、地区和微信好友关系 3 类信息均形成于其使用微信软件的过程中,腾讯公司作为软件运营商已知悉上述信息均与王某相关联,而微信 App 也是大多数网络用户

① 参见丁晓东:《论个人信息概念的不确定性及其法律应对》,载《比较法研究》2022 年第 5 期。
② 参见北京互联网法院民事判决书,(2019)京 0491 民初 16142 号。
③ 参见广东省深圳市中级人民法院民事判决书,(2021)粤 03 民终 9583 号。

所常用的社交软件,上述信息在特定场景下结合其他数据可以还原用户的具体身份信息。从微视 App 对微信好友关系的实际使用场景来看,微视 App 准确向用户展示了共同使用应用的微信好友昵称、头像,实际上达到了识别性的标准。

2. 对不确定性的反思及应对

诚如上述,司法上对于"识别"有较大解释空间,固然任何一个法律概念在实践中的运用都不可能是毫无张力的,但将个人信息边界及定性完全交由个案确定,无论对信息主体还是信息处理者,均会使其越发无所适从,从而不利于数据的流通和保护。此外,在现阶段,全国范围内不同地区法院的认识及对信息处理模式的了解可能存在较大认知差异,这会导致司法裁判尺度的不统一,影响法律适用统一的整体工程。以法律保护的个人信息是否必须真实这一争议为例,北京法院与广州法院的认定结论就是截然相反的。北京法院认为,个人信息不以真实性作为判断标准,即使是虚假的,只要是权利人的信息,只要能识别到特定人,都可以作为个人信息予以保护。① 而广州法院则认为,"结合型"个人信息不能泛化,仍应有一定的限制范围,避免将"识别特定自然人"泛化为"具有某种同类特征的不特定人"。因此,其认为受法律保护的个人信息必须是真实的,自然人在互联网平台公布的非真实的信息不属于受法律保护的个人信息。②

由此可见,当前司法对个人信息的界定遵循一定规则,但仍存在诸多争议和弹性解释空间,这会造成司法保护上的不稳定,也是目前学界关注的重要问题。理论界形成了限缩个人信息范畴、弱化个人信息自决权的强度、否定个人信息自决权、场景风险理论以及识别对象身份建构说等多样化解决方案。③ 笔者认为,法律保护的个人信息范围的确不宜泛化,无论哪种方案,均难以完全解决个人信息天然的不确定性属性,故司法上应秉持平衡个人信息保护及数据流通的平衡理念,严格围绕《个人信息保护法》和《民法典》的概念进行认定,不能任意扩大解释。如果一个信息本身是虚假的,甚至是为了诉讼取证故意提供的虚假信息,即使能结合其他信息一起识别到特定主体,对这样的虚假信息进行保护其实违背了《民法典》及《个人信息保护法》的立法本意。法律之所以对个人信息予以保护,是防止自然人的个人信息权益被滥用和不当使用,但当涉案信息并非自然

---

① 参见北京互联网法院民事判决书,(2021)京 0491 民初 5094 号。

② 参见广东省深圳市中级人民法院民事判决书,(2021)粤 03 民终 9583 号。

③ 参见曹博:《个人信息可识别性解释路径的反思与重构》,载《行政法学研究》2022 年第 4 期。

人的真实信息，甚至是故意提供的虚假信息时，便有“知假买假”之嫌疑。因此，在判断信息是否属于个人信息时，应紧密围绕可识别性和关联性要件，结合具体信息处理场景，兼顾信息流通和个人权益保护综合认定。

二、过错推定原则的适用与疑难

（一）过错推定原则的司法适用

个人信息权益的保护究竟适用何种归责原则，在《个人信息保护法》出台之前一直是争论的焦点问题。《个人信息保护法》第69条规定，处理个人信息侵害个人信息权益造成损害的，信息处理者适用过错推定原则，即信息处理者需要“自证清白”才能免责。由此，侵犯个人信息权益被纳入特殊侵权的范畴进行规制，这意味着在司法实践中，个人就过错所承担的证明责任转给了个人信息处理者，信息处理者的举证义务加重，但是这种加重并非一味强调对个人信息的保护，而更多在于通过规则设置来要求信息处理者自我治理。

个人信息处理者承担过错推定责任的实质基础在于处理行为引起的作为义务，而不仅仅是为了强化保护个人信息权益。① 因此，在个人信息保护纠纷中，原告方除了无须对处理者存在过错进行举证之外，针对特殊侵权的其他要件，包括行为、因果关系及损害后果，仍需要进行举证。从法官的裁判思维路径来说，侵权成立的4个构成要件中，也应当遵循客观要件—主观要件的判断顺序，即当原告提交的证据能证明存在侵权行为、被侵权人遭受损害后果、侵权行为与损害后果具有因果关系时，才会对主观过错要件进行判断。换言之，当原告提交的证据未能同时满足上述3个客观要件时，根本不需要考量主观要件。但实践中，法院过多聚焦于信息处理者的举证责任，而对原告是否尽到了初步举证责任不做审查的情况并不鲜见。

（二）个人信息处理者的举证与过错推翻

1. 过错认定中《民法典》与《个人信息保护法》的衔接

如上文所述，个人信息中的私密信息适用隐私权保护机制，即应根据《民法

① 参见王道发：《个人信息处理者过错推定责任研究》，载《中国法学》2022年第5期。

典》的相关规定适用一般过错原则;非私密信息或一般个人信息应适用《个人信息保护法》,意味着适用过错推定原则。私密信息既受个人信息权益的保护,也受隐私权的保护,适用个人信息权益保护是一种弱保护,而隐私权作为一项具有排他性的人格权,相比个人信息保护是一种强保护。显然,个人信息处理者的过错推定责任的适用与依据民事权益位阶理论所要实现的“强保护”和“弱保护”是存在冲突的。换言之,私密信息相较于一般个人信息,本应当予以更高级别的保护,但根据《民法典》第1034条之规定,适用隐私权保护机制,反而分配给原告更多的举证义务。而如果适用《个人信息保护法》,则原告举证义务降低,更易得到司法救济。这可能意味着,就私密信息而言,现有《民法典》和《个人信息保护法》的规定其实架空了适用隐私权的救济路径。

事实上,对于隐私权与个人信息权益保护程度的差异应当有更深层的理解,虽然私密信息适用隐私权保护,但并不意味着其不能适用《个人信息保护法》,而且隐私权保护本质上是一种绝对权利的消极防御,而个人信息权益重在保障个人信息自决,强调信息的利用与流通。两部法律的调整范围不同,《个人信息保护法》规范的是个人信息处理活动,确切地说是发生在信息能力、技术能力不对等的处理者与个人之间的大规模自动化个人信息处理活动。《民法典》调整的是法律地位平等的民事主体之间的人身财产关系。① 如果在自然人之间发生涉及私密信息的纠纷,那么就应当适用并且仅能适用《民法典》的隐私权保护机制。而如果是发生在信息处理者与个人之间的纠纷,那么是可以适用《个人信息保护法》进行救济的。

2. 个人信息处理者的举证及过错推翻

从现有公开的生效判例可知,信息处理者要证明自身无过错,一般需要提交大量的证据,包括是否具有数据信息安全的等级保护证书、ISO安全认证,以及事前在宏观上是否尽到了《个人信息保护法》第51条与涉案信息处理行为相关联的个人信息处理者的合规保障义务、保护影响评估情况等,事中、事后是否尽到了个人信息安全事件补救和通知义务等。在微观层面,个人信息处理者个案中还要采取与具体处理行为直接相关的必要、可行、合理的安全技术措施和其他措施,包括在必要、合理、可能的范围内防范其处理的个人信息免受第三人滥用致

---

① 参见程啸:《〈个人信息保护法〉理解与适用》,中国法制出版社2021年版,第526页。

害的具体安全保障措施等。

理论上，过错推定责任具有一定的法定性，也是一种较一般过错责任更为严格的责任，但是并不是说双方地位不平等或者受害人举证能力弱就能充分解释过错推定责任的正当性基础。过错推定责任具有自身内在的逻辑，个人信息处理者承担过错推定责任也应当遵循此种内在逻辑。因此，应当认识到，《个人信息保护法》规定过错推定原则是基于对个人信息处理者合规处理义务的要求，而非在诉讼案件中一味增加处理者的举证义务。在信息主体进行了必要的初步举证之后，当个人信息处理者能够举证证明个人信息处理活动符合法律、法规规定，履行了相关义务的情况时，法院应认定个人信息处理者不存在过错。

（三）盖然性证明责任的审慎适用

《最高人民法院关于适用〈中华人民共和国民事诉讼法〉的解释》第 108 条① 确立了高度盖然性的民事诉讼证明标准。盖然性，是指一种可能性而非必然性。法庭上法官依据各方当事人的证据作出判断，探求的永远只能是法律事实，而无法还原案件事实。在事实真伪不明当事人又无法举证的情况下，司法上要求法官就某一待证事实通过庭审活动在对证据的调查、审查、判断之后形成相当程度上的内心确信，凡发生盖然性高的，法院认定该盖然性高的事实发生，远较认定盖然性低的事实不发生更能接近真实而避免误判。高度盖然性标准体现的是不必极端苛求绝对的“客观事实”的理念，而更注重对法律真实的追求，是实质正义和程序正义的统一。

但实践中亦应审慎适用该证明标准，特别是在类似个人信息保护纠纷等涉及复杂技术、科学伦理且双方当事人地位不平等的诉讼案件中，应避免泛化适用，仍应严格遵循法律设定高度盖然性证明标准的推理逻辑过程来进行裁判。首先，高度盖然性推定的过程应包括穷尽证据证明—具备确定的基础事实—基础事实和待证事实之间存在符合逻辑的必然联系—不存在可以推翻推定事实的反证这一逻辑过程。其次，高度盖然性本质上属于一种抽象的概率，但概率几

---

① 《最高人民法院关于适用〈中华人民共和国民事诉讼法〉的解释》第 108 条规定，对负有举证证明责任的当事人提供的证据，人民法院经审查并结合相关事实，确信待证事实的存在具有高度可能性的，应当认定该事实存在。对一方当事人为反驳负有举证证明责任的当事人所主张事实而提供的证据，人民法院经审查并结合相关事实，认为待证事实真伪不明的，应当认定该事实不存在。

何,司法并无统一标准。德国学者曾提出一个"刻度盘"理论,将刻度盘按照25%的最小单位区分为4部分:0%属于绝对否定,1%～25%属于非常不可能,26%～49%属于不太可能,50%属于可能与不可能的分界线,51%～74%属于较大可能,75%～99%属于非常可能。本文认为,如果基于该理论分级,高度盖然性的界限至少应当满足刻度盘中75%的标准,也即属于非常可能的状态,才算达到高度盖然。理论界与实务界中,亦有部分观点认为高度盖然性证明标准线为80%或85%。

诉讼本应"证据为王",不能举证证明自身主张的就应当承担相应不利后果,只有确实无法提供证据且案件事实属于非常可能的状态,才能适应高度盖然性证明标准,不宜随意将高度盖然性标准降低为"优势证据标准"或者其他较低的证明标准,这与立法本意相违背,也会影响司法应有的稳定性和权威性。

三、损害后果及民事责任承担方式

(一)侵害与损害

1. 侵害与损害

无损害则无救济,是侵权法上的传统理念,在个人信息保护纠纷中也不例外,只有原告证明了其存在法律上具有可赔偿性的损害,并且该损害系由侵权人的行为所致,才有赔偿责任的出现。具体裁判依据为《个人信息保护法》第69条以及《民法典》第1165条第1款等法律法规。

需要特别指出的是,《民法典》颁布之前,人格权请求权与侵权损害赔偿请求权尚未分离,导致"侵害"和"损害"混淆不清。《民法典》第1165条第1款相对于原《中华人民共和国侵权责任法》第6条第1款,增加了"造成损害的"的表达,以区别于"侵害"。即人格权请求权不以损害为要件,无须考虑过错,而在过错责任原则和过错推定责任原则下,损害赔偿请求权以过错为要件。《民法典》第995条关于"人格权受到侵害的"的措辞,在一定程度上也佐证了以上论述。《民法典》明确了人格权独立请求权的地位,将个人信息权益放在人格权项下进行保护,结合《个人信息保护法》第50条之规定可知,当信息主体的个人信息权益受到侵害(未出现损害)时,可以基于人格权请求权而不是损害赔偿请求权向法院起诉寻求救济。具体而言,《个人信息保护法》第44～50条在《民法典》第1037

条赋予信息主体查阅权、复制权、异议权、更正权、删除权的基础上，增加了知情权、决定权、拒绝权和解释权。个人信息处理者违法处理个人信息妨害个人信息权的，信息主体依据《个人信息保护法》行使上述权利即可能实现救济①，而《民法典》第995条的适用空间较小。非个人信息处理者妨害个人信息权行使的，不适用于《个人信息保护法》，也不适用于《民法典》第1037条这一特殊条款，但可以适用该法第995条这一一般条款。②

2. 个人信息保护请求权的行使

结合《个人信息保护法》第50条之规定，个人诉权的行使应以个人信息处理者拒绝个人的权利请求为前提。杭州互联网法院也在案件中进行了实践运用③，在该案中，法院认为，该案的情况应该适用《个人信息保护法》第50条，因为还没有产生实际的损害，因此不适用《个人信息保护法》第69条。那么根据《个人信息保护法》第50条的规定，法院认为，用户在向法院提起诉讼前，应先向信息处理者和信息保护履职部门寻求权利救济。个人信息处理者拒绝个人行使权利的请求的，个人才可以向人民法院提起诉讼。该案确立了信息主体行使个人信息权利时诉权的前置条件的司法审查标准，引导当事人直接向信息处理者或信息保护履职部门进行维权。

该案在理论界引发了争议，部分观点认为个人向个人信息处理者提出诉求且信息处理者拒绝行使权利的请求并不是向法院提起诉讼的前置条件。因为民事诉讼法对于起诉的条件有明确规定，而诉权是民事主体的基本权利，必须要有法律的明确规定才能加以限制。既然《个人信息保护法》并没有作出前置程序的规定，个人当然可以直接向法院提起诉讼。设置前置条件，会对个人信息权益造成不合理的限制，也违反《民法典》的规定。

笔者认为，个人信息保护请求权具有行使的高频次性和非利益冲突性两大特征，后者由个人信息可复制性的自然属性、同时承载个人与个人信息处理者利益的法律属性所决定。将个人与个人信息处理者的沟通前置于司法程序，不仅

---

① 参见王利明：《论个人信息权的法律保护——以个人信息权与隐私权的界分为中心》，载《现代法学》2013年第4期。

② 参见杨显滨、王秉昌：《侵害个人信息权的民事责任——以〈个人信息保护法〉与〈民法典〉的解释为中心》，载《江苏社会科学》2022年第2期。

③ 参见杭州互联网法院民事判决书，(2022)浙0192民初4330号。

符合立法本意,而且对个人信息处理者具有激励作用,鼓励个人信息处理者积极保障信息主体的权益,实现个人与个人信息处理者的合作共赢。此外,司法作为解决纠纷的最后一道防线,在诉讼之前,要求信息主体向个人信息处理者先行沟通行使权利并不会限制原告的权利,反而在一定程度上能避免恶意诉讼成为信息行业发展的阻碍。

(二)财产性损害与精神性损害

侵害个人信息权益造成的损害包括财产损害与精神损害。侵害个人信息权益造成的精神损害分为两类:一是同时侵害姓名权、名誉权、隐私权等其他人格权而给自然人造成的精神损害;二是单纯地因侵害个人信息权益而给自然人造成的精神损害。

就财产损害来说,实务中主要发生在因个人信息权益受侵害时导致的"次生灾害",因为个人信息被泄露或未经授权的访问的确在客观上增加了个人未来遭受第三人侵权的风险。但是对于这种下游侵害的发生,如不法分子利用被泄露的个人信息实施金融诈骗、伪造证件等行为造成被侵权人财产损失,从信息泄露行为到实际产生损害,中间可能有太多的介入因素或行为、主体在起作用,如黑客的各种技能和意图。这就面临行为与损害后果之间过于遥远,从而不具有可赔偿性的问题。此外,若下游侵害未现实发生,信息泄露或滥用等侵权行为本身是否造成了财产损失呢?侵权法以填补损害为主要目的,若无损害则无填补之必要,个人信息权益侵权领域也不例外。当然,为维权或救济产生的公证费、取证费等损失,侵权人理应进行赔偿。

就精神损害而言,《个人信息保护法》第69条规定的精神损害是否要求达到严重程度,理论上存在争议。一种观点认为,因为《个人信息保护法》第69条没有对精神损害作出特别规定,应当适用《民法典》关于严重精神损害的限制规定。另一种相反观点认为,正因为《个人信息保护法》没有对精神损害作出特别规定,所以不适用《民法典》关于精神损害严重程度的要求,一般程度、普通程度就可以构成。本文认为,《个人信息保护法》第69条第2款并未区分财产损害还是精神损害,所以从文义解释和体系解释角度来说,个人信息权益受侵害导致精神损害的,可以不要求达到严重程度,虽然《民法典》对精神损害程度作出了特别规定,但个人与信息处理者之间发生的侵权案件,应适用《个人信息保护法》来救济。

但实践中，司法仍应结合具体情形及可能给信息主体造成的精神损害审慎适用精神损害赔偿条款。

（三）民事责任承担方式

《民法典》总则编中明确了民事责任承担方式包含停止侵害、排除妨碍、消除危险、返还财产等[①]。该法第995条规定，人格权受到侵害的，受害人有权依照本法和其他法律的规定请求行为人承担民事责任。受害人的停止侵害、排除妨碍、消除危险、消除影响、恢复名誉、赔礼道歉请求权，不适用诉讼时效的规定。需要指出，虽然相关个人信息权益亦可以选择合同之诉进行救济，但侵害个人信息的本质为侵权行为，因此，本文围绕侵权之诉的民事责任承担来探讨。

如上所言，侵权行为本身可能会产生权益侵害和损害两种结果，对个人信息权益的侵害，并不必然导致产生损害结果。侵害与损害会触发不同的请求权，自然也会导致不同的民事责任承担方式。对信息主体造成个人信息权益侵害的，原告只能主张停止侵害、排除妨碍、消除危险、赔礼道歉、恢复名誉、消除影响等非损害赔偿类责任，只有构成损害的，才具备损害赔偿的请求权基础，即在法院判决责任承担时，可以判决财产赔偿。例如，当用户向个人信息处理者申请查询、复制个人信息被拒绝后，个人信息权益实际上被侵害的是自然人的查询、复制权，个人信息处理者本身拒绝查询、复制的行为即构成对个人信息的侵害，但实际上很难导致自然人精神受损，或者发生额外的物质损害，如误工费等。因此，自然人的精神损害赔偿、物质损害赔偿的诉讼请求将会因为没有事实及法律依据被法院依法驳回。

值得探讨的是赔礼道歉的责任承担方式，《民法典》第1000条规定，行为人因侵害人格权承担消除影响、恢复名誉、赔礼道歉等民事责任的，应当与行为的具体方式和造成的影响范围相当。行为人拒不承担规定的民事责任的，人民法院可以采取在报刊、网络等媒体上发布公告或者公布生效裁判文书等方式执行，产生的费用由行为人负担。赔礼道歉是具有人身依附性质的责任承担方式，因

---

① 《民法典》第179条规定，承担民事责任的方式主要有：(1)停止侵害；(2)排除妨碍；(3)消除危险；(4)返还财产；(5)恢复原状；(6)修理、重作、更换；(7)继续履行；(8)赔偿损失；(9)支付违约金；(10)消除影响、恢复名誉；(11)赔礼道歉。法律规定惩罚性赔偿的，依照其规定。该条规定的承担民事责任的方式，可以单独适用，也可以合并适用。

此只能适用于人身权利的损害,学术界曾有过探讨认为司法实践中赔礼道歉适用率过低,但实际上很多数据不太具有参考意义,因实务中大量合同、知识产权等仅涉及财产损害的案件中原告主张赔礼道歉,必然得不到支持。笔者认为,实践中在人身权侵权案件中,适用赔礼道歉这一责任形式的比率并不低[①],甚至已经形成了涉及名誉权、肖像权等典型人格权属侵权的必判赔礼道歉的趋势。社会生活中的赔礼道歉,在于填补人的内心及精神伤害,其不同形式的表达,也会产生程度不一的社会功效。法律拟制的赔礼道歉,无疑追求无限趋同道德领域中的赔礼道歉,即最大限度地发挥主动性。但实践中,法律却很难实现这样的效果,当事人拒不履行而由法院在《人民法院报》中强制执行的情况并不少见,这种赔礼道歉的履行其实并不能实现该种责任承担方式所预设的价值和目标。

承担民事责任的方式应当与侵害行为的具体方式和造成的影响范围相当,在个人信息保护纠纷中适用赔礼道歉亦应遵循该原则。裁判中应考察各案侵权行为主观过错、影响范围大小的不同,如一味地判令侵权方以公开、显著的方式发布道歉信息,很可能既扩大了被诉方应当承担的责任范围,使被诉方的合法权益受到损害,也无益于提升原告方的维权效果。

---

① 参见范纪强:《"赔礼道歉"民事责任的司法困境及其破解》,载《中国应用法学》2018 年第 3 期。据样本分析,生命权、健康权、身体纠纷中,赔礼道歉获得支持的有 15 件,占比 37.5%;名誉权纠纷中,赔礼道歉有 46 件获得支持,占 97.9%;一般人格权纠纷中,赔礼道歉全部获得支持;肖像权纠纷中,赔礼道歉获得支持的案件数为 17 件,占比 94%;姓名权纠纷中,赔礼道歉有 1 件未获得支持,是因未能构成侵权,法院驳回赔礼道歉的诉请。

生成式人工智能数据合规实践研究

戴　玲　周阳子

一、生成式人工智能的定义

人工智能的概念于1956年被提出，其英文缩写为“Artificial Intelligence”。它是研究、开发用于模拟、延伸和扩展人的智能的理论、方法、技术及应用系统的一门新的技术科学①。《生成式人工智能服务管理暂行办法》中明确，生成式人工智能技术，是指具有文本、图片、音频、视频等内容生成能力的模型及相关技术等内容的技术。② 随着人工智能不断发展，人工智能模型开始不断演化，迭代出不同的人工智能产品。现有主流生成式人工智能产品主要使用的模型有OpenAI的GPT模型（生成式预训练模型）、谷歌的BERT模型以及百度的Ernie模型。相关人工智能模型的分类见图1。

---

① 参见朝乐门、尹显龙：《人工智能治理理论及系统的现状与趋势》，载《计算机科学》2021年第9期。

② 参见《生成式人工智能服务管理暂行办法》第22条。

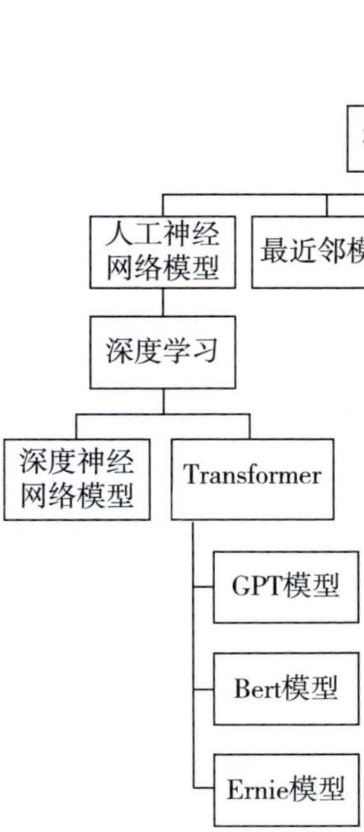

图 1　人工智能模型的分类

生成式预训练模型相较于其他人工智能模型优势明显。在理解能力方面,该模型具备较为泛化的推理能力,在逻辑推理、常识推理和类比推理等测试中表现出较高的准确性;在生成能力方面,该模型创作的内容更加接近人类语言,能够快速辅助用户写作和编程;在交互能力方面,该模型能够基于历史记忆生成更加符合语境的对话内容,增强用户参与感。但生成式预训练模型的鲁棒性、透明度和可解释性较弱,具有传统算法的复杂性、不透明性等固有属性,可能带来安全和隐私保护方面的风险。

二、生成式人工智能的法律现状

(一)美国、欧盟的生成式人工智能法律现状

1. 美国的生成式人工智能法律现状

在版权保护方面,美国版权局(US Copyright Office)在 2023 年 3 月 16 日发布的政策声明中明确,人工智能自动生成的作品不受版权法保护,除此之外,美

国在联邦层面无专门适用于人工智能的生效法规，相比之下，州立法机构现在已经通过了几项直接管理人工智能的法律法规。2018 年 9 月公布并于 2019 年 7 月 1 日生效的《增加在线透明度法案》，旨在打击在数字平台上运行的恶意自动程序，要求公司披露是否在其互联网平台上使用自动程序与公众交流；2019 年 5 月公布并于 2020 年 1 月 1 日生效的《人工智能视频面试法》限制了雇主将人工智能纳入招聘流程的权利，要求雇主在使用人工智能技术进行招聘时必须满足特定要求，包括通过解释人工智能的工作方式和技术检测的特征来获得知情同意以及雇主必须在 30 日内删除任何视频内容；[①] 2021 年 12 月 11 日，纽约市议会通过了《纽约市行政法典》修正案，并于 2023 年 1 月 1 日生效，补充了有关自动化雇佣决策工具的规定，要求自动化雇佣决策工具在使用前应通过独立第三方的偏见审计，且要求雇主在招聘和晋升环节使用自动化决策工具时应当告知候选人将使用自动化雇佣决策工具，并允许其申请替代性的选拔程序。[②]

2023 年 1 月 26 日，美国国家标准与技术研究院（National Institute of Standards and Technology，NIST）发布《人工智能风险管理框架》，该框架为自愿机构组织自愿使用，非强制性法律法规。该框架分为两个部分：第一部分基础信息，介绍了人工智能可能带来的风险，包括对人类、对组织以及对生态系统造成的伤害，以及可信赖人工智能系统的特征；第二部分介绍了框架四个核心，即治理（govern）、映射（map）、测量（measure）和管理（manage），每个功能项下还分为不同的类别和子类别，通过多元化展开帮助机构组织在实践中应对人工智能系统带来的风险和潜在影响。[③] 整个框架旨在将可信度考量因素纳入人工智能产品、服务和系统的设计、开发、使用和评估中。[④]

2. 欧盟的生成式人工智能法律现状

2021 年 4 月 21 日，欧盟委员会发布了《欧盟议会和欧盟理事会关于制定人工智能统一规则》（以下简称《人工智能法案》）的提案，旨在确保人工智能技术

---

① 参见《美国人工智能相关立法情况概述》，载智南针网 2021 年 2 月 16 日，https://www.worldip.cn/index.php? m = content&c = index&a = show&catid = 66&id = 261。

② 参见覃新元、苏苗罕：《纽约市立法规制自动化雇佣决策，预防算法偏见》，载上海市人工智能社会治理协同创新中心网 2022 年 4 月 2 日，https://aisg.tongji.edu.cn/info/1015/1034.htm。

③ 参见杨春白雪：《美国 NIST 发布〈人工智能风险管理框架〉》，载微信公众号"CAICT 互联网法律研究中心"2023 年 2 月 7 日，https://mp.weixin.qq.com/s/0T4vEKw_lc7wFKTuE15bvA。

④ National Institute of Standards and Technology, AI Risk Management Framework。

的安全、可信和合法使用。按预定的时间表,《人工智能法案》将于 2024 年强制执行。《人工智能法案》将人工智能应用程序分为四个风险类别:不可接受风险(unaccpetable)、高风险(high)、低风险(low)和最低风险(minimal)[①](见图 2)。

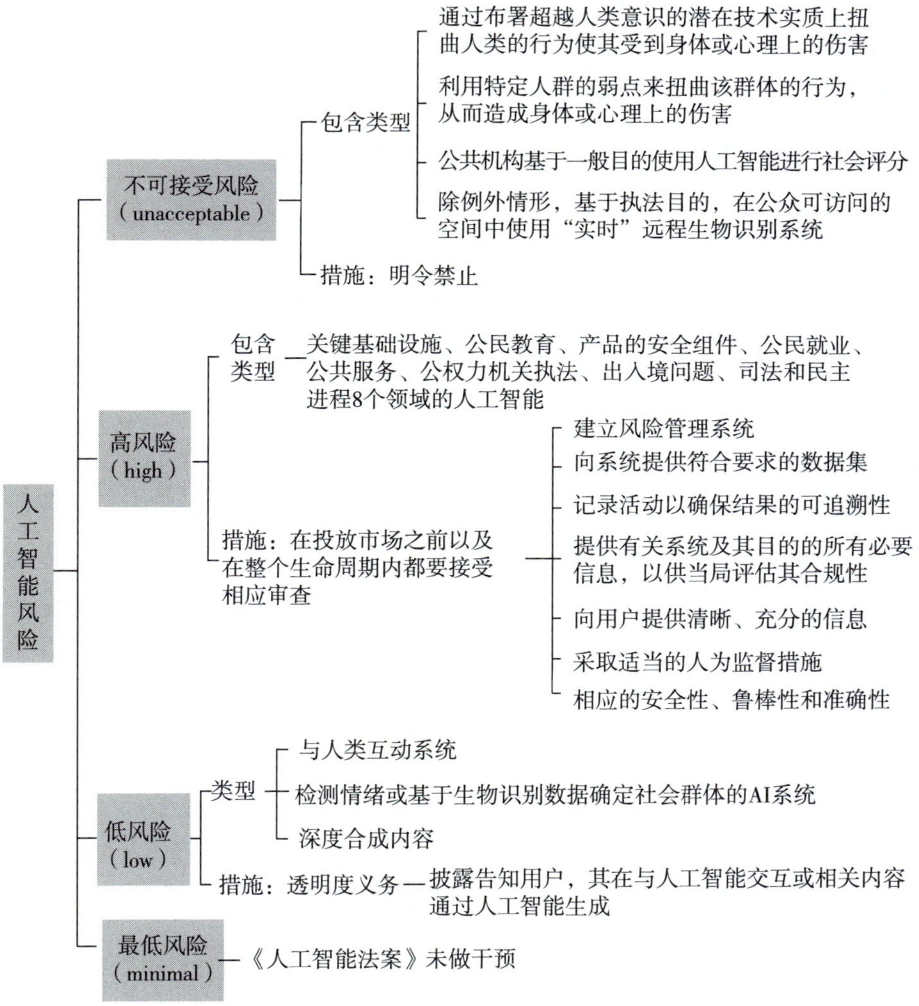

图 2　人工智能风险分类

① European Commission, Proposal for a Regulation of the European Parliament and of the Council Laying Down Harmonised Rules on Artificial Intelligence (Artificial Intelligence Act) and Amending Certain Union Legislative Acts, COM(2021)206 final, p. 12 – 15。

(二)中国的生成式人工智能法律现状

中国现有的涉及人工智能的相关法律法规见表1。其中,《上海市促进人工智能产业发展条例》《深圳经济特区人工智能产业促进条例》中分别提到对人工智能探索分级治理和沙盒监管,高风险的人工智能应用应当采用事前评估和风险预警的监管模式,中低风险的人工智能应用应当采用事前披露和事后跟踪的监管模式。① 另外,2023年7月10日公布的《生成式人工智能服务管理暂行办法》对生成式人工智能预训练数据、优化训练数据来源的合法性、人工标注规则、内容标识、算法备案及安全评估等进行了特别规定。②

表1 中国人工智能相关法律法规

效力位阶	名称
法律	民法典、个人信息保护法、数据安全法、网络安全法
部门规章	网络信息内容生态治理规定、互联网信息服务算法推荐管理规定、互联网信息服务深度合成管理规定、生成式人工智能服务管理暂行办法
地方性法规	上海市促进人工智能产业发展条例、深圳经济特区人工智能产业促进条例
规范性文件及其他	网络音视频信息服务管理规定、新一代人工智能伦理规范、中国关于人工智能伦理治理的立场文件

三、生成式人工智能的数据合规风险与挑战

随着ChatGPT产品和GPT模型不断迭代升级、国内生成式人工智能产品(如文心一言、通义千文等)的爆发式增长,生成式人工智能产品将越来越深入每个人的日常生活、工作,甚至企业的日常运转及决策中,而其所带来的数据安全风

① 《上海市促进人工智能产业发展条例》第65条;《深圳经济特区人工智能产业促进条例》第66条。

② 参见《生成式人工智能服务管理暂行办法》第7条、第8条、第12条及第17条。

险与挑战将不容忽视。

(一)生成式人工智能著作权合规风险与挑战

以 ChatGPT 为例,其本质是基于 GPT 模型的人工智能对话产品,其中涉及著作权相关的数据,包含训练数据以及输出内容。

1. 训练数据的著作权侵权风险与挑战

ChatGPT 之所以能够帮助用户得到满意的反馈,得益于“大力出奇迹”,即巨量的 GPT 模型训练语料库。GPT 模型的训练数据主要来源有 3 个途径,一是互联网海量的公共语料库,主要包括文本、文章、新闻、博客、论文、社交媒体等,如 Wikipedia、Gutenberg、Common Crawl;二是专门数据集,即由研究机构和公司提供的专门的数据集,包括电影对话、问答对话、客服对话等;三是用户输入的内容①,根据 OpenAI 使用条款,当用户使用 ChatGPT 或者 DALL－E 等非 API 接口客户服务并在设置按钮中开启训练按钮时,OpenAI 将使用用户提供的数据对模型进行优化训练,帮助模型在为客户解决具体问题时更加准确,同时提升模型的总体能力和安全性。基于上述 3 个数据来源,可以将训练数据分为 3 类:公有领域数据、取得合法授权的数据(如专门数据集),未经授权的数据(如在互联网中爬取的数据),以及用户输入内容中未经合法授权的数据。而正因为训练数据中包含未经授权的数据,且由于生成式人工智能需大量储存并基于商业化目的而使用训练数据不符合著作权法意义上的“合理使用”,故使用训练数据可能存在著作权侵权风险。另外,GPT 模型使用训练数据包含如下流程:数据收集—数据预处理(清洗和标准化)—数据标注(标注数据为机器学习提供训练数据)—特征提取(在标注好的数据中提取特征)—模型训练(对数据进行分析学习),②故根据《中华人民共和国著作权法》(以下简称《著作权法》)的规定,上述流程不同阶段可能涉及侵犯训练数据的不同权利。

在数据收集阶段,未经授权收集数据可能涉及侵犯著作权中的复制权。在数据收集时,出于用同一样本进行反复训练的要求,不可避免地需要将数据储存

---

① 参见《ChatGPT 的训练数据来自哪里》,载“码迷 SEO”网 2023 年 5 月 11 日,https://www.mamioo.com/blog/vov9329e.html。

② 参见宋海燕、陈佩龄:《浅析 ChatGPT 训练数据之合理使用》,载微信公众号“金杜研究院”2023 年 4 月 25 日,https://mp.weixin.qq.com/s/KDHwR_l2A－HOElllka5kpg。

在服务器中，且从训练效果和运算能力方面考量，无法支持随意爬取数据并在内存中短暂进行计算[①]，训练数据将被"固定"在服务器中，因此在收集训练数据时，未经权利方授权而收集训练数据可能侵犯权利人的复制权。在数据的预处理、标注、特征提取等阶段，可能涉及侵犯著作权中的修改权、改编权、翻译权及汇编权。在对模型训练数据进行预处理和标注的过程中，涉及对数据进行修订、选择、编排或翻译并形成不同的文字或新的表达方式，可能侵犯修改权、翻译权和汇编权。在特征提取阶段，涉及改变原数据，以新的状态而存在，可能侵犯改编权。

2. 输出内容的著作权侵权风险与挑战

讨论输出内容的著作权问题，首先要解决生成式人工智能输出内容是否构成作品并受著作权保护的问题。根据我国《著作权法》的规定，作品是"具有独创性并能以一定形式表现的智力成果"[②]，理论上，生成式人工智能的输出内容只要符合上述规定也可以构成作品并受《著作权法》的保护。在实践中，针对生成作品本身也有两个看似判决结果完全相反的司法案例。菲林案中的一个争议焦点就是涉案文章中图形部分是否构成作品。法院认为"涉案文章中的图形部分是菲林律师事务所基于收集的数据，利用相关软件制作完成，虽然会因数据变化呈现出不同的形状，但图形形状的不同是基于数据差异产生，而非基于创作产生，不能体现菲林律师事务所的独创性表达"，因此涉案文章中的图形不构成作品。[③]而在腾讯案，对于涉案文章是否构成作品，法院认为"从涉案文章的外在表现形式与生成过程来分析，该文章的特定表现形式及其源于创作者个性化的选择与安排，并由 Dreamwriter 软件在技术上'生成'的创作过程均满足《著作权法》对文字作品的保护条件，故最终认定涉案文章属于《著作权法》所保护的文字作品"。[④] 两个司法案例看似结果相反，但实际并不矛盾，其关键点在于根据是否有"自然人的贡献"区分自动生成与辅助创作。在菲林案中，其图表完全由软件自动生成，其创作过程中没有"自然人的贡献"，应属于"单纯事实消息"，不构成作

① 参见白帆：《被告席上的人工智能——AI 法律风险与利益分配》，载搜狐网 2023 年 4 月 26 日，https://www.sohu.com/a/670468646_221481。

② 参见《著作权法》第 3 条。

③ 参见北京知识产权法院民事判决书，(2019)京 73 民终 2030 号。

④ 参见广东省深圳市南山区人民法院民事判决书，(2019)粤 0305 民初 14010 号。

品,不适用《著作权法》的保护;而在腾讯案件中,文章是由腾讯主持多团队、多人分工,并在 Dreamwriter 辅助下完成,虽然文章形式上由 Dreamwriter 生成,但是体现了"自然人的个性化的选择和安排",因此法院认定其构成文字作品。国际保护知识产权协会 2019 年 9 月发布的《关于人工智能生成作品版权问题的决议》也明确,"只有在作品的创作过程中存在自然人的干预贡献,人工智能生成的内容才有资格构成作品,如果没有自然人的干预,人工智能生成的内容不应受到著作权的保护"。[①] 以 ChatGPT 为例,GPT 大模型的"涌现能力"导致输出的结果和内容具有不可控性,大部分情况下,很难证明输出结果具有"自然人的贡献",因此,部分学者认为生成式人工智能输出的结果不具有独创性,不构成作品。但笔者认为,应当依据其输入内容来判断输出结果是否构成作品。当我们使用 ChatGPT 时,会发现输出结果是否"令人满意"取决于输入内容(Prompt)是否足够详细、清晰和准确。如果输入内容仅为事实性问题,或者输入的内容比较宽泛简单,那么往往 ChatCPT 回答的内容也比较宽泛,或者仅仅回答是与否,在此情况下 ChatGPT 承担自动生成的角色。但如果输入内容足够详细、清晰和准确,甚至如果输入内容本身具有独创性,那么输出的结果也是围绕输入内容而产生,这就使输出的结果带有用户独创性的想法和贡献,应当认定为在此情况下 ChatGPT 承担起了辅助用户创作的角色,输出结果中与输入内容相同或相似的部分应构成作品,受到我国《著作权法》的保护。

虽然人工智能输出内容可能不构成著作权法意义上的作品,但基于无法准确甄别用户输入内容的真正权属以及其他训练数据是否经权利人授权,其输出内容中可能包含第三方享有著作权的作品或者与其他用户输出相似的内容,若不经修订直接使用输入内容,可能侵犯第三方著作权。

(二)生成式人工智能数据合规风险与挑战

由 GPT 大模型引发的 AI 革命,被称为"蒸汽时代后又一里程碑式的革命",将改变云厂商以 Iaas(Infrastructure as a Service,基础设施即服务)、Paas(Platform as a Service,平台即服务)和 Saas(Software as a Service,软件即服务)为主的服务

---

① 朱开鑫:《ChatGPT 生成的内容,是否享有版权?》,载微信公众号"腾讯研究院"2023 年 4 月 10 日,https://mp. weixin. qq. com/s/3_IVPrfdrDqS8uZeC7YsuQ。

范式。Maas(Model as a Service,模型即服务)将成为AI发展及云厂商服务的新范式。[①] 实践中,使用Maas服务的企业为了得到更加"完美"的答案不可避免地需要将企业数据输入模型中,且往往输入内容提示(prompt)需要尽量准确详尽,甚至不做任何脱敏和加密处理,这可能直接导致信息泄露的问题,为信息安全管理带来挑战。这些被企业输入大模型的数据中可能包含个人信息、企业数据。

1.个人信息安全风险与挑战

根据《中华人民共和国个人信息保护法》的规定,收集个人信息应当限于实现处理目的的最小范围,不得过度收集个人信息,即需遵守"最小必要原则"[②]。在使用Maas为终端客户提供生成式人工智能服务时,终端客户输入"prompt"得到输出内容后即视为处理个人信息的目的已实现,此时应删除终端客户的相关个人信息。但实践中,人工智能大模型往往需要将用户输入内容用于后续的模型优化训练,通过记录和分析用户前期输入内容,了解用户的习惯、喜好,以便在后续的输出中更加精准。例如,根据OpenAI使用条款,"当客户使用非API接口服务(ChatGPT或DALL - E),OpenAI将可以使用客户提供的数据以优化模型"。显然,"模型优化训练""记录和分析用户"已经超出了处理个人信息的最初目的,涉及违反"最小必要"原则。同时,用于模型优化训练的个人信息还可能进一步在向其他第三方用户输出的内容中展现,造成个人信息的泄露。

2.企业数据安全风险与挑战

正如前文所述,人工智能大模型可能需要使用客户输入的信息进行模型优化,此前,三星公司内部已发生涉及ChatGPT误用与滥用案例,包括员工将核心源代码复制到ChatGPT解决代码错误问题,以及员工将三星的会议内容输入ChatGPT要求其制作会议纪要,相关核心资料或会议内容或已被存入ChatGPT学习资料库中。[③] 实践中,企业内部会议内容、核心代码等都可能被纳入商业秘密进行保护,《中华人民共和国民法典》《中华人民共和国反不正当竞争法》《中华人民共和国劳动法》等对于商业秘密保护均有相关规定,行为人泄露商业秘

① 参见陈锋:《调价格、降姿态、MaaS化,互联网云厂商打响反攻战》,载搜狐网2023年6月12日,https://it.sohu.com/a/684749519_466940。

② 参见《中华人民共和国个人信息保护法》第5条。

③ 参见褚杏娟、核子可乐整理:《三星被曝芯片机密代码遭ChatGPT泄露,引入不到20天就出3起事故,内部考虑重新禁用》,载腾讯网2023年4月6日,https://new.qq.com/rain/a/20230406A04KCX00。

密,给权利人造成损失的,需要赔偿。如果用户输入的内容中包含商业秘密,且该商业秘密被用于后续模型优化训练,则在第三方用户给出相似"prompt"时,大模型很可能将相关商业秘密输出给第三方导致商业秘密泄露,此时企业员工、合作方需要承担相应赔偿责任。

(三)生成式人工智能内容安全合规风险与挑战

生成式人工智能大模型需要巨量语料库来拟合真实世界,而这些被用作训练数据的语料库的具体来源我们无从得知。以 ChatGPT 为例,OpenAI 并未公布其训练数据的来源,可能存在数据标注员综合素质不足、标注不够准确、生成式人工智能创造不存在的知识,或者主观臆测提问者意图的问题。如果生成式人工智能被用于电商智能客服领域,若最终回复客户的信息不够准确,可能触发《中华人民共和国反不正当竞争法》规定的虚假宣传的问题,甚至生成式人工智能可能被犯罪分子所利用,进行钓鱼邮件的撰写、创建仿冒钓鱼网站、生成逼真的社交媒体账号,并用于诈骗犯罪。Security 联合创始人苏莱曼·奥扎斯兰表示:"输入了一个提示,要求 ChatGPT 写一封世界杯主题的电子邮件,用于网络钓鱼模拟,结果它在短短几秒钟内就用完美的英文创建完成了一封。"①虽然 ChatGPT 能够按照预设的道德准则,通过"人类反馈中强化学习"(Reinforcement Learning from Human Feedback, RLHF)技术识别恶意信息并拒绝给出有效回答,但从全球范围来看,很难制定统一的内容安全标准和机制完全过滤有害信息,这给信息安全管理带来较大的风险和挑战。

(四)生成式人工智能算法合规风险与挑战

生成式人工智能模型的发展依赖于强大的算力及复杂的底层算法。生成式人工智能算法通过对大量训练数据语料库的占有、处理和结果输出,演化为资源、商品、财产甚至社会建构力量,同时,生成式人工智能算法可能逐渐脱离工具的角色直接变为行为规范影响甚至控制个体行为,②如文艺创作者通过生成式人

---

① 陈邓新:《微软押注、亚马逊翻牌,ChatGPT 却要被"黑客"玩坏了?》,载百度百家号"锌刻度 Xinkedu" 2023 年 1 月 29 日, https://baijiahao. baidu. com/s? id = 1756346476566526681&wfr = spider&for = pc。

② 参见张凌寒:《权力之治:人工智能时代的算法规制》,上海人民出版社 2021 年版,第 34 页。

工智能创作文学艺术作品，消费者通过生成式人工智能选择商品、设计旅游路线，工程师通过生成式人工智能撰写、优化代码，企业通过生成式人工智能做数据分析甚至做经营决策。可以预见，在不远的未来，生成式人工智能可能成为每一个普通人的智能助手，同时，相应的生成式人工智能算法也可以借助优势挤压用户意思自治的空间，①控制普通人甚至企业的决策，通过算法获取高额利润，甚至形成“亚文化”，对社会造成不良影响。我国为规范算法向上向善发展已陆续出台相关法律规定，要求算法发展坚持主流价值导向，优化算法透明度和可解释性，进行算法备案等。但对于企业如何将算法合规落地，仍在探索阶段。

1. 算法可解释性合规风险与挑战

可解释性依赖于“解释”的概念，而“解释”是指人类与（机器）决策者之间的一个交互面（interface），它既是决策者的精确代理（accurate proxy），又能为人类所理解（comprehensible），可解释性即具备此种解释能力。② 但是，实践中对于算法的因子、运算过程以及输出结果，算法工程师往往都难以解释明白，而以第三方或者普通人的技术能力证明其使用的算法存在合规性问题或者滥用问题也极其不现实。但具体该如何解释，以及解释的维度和标准仍依赖于明确的法规或标准，以及企业的合规实践。

2. 算法透明度合规风险与挑战

算法透明度，是指“由算法的设计使用者披露有关算法如何部署、如何工作以及如何使用算法等相关信息，以期由监管部门或第三方进行监管的制度”③。2020 年 8 月调整发布的《中国禁止出口限制出口技术目录》中“限制出口部分”新增“基于数据分析的个性化信息推送服务技术”，而鉴于生成式人工智能服务会基于客户的个性需求生成输出内容，其很可能被纳入“个性化信息推送服务技术”。该目录的这一规定表明算法推荐（包括生成式人工智能算法）的相关技术已经进入国家重点保护范围，而增强算法透明度则意味着有更大的概率会使受该目录保护的算法设计被破解。④ 如果基于透明度原则，一项个性化信息推送服

① 参见张凌寒：《权力之治：人工智能时代的算法规制》，上海人民出版社 2021 年版，第 34 页。

② 同上。

③ 参见苏宇：《优化算法可解释性及透明度义务之诠释与展开》，载《法律科学（西北政法大学学报）》2022 年第 1 期。

④ 同上。

务技术底层算法代码被公之于众，那么限制出口也就失去了意义。另外，企业内部的商业秘密保护也不倾向于为了实现透明度原则而向社会公众公布源代码。因此平衡企业算法透明度、技术目录项下限制出口技术以及商业秘密保护三者的关系，将成为为企业算法合规工作的难点与挑战。

四、应对生成式人工智能数据合规风险与挑战的举措

近年来，互联网信息服务算法在加速互联网信息传播、繁荣数字经济、促进社会发展等方面发挥了重要作用。与此同时，算法的不合理应用也影响了正常的传播秩序、市场秩序和社会秩序，给维护意识形态安全、社会公平公正和网民合法权益带来挑战。[①] 而面对这些挑战，笔者认为算法应多元共治，从政府立法执法、行业自律、企业自治等方面共同发力，推动多元主体共同参与算法治理共建共治共享。[②]

（一）完善立法，加强执法

1. 加强数字领域基础性综合性立法

目前，关于算法的规定相对比较分散，且法律规制更多倾向于个人信息数据保护等内容，缺乏统一的综合性的立法，而现今生成式人工智能算法的快速发展，对于如何从法律法规角度促进保证现有数据算法的有序发展提出了新的要求。因此，必须加强数字领域基础性综合性立法。笔者更倾向于推进数字领域法律体系建设，制定《数字基本法》，针对人工智能算法的现状和发展趋势作出市场准入、监督监管以及责任主体的原则性规定。同时，应注重该法与《中华人民共和国网络安全法》《中华人民共和国数据安全法》《中华人民共和国个人信息保护法》等法律的衔接，突出数字领域综合性立法的整体性、系统性和协调性，统筹网络安全法律体系建设。[③]

---

① 参见《关于加强互联网信息服务算法综合治理的指导意见》。

② 参见商建刚：《生成式人工智能风险治理元规则研究》，载《东方法学》2023 年第 3 期。

③ 参见贾宇：《强化法治保障助推数字经济发展》，载人民论坛网 2023 年 3 月 7 日，http://www.rmlt.com.cn/2023/0307/667592.shtml。

2. 细化算法分级分类管理标准

《互联网信息服务算法推荐管理规定》规定，网信部门会同电信、公安、市场监管等有关部门建立算法分级分类安全管理制度，根据算法推荐服务的舆论属性或者社会动员能力、内容类别、用户规模、算法推荐技术处理的数据重要程度、对用户行为的干预程度等对算法推荐服务提供者实施分级分类管理，[①]《生成式人工智能服务管理暂行办法》也明确对生成式人工智能服务实行包容审慎和分类分级监管，[②]但目前还未有相应的分级分类管理标准出台，也未明确不同层次算法具体的监管政策，导致政府实际执行时可能存在“一刀切”的情况，不利于人工智能算法的有序健康发展。因此，应进一步细化算法分级分类管理标准，完善相应的监管政策。笔者认为，可以参考欧盟《人工智能法案》将人工智能应用程序分为四个风险类别：不可接受风险（unaccpetable）、高风险（high）、低风险（low）和最低风险（minimal），并针对不同风险类别的算法制定不同的审查标准及不同的惩罚措施。

3. 建立统一的数据集市规范数据标注

《中共中央、国务院关于构建数据基础制度更好发挥数据要素作用的意见》从国家层面强调了数据基础制度建设的重要性，鼓励充分发挥我国海量数据规模和丰富应用场景优势，激活数据要素潜能，做强做优做大数字经济。而生成式人工智能的快速发展使数据的需求更加旺盛，因此，构建国家数据资源平台，汇聚人工智能大模型所需要的基础性数据，规范训练数据标注，加强数据类型化研究，探索数据保护多元模式变得尤其重要。笔者建议，可以从政府层面建立统一的数据集市，在具体领域明确数据权属，界分数据所有权、使用权、经营权、收益权等权利，重点围绕数据确权、采集共享、分析处理、数据标注、分级保护、跨境流通等问题，确立数据治理制度规范及裁判规则，加强数据标准体系建设，形成更加安全高效的数据要素市场。

① 参见《互联网信息服务算法推荐管理规定》第23条。

② 参见《生成式人工智能服务管理暂行办法》第3条。

(二)加强行业自律

1. 建立不同行业人工智能发展的标准

生成式人工智能大模型的影响已逐步渗透到各个领域,政府层面虽然也制定了基本的法律法规解决共性问题,但各行业有其自身的行业属性,单纯依据法律法规可能无法解决所有问题,甚至可能出现“一刀切”限制行业发展的情况,因此在数字化程度不断加深的行业趋势下,区分行业、针对不同业务场景制订不同标准,可以有效填补法律调整的空白地带,有助于指导企业用户更好地发展不同领域的生成类人工智能产品,加强自身产品的安全设计,降低生成式人工智能无序发展可能产生的风险。

2. 建设人工智能治理创新示范区

应在人工智能科技公司高密度地区建设人工智能治理创新示范区,呼吁有能力的企业、科研院所投入示范区的建设。在示范区内可优先研发人工智能治理工具、制定人工智能的规范,同时在一定范围内验证人工智能的标准规范、治理工具、协同工作和数据流通共享机制等治理手段的科学性,为大范围普及应用或市场准入门槛的设定提供依据,促进标准的落地实施。另外,也可以通过示范区的经验和案例进一步完善和修订相关标准,促进人工智能治理标准的迭代升级,促进正向发展。

(三)完善企业合规自治

1. 建立算法全生命周期的合规自评估机制

为保证生成式人工智能算法研发应用的安全,企业可以考虑将合规评估机制嵌入日常人工智能模型的上线迭代及应用中,面向算法生命周期建立安全评估机制。全生命周期包括算法想法或需求的产生阶段、算法设计开发的训练阶段、算法的检验验证阶段、算法的部署阶段、算法的运行监控阶段、算法的持续验证阶段、算法的下线阶段。同时,算法安全评估应满足保密性、完整性、可用性、可控性、鲁棒性和隐私性等基本安全属性要求,也应包含内容生态管控及用户权益保护等评估内容。

关于算法全生命周期的合规评估机制形式,企业可以考虑以系统化的方式进行。通过系统化审批提升流转效率,便于评估团队对评估过程中发现的安全问题和风险隐患进行分析评判并根据算法风险发生的可能性和影响程度,对算法应用的风险进行排序并按照不同风险等级,对各算法应用的风险从技术、业务、组织等层面进行控制。同时,通过系统留痕溯源定期跟踪、监督、评估现有风险控制手段的可持续性和有效性。另外,也可对各算法应用可能出现的风险事件进行预测并提前准备,做到第一时间响应算法风险事件,将事件影响降到最小。最终,通过系统从算法合规评估的内容、算法风险评估结论、控制措施、风险应急处置等方面对算法输出进行综合分析评估,形成算法自评估报告。

2. 建立算法内容安全合规机制

内容安全是企业合规的红线,生成式人工智能算法的发展尤其是其"涌现"能力的突破,使内容安全面临更大的挑战,因此,企业建立算法内容安全机制,守住安全底线变得尤为重要。企业可以考虑设立违法不良信息特征库,建立内容安全自动审核机制,识别输入和输出内容中的敏感信息并进行前置屏蔽处理,以减少在算法应用场景中出现恶意、虚假、歧视或违法内容的风险。另外,在完善自动审核机制的同时,引入人工反馈机制以降低和杜绝人工智能算法模型生成有害信息,如建立有效的不良信息举报机制,使用户能够反馈、报告违规或有害内容,而企业对于接收到的举报,可及时采取适当的措施进行调查和处理。企业也可引入审核 API 来阻止某些有害内容的输出,例如,当收到要求编写用于从被黑客攻击的设备窃取数据的代码或制作网络钓鱼电子邮件的请求时,模型会拒绝该要求并指出此类内容是"非法、不道德且有害的"。企业自行研发生成式人工智能大模型,还需注意训练数据的合规,如制定符合要求、清晰、具体可操作的标注规则,对标注人员进行必要培训,抽样核验标注内容的正确性,对标注的结果进行定期的检查和评估。另外,应对算法的输出结果进行标识以避免公众混淆或误认。

3. 建立算法科技伦理审查机制

为保证算法向上向善,有效防控科技伦理风险,建立算法科技伦理审查机制已成企业的重要课题。企业可考虑在前述算法评估组织基础上成立科技伦理审查委员会,制定包括但不限于增进人类福祉、尊重生命权利、坚持公平公正、保持算法公开透明的科技伦理审查原则。同时,由该委员会在算法全生命周期评估环节同步进行科技伦理审查,履行相应审查职责,对于不符合科技伦理要求、不符合主流价值导向或存在歧视、偏见的算法模型提出评估意见督促相应算法团队作出调整，最终经委员会审核通过后方可上线。

4. 建立算法安全监测及应急处置机制

随着算法应用的范围愈加广泛，对企业的影响愈加深入，企业在算法研发及应用过程中可以考虑建立全流程的监测报警系统，如服务可用率监控、召回排序服务监控、实时指标监控、用户负反馈监控等，一旦发现算法服务中的漏洞，可采取中断调用、回滚、实时屏蔽等临时措施迅速响应解决。同时，可通过去重打散、复购过滤、兴趣发现等机制的引入，持续不断提升算法安全和用户体验，避免用户陷入“信息茧房”。另外，对用户反馈数据，可以考虑建立专门的异常检测机制，及时发现异常行为，快速探查，防止算法被挟持或被恶意利用。

5. 建立算法备案管理机制

算法的公开透明和可解释性是算法合规的重要难题，网信办为有效地对算法进行监管，鼓励企业进行自主备案并对外公开算法的工作机制。因此，企业应有序推进算法备案工作，建立算法备案制度，梳理算法备案基本情况，健全算法分级分类体系，明确算法备案范围，有序开展备案工作。同时推动算法公开透明，规范企业算法应用行为，保护网民合法权益，秉持公平、公正原则，促进算法公开透明，及时、合理、有效地公开算法基本原理、优化目标、决策标准等信息，做好算法结果解释，畅通投诉通道，消除社会疑虑，推动算法健康发展。

五、结　　语

随着人工智能技术不断演进迭代、垂直领域赋能进化以及技术安全策略的逐步完善，生成式人工智能法律法规的出台，生成式人工智能行业标准的不断细化，企业生成式人工智能数据合规措施也将逐步明晰，相信秉承算法多元共治的理念，可以构建中国特色生成式人工智能生态。

后　记

21 世纪的世界正以前人无法想象的速度发展和进步着，日新月异的数字技术不断突破想象的极限，数字时代的到来改变着人类的生活甚至命运。今年横空出世的生成式人工智能可谓“石破天惊”，再次刷新了人类对数字技术和互联网行业的认知，将这种变化的速度推向了指数级别。

数字时代的底层是数据要素的流通和利用。流动的数据被称为新时代的“石油”，而静止的数据却可能成为沉睡的“垃圾”。2022 年 12 月，中共中央、国务院印发“数据二十条”，确立了数据基础制度体系的“四梁八柱”。2023 年 2 月，中共中央、国务院印发《数字中国建设整体布局规划》，提出畅通数据资源大循环、释放商业数据价值潜能。2023 年 12 月，国家数据局等部门印发《“数据要素 ×”三年行动计划》，强调要让数据要素“乘”出新动能。我们相信，我国数据基础资源的优势将进一步被激活，数据要素将更快更广泛地流通起来。

数据要素的流通是数据要素利用的前提，数据要素的利用是数据要素变现的途径，数据合规是数据要素流通与利用的保障和关键。京东法律研究院依托于京东集团法律合规与知识产权部的团队力量和丰富业务场景，致力于研究和探索互联网领域的前沿法律问题。2018 年，在欧盟《一般数据保护条例》生效之前，京东法律研究院出版了国内首本欧盟数据宪章研究专著——《欧盟数据宪章：〈一般数据保护条例〉GDPR 评述及实务指引》，因选题新颖和反应迅速受到了关注和好评。最近 3 年来，京东法律研究院以全部门在个人隐私保护、网络安全、数据合规领域的学习和实践为依托，结合行业在立法、执法、司法的研讨和案例，从数据合规通用能力区分了常见的数据应用场景，整理了相应的合规要求和合规建议，并尝试就前沿数据合规问题进行一些理论及实践探索，撰写了本书。

本书的创作过程得到了学术界和实务界的大力支持和无私帮助。中国社会科学院法学研究所副所长、研究员周汉华先生一直关心支持京东法律研究院，为本书提供指导并撰写序言。京东集团战略执行委员会委员、首席合规官何成锋博士对书寄予厚望，从京东集团"正道成功"的价值观以及"成为全球最值得信赖的企业"的愿景出发，给予了本书诸多高屋建瓴的指导。京东集团副总裁胡焕刚，全程参与本书的筹划、组织和内容的形成，并为本书作序。对外经济贸易大学数字经济与法律创新研究中心主任许可先生，北京航空航天大学法学院副教授赵精武先生，中国信息通信研究院互联网法律研究中心副主任、网络安全领域副主席何波先生，中国电子技术标准化研究院网安中心测评实验室副主任、3·15晚会信息安全实验室专家何延哲先生，中国电子技术标准化研究院工程师刘昊鑫先生、刘丹丹女士不吝赐稿，就数据合规前沿问题发表高见，为本书贡献了精深的理论和专业的实践，大大增加了本书的理论性和可读性。在这里，对以上专家和领导的支持和帮助表示衷心的感谢！

尤其要感谢的是法律出版社法治与经济分社分社长沈小英女士对本书的支持和信任。本书刚刚形成初稿、尚不成熟之际，我们与沈小英女士沟通出书的想法时，沈小英女士给予了本书真诚的鼓励和充分的信任。这份鼓励和信任是本书成稿的巨大动力。同时，非常感谢本书的责任编辑刘晓萌女士对本书倾注的心血和时间。本书的作者主要是京东法律研究院的研究员，他们从事了多年的法务工作，有丰富的法律实践经验，但写作经验与著书立传的专家学者相比差距明显，加之作者较多，编审和校对难度不言而喻。刘晓萌女士不辞辛苦，与我们反复沟通，精心打磨，终成本书。我们对刘晓萌女士的专业能力和敬业精神表示由衷的敬佩和感激！

最后，感谢京东集团法律合规与知识产权部全体同事的参与和支持，以及本书编委成员的辛勤付出和倾情投入。

本书写作分工具体如下：第一编（许可、乔元昆、何啸），第二编（潘景燕、李倩、刘动、曾蕊、闫琼、徐迪），第三编（刘艳、刘熙君、周益文、沈成一、周晓盼、孟蕾、叶彤彤、李倩、袁尧、张佳子、杨一琦、祁丽娜、张彩虹、李然、冯洋），第四编（何波、何延哲、刘昊鑫、刘丹丹、赵精武、于岩、黄原娇、严少敏、李晓旭、李欣博、刘雅璠、戴玲、周阳子）。

数据合规既重要又必要，是行业发展、产业进步中的一个关键课题。我们尝试将实务中的经验总结起来，并努力汇总成稿，与各位同仁进行交流。但因能力和时间皆有限,且数据合规问题庞杂疑难、日异月殊,本书疏漏和不足在所难免,恳请各位专家学者、行业同仁、广大读者不吝赐教,我们将虚心接受、持续改进,以期精进数据合规研究、做好数据合规工作。

李　丽

京东法律研究院执行院长

2024 年 9 月 6 日